U0462820

集人文社科之思 刊专业学术之声

刊　　名：北京史学

主办单位：北京市社会科学院历史研究所

主　　编：刘仲华

副 主 编：王建伟

执行主编：靳　宝

# BEIJING HISTORICAL STUDIES

## 编辑委员会（按姓氏笔画排序）

马　钊　王　岗　王建伟　左玉河　朱　浒　刘仲华　孙冬虎

李　帆　李建平　吴文涛　杨共乐　岳升阳　郑永华　赵志强

倪玉平　黄兴涛　章永俊

## 编辑部

编辑部主任：刘仲华

本 辑 编审：靳　宝

## 2018年秋季刊（总第8辑）

集刊序列号：PIJ-2018-284

中国集刊网：http://www.jikan.com.cn/

集刊投约稿平台：http://iedol.ssap.com.cn/

**2018 年秋季刊
（总第 8 辑）**

# 北京史学

北京市社会科学院历史研究所　编

靳　宝　执行主编

BEIJING HISTORICAL
STUDIES

社会科学文献出版社
SOCIAL SCIENCES ACADEMIC PRESS (CHINA)

# 目录
CONTENT

# 目录
## CONTENT

北京史学四十年

# 北京史研究四十年

王　岗[*]

**摘　要：** 改革开放已经四十年，北京市社会科学院历史研究所也已成立
四十年了。在这四十年里，历史所的同仁一直坚持着北京历史
文化的研究工作，并且取得了一些成绩。面向未来，还有更多
的工作需要坚持和深入，也会有更多的佳作问世。

**关键词：** 北京史　历史研究所　通史　断代史　专史集成

　　改革开放已经四十年，北京市社会科学院历史研究所也已成
立四十年了。在这四十年里，历史所的同仁一直坚持着北京历史
文化的研究工作，并且取得了一些成绩。对于历史发展的进程
而言，四十年的时间仅仅是弹指一挥间，但是，对于一个人的一
生而言，却是相当漫长的过程。历史所在四十年间已经换过几批
人，虽然不断有老同志退休、新同志上任，但对北京历史文化的
研究一直没有中断。回首这个历程，有多少研究工作中的艰辛和
刻苦，又有多少成果问世后的喜悦和欣慰。面向未来，北京历史
文化的研究还有大量工作要做，仍然是"路漫漫其修远兮"，希
望在今后的四十年、四百年，乃至更长的时间里，能够有更多研
究北京历史文化的佳作问世。

* 王岗，北京市社会科学院历史研究所。

# 一　北京历史文化研究的主要内容

北京历史文化研究的主要内容是由研究对象来决定的，这个研究对象就是北京历史文化。显然，这个对象的内容太宽泛了，在研究之前必须要加以界定，即时间范围和空间范围的界定。就时间范围而言，从昨天往前所发生的一切事情皆是历史。但是在研究过程中，人们又要把时间加以大致界定，如史前史、远古史、古代史、近现代史、当代史等，如果没有时间范围的界定，研究工作就很难进行。

就空间范围而言，则有三种界定方法。第一种是以自然区域的空间加以界定，如永定河流域、黄河流域、华北平原、蒙古草原、青藏高原等。第二种是以行政区域的空间加以界定，如北京地区、直隶地区、河北地区等。第三种则是把前两种界定加以融合而形成的空间区域，如幽燕地区、中原地区、辽东地区等。就从事历史文化研究而言，大多使用的是后两种界定方法。

在使用后两种空间界定方法时，又往往出现一些矛盾的地方。例如，北京地区和幽燕地区在核心区域上是大致重合的，但是在许多具体区域上是有很大变化的。在不同的历史时期，统治者根据需要，会把政区的划分范围加以调整，出现空间的差异。就总的发展趋势来看，北京的政区范围在不断缩小，而行政级别则在不断提升。

在北京历史文化的研究中，人是必须放在第一位的，也就是说，生活在北京地区的人们的所作所为应该是我们研究的最主要内容。即以我们现在提到的"一城三带"为例，"一城"即北京城，"三带"即大运河、长城、西山及永定河三个文化带。在"一城三带"中，"一城"绝对是核心，是根本，是源头；"三带"则是附属，是末端，是流脉。

在"三带"中，永定河的地位非常重要，人们称之为北京的"母亲河"。如果从物质角度来看，这是没有问题的，人们的生活都离不开水。按照这个逻辑来推衍，那么北京小平原就是北京的"父亲"了。没有这个"父亲"，北京城往哪里建？但是，如果我们从精神文化的角度来看，如果没有人，没有生活在北京城里的人，还会有永定河吗？这条河已经在北京小平原上流淌了几十万年，甚至几百万年，它以前什么样，有什么变化，叫什么名字，谁能知道？知道了又有什么意义？至少，在乾隆皇帝称之为"永定河"之前，这条河的名字不是这样的。

不论是北京的山还是北京的水，绝对会影响人们的生活。但是，生活在这里的人才是最重要的、最核心的。如果这里没有人，为什么要修筑长城？为什么要开凿运河？为什么要建造陵墓和园林？正是生活在北京城里的人，创造了这一丰富多彩的文化带。没有人，永定河仍然是千年流淌的无名河，西山也只是一片荒无人烟的土石山。

当然，生活在北京的人很多，从北京猿人开始，就有了人类在此活动的足迹。但是，迄今为止，谁又知道北京猿人的后裔在哪里？在北京地区发掘的大量石器时代、铜器时代、铁器时代的文明遗址中，又有哪些是由北京猿人的后裔保留下来的？谁又能确定，遍及中原地区和江南各地的文明遗址中，哪些是由北京猿人的后裔传播过去的？人是活的，随着生存环境的变化而不断迁徙是人类非常普遍的行为。因此，北京的空间可以固定，但生活在北京地区的人们是不停流动的，他们创造的文化也是在不断变迁的。

在北京地区的历史上，不同时期人们的活动状况是完全不一样的，这又是与城市的发展密切相关的。在农耕区域的原始部落时期，生活在普通城市中的人们，其活动范围大致在百里范围内。而在统一国家形成之后，人们的活动范围不断扩大。在区域中心城市中生活的人们，其活动范围更大一些，大致在千里范围内。而在全国一统都城中生活的人们，其活动范围也就遍及全国疆域。

这种现象在北京地区也延续了很长时间。在先秦时期，这里曾经出现了从黄帝后裔生活的蓟城到燕召公后裔生活的燕都的变迁过程，人们的活动范围在百里到千里的范围内。在北京成为金朝首都时，这里生活的人们的活动范围大致扩展到江淮沿线。而当元朝建立大都城之后，这里生活的人们的活动范围也就扩展到全国各地，甚至扩展到域外遥远的地方。此后的明清时期，情况大致如此。

人们活动范围的扩大，也就带来了文化交流范围的不断扩大。在先秦时期，北京城市的发展有着明显的阶段性。在周武王伐纣王之前，蓟城就是黄帝后裔居住的地方，当时人们的活动范围在百里左右。周武王伐纣王之后，分封召公子孙到此建立燕国，加强了这里与周朝都城镐京的联系，人们的活动范围进一步扩大。到了春秋战国时期，燕国作为"七雄"之一，这时的都城蓟城作为整个华北地区的中心城市，其影响已经进一步扩展到了辽东一带。在这一片地区，人们的活动中心即燕京，而流传在这一带的，主要是燕文化。

自秦汉至隋唐五代时期，这里进入了一个新的发展阶段，开始从区域统治中心转变为中央王朝的北方军事重镇。人们活动的区域主要集中在幽州城，而与之联系最密切的，则是中原王朝与匈奴、突厥、契丹等少数民族政权之间的战和关系。因为人们的生活主要围绕这个主题展开，由此形成的特色文化主要是边塞文化，其影响也主要是在华北及周边地区。

此后，历经辽、金、元时期，北京地区一直是在少数民族政权的辖区范围内，因此，人与人之间的关系主题就是民族融合。到了元朝，契丹、女真等少数民族民众已经融入汉族民众之中。这个时期的北京城市发展出现了一个极大的提升阶段。从少数民族政权的陪都辽南京，到少数民族政权的首都金中都，再到全国统治中心的元大都，这种政治地位的提升速度之快，空前绝后。因为这个时期进入了都城发展时期，人们主要生活在都城，由此形成的文化就是都城文化，而其产生的影响也已经遍及全国各地。

与之对应的城市发展也出现了极大变化。辽南京城基本维持了汉唐幽州城的规模。金中都城在辽南京城的基础上拓展很大，基本上改变了整个城市的格局。元大都城又在金中都城东北另建新城，不仅城市规模更加扩大，而且形成了新旧两城并存的局面。此后的明北京城先是压缩了北面的一部分，又向南拓展了一部分，其规模一直保持到新中国建立初期。城市的发展变迁，应该是北京历史文化研究的最主要内容之一，但我们的研究还较为肤浅，仅仅编著了一部五卷本的《北京城市发展史》，对北京城市的发展也只是梳理出一个粗疏的脉络，还有许多重要的、具体的问题需要进一步加以研究。

辽、金、元时期又是北京城市居民发生较大变动的时期。早在辽朝占有幽州之前，这里就是北方各少数民族民众与中原汉族民众交往最频繁的地区之一。从先秦时期的山戎，到秦汉时期的匈奴，从魏晋南北朝时期的"五胡"，到隋唐时期的突厥、契丹和奚族等，各少数民族民众在这里的活动已经构成民族融合的主旋律，只是这个旋律还没有传遍大江南北。

从辽代开始，这个民族融合的主旋律越来越清晰，传播的区域越来越广泛。辽南京已经有大量契丹少数民族民众迁到这里定居。到了金代，特别是海陵王扩建中都城之后，又有大批女真族民众迁居到这里。到了元代，更是出现蒙古族和其他北方少数民族民众（当时统称"色目人"）迁到这里，此后世代居住于此。除此之外，又有一大批中原及江南地区的汉族和其他少数民族民众到这里定居，另有一些域外民众通过各种途径前来大都居住，使这里真正成了一座世界性城市。

到了明清时期，北京城的城市人口变化仍然是最突出的标志。明朝初年北京的少数民族人口锐减，大量江南民众北迁，是城市人口变化的直接原因；而清朝初年八旗进京、占据内城，更是城市人口发生突变的直接原因。居民人员的变动对城市文化的影响，比城市格局的变化要大得多。但是，迄今为止仅仅编写出版了两种《北京城市生活史》（其中一种由开明出版社出版，另一种为"北京专史集成"中的一部专史），尚无一部全面研究北京城市居民变迁的多卷本著作问世，也就是说，在这个最重要的研究内容方面，还存在很大的研究空白区域，亟待有新的研究成果问世来加以填补。

综上所述，对北京历史文化研究的主要内容简而言之有两个：一个是北京城，另一个是北京人。北京城是固定的，有些变化也大致是在相同的空间范围内，因此，许多需要研究的东西相对简单一些。而北京人是活动的，活动范围是越来越大，有些是北京本地居民向外活动，大多数还会回到北京；而更多的是外来人，从全国各地乃至世界各地会聚到北京来。这些人中的大部分，在来到北京后就定居在这里，经过几代人的繁衍，最终成为北京人；还有一小部分人，在北京生活和工作了几十年，最后告老还乡。

这些外来人，在北京成为首都之前，还是少数人，而在北京成为首都之后，这些人就成为大多数人。不停流动的人口，带来了各种不同的文化，并且在北京加以交流、撞击和融合，从而形成新的北京文化。而那些从北京出走的人们，则把北京文化带到了全国各地，乃至域外。因此，在研究北京历史文化的过程中，很难用界定的空间区域来加以限制，判定哪些是北京历史文化，哪些又不是。而要强行加以限制，不仅不可能，而且不科学。因此，对北京历史文化的研究，一定要以生活在北京，或者曾经生活在北京的人为主线，进行深入、细致的研究，才能够得到准确、科学的结论，而不必受到空间范围的限制。

## 二 北京历史文化研究的几种形式

历史所在从事北京历史文化研究的四十年里，做了多种形式的尝试。第一种形式是北京简史。但当时没有标出是"简史"，而是称为《北京历史纲要》。当时历史所成立不久，院领导与北京广播电视大学联系，组织历史所的同仁做了"北京古今十讲"的系列讲座，在当时的反响还是不错的，于是在"十讲"的基础上，经过进一步细化，完成了《北京历史纲要》的撰写工作。当时同类的研究成果还有一些，当以北京大学历史学系编写的《北京史》最好。《北京历史纲要》一书发行量很少，目前很难见到了。

撰写完成《北京历史纲要》之后，在院领导的支持下，历史所开始了国家社科基金项目十卷本《北京通史》的撰写工作，这是第二种形式。在当时的条件下，这部书的撰写工作也是困难重重。首先，作为地域性"通史"的撰写，这在全国是第一家，没有现成的东西作为参考，是一项开创性的科研工作。其次，这部通史上起北京猿人、下迄新中国建立后的四十年（1989），确实是一部纵贯古今的区域性通史。而这样一部在当时堪称巨著的作品，历史资料的积累工作太薄弱了，因此也就给撰写工作带来很大困难。但是，在院领导的大力支持和帮助下，在历史所同仁的共同努力下，经过十几年的艰苦钻研，这部《北京通史》终于在1994年得以问世，成为第一部出版的区域性通史著作，并获得中宣部"五个一"工程奖。这部通史的出版，实际上只是北京历史文化研究的起步。

在此前后，历史所的科研工作以个人的专题研究为主，并推出了一批在学术界产生较大影响的科研成果。其中，已经出版的专著类的科研成果主要有王灿炽先生的《燕都古籍考》《北京史地风物书录》，尹钧科先生的《北京历代建置沿革》《北京郊区村落发展史》，于德源先生的《北京历代城坊、宫殿、苑囿》《北京农业经济史》《北京漕运和仓场》，袁熹女士的《北京近百年生活变迁1840~1949》《近代北京的城市管理》，孙冬虎先生的《北京近千年生态环境变迁研究》《北京地名发展史》等。

与此同时，历史所同仁已经开始小范围合作展开科研工作，也获得了一些较为重要的科研成果，主要有尹钧科、于德源、吴文涛著《北京历史自然灾害研究》，尹钧科等著《古代北京城市管理》，尹钧科、吴文涛著《历史上的永定河与北京》，戚本超主编《整合北京山区历史文化资源研究》，袁懋栓主编《北京风俗史研究》，吴建雍主编《北京历史专题研究》，吴文涛主编《永定河历史文化研究》等（见附录1）。由此，历史所的科研工作一步步走向深入。

自2001年开始，历史所的研究工作有了进一步的发展，开始进行各项专史的研究，这是第三种形式。这一年，历史所的同仁申报了两项"北京城市发展史"的课题。一项是以断代为基础的五卷本《北京城市发展史》，申报的是国家社科基金项目；另一项则是以专题为基础的七卷本《北京城市史》，申报的是北京市社科基金项目。这两项课题皆获得立项申请。另外还有一部三卷本《北京文化通史》，申报的也是北京市社科基金项目，也获得了批准立项。经过十几年的艰辛研究工作，《北京城市发展史》和《北京城市史》皆已完成并出版，《北京文化通史》也已经撰写完成，并在出版过程中。

研究北京专史的系列工作是从2006年开始的。当时由历史所向院里申报了"北京专史集成"的科研项目，共计36种，得到了院领导的大力支持。当年共申报了5项专史，院领导又指定2项专史，故而共立项7部专著。2007年，再立项4部专史，这项研究课题又得到北京市哲学社科规划办公室的大力支持，被立为市社科规划重点课题。此后，在全所同仁的共同努力下，这11项科研工作得以顺利完成。此后，又有两批共计7部专史得以立项，这些专史的研究工作正在顺利进行。已经完成并出版的有16部专史（见附录2），预计其他2部专史在2018年内出版。

"北京专史集成"项目的设立及顺利进行，使北京史的研究工作有了进一步的深入。在史料的收集、整理方面，更加全面，更加细致，在研究工作中发掘出了许多新的史料，据此提出了许多新的观点，有力地推动了北京历史文化研究工作向前发展。今后，系列专史的研究工作还将不断立项，继续深入。这套系列专史皆为一卷本，多则50余万字，少则20余万字，只能算是专史的系列简编。今后在有条件的情况下，编写和出版多卷本系列专史，将是历史所科研工作进一步推进的重要标志。

历史所在从事"北京专史集成"项目研究的同时，又在北京市委宣传部和院领导的大力支持帮助下，立项了一个重大科研项目——"北京断代史"工程，这是第四种形式。因为此前完成的十卷本《北京通史》实际上就是一部断代史体例的研究著作，自出版后，由于种种原因，在整体格局、史学理论、史料发掘等方面，皆有进一步修订的必要，但诸多原作者或者已经退休多年，不再具备修订能力，或者已经故去，于是重新撰写一部《北京断代史》就成为一项重要的科研工作。

原《北京通史》（以下简称原《通史》）的整体格局为：隋唐以前为第一卷，隋唐五代为第二卷，辽南京为第三卷，金中都为第四卷，元大都为第五卷，明北京为第六卷，清北京前期为第七卷，清北京后期为第八卷，民国北京为第九卷，当代北京（1949~1989）为第十卷。在这十卷中，第一卷、第五卷至第十卷的内容非常丰富，仅用一卷的体量显然是不够的。例如，隋唐五代的幽州只是北方军事重镇，而元大都和明北京都是全国的统治中心，却同样只有一卷的容量，是不合适的，必须加以调整。原《通史》中的当代北京一卷，内容非常丰富，仅写一卷，缺漏很多。而且马上就要到新中国成立70年的节点，如果只写40年是不合适的，而要写70年，难度更大，关键是很难写好。

出于以上种种考虑，新的《北京断代史》对整体格局进行了较大调整。原《通史》的第一卷被分为两卷，即"古燕国"（先秦时期的北京）卷和"古幽州"（秦汉魏晋北朝时期的幽州）上卷。原《通史》第二卷则为"古幽州"下卷。原《通史》第三卷和第四卷不变，仍为"辽南京"卷和"金中都"卷。原《通史》第五卷"元大都"卷被分为两卷，内容扩充1倍。原《通史》第六卷"明北京"卷被分为三卷。原《通史》第七卷和第八卷"清北京"卷被分为四卷，内容也扩充 1 倍。原《通史》第九卷"民国北京"卷被分为两卷，内容扩充 1 倍。而原《通史》第十卷"当代北京"不再列入"断代史"。新调整的《北京断代史》共计十六卷，自元大都以后的内容皆扩充 1 倍有余；而"当代北京史"部分，在今后条件成熟的情况下再加以撰写。

这部《北京断代史》的研究工作已经展开几年了，正在顺利推进，预计在今后的两年到三年时间内完成。经过这次调整，全书的格局更加合理，各卷的分工进一步明确。如清代北京的四卷，不是按照前期两卷、后期两卷的格局来安排的，而是每一卷皆从清初到清末，从政治、经济、文化等方面来着手研究，把清朝作为一个完整的历史时期来对待。从 20 世纪 90 年代到今天，历史学有了长足的发展，许多新的理论、新的学科、新的史料（包括考古资料）不断出现和被发掘，都为《北京断代史》的研究注入了新的活力。

历史所同仁在完成《北京断代史》研究项目之后，在条件许可的情况下，将开展真正按照通史体例撰写的《北京通史》大型科研项目。相信在有了系列"北京专史"和"北京断代史"研究的基础之后，新的、更大规模的《北京通史》的研究和撰写，将把北京历史文化的研究推向一个新的高度。

## 三　北京历史文化研究的主要趋势

在今后的北京历史文化研究工作中，历史所同仁将会遇到更高难度的挑战，这就需要我们预先做好充分的准备工作。当前世界已经进入信息化时代，只有掌握了足够多的信息，才能够在研究领域中处于领先地位。对从事历史研究工作而言，更是如此。在中国古代，我们的祖先就特别重视历史经验在社会发展中的地位和作用，并由此建立了悠久的史学基础。历代史官记载了大量历史事件和历史人物的活动，为此后人们的社会活动提供了宝贵的经验。

当代的历史学家比起古代的史官来，有着太多的优势。不论是对整个世界的认识，还是对古今中外历史学家总结出来的历史理论的了解，以至于对浩如烟海的历史资料的把握，都远远超过古代的史官。随着当代数字化技术的飞跃发展，大量历史资料被不断数字化，而互联网络的发展，又为数字化的历史资料的传播提供了便利。在这种情况下，各种不同类别的大型数据库相继建立起来，为相关科研机构的研究工作提供了强大的支撑。

对于北京历史文化研究而言，迄今为止，尚无一个相关的大型数据库建立，使相关的研究工作受到明显的影响。北京相关的研究机构有很多家，分别隶属于不同系统。如隶属于北京市文化局的首都图书馆，其下专门设有地方文献部和古籍部，皆有不同的数据库；又如隶属于北京市文物局的首都博物馆和北京市文物研究所，以及文物局资料室，也都保存有大量珍贵文物和历史文献、石刻拓片等宝贵资料；再如隶属于北京市地方志办的方志馆，也建有方志资料数据库；等等。如何把这些重要的历史文化数据库加以整合，使之能够为北京历史文化研究提供有效的学术支撑，是目前亟待解决的一个重要问题。历史所同仁目前的工作，就是和这些拥有重要历史资料信息库的单位建立长期的合作关系，互利共赢，为推进北京历史文化研究共同努力。

历史所在专业从事北京历史文化研究工作的同时，也为北京市的文化发展和社会建设提供了一些学术支持。如近年来与北京市文史研究馆合作，在文史馆领导的支持下，推出了一系列有较大文化影响的学术著作，已经出版的有《中国地域文化通览》（北京卷）、《历史上的水与北京城》、《古都北京中轴线》、《北京史诗》等；正在研究和即将出版的有古都系列的《金中都》、

《元大都》、《明北京》和《清北京》，以及帝王系列的《金海陵王完颜亮》、《元世祖忽必烈》、《明成祖朱棣》、《清康熙帝》、《清雍正帝》和《清乾隆帝》；此外，还为《北京文史》撰写了大量文章。

又如近年来受北京市地方志办的委托，撰写《北京历史文化（干部读本）》，这是一部面对全市广大干部的"北京文化简史"，虽然字数不多（约20万字），难度却极大。要用很少的字，把北京文化发展的主要脉络，以及丰富多彩的北京文化的主要内容展示给各位读者，是很困难的。历史所同仁在时间很短促、要求标准又很高的情况下，经过共同努力，终于完成了这项科研任务，该书近期将与广大读者见面。

近年来，历史所也为区县发展提供了一些学术支持。如曾为西城区文委撰写历代帝王庙历史状况及开发利用方案，为原宣武区撰写《大栅栏词典》，为丰台区撰写"丰台历史文化丛书"（共计5种，50万字），为昌平区撰写《昌平简史》，为朝阳区安贞街道撰写《安贞简史》等。这些专著的撰写工作，不仅为各区的文化发展提供了很大支持，同时也使历史所同仁在学术研究方面的能力有了极大提高。

特别是最近，受市委宣传部的委托，由历史所负责，组织各位研究北京历史文化的专家学者，共同撰写一套北京古都文化丛书。这个项目也同样是时间紧、任务重的重大课题。近年来，以习近平同志为核心的党中央对北京历史文化给予高度评价，市委书记蔡奇在总结北京历史文化时提出了"四个文化"的理念，而古都文化排在首位，也显示出市委、市政府的重视程度。因此，搞好这套丛书不仅有学术价值，也有社会现实意义。

历史所从事北京历史文化研究已经四十年了。在全所同仁的共同努力下，取得了一些成果，也还有许多不足。我们的研究工作还面临许多困难，我们还有大量工作需要完成。回顾四十年的历程，我们前进的速度并不是很快，却一直没有停止。研究北京历史文化是我们的职责，也是我们的光荣。我们还在艰难前行，我们不会停止脚步。当十年以后我们再回首时，还会有更多的收获。

## 附录1　历史所历年出版专著

1. 王灿炽：《燕都古籍考》，京华出版社，1985。

2. 王灿炽：《北京史地风物书录》，北京出版社，1985。

3. 侯仁之主编《北京历史地图集》（第一、二集），北京出版社，1988、1997。

4. 尹钧科：《北京历代建置沿革》，北京出版社，1994。

5. 尹钧科、于德源、吴文涛：《北京历史自然灾害研究》，环境科学出版社，1997。

6. 吴建雍等：《北京城市生活史》，开明出版社，1997。

7. 于德源：《北京历代城坊、宫殿、苑囿》，首都师范大学出版社，1997。

8. 于德源：《北京农业经济史》，京华出版社，1998。

9. 尹钧科：《北京郊区村落发展史》，北京大学出版社，2001。

10. 尹钧科等：《古代北京城市管理》，同心出版社，2002。

11. 于德源：《北京漕运和仓场》，同心出版社，2004。

12. 尹钧科、吴文涛：《历史上的永定河与北京》，北京燕山出版社，2005。

13. 孙冬虎：《北京近千年生态环境变迁研究》，北京燕山出版社，2007。

14. 袁熹：《北京近百年生活变迁1840~1949》，同心出版社，2007。

15. 戚本超主编《整合北京山区历史文化资源研究》，北京燕山出版社，2007。

16. 袁懋栓主编《北京风俗史研究》，北京燕山出版社，2007。

17. 吴建雍主编《北京历史专题研究》，北京燕山出版社，2007。

18. 吴文涛主编《永定河历史文化研究》，北京燕山出版社，2007。

19. 于德源：《北京灾害史》，同心出版社，2008。

20. 孙冬虎：《地名史源学概论》，中国社会出版社，2008。

21. 李宝臣：《礼不远人》，中华书局，2008。

## 附录 2 "北京专史集成"出版情况

1. 王岗主编《北京政治史》（550 千字），2008 年 10 月。

2. 尹钧科主编《北京建置沿革史》（250 千字），2008 年 10 月。

3. 李宝臣主编《北京风俗史》（350 千字），2008 年 11 月。

4. 刘仲华主编《北京教育史》（450 千字），2008 年 11 月。

5. 傅秋爽主编《北京文学史》（400 千字），2010 年 1 月。

6. 郑永华主编《北京宗教史》（450 千字），2010 年 12 月。

7. 章永俊著《北京手工业史》（520 千字），2011 年 10 月。

8. 齐大芝主编《北京商业史》（500 千字），2011 年 10 月。

9. 赵雅丽主编《北京著述史》（510 千字），2012 年 7 月。

10. 孙冬虎著《北京交通史》（300 千字），2012 年 12 月。

11. 吴文涛著《北京水利史》（300 千字），2013 年 4 月。

12. 许辉主编《北京民族史》（510 千字），2013 年 4 月。

13. 于德源著《北京农业史》（450 千字），2014 年 11 月。

14. 王建伟主编《北京文化史》（450 千字），2014 年 11 月。

15. 张艳丽主编《北京城市生活史》（400 千字），2016 年 9 月。

16. 靳宝主编《北京军事史》（430 千字），2018 年 8 月。

17. 董焱主编《北京园林史》，待出。

18. 高福美主编《北京经济史》，待出。

注：以上"专史"皆由人民出版社出版，2018 年 9 月整理。

# 北京历史地理研究四十年

孙冬虎 [*]

**摘　要：** 北京历史地理研究在最近四十年取得了显著进步，传统的沿革
地理继续发展，区域环境变迁、历史人文地理、地名学方兴未
艾，《北京历史地图集》的整体推出具有标志性意义。未来需要
主动融入自然科学的方法和手段，适度拓展研究范围，并注意
增强研究论著的地理色彩。

**关键词：** 历史地理　北京　四十年　沿革地理

　　写下这样一个题目，心中油然涌出那句"名词"——天才词
家的名作："四十年来家国，三千里地山河。"由于应朋友之邀帮
忙参与教学，2009 年前后，我以 1949 年为起始，写过《六十
年来的北京历史地理研究》之类的综述，在课堂上介绍相关进展，
也登在刊物与文集里以广宣传。尽管学术流变往往并不与政治史
的分期合拍，但在需要划定一个年代断限时依旧不能免俗。现在，
承蒙《北京史学》主编的美意，对最近四十年来的学科进展略做
检讨。局限与肤浅同在，仅供同道批评指正。这里所谓"北京历
史地理研究"，是指以当代北京市所辖区域为基本范围或适当兼
及周边地区的历史地理探索，与研究者是否身在北京毫无关系。

* 孙冬虎，北京市社会科学院历史研究所。

# 一　沿革地理的继续发展

早期的历史地理基本上是以历史学方法、依据历史资料研究过去时代的地理问题，在现代地理学迅速发展之前，主要是以考订历代疆域及政区变迁为主要内容的沿革地理。1934 年 3 月创刊的《禹贡》半月刊，英文刊名为 *The Evolution of Chinese Geography*，大体可译作"中国地理之沿革"。1935 年 3 月改作 *The Chinese Historical Geography*，译为"中国历史地理"，但刊发的文章依然是以传统的沿革地理为主，这是学术发展的时代性使然。1950 年，北京大学地质地理系侯仁之先生发表《"中国沿革地理"课程商榷》，1962 年发表《历史地理学刍议》，强调历史地理学应当作为现代地理学的组成部分，倡导重视野外调查与地理学研究手段的运用，为学科发展指明了方向。

尽管如此，沿革地理毕竟是历史地理学者最起码的看家本领。伴随着历史地理图集编纂、地名普查等大规模活动，北京地区的沿革地理研究取得了显著进展。侯仁之主编《北京历史地图集》第一集（1988 年版，2013 年修订版称"政区城市卷"），实际上就是沿革地理成果的集中展示，卷末的后记还指出了暂时不能解决的若干问题，涉及政区沿革过程、治所迁移、名地关系等方面。尹钧科先生的《北京历代建置沿革》（1994）与《北京建置沿革史》（2008），成为这个领域的基本文献。但是，北京政区沿革与地名古今定位的疑难仍然不少，历史上政权频繁变动时期的问题尤其复杂，还需要后来者继续探索。以此为基础进一步分析政区变迁的影响因素，揭示政区演变与社会政治之间的关联，将有助于区域历史政治地理的逐步完善。

## 二　空前巨制《北京历史地图集》

《北京历史地图集》三卷本在 2017 年 5 月问世（2013 年 9 月试印），无疑是北京历史地理研究近四十年来最重要的学术成果。按照一般事理推断，在可以预见的将来不会再有同类作品出现。如果再谨慎一点的话，这部图集未来何时能够修订恐怕也难以估计。

正如图集前言所说：“《北京历史地图集》第三集的出版，标志着侯仁之先生所设计的《北京历史地图集》整体研究计划的完成。”[1]这部图集由政区城市卷、文化生态卷、人文社会卷构成，前两卷分别是在 1988 年版第一集、1997 年版第二集基础上的修订增扩，人文社会卷是全新的创编。关于这部图集的编纂过程与个中艰辛，已有图集前言、后记以及参加者见诸报端的介绍，其学术价值和历史地位则有同行专家的评价在。

这样一部空前巨制的发端，可以追溯到 1965 年周恩来总理提出的重要意见：能否以绘制不同时代地图的办法表现北京城市和郊区的前后变迁。[2]即使从 1979 年召开图集编纂筹备会开始到 2017 年三卷本真正面世，其间也已历 38 年之久。政府、高校、学术团体、科研机构的勠力同心，无疑是完成图集的重要保障。在很大程度上，来自各方的力量正是由于侯仁之先生的社会地位、学术声望与人格魅力才凝聚起来的，更不要说他为此进行的人才培养、学术指导与大量组织工作了。正如第三集前言所云：“像以往一样，《北京历史地图集》第三集的编绘，仍然是众多专

---

1　侯仁之主编《北京历史地图集》（人文社会卷），前言，北京出版集团公司、文津出版社，2013，第 2 页。
2　侯仁之主编《北京历史地图集》第一集，前言，北京出版社，1988，第 1 页。

家学者合作的结果。参加工作的人员来自北京大学历史地理研究中心、北京大学历史学系、北京市测绘设计研究院、北京市社会科学院历史研究所、北京市文物研究所、中国科学院地理科学与资源研究所等单位。这些专家学者间的真诚合作，已经成为北京历史地理研究工作的优秀传统。"[1] 而今斯人已逝，造就新一代学术大师的环境却远未形成。与此同时，2013 年版图集的编纂者绝大多数年事已高。仅以成稿最晚的"人文社会卷"承担者为例："在侯仁之先生确定了图集的基本内容、表现方式、图组选定等基础问题之后，编委会进行了具体的分工。其中城市建设图组由唐晓峰负责；人口图组由韩光辉负责；经济图组由尹钧科负责；文化图组由尹钧科、李孝聪负责；社会管理与社会生活图组由尹钧科、李孝聪负责；村落图组由尹钧科负责；交通图组由尹钧科、岳升阳负责；军事图组由岳升阳负责；近代革命史迹图组由尹钧科负责。"[2] 上述五位图组负责人，年龄最大又承担图组最多的尹钧科先生生于 1941 年，今年 77 岁；最年轻的岳升阳先生生于 1954 年，今年也已 64 岁。难道还能指望他们像从前那样继续冲锋陷阵吗？在当代社会条件下，年青一代大多背负着沉重的经济生活压力，显然不能要求他们去为一件耗时太久又无甚收益的事情无私奉献。在一个相当长的时期内，绘制关于某个时代或某部文献（如《水经注》）的北京历史地图，依然会是若干研究课题的成果形式之一，但 2013 年版《北京历史地图集》注定会成为一座高高矗立却也"前不见古人，后不见来者"的学术丰碑。

北京专题历史地图或图集的编纂，有徐苹芳先生的《明

---

1　侯仁之主编《北京历史地图集》（人文社会卷），前言，北京出版集团公司、文津出版社，2013，第 1～2 页。
2　侯仁之主编《北京历史地图集》（人文社会卷），后记，北京出版集团公司、文津出版社，2013，第 184 页。

清北京城图》（1986）、岳升阳先生的《北京宣南历史地图集》（2008）等。北京古旧地图的选辑有《北京历史舆图集》（2005）、《北京古地图集》（2010）、《运河全图》（2011）、《北京通州历史舆图》（2017）等，都为读者提供了阅读的方便。朱竞梅女士《北京城图史探》（2008），说明了国家图书馆藏古代北京城市地图的基本状况与学术价值。古旧地图研究是可望取得较大成绩的方向，唯其需要研究者就在藏图单位供职或与之具有密切的合作关系。以上诸种图集的编纂出版以及研究著作的问世，就是基于这样一个最关键的条件。

## 三　亟待深化的环境变迁研究

在 1980 年前后，"环境变迁"成为自然地理与历史自然地理学者普遍推重的概念，并且逐渐扩大到历史人文地理领域。在侯仁之先生主持下，1983 年以《北京历史地图集》编绘人员为基础成立了北京环境变迁研究会，"希冀对全新世开始以来这一万年间北京及其附近地区的自然和人文的环境变迁，先进行一些专题的研究，汇为丛刊，分期发表，借以为首都的城市建设和地区开发，提供初步的参考资料。然后，期以时日，在深入研究的基础上，力求为上述目的，做出关于环境变迁的规律性的探讨，当更有助于今后首都建设的实践"。[1] 该会编辑的《环境变迁研究》，发表了来自北京大学、中国科学院地理所、北京市社会科学院等单位学者的文章，显示了自然地理学方法与历史文献记载融会贯通的良好势头。但在 1996 年出版第五辑之后，大致因为某种人

---

1　侯仁之主编《〈环境变迁研究〉发刊词》，《环境变迁研究》第一辑，海洋出版社，1984。

事缘故而中断，殊为可惜。

在这之后，尹钧科先生、吴文涛女士著《历史上的永定河与北京》（2005），系统阐释了一条河流与一座城市之间相互影响、相互作用的历史过程，为解决当代区域环境问题提供了借鉴。岳升阳先生长期致力于通过考察建设工程的地基剖面与考古所得寻找自然环境变迁的线索，1996年在王府井工地发现了一万年前古人类活动遗迹，关于金中都城、永定河水系的环境变迁研究也多次借助此类直接证据。历史上的北京自辽代作为都城以来的环境状况，我们有《北京近千年生态环境变迁研究》（2007）等论著予以初步阐释，其中也涉及某些历史人文地理问题。北京地区环境变迁依然是未来极为重要的学术方向，许多领域的研究有待开拓和深化。

自然科学手段的运用有助于增强研究的精准程度，某些数据获取与分析工具更有提高定量研究成分之效。考古学的收获，往往能够使模糊不清或缺乏记载的历史疑团变得豁然开朗。与此同时也应当看到，考古发现是可遇而不可求的小概率随机事件，显然不能期望太高。自然科学手段也并非每个研究者都有条件使用，它们也未必完全适合历史地理研究。即使是广受推崇的碳14年代测定，±50年已是很高的精度，但放在动荡的北朝、五代或者强大而短暂的秦、隋时期，就已经是一个朝代的差距了。目前以自然地理学方法做出的沙尘、气候、河流变迁研究，大抵适合进行地质时期或古地理范畴的大尺度考察。至于其间建立的某些数学模型，似乎仅仅具有"震慑"其他专业人士之嫌，却从未见作者以此解决任何一个具体问题。向自然科学学习是坚定不移的方向，但也不能因此失去历史地理学的本原。

近年来深受欧美学术界影响、最初由部分世界史研究者引入国内的"环境史"，在内容和方法上与历史地理学——尤其是历史自然地理或环境变迁——具有天然的联系。目前对"环境史"概念的理解分歧迭出，即使是最基本的定义，某些英文著作的汉译本也存在着逻辑不通或语法错误。多种论著表示，环境史强调把"人"作为环境的"要素"之一，而不是将其放到环境的主宰者或与之对立的地位，更多地关注"人"在地理环境中的作用。这样一来，似乎又与现代人文地理以及历史人文地理一直作为核心问题看待的"人地关系"并无二致。迄今为止，尚未看到足以作为中国样本的"环境史"研究范例，我们正在进行的国家社科基金项目《京津冀地区环境史》也只能先沿着熟悉的路径做起来，希望能够由此获得一些新认识。从最浅层次的"顾名思义"出发，历史地理毕竟是历史的地理，环境史则是关于环境的历史，二者显然应该区别开来。作为普通研究者，我们暂且把"环境史"理解成"人与环境的关系史"或"人与环境的共生史"去展开工作，其他理论问题只好俟之来者或静待时贤了。

## 四　历史色彩浓重的历史人文地理

侯仁之先生对北京历史上的城市规划、平面布局、城市水源等重要问题的开创性工作，已经收入《历史地理学的理论与实践》（1984）等多种文集。《从北京到华盛顿——城市设计主题思想试探》[1]一文，是他在城市规划比较研究方面做出的重要成就。此外，韩光辉先生关于北京历史人口地理与宋辽金元建制城市、尹钧科先生关于北京郊区村落及永定河文化、朱祖希先生关于北京规划建设的文化渊源、高松凡先生关于明清北京市场空间、岳升阳先生关于金中都城坊和宣南文化、赵其昌先生关于唐代幽州乡村聚落、唐晓峰先生关于北京长城遗迹调查、王培华女士关于

---

1　侯仁之：《从北京到华盛顿——城市设计主题思想试探》，《城市问题》1987年第3期。

都城粮食供应等研究，代表了区域历史人文地理迄今成绩比较突出的几个方向。历史自然灾害的形成原因、空间分布、社会后果、生态效应等，也是历史地理与地方史学者关注的问题。尹钧科先生、于德源先生、吴文涛女士《北京历史自然灾害研究》（1997），于德源先生《北京灾害史》（2008）等，代表了这个领域已有的研究水准。在北京社科院历史所 2008 年以来陆续推出的"北京专史集成"系列著作中，举凡以交通、水利、经济、政区、民族、宗教、教育、军事、社会生活为主题的各卷，《中国地域文化通览·北京卷》（2013）等地域文化论著，尹钧科先生主编《北京城市史》（2016）的环境交通、历代建置、人口地理、元代京畿地理、城市规划等卷，都有不少内容属于历史人文地理的范畴。以史名篇的其他著作，如高寿仙先生《北京人口史》（2014），关于人口迁移与地理分布的讨论，实际上也是历史人文地理问题。首都师范大学文化研究院支持下的"北京城市形态与功能的历史演变研究丛书"（2015），分卷论述了元代及元代以前、明、清、民国以及新中国成立后的城市形态与功能演变。关于北京大运河、漕运仓场、城市供水、会馆、街巷等方面的论著，同样不乏历史人文地理的内容。我们在《北京历史人文地理纲要》（2016）中，总结了主要分支的研究进展，勾画了学科架构的基本轮廓；最近出版的国家社科基金项目最终成果《古都北京人地关系变迁》（2018），重点讨论了近千年来北京城市发展与人口、资源、环境之间的相互作用和相互影响。

谭其骧先生曾在 1990 年预言："历史人文地理将是历史地理研究中最有希望、最为繁荣的分支之一。"[1] 其所以如此，原因之一可能是关于这些问题的文献资料更丰富最基本的研究途径更接

---

1　谭其骧：《积极开展历史人文地理研究》，《中国历史地理论丛》1991 年第 1 辑。

近以历史学为主的传统做法，当然也需要某些现代技术手段的辅助。在这样的条件下，历史人文地理领域的参与者远比投身历史自然地理领域的数量多，但他们的论著也越来越多地显示出区域史、专门史或者地域文化的浓烈色彩，本应成为核心问题的历史地理淹没在历史背景与历史过程的叙述中，形成历史与地理相互杂糅、学科界限难以区分的局面。就一般情况而言，历史地理尤其是人文地理毕竟要以史料为立足之本，从历史学科跨入这个领域的从业者越来越多，最熟悉的研究路径当然来自原有的专业背景，论著的地理味道日渐寡淡也就成为无可如何的事情了。与此同时，某些以自然地理方法为标榜的工作，却往往由于史料不足而过于疏阔。跨入学科的门槛过低，也加剧了作者群体与论著质量的参差不齐。

## 五　兴趣与需要推动下的区域地名研究

严格来讲，地名学并不是历史地理学的分支，只是与它密切相关的一门综合性学问。地域的命名依据往往出自本地的某种历史地理特征，历史地名定位也经常需要进行历史地理的考证。通过分析地名的语词含义、分布规律、变迁过程，有可能反过来对区域历史地理环境做出某些定性的推测，使之成为历史地理研究的证据之一。至于以语言属性为主的地名学的其他方面，则与历史地理的差异越来越大。地名研究历来是文史与地理研究的臂助，但最近几十年的进展有赖于国际学术界的影响与国内地名标准化工作的推动。1979~1986 年，为实现地名标准化而进行的第一次全国地名普查，引发了地名研究的热潮，历史、地理、制图、测绘、民族、语言等学科的人们开始关注其基本理论、方法、功能、价值等问题，最终凝聚为若干专著以及某位作者或某个会议的论文集。

　　第一次全国地名普查的成果，在北京地区表现为褚亚平先生主编《中华人民共和国地名词典·北京市》（1991）以及每个区县分别编纂的一部地名志。褚亚平先生等著的《地名学基础教程》（1994）等学科基础理论著作，也形成于这个背景之下。大潮过后的机构变动造成地名工作者纷纷流失，只剩下对此仍然保持专业兴趣的少数研究者在关注地名问题。比如，我们关于区域地名的《北京地名研究》（2009）、《北京地名发展史》（2010）与《丰台地名探源》（2009），关于研究方法的《地名史源学概论》（2008），关于基础理论的《地名学基础教程》（修订版，2009），就是如此。当2014~2018年第二次全国地名普查与地名志、地名词典编纂任务来临时，各地深感理论指导尤其是区域地名研究成果的缺乏，这当然是此前积年欠账过多所致。迄今所见若干关于北京地名的书籍，大抵以抄录各区县地名志的材料为主，再混之以某些似是而非的流俗传闻，这些正需要具有历史学与历史地理学训练的专业人士予以正本清源。即使不久的将来地名普查与地名志、地名词典编纂宣告完成，随着北京地域文化挖掘与保护力度的增强，区域地名研究也势必随之加强，可望成为一个相对活跃的领域。

## 六　学位论文显示的新兴力量

　　历史地理在任何年月都不会成为显学，从研究范围着眼划分出来的北京历史地理，更是需要以针对本区域的科研课题为支撑，参与者的来源也比较明显地具有地域集群色彩。即使在信息时代建立了各类数据库，也依然要以尽量充分的历史文献为基础，储存的数据则必须进行严格校核与适时更新。数据库是以耗费大量时日、经费、人力、智力为前提建成的信息资源库，为研究者提供了效率极高的工具，但它绝不能等同于历史地理学本身。利用数据库资源做出关于研究对象的精确分析，正是当代学者独享的便利，无疑应当高度重视。各部门建立的北京地理信息库并不算少，但能够为历史地理研究服务或历史地理内容相对充实的大体还无从谈起。

古都北京及其周边地区毕竟是寻找历史地理论题的渊薮，很多高校的研究生，不论硕士生还是博士生，也不论身在北京还是其他省份，都不乏以北京历史地理为主题的学位论文。尽管他们可能还存在着资料、方法、经验、文字等方面的不足，毕业后也未必继续从事同类工作，但终究作为新兴力量关注过历史地理或城市史、区域史，这就为促进新人涌现提供了一个有利条件。仅仅在国家图书馆收藏的博士、硕士论文，与北京历史地理尤其是历史人文地理相关的就有50多篇，未被收藏的当然更多，论题涉及从历史地理视角研究北京的政区、会馆、宗教、寺庙、灾害、饮食、庙会、民间信仰、香会组织、地域文化、名人故居、遗址公园、墓葬、长城、聚落、战争、建筑、城市空间、城市地图、休闲地理、都城选址、城市供水、传统中轴线、香厂新市区、宣南文化、永定河文化、金融业、近代建筑、古气候等方面。经过四十年的岁月洗礼，20世纪的青年有些已经退休或接近退休年龄，新一代肩负着未来的学术希望。不过，有些论文在崇尚浮华的当代风气影响下，喜欢冠以颇具"理论色彩"或"高度抽象"的正题，实际讨论的却是副标题中的"以某某为中心"或"以某某为例"的个案考察，数量寥寥的样本与左支右绌的论证完全不足以支撑前面那个"高瞻远瞩"的论题，反而不如有几分材料说几分话来得客观平实。

北京历史地理研究最近四十年的发展，是在侯仁之先生为代表的开创者奠定的学术基础上不断拓展、深化与细化的结果。不论是历史自然地理还是历史人文地理，几十年前提出的问题尚未完全获得解决。区域历史文化资源的调查保护和利用，城市建设和郊区城市化，地方文化的挖掘梳理，新开发区域的规划及考古，历史地名保护与当代文化建设，将成为推动北京历史地理研究不断前进的社会动力。与京津冀协同发展的社会需要相适应，北京的研究者也将主动扩大自己的研究范围，并与天津、河北的同道加强协作，进而解决整个区域的历史地理问题。在国内与国际学术潮流影响下，这些研究势必更多地吸收以地学为主的自然科学手段，信息数据库的建设有望通过各方合作取得积极进展。除了历史地图集的编纂之外，北京历史地理研究在各个主要方向上都是任重道远，有待各方同道继续努力探索。

# 北京考古发现与北京史研究

郭京宁 *

**摘　要：** 北京考古的开展和成果对于历史研究具有重要作用，体现在印
证、组成、目的、拓展领域等方面。考古学与历史学的结合应
在加强重点领域考古、夯实文献基础、借鉴考古方法、运用考
古资料验证等方面开展。

**关键词：** 北京　考古学　历史学

## 一　北京考古对于历史研究的重要作用

1918 年，瑞典学者安特生对房山周口店第 6 地点的试掘，徐
徐拉开了北京考古的大幕。北京，也由此成为中国最早开展现代
考古活动的地区之一。

一百年来，特别是新中国成立后，一系列前所未有的考古发
现，博大而精深。它们无声地记录下考古工作者奉献的汗与泪、
力与智、思与情；有力地补充、印证或纠正着文献历史中的记
载，具体而深刻地诠释着人文北京的精神，弘扬着文化大发展、
大繁荣的主旋律。

旧石器时代的遗存多在房山、延庆、怀柔、平谷等沿太行山

---

* 郭京宁，北京市文物研究所。

东麓和燕山南麓分布的半环状山区、半山区。由于尚处采集、打猎的经济形态，因此人类活动较多地依靠自然条件好、食物来源稳定的地理区位。周口店系列地点古人类化石和旧石器的发现，世所罕见，从直立人到早期智人再到晚期智人，逐渐发展，人类历史绵延不绝，至今仍是世界上最重要的宝库之一。

新石器时代的遗存大致以永定河为界，呈现北有平底器－圈足器与南有圜底器－三足器两支不同的文化系统。门头沟东胡林新石器早期遗址，是华北地区遗迹种类和遗物类型最丰富的同类遗址之一，是研究北京从旧石器时代向新石器时代过渡的关键枢纽，填补了自山顶洞人之后、距今1万年前后北京人类的演化缺环。在平谷上宅遗址基础上提出的"上宅文化"，是北京较早的原始农村萌芽状态的新石器文化，弥补了北京史的空白。

西周初期，以召公家族为首的联合殷商及以土著部族首领为核心的燕国统治集团，在北京大地上，开拓了与中原同步发展的历史。房山琉璃河城址和墓地的发现，确定了北京3000多年前的建城之地、之始，属于具有自身特色的燕文化范畴。琉璃河青铜器上的铭文是北京文字出现之始，记载了召公之子克到燕地就封这一段失传的史实。琉璃河龟甲上的刻字，为遗址准确的年代断定提供了重要依据。

东周可分为春秋和战国两个时期。春秋时期的遗存有房山镇江营与塔照遗址商周第四期第三段第四组等。军都山大规模墓地的葬俗及大量瑰奇文物，使北方草原民族的风采扑面而来，证实了文献中北京自古就是多民族聚集地区的记载。战国时期，燕昭王励精图治，"燕国殷富"，社会生产力取得了极大进步。《战国策》载，燕"地方二千余里，带甲数十万，车七百乘，骑六千匹，粟支十年"。考古发现数量的增多和遗迹种类的丰富也支持这一说法。如发现了燕中都窦店古城等城址、镇江营与塔照商周第五期等遗址、昌平半截塔等墓葬，还有不少零散的燕国金属货币出土地点。很多城址、遗址、墓地的年代可延续至汉代。

汉代北京由于北方军事重镇地位的确立，成为中央政权经略东北和北方的基地，并一直沿至清代。众多封国都城、郡城、县城、军城和专门性城市的考古发现，证实了郡县制和郡国并行制的实行。墓葬的数量极多，大葆台、老山是其中规模最大者。大葆台西汉刘建墓，首次证实了文献中所记的黄肠题凑，让人叹为观止。

魏晋十六国北朝时期，北京是北方地区的经贸、军事中心，往往成为割据势力的必争之地和北方游牧民族南下中原的前哨基地。西晋华芳墓志、北齐傅隆显墓志等为研究西晋门阀观念、推断蓟城方位、研究北齐郡县设置提供了依据。

隋代房山云居寺的佛舍利、藏经洞等佛教遗存，印证了《帝京景物略》中的记载，6000余则石经记录了刻经时间、发起人等内容，是研究北京佛教兴衰与传播的丰富资料。

唐代有曾称帝的史思明墓、卢龙节度使刘济墓等高级别墓葬，丰厚了《旧唐书》《新唐书》等史料中语焉不详之笔。大量唐代墓志极大地填补了历史文献的空白，对于确定唐幽州城址、子城、里坊及各县属村的名称和分布情况起到了关键作用，弥补了《太平寰宇记》中"幽都十二乡，蓟县二十二乡，只记乡数，不记名称，更无村名"之憾。

《辽史》素以简略著称。会同元年（938），辽太宗升幽州为南京，北京从中原王朝的边疆重镇而一举成为北方游牧民族王朝的陪都，揭开了历史上崭新的一页。作为辽"五京"之一的"南京"，北京辽代有丁文道、赵德钧、马直温、刘六符、韩佚、张俭等高级官吏墓，对其墓志的考证和解读，将辽史的研究引向深入。

金代较著名的墓葬有乌古论家族墓、赵励墓、石宗壁墓等，反映了当时官制变迁、科举制度、商贸流通等情况。对金陵陵区的调查和对主陵区的发掘印证了《大金集礼》等记载，填补了中国帝王陵寝资料的缺环。海陵王迁都燕京后，金中都开启了北京正式成为中国北方的政治中心，最终成为中国首都的时代，遗址区内水关、大安殿、鱼藻池、兵营等重要遗迹资料的取得都得益于考古工作。

元大都街道和建筑基址的勘查，犹如骨骼与血肉，将这座"中国古代都城中的经典之作"丰满化了。耶律铸、张弘纲、铁可父子等高等级官吏墓葬及和义门瓮城城门的发现，填补了《元史》的空白。

昌平定陵，是新中国成立后第一次有计划发掘的帝王陵，成为北京乃至中国考古的丰碑，出土文物对于明代丧葬观念、礼仪制度、工艺技术、冠服制度等历史问题的深入研究有很高的价值。其他皇子墓、公主墓、太监墓、品官墓等发现，也丰富了明代历史研究的内涵。长城、大运河及相关遗迹的考古工作，是北京历史地理学的重要研究内容。

索尼、荣禄等高官墓，李莲英等太监墓是清代考古的重要收获，还有圆明园等皇家园林、河湖水系、寺庙宫观、宫殿衙署。
…………

这些重要的发现串联起北京历史的链条，它们是考古学独一无二的贡献。它们还让历史从书本中"走出来"，活生生地展现在世人面前。考古学也因此成为 20 世纪北京史学领域中贡献最大、学术成绩最突出的学科之一。


## 二　北京考古与历史研究的关系

### （一）考古印证了历史的真实性

考古印证了北京历史的真实性，增强了人们的民族自信心和凝聚力。在真实的文物面前，人们感叹历史是如此近距离的触手可及，文物是如此灿烂而多彩；不再流于纸间文字的飞舞，不再怀疑层累造成古史。实实在在的文物在呼唤人们古老记忆的同时，更成为人们团结、凝聚、向心、自豪的有力武器。

房山琉璃河西周的考古发现，证实了《史记》中"周武王之灭纣，封召公奭于北燕"的地望和记载。军都山山戎墓地的重要发现印证了《史记·匈奴列传》中所记的"唐虞以上有山戎"，山戎人以"射猎禽兽为生"，"随畜牧而转移"，"逐水草迁徙，毋城廓常处耕田之业"，"习战攻以侵伐"，常为燕、齐之边患。石景山鲁谷一带对韩氏、吕氏家族墓的发掘，确认了《辽史·百官志》等文献资料中的相关内容。《长安客话》等文献中明代不从葬的嫔妃俱葬金山的记载，被明成化帝妃子墓的发掘证实。这样的例子很多，不一而足。

考古学研究是"人文北京"建设和精神文明建设的重要组成部分，是推动首都文化大发展、大繁荣的物质基础。从考古发现的角度证实了北京"人"之悠久历史，"文"之恢宏精深。

## （二）考古工作是历史研究的重要组成

考古学凭借实物资料来研究人类历史，其作用在于根据古人遗留的各类物质资料，弥历史之厥缺，补文献之不足，拓研究之新域。所以在中国，一般被归为历史学科，是历史学的重要组成部分。

考古发现极大地完善了北京史的内涵，尤其是史前史，几乎完全得益于考古资料。解读文字诞生前后"文献不足征"时代的无字地书，考古学的作用无可替代，考古人参与写史势所必然。

周口店举世震惊的发现自不必说，记录了60万年前至3万年前北京早期人类活动的历史。东方广场是世界上首次在国家首都的中心地区发现旧石器晚期的人类活动地点，对了解北京晚期智人从山区走向平原的路径意义非凡。门头沟东胡林发现的古植物遗存，为研究中国北方地区旱类农业起源和变迁提供了十分丰富的科研标本，也出现了并非萌芽阶段的早期陶器。平谷上宅遗址表现出距今 6000 年与东北地区原始文化的相近面貌，而与之约同时的房山镇江营遗址表现得与冀中地区更为相近，从而充分说明，新石器时代的北京就已是南北相交的交通要道和文化中枢。昌平雪山二期文化表明其已被纳入中原龙山文化系统。从距今 1 万年至 4000 年，北京历史发展的链条基本是连贯的。

考古学自诞生之初，便作为复原历史的重要手段和依据，通过发掘、分析、解读考古资料中的历史信息，从而解决某一方面的历史问题。北京考古始终参与古史的建构，在谱写北京历史的过程中做出了重要的贡献。

历史研究也因为考古学的参与带来了新的资料而产生活力与动力，尤其表现在新发现引发的学术探索，这是竭竭无穷的，如同"问渠那得清如许？为有源头活水来"。

## （三）考古学的本质和最终目的是复原历史

考古学发展的动力不仅只是获得实物，它更蕴含着历史研究的内在动力。

其一，中国考古学向来有史学传统，所以考古人的兴趣和关注点多在具体问题的探索上。"证经补史"的情结、倾向与研究取向，基本上贯穿了学术史的始终。

其二，获得实物资料不是目的，而是手段。考古学可以更多地看作建构历史框架的途径和过程。

新中国成立初，认知考古资料在历史长河中的地位、构建物质文化史的时空框架是考古工作最主要的目的。这件东西是什么时候的？什么人用的？能不能在史书中找到记载？这是考古人面对新出土文物时最常问的问题。于是，以"挖"为主的发掘和以"验史"为主的研究占了考古学的大多数。

用实物资料去构建逝去历史的时空框架是考古学最基本的层次要求。在这一任务基本完成后，文化编年和谱系的构建基本完成后，从物质文化史研究向古代社会复原研究转型，对人类古代社会的历史复原就顺理成章地成为考古学研究的下一个层次要求。

同样是面对出土文物，这件东西是怎么做出来的？怎么用？背后的使用群体有什么样的活动过程？类似的问题更多地被考虑。

这一目的决定了考古学还远没有到可以停下脚步的时候，对历史的探究还远没有到可以画上句号的程度，考古学依然要向复原历史这个目的奋力前行。

例如，史前聚落的变迁模式，古代手工业的发展状况与社会复杂化过程的关系，汉蓟城、唐幽州、辽南京的古代城市位置和布局等，这些研究都将以仍在地下的实物为基础。

已有的考古资料，也像一座没有爆发的火山，能量还没有完全释放。因为研究者关注点不同，研究手段和技术不同，完全可能产生新的甚至是相反的结论。例如，上宅遗址中出土相当数量的石磨盘、石磨棒，配套有序，有研究者据此推断农业已有一定的发展。但也有学者运用淀粉粒分析手段对石磨盘和石磨棒进行研究后，提出当时的经济形态是采集和农业并重的观点。

随着新理论、新资料、新方法、新技术的出现，考古学研究将会拓宽前行之道路，更加注重理论化、实际化、系统化、多元化，越发成为人们了解过去的重要工具。

考古的初衷可能不尽相同，但最终目的都是复原历史。例如，西周琉璃河的甲骨文、金文起北京文字之肇，但这处遗址的最初发现只是吴良才先生路过董家林村时对发现的陶片产生了浓厚兴趣。大量唐代至清代的墓志有"证"有"补"，为研究各朝代官制、对外关系、门阀制度提供了依据，是历史研究的坚强基石和有力工具。而这些墓志的出土原因各异，主动发掘、随建设施工出土、传世甚至盗墓都有。定陵的发掘有当时的社会背景和个人原因，但其出土的精美文物成为研究明史的重要资料。

## （四）考古拓展了历史的研究领域

北京考古学的理念、方法、技术、手段是随学术目的的发展而发展的。考古学为达到从物质文化史向古代社会历史复原研究转型的目的，相应地拓展了研究方法和领域，运用了新的研究手段和技术，聚落考古、环境考古、地震考古、建筑考古、冶金考古等专题研究方向应运而生，为历史研究服务。

这些原本属于理科或自然科学范畴的技术手段，由于其研究的对象多为具体的古代物质，而它们的精确取得唯有考古发现，因此获取和研究首先经过考古，最终成为北京史研究新的助推器。

例如，琉璃河青铜器的成分分析表明西周冶铜已采用镀锡技术；大葆台汉墓多用柏木，说明至少在西汉晚期环境较好，此后逐渐恶化；龙泉务辽代含硼硅酸盐琉璃釉比国外的同类物至少早500年；延庆大庄科的辽代联合炒钢工艺，从实物角度将明代《天工开物》中的记载提前了500年；大兴三合庄金代数量巨大的炭化高粱，是东亚地区的首次发现，填补了高粱在世界范围内传播路线上的缺环。因此，考古扩大了史学的范围，增强了考订的精密。

# 三　北京考古与历史相结合的展望

作为历史学重要组成的考古学，虽然自始也没有脱离史学范畴，但在2011年的学科体系调整中，原来作为历史学一级学科之下的二级学科的考古学被提升为一级学科。所以，两者之间的关系更多地被认为是"兄弟",而不是"父子"。新的形势下考古自身及其与历史学的结合应该致力于什么样的发展方向?

第一,现阶段的考古工作重点仍然是完善历史发展的链条。

诚然,100年来,北京考古的系列发现已经将北京各主要历史时代的物质编年和年代框架基本建立。但不得不承认,由于北京处于燕山南麓的农牧交错地带,文化因素多元融合,文化交流和互动频繁,文化的发展并非区域同步,延缓或滞后是时常可见的现象。因此,要详细辨明考古出土遗存的年代,乃至置于可靠的时空框架或谱系并不是一件轻而易举的事,仍是一项目前主要并将长期存在的任务,任重而道远。而这一任务的完成程度,是考古研究的基础,也决定着考古对历史研究提供支持的可靠度。

在这一工作中,要特别注意标(典)型器物(遗迹)的发展早晚及演变关系,从形态(制)、纹饰、结构、制作工艺等角度入手,厘清其来龙去脉,努力搞清"物"背后的"文","文"背后的"人"。例如,"辽金""明清"在实际考古工作中有时不易区分,常被混为一谈、归为一体,而这是两个不同的时代,精确区分其文化属性的重要性不言而喻。

第二,考古工作特别是历史时期的考古要主动加强与文献资料的对接与联系。

北京自金代正式迁为都城后,城市的规划整齐有致,民族的迁徙、宗教的传播、国家的交往频繁、民俗文化的多层级性是其他城市不能比拟的。大量留世的正史、笔记、游记、诗词、老照片、档案等文献资料中或多或少留有当时物质文化、地理水文、古迹风貌等记载。可参阅的文献史料众多,是北京考古的重要特点。

要善于在文献中查找依据,甚至有些以问题为导向的研究可以先从文献中寻找线索,再运用考古资料核实。例如,窦店古城在《水经注》等古籍中都有记载,倘若开展考古工作,应首先梳理相关的文献。

研究者要带着具体的历史问题来处理考古材料，尽可能地在历史背景下用历史思维理解考古材料。或者说，要借助于文献记载的历史信息，有效地将考古材料转化、上升为史料。

第三，历史研究要借鉴考古方法和技术。

前人之迹，多散布于广阔的田野大地，必须经过考古，才能被系统、完整地发现、收集和认知。考古学强调研究资料来源于田野调查和发掘，因此通俗地称之为"锄头考古学"。在开展历史研究的过程中，要运用考古的田野调查方法及类型学分析，跳出书斋的窠臼。

在这一过程中，考古不仅研究史料，也提供、生产史料。发掘出来的考古材料转化为史料，不仅供考古学家研究，也供史学家及其他领域的学者研究使用，如此学科价值才能最大限度地凸显出来。

中国古代治史向来有野外调查的优良传统。如汉代司马迁"二十而南游江、淮，上会稽，探禹穴，窥九疑，浮于沅、湘；北涉汶、泗，讲业齐、鲁之都，观孔子之遗风，乡射邹、峄；厄困鄱、薛、彭城，过梁、楚以归"。宋代沈括推论太行山"乃昔之海滨，今东距海已近千里；所谓大陆者，皆浊泥所湮耳"，他的研究方向已近于现代的"环境考古学"。元葛逻禄乃贤在著《河朔访古记》前，自浙江游历大江南北，考察古迹古物，夏鼐先生认为葛氏的考察已接近近代的考古调查。明代顾亭林"足迹遍天下"，"所至呼老兵逃卒，寻其曲折，或与平日所闻不合，则即坊肆中发书而对勘之"。元人苏天爵在《三史质疑》中提出，"辽金大族如韩、马、赵、时、左、张、吕，其坟墓多在京畿，可模碑文已备采择"，并强调"唐以来则稗官、野史及百家谱录、正集、别集、墓志、碑碣、行状、别传，皆不敢忽"。乾嘉考史名家钱大昕利用碑刻史料与历史文献互相比勘解释，对考证元史问题颇有创获，可视为"二重证据法"的萌发。傅斯年在《史料与史学》发刊词中，重申"近代的历史学只是史料学"这一思想。"史料"一词，包括传统意义上的文献古籍，还包括田野考古资料、人类学资料等。傅氏这种建立在考古资料上的史料学思想，为新史学的发展奠定了基础。更重要的是，傅氏付诸实践，把考古学、语言学以及其他方法用于历史研究，中国史的科学化走向了跨学科。今人历史地理中对长城、古河系等研究，不可能不实地调查，也是两者结合的体现。

第四，历史研究要积极运用考古资料加以验证或解决问题。

当考古发现与文献记载发生矛盾时，要充分将两者相互印证。王国维提倡："吾辈生于今日，幸于纸上之材料外，更得地下之新材料。由此种材料，我辈固得据以补正纸上之材料，亦得证明古书之某部分全为实录，即百家不雅训之言亦不无表示一面之事实。此二重证据法惟在今日始得为之。虽古书之未得证明者，不能加以否定；而其已得证明者，不能不加以肯定，可断言也。"其提出了将"地上材料"与"地下材料"互证的二重证据法。

"五四"之后，各类思想空前活跃，史学界兴起了一股"古史辨"的思潮。旧的古史体系靠不住了，胡适、钱玄同等学者主张用挖出来的实实在在的东西证明民族的历史。这成为近代考古学传入的学术需求、社会需求和思想需求。

1924 年，李玄伯写了《古史问题的唯一解决方法》，指出"要想解决古史，唯一的方法就是考古学"，"我们只有走考古之路，通过地下的发掘。挖出实实在在的东西才能证明我们的历史是对还是不对"。"古史辨"阵营的领军人物顾颉刚则回应说：我完全同意你的意见，走考古学之路"确是极正当的方法"。

考古发现是客观的真实存在，所以在北京的历史研究中，要充分注意、承认并尊重考古材料。例如，延庆古崖居的调查与发掘，证实其洞窟主要建于唐代，为奚族历史的研究提供了年代框架。圆明园大宫门南的两条排水沟，紫碧山房发现的半圆形码头，澹怀堂庭院内东侧、西侧的排水系统设施等考古发现都是不见于样式雷图档、《圆明园四十景图咏》等文献资料的阙载。

同时，考古的学科特点是以长时段的、历史与文化发展进程的宏观考察见长，而对精确年代和具体历史事件的把握不是强项，尤其表现在三代之前的考古中。所以，考古的角度和话语系统对历史的叙述可能是粗线条的。历史研究要理解这一语境并转化。

不会说话的考古材料具有很强的质朴性，能够讲出、讲好文物背后的历史信息对于考古与历史的整合十分关键。同时，也要意识到考古材料和学科手段的局限性，注意过度解释的危险。

# 北京戏剧史研究四十年

陈清茹*

**摘　要：** 改革开放四十年来，北京戏剧史研究取得了重大成就，不仅开
创了地域戏剧史撰写的先河，填补了北京戏剧史研究领域的
空白，出现了很多有价值的理论专著；而且在史料搜集和整
理方面也取得了突破。在这几十年中涌现出了大量人物传记，
彰显了戏剧的影响力，在此基础上提出了今后北京戏剧史研
究的发展方向。

**关键词：** 北京戏剧　戏剧资料集　戏曲名伶　京剧　剧场

　　北京戏剧集上千年戏剧文化传统之大成，在近代化的激荡变
革中承袭优秀传统的同时，又吸纳了新质的丰富营养，在民国时
期戏剧发展被推向了一个新的高峰，但经历了十年内乱的北京戏
剧一片荒芜凋零。政治与艺术关系的简单化，给戏剧发展带来损
害，经过十多年的压抑和痛苦挣扎，中国迎来了改革开放的新时
代，北京戏剧迎来了艺术的繁荣发展，曾经一度被禁演的传统戏
剧又逐渐走上演出的舞台，关于戏剧的研究也随之逐渐走向深
入。学术界在吸收西方的观念、方法、理论的基础上，以新的视
角对传统戏剧展开再认识及再发现，从不同角度展开深入研究，

＊　陈清茹，北京市社会科学院历史研究所。

涌现了一批开创性的戏剧专著，对杰出的戏剧表演艺术家在戏剧史上的地位、意义、成就和影响做了总结和概括，对他们舞台表演的效果、魅力做了大量探索，出现了许多著名人物的传记。本文拟通过对改革开放四十年来关于北京戏剧的学术研究进行回顾和总结，以期找寻规律及脉络，从而进一步推进研究的深入和发展。

# 一　重要研究成果

改革开放四十年来，关于北京戏剧的研究成果十分丰富，取得了突破性进展，主要表现在以下几个方面。

## （一）不断涌现北京戏剧史研究的理论专著

这些研究成果对北京戏剧史研究做了开创性的工作，意义重大，影响深远。《北京戏剧通史》[1]是最早出现的一部关于北京戏剧几千年发展历史的宏伟巨制。它是由 20 多位研究北京戏剧的专家和学者历经数年共同协力完成的一部戏剧史学巨著，全书共三卷，即辽金元卷、明清卷、民国卷，大约 120 万字。该书全方位地勾勒了北京戏剧从史前到 1949 年的发展轨迹，理论性地总结了北京戏剧发展演变的规律。该书开创了地域戏剧史撰写的先河，填补了北京戏剧史研究领域的一项空白，同时也填补了北京文化史和艺术史的空白，具有开创意义。《北京戏剧文化史》[2]从文化的角度对北京戏剧的发展做了整体梳理，包括三编：杂剧

---

1　周传家、秦华生主编《北京戏剧通史》，北京燕山出版社，2000。
2　李真瑜编《北京戏剧文化史》，北岳文艺出版社，2004。

为主，院本为辅——金元时期北京的戏剧文化；南北消长，昆弋同台——明至清初北京的戏剧文化；花部争胜，京剧独尊——清中期至清末北京的戏剧文化。与学术性较强的前两部作品相比，《戏剧北京》[1]是普及型的小册子，仅235页。此书是北京文化丛书的一部，是为宣传北京文化而作的，文字浅显易懂，适合所有喜爱北京文化或者戏曲文化的普通爱好者阅读。关于当代北京戏剧的专著有《北京新时期戏剧史》[2]和《当代北京戏剧史话》[3]。前者概述了新时期以来北京的戏剧环境、新时期社会问题剧及世纪之交的北京戏剧、方法与态度等；后者是"当代北京社会生活史话丛书"之一，记录了新中国成立后北京戏剧史的研究成果。

作为全国的政治中心、文化中心，北京是戏剧的丛薮，除了京剧外还活跃着其他剧种，如昆曲、评戏、话剧等，在北京十分盛行。《中国京剧史》（马少波、章力挥等主编，中国戏剧出版社，1999）、《京剧二百年概观》（苏移，北京燕山出版社，1989）、《中国话剧史》（王卫国、宋宝珍，文化艺术出版社，1998）、《中国评剧发展史》（秦华生主编，旅游教育出版社，2008）、《昆剧发展史》（胡忌、刘致中，中国戏剧出版社，1989）、《昆剧演出史稿》（陆萼庭，上海文艺出版社，1980）、《昆曲六百年》（周兵、蒋文博，中国青年出版社，2009）等著作，全面系统地阐述了京剧、话剧、评剧、昆曲形成和发展的历史，指出了这些剧种发生、发展的基本规律。这些剧种并不是仅限于北京，而是波及全国。书中提到了许多演员在北京演出的情况，再现了当时北京剧坛的丰富性。

---

1　薛晓金：《戏剧北京》，旅游教育出版社，2005。

2　高音：《北京新时期戏剧史》，中国戏剧出版社，2006。

3　胡金兆：《当代北京戏剧史话》，当代中国出版社，2008。

### （二）戏剧资料集的出版是北京戏剧史研究的基础

对史料进行盘点可以厘清史料存佚、整理出版的基本面貌，以便于研究者按图索骥，更为便捷地搜索查找和利用史料进行研究。

京剧方面。如《清代燕都梨园史料（正续编）》[1]涉及清朝北京戏曲的演出活动、班社沿革、名优身世、表演风格、观赏时尚以及梨园轶闻掌故。正编、续编曾分别于1934年、1937年由北平邃雅斋、松玲阁两书店排印出版，由于原书未做标点断句，不便阅读，因此中国戏剧出版社重新排印出版，由吴启文等做了点校。其他如《清代京剧史料学》（中国文史出版社，2017）、《京剧历史文献资料汇编》（凤凰出版社，2011）、《京剧剧目概览》（许祥麟编著，天津古籍出版社，2005）、《中国京剧史料编年（1740~1949）》（学苑出版社，2018）等书，记载着京剧发展历史信息的史料。

话剧方面。民国时期是传统戏剧向现代舞台剧转型的一个重要阶段，不但产生了一大批著名的戏剧家，而且产生了一大批剧社。《北京剧社社史资料专辑》[2]、《民国剧人剧社》[3]和《民国戏剧》[4]这三本著作梳理了中国新式戏剧的发展历程，包括留日学生将新剧移植到中国、反映时事及搬演外国剧本的剧目并存、专业戏剧人才和戏剧学校出现、本土创作的优秀剧目诞生、新剧为社会运动和抗战服务等各个阶段，值得一观。《民国时期话剧杂志汇编》由上海戏剧学院与上海图书馆共同编撰完成，所收录杂志以上海图书馆、国家图书馆藏本为主要来源，是难得一见的版本。书中收入了大量珍贵稀见的文献，像国立北平大学艺术学院

1 张次溪编纂《清代燕都梨园史料（正续编）》，中国戏剧出版社，1988。
2 北京市文化局党史资料征集办公室编《北京剧社社史资料专辑》，北京出版社，1995。
3 于嘉茵：《民国剧人剧社》，团结出版社，2010。
4 于嘉茵：《民国戏剧》，东方出版社，2013。

戏剧系编的《戏剧系》、国立清华大学中国文学会编《文学月刊·戏剧专号》等出刊物，虽然在小范围流传，比较罕见，但是它们在民国时期的话剧期刊中占据重要的地位。

其他如北京出版社 1985 年出版的北京市政协文史资料委员会编纂《京剧谈往录》（4 册），学林出版社 1986 年出版的江上行《六十年京剧见闻》，1993 年中国戏剧出版社出版的丁秉鐩《菊坛旧闻录》，2008 年新星出版社出版的周简段《梨园往事》，2011 年中国戏剧出版社出版的齐崧《京剧名伶艺术萃集》，2013 年中国戏剧出版社出版的曹其敏、李鸣春主编《民国文人的京剧记忆》，2018 年中华书局出版的张文瑞《旧京伶界漫谈》等书籍，涉及众多梨园旧人旧事、逸事轶闻，虽然琐碎，却丝毫不觉杂乱，是组成北京戏剧的具体脉络。

## （三）大型志书、工具书的编纂取得重大进展

经过全国近万名戏曲工作者历时 16 年的艰苦努力，《中国戏曲志》[1] 于 1999 年出版，共 30 部省卷。这是我国有史以来第一部由政府主持编纂的、全面反映中国各地各民族戏曲历史和现状的戏曲专业志书。这部志书的编纂出版对我国的戏曲科学乃至其他许多学科研究有很大的指导意义，具有十分重要的学术价值，对各地的文化建设起着不可替代的作用。其中《北京卷》（上、下）是对北京有史以来各种戏曲发展状况的全面概括和总结。《北京地方志》[2] 主要内容包括老街巷中老北京的市井生活及饱含历史积淀的商业文化、餐饮文化、梨园文化、会馆文化等。其中文化艺术卷包括《戏剧志》《曲艺志》《电影志》，反映了北京市 1993

---

1　中国戏曲志编辑委员会编《中国戏曲志》，文化艺术出版社，1999。
2　罗保平、张惠岐主编《北京地方志》，北京出版社，2006。

年以前戏剧、曲艺和电影三个艺术种类的历史和现状。《戏剧志》集中反映的就是北京的梨园文化，各种戏剧种类自古以来的发展轨迹都记述得清清楚楚。

《中国京剧百科全书》[1]的出版不仅代表了百年来京剧研究的最高水平，也是京剧研究成果的科学总结，更是未来从事京剧研究的基石，它全面介绍了京剧产生、发展、成熟及现状，具有里程碑式的意义。全书由320余位京剧专家撰稿，内容涵盖京剧历史、京剧文学、京剧音乐、京剧表演、京剧舞台美术、京剧导演、京剧演出团体、京剧剧场、京剧教育、京剧研究、京剧与其他艺术等方面。王文章、吴江著《中国京剧艺术百科全书》（中央编译出版社，2011）是一部以现代百科全书表现形式，全面系统介绍京剧知识的专业性百科全书。此全书设置京剧史、表演艺术、舞台美术、艺术造型、流派、人物、剧目、综合八个部分，在框架设计上突出京剧艺术的重点、特点、亮点。

## （四）文集、回忆录、日记等资料的大量出版

民国时期的戏曲名伶身边都有一些文人墨客，这些人既是智囊团，又是至交好友，友情非同一般。尤其是四大名旦中的梅先生和程先生身边的文人最多，两边势均力敌，被称为"梅党"和"程党"。这些文人朋友的文章、回忆录、日记等材料对研究四大名旦以及民国京剧有很大帮助。齐如山20多年间为梅兰芳导演了一大批富有代表性的京剧剧目，不仅奠定了梅兰芳的舞台艺术成就，而且对京剧走向辉煌鼎盛也起到了一定作用。最先出版的齐如山文集是台湾方面出版的《齐如山全集》[2]精装十巨册，才印

---

1　马少波、刘厚生、郭汉城主编《中国京剧百科全书》，中国大百科全书出版社，2011。

2　陈纪滢主编《齐如山全集》，台北联经出版事业公司，1979。

行了 600 套。辽宁教育出版社花费了 4 年多的时间出版了 15 种，但只是把联经版的文章由繁体竖排变成简体横排而已，内容基本未变。河北教育出版社联合开明出版社 2010 年出版的《齐如山文集》十一卷本，不仅从内容上无法涵盖辽宁教育出版社的系列集，而且从学术价值上也无法与前两个版本相比。这个版本不仅删去了一些政治性强的文章，而且对文章的一些词句也进行了删改，从内容上看是干净了，但是历史文献价值就大打折扣了。翁偶虹先后为程砚秋等演员编写剧本 100 余个，是戏剧史上最高产的剧作家。百花文艺出版社出版的四卷本《翁偶虹文集》，把翁先生已经出版的旧作集合在一起。[1] 张景山先生将先师翁先生的散见文章按照类别辑成上、下两册的《梨园鸿雪录》（文津出版社，2017），此书以翁偶虹的亲身经历为线，采用第一人称娓娓而谈，讲述了诸多京剧名伶的故事，分析了各种流派的艺术特点，同时介绍了民国到新中国成立后半个多世纪的戏剧情况。

戏曲名伶本人对演剧生活的回顾在史料价值上更为重要。如荀慧生的《小留香馆日记》（中国戏剧出版社，2016）包括两部分，一为 20 世纪 20 年代后期至 30 年代初，一为 40 年代。这 6 册日记记录的恰好是荀慧生艺术上最为辉煌的年代，因此日记具备独特且无可替代的历史文献价值。《程砚秋日记》（时代文艺出版社，2013）主要记述了三个特定时期——旅欧考察时期、北平沦陷时期、北平和平解放时期的生活经历和艺术感悟。其他如《舞台生活四十年：梅兰芳回忆录》，1952 年、1954 年相继出版第一、二集，第三集的写作始于 1958 年，后因"文革"被搁置，直到 1981 年才由中国戏剧出版社出版。梅兰芳在书中回忆了他

---

1　其剧作卷出自中国戏剧出版社 1986 年出版的《翁偶虹剧作选》，论文卷出自上海文艺出版社 1985 年出版的《翁偶虹戏曲论文集》，回忆录卷出自中国戏剧出版社 1986 年出版的《翁偶虹编剧生涯》，民俗学卷出自百花文艺出版社 1985 年出版的《北京话旧》。

与京剧并肩成长、发展的历程，同时也记录了他演出之余的点滴体会和对京剧的改革创新。因此此书既是一部名人传记，也是一部民国京剧史。

艺术大师关于戏剧理论的文章具有重大价值，因为这是从自己杰出的舞台经验出发进行的思考，同他们在戏剧艺术表演上的贡献一样卓越。梅绍武等编《梅兰芳全集》（8 册）[1] 是第一个试图汇集梅兰芳存世文献的版本，只能算是一部"选集"，所收的演出剧目不过是梅兰芳所上演的剧目中极少的一部分，还有相当多的文章未能收入。《荀慧生文集》（中国戏剧出版社，2014）收录了荀先生早年谈艺论道的 60 余篇文章，涉及其戏剧观、教育观和表演体会、从艺经历等内容。2003 年编辑出版的《程砚秋戏剧文集》（华艺出版社，2010 年再版），辑录程砚秋论述中外戏剧艺术的文献 99 篇及 3 篇附录，其中多数是首次公之于世。

## 二　研究重点和时代特色

改革开放是一次思想大解放，这一阶段戏剧研究者大胆解放思想，纷纷寻求新的研究角度，使学术研究呈现百家争鸣的繁荣景象。

### （一）研究多围绕演员

从演出的角度说，演员乃最为重要的因素。剧本再好也需要演员的演出来争取观众并流播久远。反过来说，无论是剧目的失

---

1　梅绍武等编《梅兰芳全集》，河北教育出版社，2000。

传、表演艺术技巧的退化消失，还是一个剧种的绝灭，无不是演员的后继无人所造成的。所以，关于戏剧演员的研究文章及专著最为丰富，其中著名人物受到的关注最多。

京剧是我国最大的戏曲剧种之一。20世纪三四十年代，四大名旦、四大须生、四小名旦等观众公认的艺术家纷纷出现，一时间京剧流派纷呈，名角斗艳，达到了鼎盛期。改革开放掀起了对京剧人物研究的热潮，陆续出版了一系列的人物传记，如周传家的《谭鑫培传》，张永和的《春风秋雨马蹄疾：马连良传》，万伯翱、马思猛关于孟小冬的传记《氍毹上的尘梦》，丁秉鐩的《孟小冬与言高谭马》，朱继彭的《童芷苓传》和《武生泰斗王金璐传》等。"京剧泰斗传记书丛"包括十二位"京剧泰斗"的传记：程长庚、谭鑫培、余叔岩、梅兰芳、程砚秋、荀慧生、杨小楼、张君秋、周信芳、马连良、盖叫天和裘盛戎。这些传记对名伶的家世、学艺经过、演出情形、艺术评价以及个人的生活喜恶均有深入叙说，对每一位名伶来说都是一幅忠实而完整的画像。在京剧人物评传中，写得最多的就是四大名旦。其中有关于他们四个人共同的总传，如1990年由河北人民出版社出版的许姬传、徐凌云等人著的《中国四大名旦》；也有四个人分别的传记，南京作家李伶伶独立完成了京剧"四大名旦"传记丛书，分别为《梅兰芳全传》《程砚秋全传》《尚小云全传》《荀慧生全传》。其他如胡金兆的《京剧大师程砚秋》《程砚秋自传》，徐城北的《梅兰芳与二十世纪》，周姬昌的《梅兰芳与中国文化》，刘彦君的《梅兰芳传》，谭志湘的《荀慧生传》和谢美生的《一代名旦尚小云》等作品，对四大名旦的艺术价值和在中国京剧史上的重要地位做了充分阐述。这些传记大多流于浮光掠影式的人物介绍，没有理论深度，但是我们可以看出他们在人们心目中的影响力，从中了解京剧剧目的传播及接受。这些曾经轰动一时的名角在章诒和《伶人往事》（湖南文艺出版社，2006年）中惊世绝艳，才华万千，他们无论是在舞台上还是在生活中都是难得一见的明星。他们性格不同，有的宽容谦和，有的直率任性，但是无论如何，都活得万分精彩。

### （二）比较研究取得了相当大的成绩

近代戏剧发展高潮在东西方均有发生，西方传统戏剧强国在19世纪末20世纪初进入较为成熟的发展阶段，主导了近代以来戏剧发展的潮流，并影响到中国的戏剧发展。北京戏剧经过上千年的发展，在清末民国时期也达到一个新的高峰。《民国北京戏剧与近代西方商业戏剧发展比较研究》[1]一文就是将北京与同时期的美国纽约、英国伦敦等西方戏剧中心放在一起进行比较，发现中西方存在大量商业戏剧的同质性，但也有诸多的异质性。

清末民初，我国处在西方文化对中国急速冲击的时代，戏剧改革渐至成为一股潮流。在这场戏曲改良运动中，四大名旦及各路新起的曲坛新秀都纷纷响应，发展了自己的艺术，做成流派，成为宗师，梅兰芳是其中最早也是成绩最突出的实践者。这方面比较突出的成果如邹元江《对梅兰芳民国初年排演"时装新戏"的历史反思》、孙玫《演"时装戏"与"移步不换形"——略论梅兰芳与知识精英关于戏曲改造之碰撞》、刘汭屿《东西文化碰撞中的京剧现代化——以1910年到1930年梅兰芳的艺术实践为例》[2]等。邹文的重点在于梳理梅兰芳新戏创作的历史教训与经验得失；而孙文的重点在于探讨梅兰芳新戏创作与"当年知识精

---

1 陈庚：《民国北京戏剧与近代西方商业戏剧发展比较研究》，《宝鸡文理学院学报》（社会科学版）2016年第2期。

2 刘汭屿：《东西文化碰撞中的京剧现代化——以1910年到1930年梅兰芳的艺术实践为例》，《牡丹江师范学院学报》（哲学社会科学版）2014年第1期。

英"戏曲革新诉求之间的互动关系，尤其是比较了"具体从事艺术实践"的艺人与知识精英之间不同的"思想理念与实际需求"；刘文从梅兰芳的京剧改革看他受西方文化的影响，经历了从"膜拜西方"转向"探求传统"的过程，重新评估和深刻剖析中国传统文化，找出其根本精神及现代价值。

## （三）重视演出情况

我国古代戏曲研究领域向来存在重"文"轻"艺"的倾向，多以著名剧作家的著名作品为研究重心，而对将剧本付诸场上的技艺即演出方面的历史和成就则在相当程度上忽略了。陈芳《乾隆时期北京剧坛研究》（文化艺术出版社，2001）与范丽敏《清代北京戏曲演出研究》（人民文学出版社，2007）在搜集大量有关清代北京剧坛演出史料的基础上，以花雅诸腔为基点，聚焦于剧种、声腔、班社、演员、表演艺术、作家作品以及剧观、剧论等"戏曲史"议题，从而勾勒各声腔的戏曲盛衰演变的历史。作为晚清唯一以伶人为主要人物的小说《品花宝鉴》，历来被文学史家斥为"狭邪小说之祖"，但是我们如果从戏曲研究的角度出发，会发现其有独特价值。书中存有大量关于当时民间戏曲表演的描写，将这些描写与清代文人笔记相结合，有助于我们了解清末京师戏园的座位分布、演出时间和演出风气等细节面貌。[1]谷曙光在《民国五年北京剧坛演出状况分析——以〈演唱戏目次数调查表〉为中心》一文中，通过演唱戏目次数的多少来分析实际的演出状况。[2]

---

1　李平：《〈品花宝鉴〉中的戏曲资料与价值》，《中华戏曲》1996 年第 1 期；左立忠：《戏曲学视野下的〈品花宝鉴〉研究》，硕士学位论文，山西师范大学，2012；维酉信：《从〈品花宝鉴〉管窥清中后期北京戏曲生态》，《大舞台》2011 年第 8 期。

2　谷曙光：《民国五年北京剧坛演出状况分析——以〈演唱戏目次数调查表〉为中心》，《中国戏曲学院学报》2009 年第 1 期。

周传家《北京的昆曲艺术》一文指出北京从明万历年间便成为昆曲艺术的重镇和中心之一，在宫廷和民间出现了持久的广泛流播、大红大紫的局面。其后虽然屡遭磨难仍燔火不息，成为昆曲艺术的重要流派。[1] 王艺翰《〈梦中缘传奇序〉与花雅之争关系辨误——兼论清中后期北京剧坛的昆曲兴衰》一文，考证出昆曲在乾隆四十四年己亥（1779）魏长生进京之前仍然活跃于宫廷与民间，昆曲在北京至道光时期才让位于乱弹。[2]

## （四）剧场研究取得突破

戏剧从起源到走向成熟，不仅依赖戏剧本身的发展，而且与社会的演进兴衰有很大关系，其中演出市场的不断完善也是一个重要因素。在古代社会，戏剧繁荣依靠的唯一途径就是剧场和观众，竞争十分激烈。新中国成立前的北京戏园茶馆几乎遍布全城，是中国传统的娱乐空间，是普通市民接受戏剧的重要场所。李畅先生的《清代以来北京剧场》（北京燕山出版社，1998）和侯希三先生的《北京的老戏园子》（中国城市出版社，1996）从不同角度详细地介绍了北京的剧场与舞台情况，为我们提供了非常宝贵的资料。《北京地方志》中的《戏剧志》、《风物图志》和《人民生活志》也涉及了人们观戏的场所，对不同时期北京的演出场合做了集中概括。

民国初年，北京戏曲演出场所设施逐渐有所改进，相继兴建了多所新式剧场，舞台装置、演出制度和经营方式也都出现了新的变化。《20 世纪三、四十年代北京戏园娱乐管制法规研究》一

---

1　周传家：《北京的昆曲艺术》，《北京联合大学学报》2004 年第 2 期。
2　王艺翰：《〈梦中缘传奇序〉与花雅之争关系辨误——兼论清中后期北京剧坛的昆曲兴衰》，《文化艺术研究》2015 年第 4 期。

文对这一时期北京戏园娱乐管制法规进行研究，发现政府管制对戏园剧目和空间的影响，以及戏园娱乐业在这一时期面临的生存挑战。[1]《传承与新变：近代化进程中的北京戏剧市场研究（1912~1937）》一书通过对戏剧市场进行剖析，指出这一时期的北京戏剧在历史文化传统和近代资本主义的双重影响下，在市场业态、运行机制、管理体制等方面呈现明显的转型特征，形成了初步发展的戏剧市场体系。[2]

### （五）新颖独特的文化研究视角

既往的相关成果多偏重作家作品，多从文学视角进行剧本内容的赏析与评论，而忽视了文化、历史等其他角度的研究。精通戏曲的美国历史学者郭安瑞教授与传统中国戏曲史家不同，她关注的是如何透过戏曲阐释文化艺术与政治的纠结。郭教授融会中西与文史的学术背景，使她与一般戏曲学者在资料阅读运用与问题意识上有所差异。她的《文化中的政治：戏曲表演与清都社会》一书，把北京戏园背后的清代政治与历史奥秘解析得清清楚楚，是一部难得的佳作。它主要通过"观众与演员""场所与剧种""剧本与表演"三个部分探讨戏曲与政治文化的互动，呈现了戏曲在清代北京的重要地位，同时作者在对戏曲表演的描绘中带给我们一部近代北京的社会文化史。[3]

从乾隆后期开始，京城逐渐流行一种与男风密切关联的戏园文化。这不仅是舞台上的戏曲艺术，也包括伶人、戏班、戏园、

---

1　林媛：《20世纪三、四十年代北京戏园娱乐管制法规研究》，《艺术研究》2014年第2期。

2　陈庚：《传承与新变：近代化进程中的北京戏剧市场研究（1912~1937）》，中国社会科学出版社，2016。

3　〔美〕郭安瑞：《文化中的政治：戏曲表演与清都社会》，社会科学文献出版社，2018。

观众、私寓、花谱，甚至其周边的酒楼饭庄等诸多因素，共同构成了一个具有现代意义的都市公共娱乐空间。香港大学古代文学教授吴存存的著作《戏外之戏：清中晚期京城的戏园文化与梨园私寓制》，是第一部全面探讨清代京城戏园文化与性爱风气的专著。作者利用大量的史料、文学作品和图片，深入考察清代京城独特的梨园私寓制和演艺体制，展现了一幅与男性服务交织在一起的京城戏园社会生活的生动画卷，并进一步反思性爱、社会等级和权力在清中后期戏园文化中的实际影响。[1]

## 三　存在的问题及未来研究走向

回首四十年走过的历程，我们要看到目前关于北京戏剧史研究的著作及相关资料已有不少，取得了一定成绩，这点毋庸置疑，但我们与此同时也要保持清醒的头脑，意识到戏剧研究存在的种种问题，仍有进一步发展的空间。

第一，应重视教育培训机构的研究。一些在北京戏剧史乃至中国戏剧史上占有非常重要地位的培训机构却没有得到足够重视，需要我们进一步加大力度进行研究。如"中华戏专"和"富连成"科班是我国京剧界培养人才的两大重要基地，京剧界老一辈的表演艺术家绝大多数出自这两个教育基地。新中国成立后的中国戏校和北京戏校的教师也基本上是从这两个老科班出来的艺术家。因此，"中华戏专"在中国京剧史上的地位不可低估。然而对于"中华戏专"的介绍，在《中国大百科全书》（1989 年版）戏剧卷中却没有条目，在 1999 年新编的《中国京剧史》（四卷本）中也只有

---

1　吴存存:《戏外之戏：清中晚期京城的戏园文化与梨园私寓制》，香港大学出版社，2017。

不到一页的介绍，在《中国戏曲曲艺词典》（1981 年版）第 429 页中有一个 175 字的极简单的条目。中国京剧史上延续时间最长、培养人才最多的科班——"富连成"在梨园行中，在熟知京剧的老观众心里是响当当的，可以说它是京剧发展进程中一个极为重大的历史事件。它虽然只存在了四十多年的时间，但培养了难以计数的京剧名家，从萧长华、侯喜瑞到梅兰芳、周信芳、马连良，均与之有着极深的渊源。然而这么一个大名鼎鼎的戏班，现在已经很少有人知道了。当年谭派老生谭元寿曾说："我演遍了大半个中国，每去一处都有富连成培养出的演员。富连成培养出了那么多名角，'生产'的艺术家最多，对京剧的发展功劳实在是太大了，可现在很多年轻人却不知道富连成为何物……"直至今日，关于富连成创立的时间、它的创始人和由它培养的部分弟子的历史还存在谬误的记载，特别是在京剧界最具权威性的《中国京剧史》和《中国京剧》杂志上的记述也有严重的谬误。关于它的研究著作很少，只有唐伯弢的《富连成三十年史》（同心出版社，2000）、吴小如的《鸟瞰富连成》（辽宁教育出版社，1998）、包缉庭的《京剧的摇篮——富连成》（山西人民出版社，2008），且都属于资料性质，缺乏深入的理论研究。

第二，应该加强对新技术、新媒体的研究。清末民初以来不断出现的电影、唱片、报刊等对戏剧的影响越来越大，值得我们关注和研究。京剧是中华民族灿烂文化的瑰宝，电影是现代化的最迅速、最生动、最真实、最普及的传播工具。中国电影史上第一部影片就是以沉默的声调和黑白的色调亮相于世的京剧《定军山》。因此，在很长一段时间内，京剧成了中国早期电影最现成的借鉴。电影人沿用京剧的艺术形式和表现手法来演绎编拍自己的作品，以至于 20 世纪二三十年代的电影大多带有京剧表演的印痕，甚至不少电影是由京剧剧目改编而来，或者直接将京剧原封不动地搬上银幕。1941~1945 年仅北京燕京影片公司出品的京剧戏曲影片就有 12 部：《孔雀东南飞》（王铁瑛、徐和才主演）、

《御碑亭》（张贯诛、周伯吟主演）、《盘丝洞》（黄玉华、朱斌仙主演）、《十三妹》（吴素秋、赵金年主演）、《红线盗盒》（黄玉华主演）、《花田八错》（黄玉华、周和桐主演）、《京剧精华》（第一辑，编导王元龙）、《红娘》（编导王元龙，主演童芷苓、童寿苓）、《空城计》（编导王元龙，主演李盛藻、苏维明）、《十八扯》（编导王元龙，主演萧长华、马富禄）、《京剧精华》（第二辑，编导王元龙）、《连营寨》（编导王元龙，主演奚啸伯）。因此，从电影的角度来研究戏剧的发展是一个很好的角度，戏剧电影则是我们以后需要重点关注的对象。

20 世纪初唱片还是个新兴事物，刚刚进入中国市场的"唱片"遇到发展至成熟期的"京剧"，碰撞出了无数耀眼的火花。京剧作为当时中国最具有观众市场的娱乐方式，是外来唱片适应本土文化的首要选择。最早的京剧唱片是 1906 年百代公司灌制朱素云的《辕门射戟》和 1906 年胜利公司灌制孙菊仙的《朱砂痣》。当时有名的演员包括"四大名旦"、前后"四大须生"等人，在百代、高亭、胜利、蓓开、长城、大中华以及已成绝响的日本蓄音器公司灌制了无数张唱片。而梅兰芳自 1920 年起先后录制了大约 200 张唱片，生前所灌制的剧目之多，至今无人能够超越。尤其值得关注的是，由于种种原因，一些戏剧名家当年灌制成唱片的部分剧目如今已经失传，现在只存在于这些极其宝贵的唱片之中。所以它们对京剧的保护传承乃至中国唱片史的研究都具有重要意义，这些名家唱段基本构成了民国京剧发展的脉络，对于今天的京剧创作、演出、教学和研究都具有不可代替的特殊价值。但遗憾的是，目前只有郭晓菲的《梅兰芳戏曲唱片研究（1920~1936）》一文对梅兰芳的唱片进行了系统研究，[1] 对于

---

1　郭晓菲：《梅兰芳戏曲唱片研究（1920~1936）》，硕士学位论文，中国戏曲学院，2012。

灌录了几万张的整个民国时期的唱片来说还需要加强研究，其他名家的唱片还需要我们进一步研究。

　　新式的媒体报刊在清末开始出现，逐渐成为城市居民获取资讯的重要管道，在市民心中成为具有公信力的消息来源渠道，并借读者投书成为市民发表讨论看法的媒介。娱乐性质的小报能够让更多人参与投稿，而类似选举的方式则让民国时期在现实政治混乱之下无从表达民意的市民，有了一种自由抒发意见的管道，所以民国以来报刊特别热衷于各种投票选举。如"四大名旦"、"四大女伶皇后"（习称"四大坤伶"）的选举，就是《顺天时报》和《北洋画报》发起的，在社会上引起了极大反响。专业的各派捧角家虽然平常也会为自己支持的演员奉上种种响亮的称号，但这远不及以"公意"为号召的选举所得到的头衔来得重要，因为这样更受到大家的欢迎重视。相较而言，剧评或赠诗里的吹捧像是一家之言，而选举这种竞争方式显得更客观公正、更有公信力。投票的人们用尽各种方式希望所支持的演员能够获胜，强烈地反映了他们对演员的认同感。而报刊则借助菊选的方式企图在广大的戏剧观众之中掌握"公意"的力量，借此增加刊物的权威性及发售量。由此可见，选举这种方式无论对于演员、报社还是民众，都是一种共赢的形式，直到现在这种形式也没有退出历史舞台，各平台举行的层出不穷的各种选秀节目无不是沿袭这种模式，而我们的传统戏剧反而越来越不重视这种形式了。所以，为了弘扬传统戏剧，我们有必要重新学习总结百年前的宣传手段，以期推动戏剧的发展。

　　第三，应该多加重视女性戏剧演员的研究。近代以前京剧的舞台上仅有男演员，到清同治年间才有女演员在上海出现，并逐渐影响到天津、武汉，最后是北京。早期女演员地位低下，被视同妓女，演的戏也被看戏人士评为不入流，观众也大多是喜好女演员的外貌或为私下结识女演员而来。20世纪30年代，随着女演员人数的增加以及技艺上的进步，虽然她们仍不能与以"四大名旦"为首的男演员相提并论，但已经有不少剧评家对她们另眼相待，认为顶尖的女演员已足以匹敌男演员。因此，我们应该加强对女演员的研究，提高她们在戏剧史中的地位。但是目前的研究较为缺乏，连基本的事实都没有肃清。如关于"四大女伶皇后"的选举结果一直都有争议：《京剧二百年概况》记载的是雪艳琴、新艳秋、章遏云、杜丽云；《六十年京剧见闻》说的是雪艳琴、新艳秋、章遏云、胡碧兰；奚啸伯的回忆录则是章遏云、新艳秋、金又琴、胡碧兰；袁世海的回忆录则是章遏云、雪艳琴、新艳秋、陆素娟；四大坤旦章遏云的记忆是章遏云、雪艳琴、新艳秋、胡碧兰；《京剧知识辞典》记载的是雪艳琴、新艳秋、章遏云、胡碧兰；《京剧文化辞典》记载的是雪艳琴、章遏云、新艳秋、胡碧兰；《中国京剧史》中卷"章遏云"条文中，说是章遏云、雪艳琴、新艳秋、金友琴；《京剧谈往录续编》说是章遏云、新艳秋、金友琴、胡碧兰；另有报文刊载《话四大坤旦》，公布的名单为雪艳琴、章遏云、新艳秋、胡碧兰；《关于"四大坤旦"》一文说选举的结果是雪艳琴、新艳秋、章遏云、胡碧兰。究竟为哪四位？《北洋画报》1930 年 6 月 21 日（第 488 期）版面上，记载当年选举的结果为胡碧兰 25534 票、孟丽君 21767 票、雪艳琴 20809 票、章遏云 19131 票。至于因胡碧兰离开舞台而改为新艳秋之说，那只是事后依次补缺。

第四，研究要围绕现实问题。不解决问题的研究没什么价值，我们不能仅以人物为研究对象，突出人物的艺术成就，只说他们是艺术大师，这实在没有特别意义。现在传统戏曲最大的问题就是传承难以为继，没有了传统文化的支持，仅仅是技术技巧的传承很难做到真正的兴盛。所以，希望专家学者围绕这个戏曲传承的中心问题能予以关注和引发思考，希望能把过去、现在和未来的京剧现象联系在一起，从而为未来京剧的繁荣发展找寻新的途径和方法。

历史书写与城市记忆

# 落日余晖：英法联军笔下的北京图景

项浩男 *

**摘　要：** 1860 年 10 月 13 日，英法联军占领安定门，直至 11 月初撤离
北京，联军先后多次进入北京城游览、参观、举行相关活动，
对北京的城墙、城市布局、建筑景观、居民日常生活等进行了
细致观察和亲身体验，详细记录在日记、书信和回忆录之中。
英法联军对北京的印象和观感经历了由期待向失望的转变，在
他们眼中，北京的破败是中国实力衰颓的反映。尽管英法联军
的北京印象和体验中不乏误解乃至偏见，但仍是十分珍贵的历
史资源，其为中西文化交流和北京城市历史的研究提供了新的
材料，使我们转换视角，从文化的角度重新审视特定的历史事
件，并促使我们重新检讨和反思中国自身存在的问题。

**关键词：** 英法联军　北京城　城墙　建筑

　　1860 年 9 月，英法联军从天津向北京进发，咸丰皇帝仓皇逃往
热河。10 月，联军攻占北京城，劫掠并焚毁了圆明园，与清政府签
订了《北京条约》。与对圆明园和不平等条约的浓厚兴趣相比，既往
研究通常忽视了一个值得关注的事实——自 10 月 13 日占领安定门直
至 11 月撤离北京，英法联军在北京停留了半个多月，在此期间，军

* 项浩男，北京大学历史学系。

官和士兵几次进入北京城内游览、参观、举行相关活动。这是继马戛尔尼使团和阿美士德使团之后，几十年来第一次有如此众多的欧洲人来到北京。这既是近代中外关系史上的一件大事，在中西交流方面也具有重要意义。对于英法联军来讲，他们目睹并亲身体验了北京这座"神秘的东方城市"；对于中国人来说，则是"天朝上国"的心脏第一次完全暴露在"夷人"的眼前。

然而由于资料所限，英法联军在北京城内的活动和体验等内容几乎无人问津，只有少数中国人的笔记和日记对此进行了简略记载。[1] 直至 2005 年，法国历史学家伯纳·布立赛所著《1860：圆明园大劫难》中译本在中国出版，该书依据大量英法联军军官、外交官、翻译官、记者、医生和士兵的日记、书信、回忆录写成，[2] 总计多达 150 余种，[3] 这些珍贵的第一手材料都是国内史学界从未见过和利用过的。随后，在伯纳·布立赛和中国学者的共同推动下，先后从这些材料中选取了 27 部翻译成中文，由中西书局出版，命名为《圆明园劫难记忆译丛》。[4] 无论是从材料、内

---

1　这些内容主要被辑存于《第二次鸦片战争》（二）（齐思和等编，上海人民出版社，1978）中，如赘漫野叟撰《庚申夷氛纪略》《庚申都城戒严事记》《庚申英夷入寇大变记略》《罔极编》《越缦堂日记补》等。

2　〔法〕库赞·德·蒙托邦：《蒙托邦征战中国回忆录》，王大智、陈娟译，中西书局，2011，出版前言，第 3 页，序二，第 9 页。

3　〔法〕伯纳·布立赛：《1860：圆明园大劫难》，高发明、丽泉、李鸿飞译，浙江古籍出版社，2005，第 393~401 页。

4　这套丛书分两批出版，2011 年出版的包括〔英〕额尔金和沃尔龙德《额尔金书信和日记选》、〔英〕格兰特《格兰特私人日记选》、〔英〕斯坦利·莱恩·普尔《巴夏礼在中国》、〔英〕阿道尔夫·阿尔芒《出征中国和交趾支那来信》、〔英〕麦吉《我们如何进入北京——1860 年在中国战役的记述》、〔英〕斯温霍《1860 年华北战役纪要》、〔法〕布隆戴尔《1860 年征战中国记》、〔法〕葛罗《黄皮书日记》、〔法〕埃利松《翻译官手记》、〔法〕蒙托邦《蒙托邦征战中国回忆录》、〔法〕瓦兰·保罗《远征中国》、〔法〕帕吕《远征中国纪行》、〔法〕贝齐亚《中国之役：1859~1961》、〔法〕布瓦西厄《陆军少尉的战争记忆》等 14 部作品。2013 年出版的包括〔英〕加内特·沃尔斯利《1860 年对华战争纪实》、（转下页注）

容还是视角来看，这套丛书都为近代史研究提供了非常有益的补充资源，[1]改变了以往单纯依靠中国史料形成的单一研究视角，填补了中西交流史中的叙事空白。[2]

不过，目前只有极少数学者利用这批新文献进行研究，[3]且未关注其中有关北京的内容。这些来自欧洲的入侵者在进入北京之后，将他们的所见所闻、所观所想详细地记载了下来，从北京的城墙、建筑到北京人的日常生活，留下了生动而翔实的材料。本文拟利用这套丛书，对英法联军进入北京之后的观察、活动和体验等进行深入、细致的探讨，以期呈现这些入侵者笔下的北京图景。通过分析英法联军笔下的北京经验，我们可以对当时西方人眼中的北京乃至中国获得更深入的认识，同时也为历史研究提供新的视角。

## 一　英法联军对北京的侦察和占领

1860 年 9 月初，英法联军由天津向通州进军，接连在张家

---

（接上页注4）〔英〕乔治·奥尔古德《1860年的中国战争：信札与日记》、〔英〕密福特《使馆官员在北京——书信集》、〔英〕约翰·H. 唐恩《从加尔各答到北京——一名军官写于两地的日记》、〔法〕皮埃尔·马蒂埃《从巴黎到八里桥》、〔法〕埃斯凯拉克·洛图尔《中国和中国人》、〔法〕亨利·柯迪亚《1860年对华战争纪要：外交史、照会及公文》、〔法〕查理·德·穆特雷西《远征中国日记》（上下卷）、〔法〕朱以亚《中国战争纪行》、〔法〕阿尔芒·吕西《军旅回忆：1860年征战中国之私密家信集》、〔法〕夏尔·于贝尔·拉佛莱《1860年中国战事》、〔法〕卡斯塔诺《中国之行》、〔法〕乔治·德·克鲁勒《进军北京》等13部作品。其中英国人10部，法国人17部。

1　郭奇林：《1860年英法侵略中国：书信、日记、回忆录中的历史——〈圆明园劫难记忆译丛〉评介》，《史学理论研究》2015年第4期，第143页。

2　〔法〕库赞·德·蒙托邦：《蒙托邦征战中国回忆录》，序五，第23~24页。

3　见邹振环《法国翻译官笔下的圆明园劫难——读埃利松的〈翻译官手记〉》，《东方翻译》2012年第1期，第85~95页。耿昇：《孟斗班与第二次鸦片战争——从新公布的档案文献看英法联军侵华战争》，见《中法文化交流史》，云南人民出版社，2013，第196~236页。

湾和八里桥击败清军，随后向北京逼近。这是自 1856 年第二次鸦片战争爆发以来，西方军队距离北京最近的时候。听闻前方败绩，咸丰帝于 9 月 22 日从圆明园出逃热河，并派恭亲王奕䜣留守北京，负责"办理和局"。就在奕䜣和英国全权代表额尔金、法国全权代表葛罗进行艰难交涉之时，英军已经派人对北京城做了一次全面侦察，以确定清军防御要塞的具体方位，这次侦察一直走到了距离北京东南城门几百米的地方。[1] 天朝的京师第一次如此直接地暴露在外来者的眼前。

10 月 4 日，英法联军大队人马从八里桥向北京城进发。[2] 傍晚，他们在一个有 10 多个大砖窑的村庄宿营，站在砖窑的顶部向北京城方向遥望，呈现在这些欧洲人眼前的是无比震撼的景象，北京的主要建筑和城墙"在落日的余晖照耀下如一幅广阔绚丽的全景图般延展开来。简直就是剧场里由豪华的图版和装饰作为古尼尼夫或巴比伦的场景来展现的最神奇的画面"。[3] 夕阳带来的金色余晖笼罩着京城，在看到它的欧洲人眼中留下无尽的幻想。[4]

10 月 6 日凌晨，联军已拔队至德胜门和安定门外，再次击败僧格林沁和瑞麟两部清军，随后便向圆明园进发。[5] 当日晚上，法军一部进入圆明园开始抢劫；次日，英军也加入了抢劫的行列。13 日，在英法联军最后通牒的威逼之下，留守京城的王公大臣交出了安定门，由英法联军"代为看守"。占领安定门之后，部分英法联军第一次进入北京，"迫使这座著名的城池摘掉了覆盖多

---

1　〔法〕瓦兰·保罗：《远征中国》，孙一先、安康译，中西书局，2011，第 136 页。
2　〔法〕库赞·德·蒙托邦：《蒙托邦征战中国回忆录》，第 300 页。
3　〔法〕阿尔道夫·阿尔芒：《出征中国和交趾支那来信》，许方、赵爽爽译，中西书局，2011，第 323 页。
4　〔法〕阿尔道夫·阿尔芒：《出征中国和交趾支那来信》，第 331 页。
5　夏笠：《第二次鸦片战争史》，上海书店出版社，2007，第 433 页。

年的神秘面纱"。[1]10 月 24 日和 25 日，清廷先后同英国和法国在礼部举行了《北京条约》的签字和换文仪式。在这两天，英法联军大张旗鼓地从北京穿城而入。28 日，法军为 7 名被清军俘虏并杀害的同胞举行了葬礼，29 日在经过修复的北京天主教堂[2]内举行了大型弥撒。[3]一切政治性和宗教性的仪式结束之后，英法联军获准参观北京城。[4]直至联军于 11 月初相继撤退，他们在半个多月的时间里先后五次正式进入北京，此外还有自由活动，目睹和亲身体验了这座城市中的方方面面，留下了丰富的记载。

## 二　北京的城墙

早在英法联军暂驻北京城外的砖窑时，他们就对这座城市充满了美好的想象和期待。[5]尤其是他们几天前刚刚劫掠了雄伟壮阔、无与伦比的圆明园，[6]奢华精美的园中之园使英法联军相信，北京城将会更加震撼，那是"神明所选择的城市，作为仙女和迷人的宫殿的故乡"。[7]向北京的方向极目远眺，他们坚信高墙之内是一幅美丽、壮观的景象。[8]军官们轮流爬上砖窑，在他们后面，战士们瞪大了眼睛，争先恐后要观赏这些据说围着无数奇迹的城

---

1　〔法〕F. 卡斯塔诺：《中国之行》，张昕译，中西书局，2013，第 63 页。

2　即"南堂"，又称北京宣武门天主堂，位于西城区宣武门内东侧，为北京市第一个建成的天主教堂，其前身是明万历年间意大利传教士利玛窦的经堂。见曹子西主编《北京史志文化备要》，中国文史出版社，2008，第 359 页。

3　〔法〕帕吕：《远征中国纪行》，谢洁莹译，中西书局，2011，第 136 页。

4　〔法〕查理·德·穆特雷西：《远征中国日记》下卷，魏清巍译，中西书局，2013，第 57 页。

5　〔英〕加内特·沃尔斯利：《1860 年对华战争纪实》，中西书局，2013，第 180 页。

6　《出征中国和交趾支那来信》，第 325 页。

7　〔法〕贝齐亚：《中国之役：1859~1861》，陈建伟译，中西书局，2011，第 97 页。

8　〔英〕加内特·沃尔斯利：《1860 年对华战争纪实》，第 180 页。

墙，他们中或许谁也不曾想过这一天会成为现实。[1]

其实，尽管额尔金在和奕䜣的照会中威胁如果清朝方面不释放战俘、不同意签订和约的话，就要进攻北京城，甚至摧毁紫禁城，[2] 但联军方面深知，仅凭他们所具备的微弱装备，"未必能够攻陷那道高耸入云、厚达 20 米的城墙"，[3] 哪怕是打开一个缺口。[4]瑞典艺术史学者喜仁龙在《北京的城墙和城门》中曾经写道："纵观北京城内规模巨大的建筑，无一比得上内城城墙那样雄伟壮观。"[5] 在安定门外等待进城的军官们对北京的城墙有着与此相同的感受——北京的城墙非常威严，城门也同样雄伟壮观，[6] 是强大和文明的有力证明。[7] 当正式进入北京城之后，一些细心的军官开始对城墙进行实地考察和勘测。法军中校瓦兰·保罗对北京城墙的记述最为细致和精确：

> 城墙靠城外的一侧的外墙高 14.4 米，靠城内的一侧高 13.5 米。上面的马道距离地面 13 米，两侧墙面间的宽度是 19.2 米，这样的话，加上两侧的外墙，城墙的总厚度在顶部达到了 20.5 米，底部则有 26 米。外墙比马道高出 1 米多，上面有许多高 40 厘米的宽大垛口，每两个垛口间相距 3.4 米。城墙上还有一些突出的方形塔楼，宽 3.6 米，向外突出 13.5

---

1 〔法〕埃利松：《翻译官手记》，应远马译，中西书局，2011，第 201 页。

2 〔法〕夏尔·于贝尔·拉佛莱：《1860年中国战事》，应远马译，中西书局，2013，第 64 页。

3 〔法〕F. 卡斯塔诺：《中国之行》，第 61 页。

4 〔法〕埃利松：《翻译官手记》，第 265 页。

5 〔瑞典〕奥斯伍尔德·喜仁龙：《北京的城墙和城门》，许永全译，燕山出版社，1985，第 28 页。

6 〔英〕约翰·H. 唐恩：《从加尔各答到北京——一名军官写于两地的日记》，陈洁华译，中西书局，2013，第 72 页。

7 〔法〕布瓦西厄：《陆军少尉的战争记忆》，陈建伟译，中西书局，2011，第 236 页。

米；每隔 200 米就有一个这样的塔楼，用以防御侧面的攻击。在城墙两侧墙之间 19.2 米的空间里，填充着土、石块以及混凝土的混合物，这使得城墙异常坚固。[1]

瓦兰·保罗所说的"方形塔楼"，其实是墩台。墩台位于城墙的外侧壁，突出城墙之外，分布均匀，边长大致与城墙厚度相等。[2] 瓦兰·保罗所记载的数字与安定门附近城墙的实际情况相比，要高出一些。[3] 他还注意到了安定门的瓮城、箭楼和城楼：

> 每个城门前有一座半圆形的瓮城，边长 100 米，有一圈和主城墙一样的城墙将之包围，不过这些城墙顶部的厚度只有 13.6 米，底部为 19 米。瓮城的城门与主城的城门互成直角，这样即使第一个城门被攻破，进攻者也不能直接用炮火打穿第二道门。
>
> 在瓮城半圆形城墙正中间朝城外的一侧，竖着一座平行四边形的城楼，长 32 米，宽 20 米，高出城墙上的马道 15 米。这座城楼共有四层，每层都是一个炮台，炮台面向城外的一侧有 8 个炮眼，三侧各有 4 个，总共是 20 个，四层加起来一共有 80 个炮眼。
>
> 在进入城内必经的主城墙城门上方 15 米，竖着另外一座同样呈平行四边形的三层城楼，长边为 32 米，短边为 16 米。

1 〔法〕瓦兰·保罗：《远征中国》，第 158 页。

2 〔瑞典〕奥斯伍尔德·喜仁龙：《北京的城墙和城门》，第 83~84 页。

3 安定门迤东：外侧高 11.90 米，内侧高 10.40 米；顶宽 17.63 米，基厚 21.72 米。《北京的城墙和城门》，第 37 页。内城北垣长 6790 米，外侧高 11~12 米，内侧高 9~11 米，基厚约 24 米，顶宽 17~19 米，筑有墩台 19 座。蔡青：《百年城迹：1900~2010 北京城貌及古建筑的百年嬗变》，金城出版社，2014，第 315 页。

城楼的一、二层外侧，伸展出有石柱支撑的木质走廊。[1]

瓮城和箭楼是古代城池防御的重要建筑。箭楼处在城市防御的最前沿，建筑形制几乎完全是为了适应战争防御需要。主要城门的箭楼高大雄伟，能够居高临下远望敌情，为了方便射击，增强单位空间内的御敌火力，箭楼通体布满了射箭的窗孔。[2] 瓦兰·保罗从安定门的构造上体会到了其"易守难攻"的特性。[3] 其他亲身检查了城墙的军官也更加确信，仅凭联军的武器设备，简直无法突破这座"笨重的防御工事"。[4]

站在城墙高处放眼望去，可以看到北京城的全貌，但俯瞰全城带给来访者的只有失望。[5] 跟雄伟的城墙相比，城里的民居显得十分寒酸，[6] 密密麻麻的房屋很难辨认出房檐，每个院子都种着高大挺拔的树木，葱郁浓密的树叶把每座房子都盖得严严实实。[7] 这导致所有东西的色调千篇一律，到处是一样的街道和房屋，[8] 使人们很难相信这个大名鼎鼎的京师里会拥有巨大的财富。[9] 从远眺城墙再到登上城墙，欧洲人对北京的态度经历了由期许到失望的转变。

在英国军官加内特·沃尔斯利看来，北京高大的城墙正象征着天朝上国的自尊和威严："正是由于这些气势雄伟的防御工

1　〔法〕瓦兰·保罗：《远征中国》，第159页。

2　罗立桂：《高楼林立与城市空间：建筑》，兰州大学出版社，2015，第218页。

3　〔法〕瓦兰·保罗：《远征中国》，第159页。

4　〔英〕加内特·沃尔斯利：《1860年对华战争纪实》，第183页。

5　〔英〕加内特·沃尔斯利：《1860年对华战争纪实》，第180页。

6　〔英〕乔治·奥尔古德：《1860年的中国战争：信札与日记》，沈弘译，中西书局，2013，第144页。

7　〔法〕查理·德·穆特雷西：《远征中国日记》下卷，第57页。

8　〔英〕加内特·沃尔斯利：《1860年对华战争纪实》，第181页。

9　〔英〕乔治·奥尔古德：《1860年的中国战争：信札与日记》，第144页。

事，很大程度上在中国人心中铸就了北京的伟大和攻不可破的形象。"[1] 同时也是因为这样牢不可破的城墙，保护着中国人自大的内心和情感，因而闭关锁国，几乎不和其他国家接触，这种固执的排外心态，才导致中国走向衰败，蒙受屈辱。[2] 也有人认为，中国人之所以建设这些无处不在的、环绕着巨大城市的带状外墙，并不是为了隔绝外人，而是为了防范内部的起义——那些在人类全部悲惨命运重压之下不堪重负的人。[3]

## 三　北京的城市布局和观感

英法联军驻扎在安定门外，安定门是位于北京内城北垣的城门。相对于德胜门，安定门更重要，进入此门，是一条南北向的大街，大街南段称王府井大街，北段为安定门大街，交通繁忙，是北京城内的主干道。[4] 英法联军的军官、士兵每次都是从安定门入城，沿着这条大路在北京城里参观和游览，对北京的城市布局有了较为清晰的认识。

几乎所有人都写道，北京城内明确划分为三个城区：汉族城区、满族城区及最中心的皇城。[5] 这三个区域设有高墙分隔，汉人区和满人区之间的城墙上打通了许多大门，将两区联系起来，而皇城只允许皇室成员及朝臣进入。[6] 所谓的满人城区和汉人城区其实是北京的内城和外城，内城是明成祖朱棣迁都北京前在元大都

---

1 〔英〕加内特·沃尔斯利:《1860年对华战争纪实》，第184页。

2 〔英〕加内特·沃尔斯利:《1860年对华战争纪实》，第184页。

3 〔法〕F. 卡斯塔诺:《中国之行》，第63页。

4 〔瑞典〕奥斯伍尔德·喜仁龙:《北京的城墙和城门》，第157页。

5 〔法〕F. 卡斯塔诺:《中国之行》，第63页。

6 〔法〕F. 卡斯塔诺:《中国之行》，第63页。

的基础之上调整改建而成的；外城则是嘉靖年间为增强北京城的防卫而增建的，原来计划环绕北京内城四面一律加筑外垣，后因财力不济，只将环抱南郊的城墙修建成功，由此形成了北京特有的凸字形轮廓。[1] 实际上北京城是以紫禁城为核心，由外围皇城、内城和外城等四道城池组成。[2]

这些外来者不仅在城市布局上将满人区和汉人区明显地区别开，在体验和感受上也完全不同，每个城区都有其独特的风貌。[3] 在签订完条约之前，英法联军主要在满人区（内城）来往，很快他们就熟悉了内城的格局：

满人区就是中国的老首都，是一个边长 6 公里、几乎正方的形状。她由两个同心的城区组成：黄区和蓝区（或紫区），因为各自城墙的颜色而得名。[4]

满人城区的外观更加雄伟，内部包含着另一座被围墙包围着的城，它被称作皇城或红城。皇城有六座城门通向满人城区，其中的三座城门在一条直线上依次排列着，它们被当作凯旋之门。[5]

第二座城的中心就是皇宫，皇宫及其附属建筑一起构成了第三座城，叫做紫禁城，紫禁城宽大的护城河和长 4500 米的城墙将它和皇城分开。只有为朝廷或皇帝私人事务服务的

1　侯仁之、邓辉：《北京城的起源与变迁》，燕山出版社，1997，第 112 页。

2　北京市地方志编纂委员会编《北京志·文物卷·文物志》，北京出版社，2006，第 25 页。

3　〔法〕L. F. 朱以亚：《中国战争纪行》，赵珊珊译，中西书局，2013，第 112 页。

4　〔法〕贝齐亚：《中国之役：1859~1861》，第 97 页。

5　〔法〕瓦兰·保罗：《远征中国》，第 172 页。

人才能进入紫禁城。城内有中国皇帝和皇室成员们的宫殿，以及各种供皇帝工作和娱乐的设施，比如用于秘密会议的殿阁，放有文艺作品的藏书楼，收藏历史资料的建筑以及宫廷的内务府等等。

最后来看看皇城以外的满人城区，它的一个街区，因为毗邻进入皇宫的主要通道，所以成为了不同政府部门的所在地，其中包括和平条约签署地的礼部、天文观象台、大医院、摄政王府、北京的政府衙门顺天府、皇家学校、粮仓、寺庙、兵营以及许多其他公共机构，我们在这里就不一一列举了。[1]

围绕皇城的围墙给蒙托邦将军带来了"眼前一亮"的感觉，[2]但其他景象使人感觉非常糟糕。英国军官加内特·沃尔斯利描绘了一幅破败的画面：

当年随处可见的游乐场和池塘由于长时间缺乏维护，现在已经完全荒废。到处都是一副破败的景象，远处小土坡上的钟形宝塔标志着那里曾是许多先皇的安息之地，那些低矮的小门房，栏杆和扶手都已经毁坏。无数的小桥下曾是精心修建的人工河，现在全都干涸，都成了深坑，积满了污水和垃圾。以前这些设施得到良好的维护，这些运河从海淀的湖中源源不断地把水输往京城。[3]

许多寺庙、亲王的府邸和公共建筑遍布于满人城区各处，这些建筑规模要比南方的建筑大得多，但没有什么地方特色，

---

1 〔法〕瓦兰·保罗：《远征中国》，第173页。
2 〔法〕库赞·德·蒙托邦：《蒙托邦征战中国回忆录》，第367页。
3 〔英〕加内特·沃尔斯利：《1860年对华战争纪实》，第184页。

由于年久失修，看上去都很破败。[1]

内城的道路也同样令人失望。虽然所有的街道都是经过精心规划的，大部分是南北走向或东西走向的笔直大道，路面比巴黎的林荫大道还要宽阔。[2]但美中不足的是，路面由碎石和煤渣铺就，[3]既不平坦，维护得也极差：夏天，厚厚的灰尘漫天飞舞，让人感觉极其不舒服；冬天，街道成了地地道道的垃圾场，污泥遍地，恶臭熏天。到处是妨碍交通的井，到处是堆积如山的垃圾或大粪，散发出熏人的臭气。[4]天气干燥时尘土飞扬，稍一下雨又满街泥泞，使通行非常困难，惹人心情不快。[5]

中华帝国的心脏中枢在这些外来者的眼中"只是一个千篇一律、贫穷且满是尘土的小镇"。[6]满人区的丑陋和荒废在外来者眼中是让人悲伤的，"揭露出现如今中华帝国的巨大衰败"，[7]这些过去的辉煌"就像衰落的印章刻在整个中国的脑门上"。[8]

条约签订完之后，位于北京南城的汉人区也对英法联军开放了。相对于满人区，汉人区似乎更吸引英法联军的兴趣。在他们眼中，汉人区是商业气息最浓厚的，这里有最出色的商铺，[9]尤其是卖瓷器和精美工艺品的商铺。[10]码头停泊着各色船只，并汇集了

---

1 〔英〕加内特·沃尔斯利：《1860年对华战争纪实》，第185页。

2 〔英〕斯霍温：《1860年华北战役纪要》，邹文化译，中西书局，2011，第200页。

3 〔法〕乔治·德·克鲁勒：《进军北京》，陈丽娟、王大智、谭思琦译，中华书局，2013，第98页。

4 〔法〕查理·德·穆特雷西：《远征中国日记》下卷，第58页。

5 〔法〕F.卡斯塔诺：《中国之行》，第63页。

6 〔法〕阿尔道夫·阿尔芒：《出征中国与交趾支那来信》，第331页。

7 〔法〕瓦兰·保罗：《远征中国》，第174页。

8 〔法〕贝齐亚：《中国之役：1859~1861》，第98页。

9 〔法〕F.卡斯塔诺：《中国之行》，第63页。

10 〔法〕瓦兰·保罗：《远征中国》，第172页。

与中国南方居民进行贸易往来的北方商队。[1]法国陆军少尉布瓦西厄记下了参观汉人区时的欣喜心情：

> 两个北京城区的区别正如居住在这两个城区的人民之间的区别一样，如此的大相径庭，虽然他们表面上属于同一个城市，虽然他们相邻而居并穿同样的服装。满人区凄凉，空洞，没有工业，没有生气，似乎有一半的地方无人居住。人们在那里只能碰到一些骆驼商队，使人想起满洲及其沙漠。在汉人区，相反地，人来人往，车水马龙，纷繁杂乱，一片繁忙景象，其乐无穷。人们出售或购买，大家都在忙碌，做买卖，充满活力。人们发现在这个城区中心工作的中国商人很勤劳，总是忙于生意，正如我们在所有其他地方看到的……[2]

但是这样的情绪并未持续很久，随着他们在汉人区更深入的观察，也逐渐转向了失望。首先是房屋粗陋难看，[3]到处是肮脏破败、陈旧不堪的房子，比周围村庄的房子还要破烂不堪。[4]再者，汉人区聚集了大量的贫困人口，"生活着工人、无产者和一大批穷人。这里的街道嘈杂不堪，过往的行人大多衣衫褴褛，让人不禁心生怜悯。当地居民的贫穷程度已达到极致"。[5]这样一片精神的颓唐腐朽与物质的困顿贫乏相叠加的景象，使所有关于旧巴黎奇迹街的描述，所有可以在伦敦城最贫穷的街区里看到的画面都

---

1 〔法〕L. F. 朱以亚：《中国战争纪行》，第114页。

2 〔法〕布瓦西厄：《陆军少尉的战争记忆》，第221页。

3 〔法〕阿尔芒·吕西：《军旅回忆：1860年征战中国之私密家信集》，王眉译，中西书局，2013，第88页。

4 〔法〕查理·德·穆特雷西：《远征中国日记》下卷，第58页。

5 〔法〕L. F. 朱以亚：《中国战争纪行》，第114页。

不值一提。[1] 没有人相信北京是一座生活着 300 万人口的巨大城市，反而让人感觉似乎"到了一个有着 30 万人口的巨大的村庄，而不是到了中华帝国的首都"。[2]

法国军官克鲁勒在进入北京前曾经在日记中兴奋地写下："我们的后人在细数 19 世纪最重大的发现以及所有重大历史事件时，肯定会说：'当年，法国人打开了北京城的大门。'"[3] 英法联军曾经设想北京城内蕴藏着无数天下奇观，但是当他们近距离端详时，只剩下了失望。[4] 一直被耶稣会的传教士及其他外国人描述得天花乱坠的中国大都市，结果只是一个又脏又乱、非常乏味的地方。[5] 英国军官阿尔芒失落地写道：

> 走了一大段路，穿过一排排青砖矮房，一切都使我们对北京城的第一印象只剩悲凉。我们情愿站在远处，让金色余晖下模糊的北京城景象留在脑中。北京就如同君士坦丁堡：只可远观，不可入城，否则幻想就会破灭。[6]

## 四 北京城内的建筑景观

北京城的大门被英法联军打开之后，他们可以自由出入除了皇宫之外的任何地方。在北京逗留的几天里，他们不仅熟悉了这

---

1 〔法〕瓦兰·保罗：《远征中国》，第 174 页。

2 〔法〕贝齐亚：《中国之役：1859~1861》，第 98 页。

3 〔法〕乔治·德·克鲁勒：《进军北京》，第 92 页。

4 〔法〕查理·德·穆特雷西：《远征中国日记》下卷，第 58 页。

5 〔英〕斯霍温：《1860 年华北战役纪要》，第 199 页。

6 〔法〕阿尔道夫·阿尔芒：《出征中国和交趾支那来信》，第 331 页。

座城市的格局，而且几乎将北京城内著名的建筑物游览了一遍，将自己的观察和感受详细地记载了下来。

**地坛**　位于安定门之外，始建于明代嘉靖九年（1530），[1]由于嘉靖年间增建北京外城时，只修筑成了南部的城墙，地坛便留在了北京城外。英法联军恰好驻扎在安定门外，地坛便成了他们最先游览的建筑。英国军官斯霍温记载说：

> 我们穿过马路，从另一扇边门进入地坛。这里也有一个废弃的大花园，花园里有几棵树零星地立在四周，花园的左边是一个面积更小的、用围墙围起来的圈地，圈地上有些建筑物，大部分都年久失修。在这个地方的中央竖立着一块方形的大理石露台，高出地面五英尺左右，四面都有台阶。露台前面有一块地，被皇家的犁耕了一年又一年。公园的右边，在一些树丛中，有另一个大理石露台，露台前设有香炉，后面是休息厅。清明节期间，即阴历的第三个月，皇帝会驾临此地。[2]

**雍和宫**　位于安定门内，与地坛只有城墙之隔，占领安定门后，法国全权代表葛罗就住在这里。藏传佛教独特的文化气息和宗教氛围使欧洲人格外感兴趣，他们一般将雍和宫称作"喇嘛庙"。[3]接待这些人的喇嘛们穿着的"服装就是一件黄色的袍子，腰上束着一根红色腰带。他们的头饰是一顶帽子，帽檐上覆盖着羽毛，黄色的帽冠，上面有一个用红丝线拧成的结。他们的头都剃得光光的，身上有一股很浓、很难闻的气味，跟羊身上的味道

---

1　李临淮编著《北京古典园林史》，中国林业出版社，2016，第58页。

2　〔英〕斯霍温：《1860年华北战役纪要》，第203页。

3　〔英〕约翰·H.唐恩：《从加尔各答到北京：一名军官写于两地的日记》，第74~75页。

一样"。[1]雍和宫里面的参天大树、刻满文字的石碑、雄伟的大殿、精致的牌坊、细腻的木雕都让参观者大开眼界。[2]最吸引他们眼球的是大殿中供奉的巨大佛像：

> 进入大殿后，我们惊叹于殿内的金碧辉煌。一面由各色丝绸拼接而成的巨大绸帘围住了整个内殿。穿过绸帘，我们看到眼前的主供桌后供奉着1尊大佛。大佛都盘腿而坐，手和胳膊放在膝上。这三尊木质镀金大佛足有20英尺高，体态匀称，面相和五官都有印度人的特征，流露着善良与慈悲。[3]

其他大大小小的铜制佛像也足以让人惊叹，使欧洲人感受到了中西方之间截然不同的宗教习俗。[4]藏传佛教特有的转经筒给参观者留下了深刻的印象：

> 给我们印象最深的是摆放在房间四周的祈祷箱，他们把那称作"嘛呢"，人们小心地把用藏文写的经卷卷起来放在盒子里面，盒子绕着一根枢轴转动。信徒们转动盒子，每转一圈就重复一遍咒语。信徒们认为，每次旋转盒子，里面的经文就奉献给了神。小盒子里同样塞着经文，绕着枢轴旋转，枢轴加长留出一个把手让信徒们握住。盒子的四周从里到外都写着咒语，盒子上系着一根绳子，绳子上系着一个砝码，以增加力量促使经筒转动。按照寺庙里的和尚教给我的，那经文听起来是这样的："唵嘛呢叭咪畔"，是对主管"天、地、人、

---

1 〔英〕斯霍温：《1860年华北战役纪要》，第205页。
2 〔法〕乔治·德·克鲁勒：《进军北京》，第81页。
3 〔法〕乔治·德·克鲁勒：《进军北京》，第82页。
4 〔法〕乔治·德·克鲁勒：《进军北京》，第84页。

伤、火和苦"等神祇的一种祈祷。[1]

在北京建造如此宏大的喇嘛庙，欧洲人意识到其背后的真正目的是更好地控制西藏一带的领土。[2]

**孔庙和国子监** 作为当时最高学府的国子监和供奉孔子的孔庙就在雍和宫附近。在英国人眼中，这两组建筑相当漂亮，只不过不是很雄伟。[3]而在法国人看来，孔庙虽然香火最为旺盛，但与中国其他寺庙相比并无独特之处，国子监不过是一处建造得很难看的兵营罢了，里面住着求学的贫穷学生。[4]

**紫禁城** 条约签订完毕之后，恭亲王奕訢通知英法两国全权代表，可以由负责和议的大臣恒祺带领他们参观紫禁城，这一消息令所有人都非常好奇和兴奋，将这样的待遇看作千载难逢的好机会。[5]但是清朝方面最终并没有允许这些欧洲人进入紫禁城之内，只是将他们从前门带进了皇城，在紫禁城的大门前稍做停留，站在巍峨的午门前，显然没能带给这些参观者很好的体验：

> 后来走到了紫禁城大门前。门前有条河渠，与城墙走向一致，好似紫禁城的护城河……七座大理石石桥横跨渠上，只有两座还保持着光泽。此时河道已经干涸，据说那河水源自山上的溪流。
>
> 紫禁城的城墙呈四角形，城墙四面设 4 个城门……皇帝及其家眷就住在里面，我们不得入内。发现大家有些沮丧，

---

1 〔英〕斯霍温:《1860 年华北战役纪要》，第 205 页。

2 〔英〕斯霍温:《1860 年华北战役纪要》，第 206 页。

3 〔英〕乔治·奥尔古德:《1860 年的中国战争：信札与日记》，第 144 页。

4 〔法〕乔治·德·克鲁勒:《进军北京》，第 126 页。

5 〔法〕乔治·德·克鲁勒:《进军北京》，第 158 页。

恒祺便特许我们一直走到城门下，遥望一下里面的第一个院子，也就是主院。据说，中国皇帝就住在这个院子里。说实话，在我看来，那地方与统治 4 亿人口的帝王根本不相匹配。

当然，院内的几个大理石柱廊、几级台阶还算雅致，但衰败的迹象已经在墙上的裂缝和遍生的苔藓中表露无遗。轻而易举便可得出以下结论：咸丰和他的大臣们更愿意住在圆明园，因为那里更新，也更富丽堂皇。

我们只稍微观察了一会儿，但是在恒祺眼里已经太久。他看出皇宫并没给我们留下什么好印象。一行人最终满怀遗憾地离开了紫禁城。尽管皇宫已经破旧不堪、几乎无美感可言，但大家还是很想进入内部参观一下。[1]

领略过圆明园的无与伦比之后，所有人对紫禁城抱有极大的兴趣，无法入内显然十分扫兴，不过一些人还是发挥了联想，认为紫禁城里一定拥有奢华的家具、玻璃制品、帷幔以及镶有黄金、宝石和珍珠的各类饰品，是第二座在《一千零一夜》中才能出现的宫殿，而且可能比第一座还要恢宏，因为它更古老，地理位置更优越。[2]

**皇城中的园林和其他建筑**　为了弥补没能进入紫禁城的缺憾，恒祺带领英法两国的特使和军官在皇城里面尽情游览了一番。今天作为国家中央机关驻地的中南海和作为市民休闲场所的北海公园，在清代合称西苑，是皇家御苑，[3] 也是北京城内面积最大的水域。在皇家园林内的游览让参观者很满意，之前对北京的失望和鄙夷变成了赞美从笔尖流露出来：

---

[1] 〔法〕乔治·德·克鲁勒：《进军北京》，第 159 页。

[2] 〔法〕L. F. 朱以亚：《中国战争纪行》，第 113 页。

[3] 李临淮编著《北京古典园林史》，第 202 页。

行至皇城西面，我们发现此处有一个巨大的皇家园林，园内两处湖泊久负盛名，一座龙桥横跨在波光粼粼的湖面上。湖边的水生植物伸展着碧绿、苗壮的茎叶，岸上小径交叉处立着许多亭子和小型庙宇……两个湖中较大的那个湖心有一个小岛，或者说是一个面积较小的山丘。山丘顶上有一个大理石庙和一块高耸的花岗岩石碑。小岛的四周布满岩石、新奇植物、郁郁葱葱的树木以及大理石凉亭和柱廊，充满诗情画意。[1]

尽管多数只有一层，这里的建筑也显得很雄伟。落日的余晖映照在檐角卷翘的琉璃瓦屋顶的棱脊上，就像映照在无数的棱镜上一般绚烂。[2]

随后，参观者还登上了景山，他们了解到这座人工堆成的假山是明朝最后一位皇帝自杀的地方，不过山上曲折的小径、珍贵的花木、雅致的亭子都使他们感到心旷神怡。[3] 站在景山的最高点，可以观看北京全景，鼓楼、钟楼、历代帝王庙、白塔寺都收入眼底，[4] 同时也是俯瞰紫禁城的最佳地点。额尔金伯爵虽然觉得紫禁城又小又矮，但依然觉得"黄色的屋顶，再加上几个深蓝色的屋顶分布其中，在阳光下还是显得很绚丽的"。[5] 站在景山上，还可以眺望西山，此时已经是 10 月底，被白雪覆盖的西山风景如画。[6]

---

1　〔法〕乔治·德·克鲁勒：《进军北京》，第 164 页。

2　〔法〕阿尔道夫·阿尔芒：《出征中国和交趾支那来信》，第 340 页。

3　〔法〕乔治·德·克鲁勒：《进军北京》，第 163 页。

4　〔法〕瓦兰·保罗：《远征中国》，第 160 页。

5　〔英〕额尔金、沃尔龙德：《额尔金书信和日记选》，汪洪章、陈以侃译，中西书局，2011，第 223 页。

6　〔英〕乔治·奥尔古德：《1860 年的中国战争：信札与日记》，第 147 页。

除此之外，参观者还游览了太庙、社稷坛、皇史宬等皇城内的重要建筑。[1] 由于对中国文化不了解，这些军官在描述和形容这些建筑时出现不少错误，但无疑留给了他们很好的印象，"皇城（黄城，紫禁城）非常宏伟壮丽、妙不可言、令人陶醉，但还是要说，在建造这宫殿时，一切都富丽堂皇，现在已经很破旧。可以看出维护得很不好，很快就会走向破败"。[2]

**天坛** 位于北京城的南部，也就是在汉人区里。尽管皇帝在天坛和地坛举行的盛大祭拜仪式在欧洲人看来充满神秘气息，[3] 但他们能够理解这样做是为了祈祷风调雨顺，为农业生产服务。[4] 占了汉人区将近三分之一区域的天坛像是一座废弃的大花园，草都已枯萎，树木大部分已落叶，所以看起来非常荒凉。[5] 天坛标志性的建筑祈年殿融合了中国古代建筑最高超的手法，但是在这里游逛的参观者对此一无所知，甚至不清楚这座建筑的中文名字：

> 天坛的大门和墙顶都盖着绿色的琉璃瓦。几棵雪松下的一条车行道通往一块小的封闭地，这块地上有几座建筑物，其中包括一个休息大厅——中间有一个圆锥形的建筑物，顶上盖着紫色的琉璃瓦，并放了一个金色的球。这个小塔楼建在一个宽敞的圆形大理石露台上，露台在下面又被分成另外两个窄一点的露台，像台阶一样直接通到地面。[6]

---

1 〔法〕乔治·德·克鲁勒:《进军北京》，第 162~163 页。

2 〔法〕阿尔道夫·阿尔芒:《出征中国和交趾支那来信》，第 340 页。

3 〔英〕麦吉:《我们如何进入北京》，叶红卫、江先发译，中西书局，2011，第 198 页。

4 〔英〕加内特·沃尔斯利:《1860 年对华战争纪实》，第 185 页。

5 〔英〕斯霍温:《1860 年华北战役纪要》，第 201 页。

6 〔英〕斯霍温:《1860 年华北战役纪要》，第 201 页。

从天坛出来之后，军官们还参观了附近的先农坛、精忠庙和关帝庙。[1]

**官府**　签订和约的地方在礼部，法国全权代表和军官从安定门入城，用了一个半小时才到达礼部。[2]这一重要的中枢机构所在地却是一个看起来破败不堪的庞大建筑物。[3]个别军官还参观了大理寺——当时的最高审判机构，引发了其对中西方在法制方面存在差异的思考：

> 大理寺由七位德高望重的审判长官主事。他们任职终身，负责审判罪犯，以及处理与宗教祭礼、教理、产业有关的纠纷。
>
> 我则直接进了大理寺的审判大堂。里面的部分家具已被搬出，不过我很幸运，看到了七位审判官的座椅。这些上等的乌木扶手椅的椅身上雕刻有复杂奇特的花纹，技艺精巧、鬼斧神工。大厅的前面摆放着一些长椅，大厅深处的审判官席位后面有一张祭台，上面没有任何神像，反而摆放着很多瓷器，这令我颇为不解。在欧洲，法院内通常有正义之神的雕像。当然，天朝民众不会相信欧洲的正义之神。然而，天朝的神话人物中难道就没有代表正义的神灵吗？[4]

**牌楼**　也称"牌坊"，是古代中国特有的建筑艺术和文化载体，又是北京城的一类独特景观。[5]行走在北京城的街巷里，英

---

1　〔法〕瓦兰·保罗：《远征中国》，第172页。

2　〔法〕库赞·德·蒙托邦：《蒙托邦征战中国回忆录》，第367页。

3　〔法〕查理·德·穆特雷西：《远征中国日记》下卷，第55页。

4　〔法〕乔治·德·克鲁勒：《进军北京》，第102~103页。

5　吴志有：《北京地方志风物图志丛书·国子监街》，北京出版社，2015，第150页。

法联军经过了 12 座木牌楼，上面饰有各类图案、挂有镀金匾额，但牌楼的桁梁架已经开始腐坏，摇摇欲坠。他们还经过了东四牌楼，这四座牌楼互相连接，但是破旧的楼身让人感觉很危险。[1]破旧的牌楼使来访者意识到北京城内久未有新建筑，说明清廷在物质上和精神上久已停滞不前。[2]

**古观象台**　英法联军还注意到了位于建国门内的古观象台，上面露天放置的天文仪器是康熙年间比利时传教士南怀仁监制并安放的。[3]天文学和天文仪器其实是中西文化交流的重要载体和成果，其由传教士传入，将西方先进的天文观测知识和方法与中国传统的天文学联系起来，利用西方天文学的成就来修订中国的历法，更加准确地预报天体的运行和四季的变化。[4]精致的天文仪器令观赏它的欧洲人也不由得发出赞叹：

> 我们看到的是：一个直径为 2 米的天球正 360 度旋转着，它的衔接处用贝壳做成，球体上用凸起的图案按比例标出了所有星座；另有一个 12 英尺高的六分仪，上有照准仪。只要一踏铁踏板，它就会绕着中心仪器在小轨道上滑动，有了小轨道，我们想把中星仪放在哪个垂面内都可以；还有一个视差望远镜和一个子午环。

> 我们对仪器上的装饰赞叹不已，上面有皇室龙纹，狮头、羊身、龙尾的吐火怪物、百合花和叶板，所有这些图案和造型都必然出自欧洲人之手。[5]

---

1　〔法〕乔治·德·克鲁勒：《进军北京》，第 101~102 页。

2　〔法〕乔治·德·克鲁勒：《进军北京》，第 102 页。

3　北京市地方志编纂委员会编《北京志·文物卷·博物馆志》，北京出版社，2006，第 259 页。

4　〔美〕费正清：《中国：传统与变迁》，张沛、张源、顾思兼译，吉林出版集团有限责任公司，2013，第 215 页。

5　〔法〕乔治·德·克鲁勒：《进军北京》，第 136 页。

此外，他们还从保管员手中见到了刻有南怀仁名字的精美的经纬仪。[1]

**天主堂** 与英国人不同的是，法国人十分重视天主教在中国的境况，早在战争开始前，一些军官就指出天主教与法国的利益是休戚相关的，尤其是中国还存在宗教迫害的行为，法国对此是无法容忍的。[2]条约甫一签订完毕，法国人就迫不及待地寻找天主堂，举行宗教仪式。他们所说的天主堂，指的是"南堂"，即北京宣武门天主堂。这座教堂在中西文化交流史上具有重要的地位，于道光十八年（1838）被封没入官。[3]尽管这座教堂获得过康熙皇帝亲笔题词"万有真源"[4]，却难逃衰败的命运，使法国人为之揪心：

> 残剩的油漆与寄生在破裂的墙上的植物相匹敌；部分倒塌的屋顶为被打碎的彩画玻璃窗提供了避难所，失去了主宰各个季节恶劣天气的神；杂草覆盖了教堂的整个石板地面，这就是我们悲伤地看到的35年来被糟蹋且被禁止在此崇拜上帝的大教堂。但人们在阻塞了教堂入口的植物和荆棘丛下，找到了铁十字架，最初它矗立在教堂的柱廊上……[5]

随后，法国士兵用了几天的时间对教堂进行了修复。10月29日，在北京教区大主教孟振声的主持下，法国军官和士兵举行了大型弥撒。[6]

---

1　〔法〕乔治·德·克鲁勒：《进军北京》，第137页。

2　〔法〕夏尔·于贝尔·拉佛莱：《1860年中国战事》，第2页。

3　卓新平主编《基督教小辞典》，上海辞书出版社，2001，第640页。

4　〔法〕查理·德·穆特雷西：《远征中国日记》下卷，第59页。

5　〔法〕布瓦西厄：《陆军少尉的战争记忆》，第236页。

6　〔法〕L. F. 朱以亚：《中国战争纪行》，第110页。

　　除了上述这些建筑之外，英法联军还参观了北京城的清真寺和观音寺。[1] 短短的几天之内，这些第一次来到北京的欧洲人几乎走遍了北京城内所有著名的建筑。进城之前，法国军官克鲁勒曾写道："在这座古老的北方都城里，任何有历史、有价值或者奇特的东都值得一看，这也应该是我们此行的目标、全军的目标。"[2] 游览全城之后，虽然欧洲人觉得"北京城的辉煌灿烂似乎与其在欧洲被传颂的鼎鼎大名并不相配"，[3] 但对紫禁城的向往和想象、皇家园林的美丽景色，使他们对北京的印象与刚刚进入北京城时相比发生了转变。不过需要注意的是，尽管这些军官、士兵对北京城的建筑景观有着详细的描述，但是他们对中国文化了解并不多，存在很多误解甚至是错误，很多时候带着偏见与傲慢。

# 五　北京居民的日常生活

　　除了北京的城墙、皇宫和建筑景观，生活在这里的百姓也引起了欧洲人浓厚的兴趣。他们在享受百姓围观的时候，也在观察这些与他们完全不同的人；在北京观赏和游玩的同时，也体验到了北京的日常生活和风俗习惯。

　　**外貌**　白种人和黄种人在外貌上有着明显的差异。法国人对中国百姓的围观十分得意，但是对他们的形容则显得没那么友好了：中国人扁平无线条的脸显得十分滑稽，给人一种呆滞的感觉，男人面无表情，女人无惊无喜，更多的是迟钝和冷漠。[4] 除

---

1　〔英〕斯霍温：《1860年华北战役纪要》，第202页。

2　〔法〕乔治·德·克鲁勒：《进军北京》，第158页。

3　〔法〕查理·德·穆特雷西：《远征中国日记》下卷，第59页。

4　〔法〕阿尔道夫·阿尔芒：《出征中国和交趾支那来信》，第331页。

此之外，中国人身体上的残疾也不少，有脚瘸、足部畸形、先天脱臼的人，还有佝偻病患者，致使脱发的头癣患者，麻子、独眼和盲人，眼部抽搐、眼睑外翻的人，还有一些人可根据眼神和眼球的凸起来判断患有斜眼和近视，[1]还有兔唇患者，有患颈部淋巴结炎、个别甲状腺肿大和淋巴结结核的人，有面部狼疮、糠疹和白癜风患者。[2]

男人的发辫让欧洲人感觉很惊奇，他们认为这样的独特装饰，可以让孩子抓住爸爸的辫子而不至于走散，最不利的一点则是，只要随便一抓，行凶者便能轻易地死死抓住别人。[3]女人的头发紧贴两鬓，跟法国女人通常的发型一模一样，但是由于中国女性发髻被梳得很高，而在发髻处，梳子最容易刮到，伤及头发，因此通常会过早地形成斑秃。[4]法国人对中国各地的女性进行了对比，注意到了缠足的问题：

> 满族妇女中不乏艳丽妩媚者，俊美丰满，并不比法国女人逊色，而北京的汉人女子则更阴柔，比广东女子线条更柔美。相较于年轻女子，老妇人则似乎满不在乎。她们自认美貌不再，不会引起欧洲蛮夷注目，便索性毫无遮掩地展示着自己布满皱纹的面庞、花白的头发、牙齿掉光的嘴巴。她们如同哲人般对周遭事物漠不关心。我们经过时，她们的眼睛几乎眨都不眨。兀自悠然地吸着竹筒大烟袋。满族女子不缠足，不必遭受身体上的摧残。而南方的汉族女子则以缠足为美。所以满族女子走起路来不像广东、上海的女子那样踮着

---

1 〔法〕阿尔道夫·阿尔芒：《出征中国和交趾支那来信》，第 331 页。

2 〔法〕阿尔道夫·阿尔芒：《出征中国和交趾支那来信》，第 331 页。

3 〔法〕阿尔道夫·阿尔芒：《出征中国和交趾支那来信》，第 333 页。

4 〔法〕阿尔道夫·阿尔芒：《出征中国和交趾支那来信》，第 333 页。

脚、扭腰摆臀。[1]

**衣**　与外貌紧密联系起来的是衣着和服饰。法国人为自己军队漂亮的军装感到自豪，在他们眼中，中国人的服饰显得很奇怪，存在不少缺陷。第一，衣服过于宽大，在寒冷的天气里很容易让"寒气灌进衣服里，就像抽风的烟囱一样，从领口处灌出"，[2]而且中国人既不系领带也不戴风帽，老年人在户外很容易患病。[3]第二，中国人不穿衬衣，也不用手帕，休息的时候和衣睡下，内衣和所有衣服被油脂浸透，产生特殊的气味。[4]第三，衣服的设计在日常生活中很不方便：无论男人还是女人，冬天都穿着棉裤，裤子前面都不开裆；裤带绳穿过夹层紧紧地系住，有任何生理需要都得把裤绳解开再脱下，女人的短裤或长裤套在衣裙中极不方便；部分男人有时将一边衣摆拉高以避免麻烦。[5]不过，法国人也总结出了中国人衣着的特点：

　　中国人的服装随季节和纬度位置而变化。在北方，冬天的衣服都有羊皮或其他动物皮做的里衬。富裕的市民有漂亮上好的皮大衣、丝质衣服和长靴。汉族妇女的服装显出贵气：长裤、长裙、精致的皮袄，以白色或其他颜色的缎子制成，有漂亮的玫瑰色、朱红色、蓝色、黄色、绿色、淡紫色，以卷毛羔皮、长毛绒、灰鼠毛皮、貂皮镶边或做里衬。[6]

1　〔法〕乔治·德·克鲁勒：《进军北京》，第100页。
2　〔法〕阿尔道夫·阿尔芒：《出征中国和交趾支那来信》，第331页。
3　〔法〕阿尔道夫·阿尔芒：《出征中国和交趾支那来信》，第333页。
4　〔法〕阿尔道夫·阿尔芒：《出征中国和交趾支那来信》，第317页。
5　〔法〕阿尔道夫·阿尔芒：《出征中国和交趾支那来信》，第317页。
6　〔法〕阿尔道夫·阿尔芒：《出征中国和交趾支那来信》，第317页。

衣着不仅能体现百姓在生活水平上的差异，"北京人，无论富有或贫穷，在冬天都穿皮袄，戴皮帽，财富多寡主要表现在裘皮的质地上"，[1] 也是身份和等级的重要象征。在签订条约时，欧洲人从官员所穿着的官服上分辨出了其中的差别：

> 天朝官员官袍的前胸和后背处均缀有补子，补子上的花纹标志着官员品阶的高低。文官的补子上绣有一只类似白鹇的鸟，武官的补子则是一头老虎或者狮子。官帽顶端有一个纽扣状的小珠子，名曰"顶珠"。珠子的颜色同样也象征着官阶的高低。顶珠下面有一截玉质翎管，上面插有一束孔雀翎。网形官帽上有红缨帽纬，红缨自帽顶向四周呈放射状散开。夏季官袍与冬季官袍大致相同，但是官帽要换成圆锥形藤编凉帽，上面仍饰有顶珠和孔雀翎，帽纬也由红缨线换成红马鬃。[2]

**食**　英法联军在北京城内似乎并没有充分品尝中国的料理，因此在日记、回忆录之中甚少提及。中西方在饮食文化上也有很大的差异，不能了解到欧洲人对中国食物的看法和感受是一个不小的遗憾。可以了解的是他们对北京水果的看法，他们品尝了葡萄、桃子、无花果和大枣，但是感觉味道并不是很好。[3]英法联军进入北京的时候已是 10 月下旬，新鲜的水果也不多见，只有柿子引起了他们的兴趣：

> 有一种水果，我们仅在北京见过，这便是柿子。这种果

1 〔英〕乔治·奥尔古德：《1860 年的中国战争：信札与日记》，第 147 页。
2 〔法〕乔治·德·克鲁勒：《进军北京》，第 117 页。
3 〔法〕阿尔道夫·阿尔芒：《出征中国和交趾支那来信》，第 334 页。

树同苹果树相似。果实的大小和色泽与加拿大斑皮苹果相当；然而不同的是，水果上有着相同颜色的果肉质顶冠，其上三分之一处形成一圈凸起，由此挂在树枝上。这并不是如橡子一样的壳斗，而是像有乳状隆起的小南瓜，顶冠呈黄色半球形。外观上就像一个带有隆起顶冠的苹果，但内部果肉更接近番茄。籽很小，吃时难以觉出。至于味道，没有任何一种水果与它相似；如果说和芒果还有一点相似，那也是相去甚远。[1]

除此之外，他们还观察到北京人与南方人相比，更喜欢吃肉。[2]在食品店中，厨师将剁碎的肉馅和蔬菜搅拌成酱状，然后将面团擀成皮，每块皮中间放一小团酱，并将皮子一个褶一个褶地慢慢捏起，最后在中间捏成组扣状，包好后根据不同口味可以油炸、烘烤或煮着吃。[3]这种中国特有的吃法使英国人觉得虽然看起来不怎么样，但味道好极了。[4]其他最常见的食物是小米或玉米做成的面饼、土豆和大白菜。在饮料方面，中国人平日喜欢喝茶，很少喝冷水，很喜欢喝用粮食酿成的白酒，需求量很大，但价钱很便宜。[5]

**住**　北京的房屋似乎是最让欧洲人失望的了。普通的民居通常是平房，房型各异，没有统一的规划。那些位于主干道两边的都是砖瓦房，而离主干道稍远一点的房子和郊区的农舍差不多，泥巴墙，茅草屋顶，都粉上了一层搅拌了稻草屑的泥浆。[6]不过细心的观察者还是发现了掩藏在房屋中的秘密：首先，房屋的朝向

1　〔法〕阿尔道夫·阿尔芒：《出征中国和交趾支那来信》，第334~335页。

2　〔英〕斯霍温：《1860年华北战役纪要》，第209页。

3　〔英〕麦吉：《我们如何进入北京》，第193页。

4　〔英〕麦吉：《我们如何进入北京》，第193页。

5　〔英〕加内特·沃尔斯利：《1860年对华战争纪实》，第186~187页。

6　〔英〕加内特·沃尔斯利：《1860年对华战争纪实》，第185页。

基本是坐北朝南，原因是北京的气候，既要考虑能够抵御冬季的严寒，还要能在炎热的季节里减缓空气流通。[1]其次，几乎家家户户都在院子里种上树；[2]民居围墙很高，这是因为中国人的家庭生活很丰富，他们不希望向邻居暴露家中的秘密。[3]最后，房屋的装饰和取暖方式能够体现贫富差别。比如吹制的窗户玻璃只有富人阶层才能用得起，普通人家一般是糊纸；[4]冬天的时候，有钱人用比较昂贵的木炭取暖，穷人则使用煤。[5]此外，在用水上，京城里的饮水大部分从路边的水井里就能取到，水井旁通常放有水槽，是给过路的牲口饮水用的。[6]

　　**行**　刚刚进入北京城的时候，坑洼不平的路面着实让欧洲人感到不快，但是他们细心地发现了不平的重要原因是道路上都有车辙。[7]行走在车辙上的马车是朝廷官员主要的出行方式，马车座位上放有靠垫，前面挂着帘子，除了马车夫之外还有骑马的随从跟在后面，[8]携带各种雨伞、竹竿、镀金的木制武器和锣鼓，一旦有官员经过，路上的行人会立即散开。[9]这样的待遇只有富裕阶层才能享受得到，最贫穷的阶层只能使用独轮手推车，车轮高出两边的车身，既可以用来载人，也可以载物。[10]此外，轿子并不多见，北京人更热衷于骑马，经常会遇到男人骑着高大的骡子。[11]

---

1　〔法〕L. F. 朱以亚:《中国战争纪行》，第 111 页。

2　〔法〕阿尔道夫·阿尔芒:《出征中国和交趾支那来信》，第 334 页。

3　〔法〕瓦兰·保罗:《远征中国》，第 173 页。

4　〔英〕斯霍温:《1860 年华北战役纪要》，第 209 页。

5　〔英〕加内特·沃尔斯利:《1860 年对华战争纪实》，第 187 页。

6　〔英〕斯霍温:《1860 年华北战役纪要》，第 209 页。

7　〔法〕阿尔道夫·阿尔芒:《出征中国和交趾支那来信》，第 341 页。

8　〔英〕斯霍温:《1860 年华北战役纪要》，第 207 页。

9　〔英〕麦吉:《我们如何进入北京》，第 194 页。

10　〔英〕斯霍温:《1860 年华北战役纪要》，第 207 页。

11　〔英〕斯霍温:《1860 年华北战役纪要》，第 207 页。

在汉人区还可以见到排成长队的骆驼，是一种既经济又实用的用来运输商品和货物的动物。[1]

**商业活动**　相对于萧条、破旧的满人区，欧洲人更喜欢商业发达、繁荣热闹的汉人区，这可能与欧洲具有比中国更深厚的商业传统有关。满人区中那些更加强调政治功能和权力地位的宏大建筑物让英国人和法国人感觉很乏味，而汉人区熙熙攘攘的人群和琳琅满目的商品让他们感觉更亲切。英法联军主要游览的商业街位于皇城附近、中轴线上，其实就是前门地区，这一带是北京商业最发达、兴盛的地方。[2]道路两旁店铺林立，店面的镀金木雕图案复杂而奇特，招牌富有寓意、妙趣横生，店门两侧悬挂着各式各样的幌子，五颜六色，吸人眼球。[3]街上挤满了人。[4]道路两旁的人行道上摆着许多露天摊位，给行人提供各式各样的日常消费品和生活品。[5]小吃经济实惠，只要几个铜板，保证了穷苦阶层的饮食。[6]中国特有的剃头匠吸引了法国人的目光：

> 我们看到一个剃头匠也摆好了自己的小摊子：这是一个简易摊位，只有两件必备物什。他就用一根长扁担挑着，一头一件，腾挪移位，走街串巷。第一件用具是一个漆成红色的小木凳，剃头时主顾就坐在上面；另一件是个类似三脚架的东西，带一个抽屉，里面放着剃刀和抹布，抽屉上面是一个铜质的刮胡盆子，盆边有弧形缺口，和我们乡下理发师的装备几乎一模一样，但这套用具里没有肥皂。真正让我感到

1　〔英〕斯霍温：《1860年华北战役纪要》，第207页。
2　段柄仁主编《北京胡同志》上册，北京出版社，2007，第418页。
3　〔法〕乔治·德·克鲁勒：《进军北京》，第98~99页。
4　〔英〕乔治·奥尔古德：《1860年的中国战争：信札与日记》，第144页。
5　〔法〕乔治·德·克鲁勒：《进军北京》，第133页。
6　〔法〕乔治·德·克鲁勒：《进军北京》，第133页。

惊奇的是方抹布两端的两种说不出来的颜色——一端用来沾湿面部和头部，然后好用剃刀剃头；另一端则是在工序结束后，用来擦干顾客的头和脸。这些中国剃头匠剃刀用得非常灵活。他们的剃刀比我们的短，刀背更笨重，刀刃极其锋利。不过，这也不是我们第一次见识到，中国人很早就会铸造利刃了。[1]

路边还有给马车换车轮的修车匠、用锤子击打铁块的铁匠。[2]店铺里的商品琳琅满目，有可以买到各种帽子和头饰的帽子店，有出售各种地方特色药材和药品的药房，有售卖打火器和火石的商店，有可以买到黑貂皮或海獭皮的裘皮店。[3]此外，还有卖茶叶、水果、蔬菜以及各种食品和古玩的流动小贩，他们推着独轮车，沿街叫卖各自的货品。算命先生、杂耍艺人和说书人在用他们的趣事和把戏来取悦人，并从那些衣衫褴褛的听众那儿赢得一阵阵的喝彩。[4]

英法联军的军官、外交官、士兵都很希望能从北京带回一些值得纪念的特产，在售卖古玩的街区逗留了很久。北京的玉器、瓷器、青铜器、象牙、漆器、书画和灯笼等具有中国文化特色的物品引起了欧洲人极大的兴趣。比如，他们对漆器进行了细致观察，甚至对工艺都有所了解；对中国画也进行了一番并不是很准确的品评：

> 书画卷轴既长又窄，十分适合自上而下、垂直地写上两

---

1 〔法〕乔治·德·克鲁勒：《进军北京》，第133~134页。
2 〔英〕麦吉：《我们如何进入北京》，第193页。
3 〔英〕麦吉：《我们如何进入北京》，第193~195页。
4 〔英〕乔治·奥尔古德：《1860年的中国战争：信札与日记》，第144页。

三行中国文字，但却给画家带来些许不便，他们不得不将风景或者室内静物拧成螺旋状画上去。因此，在中国的书画作品上，风景像迷宫，室内静物却看不出个样子来。我们选了几幅水墨山水画，抛开透视法不提，上面的岩石、竹子还是画得不错的。要知道在中国，浓淡远近法和地面构图法并不被大众所熟悉，绘画技法不过就是色彩的增浓减淡、光线明暗对比以及阴影的使用。[1]

华丽、考究的灯笼使欧洲人认识到，灯笼不仅仅是为了照明，也是中国人庆祝佳节时必不可少的装饰用品。这让外来者不禁感叹："中国人恪守礼节、严格遵守传统习俗，可以说，世界上的民族中，无出其右者。"[2]

在购物体验上，欧洲人也摸清了商人惯用的手法：中国的商人也喜欢开高价，通常是他想卖的真实价格的两倍。[3]因此，购物时要先砍去四分之三的价格，然后再一步步加到自己愿意支付的价格。[4]士兵们则要么靠比画手势，要么把想要的东西画在纸上。

通过在北京城里游览以及购物等活动，英法联军逐渐接触和了解了北京居民的日常生活，从衣食住行到商业贸易，方方面面都有涉及。与满人区里面高大、宏伟的皇宫和宗庙等凸显权力、地位和威严的政治性建筑相比，这些才是北京的真实面貌。从英法联军留下的日记和回忆录来看，北京居民的日常生活也是他们最感兴趣，对北京印象最深刻、美好的部分。

---

1　〔法〕乔治·德·克鲁勒：《进军北京》，第154页。
2　〔法〕乔治·德·克鲁勒：《进军北京》，第156页。
3　〔英〕加内特·沃尔斯利：《1860年对华战争纪实》，第186页。
4　〔英〕麦吉：《我们如何进入北京》，第196页。

# 六　结语：中西交流中的不同面相

在既往的历史叙述中，对英法联军进入北京乃至中国近代史上的对外关系，存在两个一直没有发生太大变化的倾向：第一，主要从中国的视角进行研究，与中国进行战争、签订条约的其他国家是列强，是侵略者，中国则是受害者；第二，在涉及中外关系的领域中，政治、军事乃至经济是最受关注的，文化交流则鲜有问津。中西书局出版的这一套丛书，恰恰为我们提供了一个新的观察视角：运用来自侵略者的生动材料，从文化交流的角度来观察一个历史事件，能带给我们一些新的思考和感受。

首先，将同一历史事件的不同记载进行比较，可以看出完全不同的立场和评价。当古老的北京城第一次被欧洲人叩开大门的时候，带来的冲击与震撼不难想象。对于英法联军在北京的所作所为，当时的文人留下了记载，如赘漫野叟在《庚申夷氛纪略》中描述外国人进城给北京带来了极大的骚乱和灾难：

> 夷性狡悍，挟制多端，一时和议不能速成，群丑固知顾忌，性且畏寒，城上不耐栖止，擅入人家住宿，城北居人，受侮不少，纷纷南迁，街市间累肩接踵，扶老携幼，牵男抱女，背负褛被，手提筐筐，竭蹶喘汗，妇女纤弱，蓝缕羞缩，踉跄颠仆，蓬首垢面，号啼之声，相续不绝于路，此皆无力穷家之苦况也。若夫王公、大臣、汉官、富户之家属，乍闻天津失守，犬羊内窜，早已迁徙出都，百无一存。[1]

---

1　赘漫野叟：《庚申夷氛纪略》，载齐思和等编《第二次鸦片战争》（二），上海人民出版社，1978，第13~14页。

李慈铭在日记中也说："近日夷人遍于城内外，遨游宫禁，窜扰坊市，横刀跃马，动辄伤毁，遇妇人则群拥之，污辱备至，甚或嚼破其面，虽乘车者，亦不能免。"[1]北京显然是一片狼藉、人人自危、宛如末日的混乱景象。但是在英法联军笔下，进入北京城则完全是另一番景象。

当1860年10月13日联军刚刚占领安定门的时候，百姓从北京的四面八方蜂拥而至，在英国军官沃尔斯利看来，人们是为了一睹联军的风采。他第一次见到那种场面："城门下人头攒动，排着长长的队伍，一眼望不到尽头。人群走来走去，扬起大片灰尘，整个城市被灰尘笼罩，什么也看不清。"[2]25日，法军进城与清廷签订条约的景象也让法国军官克鲁勒十分自豪："成千上万的百姓将街道和小广场团团围住，阳光明媚，他们被汗水打湿的额头闪闪发亮。攒动的人头如波涛暗涌，稍有骚动，便会波及整片人海朝各个方向涌来涌去。"[3]在中国人的围观下，法军神气十足地开进了北京城。[4]在军官穆特雷西看来，法国军队雄赳赳气昂昂的气势、高贵优雅的着装引得中国人的啧啧称赞，他在中国人的脸上看到的，与其说是恐惧与害怕，不如说是震惊与诧异。[5]在前进过程中，仍然有百姓从家中跑到门前盯着法军看：

> 欧洲人的大胡子和相貌让他们很是好奇。妇女聚集在临街的小巷子深处向外张望。老妇人在最前面，年轻女子则躲在后面，羞涩地用手或香扇半遮面庞，以防被我们看到。我

---

1　李慈铭：《越缦堂日记补》，载齐思和等编《第二次鸦片战争》（二），第130~131页。

2　〔英〕加内特·沃尔斯利：《1860年对华战争纪实》，第181页。

3　〔法〕乔治·德·克鲁勒：《进军北京》，第98页。

4　〔法〕乔治·德·克鲁勒：《进军北京》，第98页。

5　〔法〕查理·德·穆特雷西：《远征中国日记》下卷，第55页。

们中有人试着靠近，她们顿时像老鼠见到猫似地四散逃开，
躲回各自家中。[1]

　　这样的盛大景象让法国军队上上下下倍感自豪。11 月初法军
撤离北京的时候，也同样是人山人海，各个阶层的中国人摩肩接
踵，把街道挤得水泄不通。中国人的热情显得他们不再是挖空心
思想要为连续战败报仇雪恨、心急如焚地等待有利时机一雪前耻
的敌人，而只是一群不伤人的好奇百姓而已，他们的诧异、震撼
已然代替了其他所有的情感。[2]

　　英国人和法国人在北京城内参观和游览，时人记载云："夷
人出南城，至前门大街、珠宝市、大栅栏等处，买办货物。虽不
甚猖獗，而各人携带枪刀，少不如意，即行滋扰。于是铺户多关
者。"[3] 英国军官笔下则相反：

　　　　在我们占领安定门后的两三天里，城里的居民纷纷逃亡，
　　但是在我们最后撤离北京之前，大多数的逃难者都回来了，
　　他们惊奇地发现我们的军队纪律严明，许多歇业的商店又重
　　新开张，一如往常开始做生意。所有和我们做买卖的店家都
　　很有礼貌而且很热情，他们喜欢开玩笑，即使拿自己开涮也
　　无所谓，我碰到的其他人也一样非常友好。[4]

　　同样的历史事件，在不同的当事人看来完全是截然不同的景
象，虽然有部分重合的地方，比如北京城内有居民逃亡，这应该

1　〔法〕乔治·德·克鲁勒：《进军北京》，第 100 页。
2　〔法〕查理·德·穆特雷西：《远征中国日记》下卷，第 68 页。
3　《庚申英夷入寇大变记略》，载齐思和等编《第二次鸦片战争》（二），第 55 页。
4　〔英〕加内特·沃尔斯利：《1860 年对华战争纪实》，第 186 页。

是事实；但总体来看，中国人眼中的灾难恰恰是侵略者最引以为豪的东西，英法联军带着胜利的喜悦，带着征服者的自豪，昂首阔步进入了帝国的心脏，这里只有对胜利者的欢呼与崇拜，更加助长了他们的自尊与气势。对于这样的差异，很难评价孰对孰错、孰真孰假，其意义在于揭示了不同的视角，这是最重要的。

其次，历史记载和当事人感受的不同，既因为双方所处的立场不同——胜利者与失败者、侵略者与被侵略者，也源于中西方之间的巨大差异。纵观英法联军的军官、外交官、翻译官乃至士兵关于北京的记载，虽然是根据他们亲眼所见、亲身体验所写就的，但是包含不少对中国的误解，甚至是傲慢和偏见。比如他们将北京的内城和外城分别称作满人区和汉人区，而且发挥他们的想象力，将汉人区和满人区的划分与清王朝对汉族百姓的统治与防范联系起来：

> 当 200 年前满族毁灭明朝后，他们把老城区即北城区留给满族人，并把中国人驱赶进入他们用城墙围起来的城区。就是从那个时候起，有了今天北京两个主城区的名字——汉人区和满人区。[1]

其至还有人认为将两个城区分隔开来的城墙是精心构筑的，统治者在上面修筑了坚固的防御工事，它们全部朝向汉人城区，表明那里居住着被征服的民族。[2] 这样的看法无疑是对北京乃至中国的误解。此外，在关于北京的房屋建设、北京居民的穿着、官员等级的划分、天坛等建筑的功用、宗教信仰、绘画技法、风俗习惯等方面也存在不少误解，有的是一知半解，有的则是南辕北

---

1　〔法〕贝齐亚:《中国之役：1859~1861》，第 97 页。
2　〔法〕瓦兰·保罗:《远征中国》，第 172 页。

辙，这也深刻反映出近代中西方开始接触和交流的时候，双方对对方知之甚少，中国昧于世界发展大势，欧洲人则不理解中国的国情、文化和风俗。

除了对中国的误解之外，英法联军在对北京的描述中还流露出傲慢与偏见。比如，他们认为中国的成年人看起来一副蠢相，令人不快；[1]妇女又老又丑；[2]中国方面精心准备的菜肴在法国人看来完全吃不惯，无法下咽，甚至让人倒胃口；[3]紫禁城是一片废墟，难看极了。[4]法国军官克鲁勒认为："总体来说，中国人没有艺术概念，没有艺术品位，也没有美感。"[5]他将中国与法国的瓷器进行对比，认为中国人不在乎瓷器的形状和线条，缺乏判断能力，法国人才是真正具有艺术品位的。[6]诸如此类的感受与其说是误解，不如说是建立在误解基础之上的傲慢与偏见，带着胜利者的自大与优越感，无论是艺术、建筑，还是衣食住行，中国人似乎先天就低欧洲人一等，由此甚至还能引发欧洲人一些不切实际的幻想。当法国人进入北京城时，翻译官埃利松认为前来围观的中国人都是虔诚的天主教信徒，在胸口画着"十"字，以表达他们的诚意和对信仰上帝的兄弟们的敬意。[7]29日在天主教堂举行弥撒之后，有人竟然认为这场仪式意义尤为重大，它标志着人口众多的中华民族从此拥有了宗教信仰的自由。[8]这些只能说是一厢情愿。

---

1 〔法〕阿尔道夫·阿尔芒:《出征中国和交趾支那来信》，第331页。

2 〔英〕加内特·沃尔斯利:《1860年对华战争纪实》，第186页。

3 〔法〕乔治·德·克鲁勒:《进军北京》，第140页。

4 〔法〕乔治·德·克鲁勒:《进军北京》，第165页。

5 〔法〕乔治·德·克鲁勒:《进军北京》，第141页。

6 〔法〕乔治·德·克鲁勒:《进军北京》，第141页。

7 〔法〕埃利松:《翻译官手记》，第276页。

8 〔法〕L. F. 朱以亚:《中国战争纪行》，第110页。

最后，尽管当时的英法对中国存在不少误解，但是他们对北京的描述和感悟，为我们了解当时的北京乃至中国的真实状况提供了鲜活、真实的材料，也有助于今天我们反思第二次鸦片战争。英法联军对北京的印象，明显经历了由期待向失望的转变。正如克鲁勒所形容的：

> 以我所见，北京不再是书中的那个北京，就如同雅典不再是伯里克利所辖的雅典一样。从耶稣会会士遍布中国时起，中国就已发生巨大改变（耶稣会会士的工作和他们之间的关系为后人写出这些专著提供了源源不断的灵感），很多作者大肆赞美的宏伟建筑和制度都已不复存在。我在中国看到的是满眼废墟，毫无价值与美感可言。中国曾经无比繁荣开放，曾有无数外国人来此游历流连忘返，可惜昔日好景已不再，其中是非还是留待后人评说吧。[1]

北京的破败又与中国的衰落联系在一起，曾经"北京这座神奇的巨城在欧洲人的梦想中显得如此之遥远，遥远得当人们说要去北京时仿佛在说要去月球"。[2]但是真正目睹了北京的现状之后，英法联军相信曾经辉煌的中华帝国已然是"落日余晖"，无法再与欧洲匹敌。其实，中国形象在欧洲人眼中的变化，并不是自这时开始的。早在1793年英国马戛尔尼使团来到北京时，使团成员就已经发觉中国正在走向衰颓。正如马戛尔尼所说："种种原因导致政治领域不可思议的现象。自从鞑靼人一百五十年前进入中国以来，这个国家在一种削弱的管理状态下逐渐衰落，被内战和

---

1 〔法〕乔治·德·克鲁勒:《进军北京》，第125页。
2 〔法〕埃利松:《翻译官手记》，第201页。

叛乱搅得混乱不堪，被几个无价值的竞争者争夺不已。"[1] 马戛尔尼使团的北京之行强化了其原有的贬华倾向和英国人此前已有的优越感，[2] 使英国人认识到自己确实领先于中国了，而 1860 年英法联军进入北京，无疑是再次对此进行了确认——中华帝国已然失去昔日的荣光，不必再畏惧它了。

法国学者佩雷菲特在其著作《停滞的帝国——两个世界的撞击》中提出了"相对的静止"这一说法："在人类漫长的队列中，各个国家也是这样：静止不动的国家向下退，不紧不慢地前进的国家停滞不前，只有那些紧跑的国家才会前进。"[3] 这种相对的运动与静止，只有经过长期的比较才能发现。自马戛尔尼使团直至英法联军，两次来访相隔将近 70 年，是一个不短的时间，足够英国完成工业革命，中国也经历了两次对外战争的失败，然而在这期间，北京几乎没有发生任何变化。根据欧阳哲生教授对马戛尔尼使团"北京经验"的研究，我们可以清楚地发现，马戛尔尼使团笔下的北京与英法联军笔下的北京几乎完全一样，没有见到什么变化：高大的城墙、宽敞的街道、飞扬的尘土、低矮的房屋、拥挤的人口、繁荣的商业。不仅如此，这与 100 年前欧洲传教士所看到的和描绘的北京也几乎一模一样。[4] 可以说，北京乃至中国，在如此长的时间内处于停滞不前的状态，外力的刺激如此之大，自身的变化却如此之小，相对于蒸蒸日上的欧洲，中国越

---

1　〔法〕佩雷菲特：《停滞的帝国——两个世界的撞击》，王国卿、毛凤支等译，三联书店，1998，第 236 页。

2　欧阳哲生：《英国马戛尔尼使团的"北京经验"》，《北京社会科学》2010 年第 6 期，第 16 页。

3　〔法〕佩雷菲特：《停滞的帝国——两个世界的撞击》，王国卿、毛凤支等译，三联书店，2013，第 469 页。

4　欧阳哲生：《英国马戛尔尼使团的"北京经验"》，《北京社会科学》2010 年第 6 期，第 9 页。

来越落后了。

英法联军笔下的北京，还为我们揭示了另一个值得关注的细节——北京的贫富差距之悬殊。不少人对北京城里衣衫褴褛、极度贫困的穷人印象深刻，[1] 尤其是当联军见识过奢华至极的圆明园之后，北京城里的穷困现象使他们指出了中国存在的问题：

> 无情暴政所导致的道德沦丧压迫着这个庞大的帝国，而上述程度的堕落和奴化正是这种沦丧所导致的必然结果。上位者只顾追求物质享受，其终极目的是满足感官欲望，其方式往往过于考究，这一切都使得该民族的社会状况日益恶劣。宫殿里堆满清帝国的庞大宝藏，宫廷上下穷奢极欲，而在一墙之隔的宫殿之外，生活着无数穷苦百姓，因受饥饿折磨而困苦不堪。[2]

停滞的社会局面反映了清朝自我更新机制的衰竭，隐藏在城中的巨大贫富差距或许是酝酿革命与动乱的诱因，通过英法联军的视角，我们从"对手"的立场重新审视北京乃至中国，清朝在两次鸦片战争以及日后其他对外战争中所付出的惨痛代价，并不是没有缘由的，重要的因素就在中国内部。这也许是英法联军笔下的"北京图景"带给我们的最大启发。

---

1　〔法〕L. F. 朱以亚：《中国战争纪行》，第 114 页。

2　〔法〕F. 卡斯塔诺：《中国之行》，第 64 页。

# 西人京缘：庄士敦印象中的颐和园及其管理

王　静*

**摘　要：** 庄士敦来自苏格兰，以溥仪英文师傅的特殊身份，在溥仪被赶出宫的前几个月曾负责整顿、管理颐和园。在其负责管理之前，庄士敦印象中的颐和园主要体现了他个人对清末民初中国政治的观察。他通过追溯发生在颐和园或与颐和园相关的历史事件，表达了对光绪、溥仪两位君主的深切同情，对慈禧、袁世凯等人的痛恨憎恶，但庄士敦始终认为溥仪应该迁居颐和园。在协助溥仪改革内务府的大背景下，他与郑孝胥互相欣赏、互相举荐，最终促成了他对颐和园的管理。而在实际管理中，他具有励精图治、认真整顿的想法和计划，但困难重重，很多"宏图"可能并未来得及施展，亦不像他在《紫禁城的黄昏》中写得那样光鲜。而他坚持颐和园属于皇室私产，对颐和园的关注和管理更多体现了他对溥仪的维护和追随，带有极大的政治色彩。

**关键词：** 庄士敦　颐和园　溥仪　紫禁城

颐和园是清代皇家园林，原名好山园，乾隆十五年（1750）更名清漪园，乾隆帝以建佛寺祝母寿为名，在圆静寺旧址兴建大报恩延寿寺，改瓮山为万寿山，改西湖为昆明湖。后于咸丰十

---

\*　王静，北京大学历史学系。

年（1860）被英法联军洗劫，与圆明园同毁于火。光绪十四年
（1888）正式开始整修并改园名为颐和园，修复工程一直持续到
光绪二十一年（1895）。[1] 进入民国后，颐和园继续由清室内务
府管理，但在 1924 年溥仪被赶出宫的前几个月，曾由其英文师
傅庄士敦负责管理。

庄士敦是一位出生于苏格兰的英国人，先后于爱丁堡大学、
牛津大学玛格德琳学院修学。1898 年考入英国殖民部，并作为
一名见习生被派往香港，开始学习汉语。1904 年被殖民部派往
威海卫担任行政长官。1919 年 3 月开始了他的"帝师"生涯。[2]
一座古典恢宏的皇家园林如何与一位漂洋渡海的西方人产生千丝
万缕的联系？庄士敦视野中的颐和园如何？他对颐和园的管理有
哪些作为？这是本文致力探讨的内容。

目前关于庄士敦与颐和园的研究较少，早年有曲直的《庄士
敦与颐和园》[3] 和严宽的《庄士敦与颐和园》[4]，篇幅均小且非严格
意义上的学术作品。《回望庄士敦》也只是以几百字笼统叙述庄
士敦的这一经历。阎严的《庄士敦与颐和园》[5]、彭超的《庄士敦、
郑孝胥与整顿内务府事件》[6] 涉及庄士敦整顿颐和园的原因及主要
措施，稍显详细。然而，已有研究主要聚焦庄士敦整顿、管理颐
和园这一点，缺乏他作为一位西方人对颐和园的观察与认知。同

---

1　颐和园管理处编《颐和园志》，中国林业出版社，2006，第 1~2 页。汤用彬、陈声聪、彭
　　一卣编《旧都文物略》，华文出版社，2004，第 75 页。

2　〔英〕史奥娜·艾尔利：《回望庄士敦》，马向红译，山东画报出版社，2009。

3　曲直：《庄士敦与颐和园》，《中国典籍与文化》1993 年第 1 期。

4　严宽：《庄士敦与颐和园》，《文史精华》2000 年第 3 期。

5　阎严：《庄士敦与颐和园》，载北京市政协文史资料委员会编《北京文史资料》第 69 辑，
　　北京出版社，2004，第 240~245 页。

6　彭超：《庄士敦、郑孝胥与整顿内务府事件》，载赵继敏、王文锋主编《末代皇帝溥仪在紫
　　禁城》，吉林大学出版社，2013，第 38~42 页。

时，这些研究成果所本的史料非常单一，基本来自庄士敦所著《紫禁城的黄昏》一书，其是否可信受到质疑。因而，针对以上可继续探究的空间，本文以《紫禁城的黄昏》为梳理线索的基础史料，并广泛利用其他史料进行比勘互证，以冀探明庄士敦印象中的颐和园及其对颐和园的管理。

## 一 庄士敦印象中的颐和园

庄士敦印象中的颐和园体现了一位西方人士对清末民初中国政治的观察。在《紫禁城的黄昏》一书中，作者在叙述百日维新、义和团运动、光绪皇帝与慈禧太后等章节中，可以看到颐和园的许多踪迹。其对颐和园的最初印象与慈禧太后密切联系在一起。庄士敦首次提到颐和园是将其作为慈禧太后撤帘后的休养生息之所："1888 年，清廷颁布了两个重要诏令：一个宣布光绪皇帝即将大婚（按照中国风俗，结婚表示他将成人），另一个宣布来年 2 月太后归政。同年，官方宣布颐和园即将竣工，宫廷内部的人知道，颐和园是西太后撤帘后的休养生息之所。"[1]

此外，他追溯了戊戌变法时慈禧从退隐颐和园到重回紫禁城的经过。有些时候，他直接用"颐和园"来代称慈禧，"如果要避开来自颐和园的威胁，就必须使顽固派奉太后为首领的企图化为泡影"。[2] 在庄士敦看来，慈禧重回紫禁城是因为袁世凯向荣禄告密，荣禄派出信使前往颐和园向慈禧报告光绪与维新党将"围园劫后"。而当慈禧重新掌握政权后，颐和园成为其度假的好去处，实际是慈禧悠闲奢华生活的重要代表。值得特别注意的

---

1 〔英〕庄士敦：《紫禁城的黄昏》，富强译，译林出版社，2014，第 6 页。

2 〔英〕庄士敦：《紫禁城的黄昏》，第 13 页。

是，对于到访颐和园的帝后，被庄士敦冠以不同的称呼。他称慈禧为"佛教徒"（the Venerable Buddha），[1] 称光绪为"囚徒"（imperial prisoner）。慈禧喜欢在颐和园扮演观音菩萨，"相信自己是菩萨的化身，能够消灾祛难、普度众生。她不但自己相信，而且要求别人也相信"。[2] 这样的一个佛教徒，在颐和园过着闲云野鹤般的生活，却仍然无法放弃对权力的迷恋。反观光绪，"为防止发生意外，无论她走到哪里，都要带上她的囚徒作为随行人员。慈禧太后热热闹闹地从一处宫殿搬到另一处宫殿，所到之处极尽奢华；对光绪而言，却是从一处监狱奔波到另一处监狱，沿途所见的一切饱含忧愁。在慈禧最喜欢的颐和园里，光绪被囚禁在玉澜堂。波澜如玉，拍打在囚禁他的围墙上，他却有耳不能听，有目不能望"。[3] 从中明显可见庄士敦对帝后的喜恶偏向。

当庄士敦奉命管理颐和园后，他有机会阅读到储存在颐和园的文献资料，尤其是光绪十四年二月初一日（1888 年 3 月 13 日）的上谕，庄士敦认为这一文件讲述了颐和园建造的动机。在他看来，光绪重修颐和园就是想让慈禧以后住在这里不再干涉紫禁城的事，而且修建经费很多是挪用海军军费凑来的，并揶揄称："仔细论究起来，慈禧太后对大清国的海军并不是没有贡献，她扶持的海军虽然在甲午海战中全军覆没了，但是至少颐和园里还留着一艘石舫呢！"[4] 需指明的是，庄士敦认为虽然兴修颐和园挪用了很多海军军费，但这并非甲午战争中国战败的主因。在 1924 年他回复民国政府众议院议员李燮阳的指控中，曾说："当时中国海陆军力薄弱，原因甚多，其中有在慈禧时代以前久已发生者，建

---

1　Reginald Fleming Johnston, *Twilight in the Forbidden City* (London: V. Gollancz, 1934), p.71.

2　〔英〕庄士敦：《紫禁城的黄昏》，第 35 页。

3　〔英〕庄士敦：《紫禁城的黄昏》，第 18 页。

4　〔英〕庄士敦：《紫禁城的黄昏》，第 258 页。

筑该园不过系其微细，非关重要之一因。即使当时不造该园，海军军费尽归海军部支配，则甲午战事亦不过多延数日，或数星期。"[1] 之后庄士敦在《字林西报》公开发表的一篇文章对之前的说法有所修正："或许我之前的表达太武断了，借此机会修正一下我的观点——颐和园的修建对于甲午战争最后的结局并没有实质性的影响……我特指地是颐和园的重建。颐和园并非慈禧太后全新的创造，而是对在她以前存在了很长时间的宫殿的部分重建。"[2] 然而，庄士敦的基本观点并未发生实质变化。

此外，接管颐和园后的庄士敦还曾下令撕掉曾用于囚禁光绪的玉澜堂内外各门的封条，并进去一探究竟。他在书中详细记述了玉澜堂的内部结构、分区和陈设，在配殿还发现了两堵慈禧用于折磨光绪帝的墙：

> 撕开门上的封条，拉开门，看到的情景让我大吃一惊。正对着门是一堵灰色的砖墙，将面向院子的一面完全封死，而墙体与门窗之间只有几厘米的距离，如果门朝外开还好，但如果朝里开，只能开一条窄窄的缝隙。不管怎样，光绪帝都无法进入配殿，更不可能透过配殿看到玉澜堂外面。如果没有这两堵砖墙，光绪帝在闲暇的时候还可以眺望美丽的湖光山色，但老佛爷的巧妙安排使他只能看到两堵灰色的砖墙。这两堵墙壁和紧锁的院门，共同组成了困扰光绪帝的屏障，让他和外界隔离开来。[3]

---

1 《清室处置颐和园问题之争执》，《时报》1924 年 8 月 6 日，第 5 版。"李氏又谓颐和园如供公众娱乐之用，则人民将渐忘该园从前建筑时之事实（即谓此园系以海军经费建筑，应留作甲午因海军军力不足，被败于日本之纪念）。"引文为庄士敦回答李燮阳的这一质问。

2 R. F. Johnston, "The Summer Palace Again: A Reply to Mr.K.C.Tchen: A Few More Wild Charges to Correct," *The North-China Daily News*, 1924-8-15(7).

3 〔英〕庄士敦：《紫禁城的黄昏》，第 259~260 页。

庄士敦认为慈禧这样做就是为了让光绪觉得自己是个囚徒，他对光绪充满了同情，用"生性残酷、喜欢折磨人的恶毒女人"来描述慈禧，还将这些情况告知溥仪，并带领他到玉澜堂观看。值得一提的是，庄士敦管理颐和园期间并未拆除这两堵墙，他希望以此铭记历史，"那两堵砖墙值得长久保存，后人来此游玩、凭吊的时候，都可以见证到慈禧太后的阴险和毒辣。一个如此残暴地对待自己亲人的老太婆，又怎么可能不把中国的大好江山丢掉呢？"[1]

进入民国后，庄士敦对颐和园的关注很大程度上来源于清室优待条件中规定"清帝逊位之后，暂居宫禁，日后移居颐和园"。[2] 他记述了民国2年（1913）袁世凯根据清室优待条件要求隆裕和溥仪移居颐和园的旧事，经过隆裕与袁世凯的交涉、遗老提议称颐和园太不安全及内务府大臣派人到徐州向张勋求救等，最终未能成行。透过庄士敦的文字可见他对隆裕和溥仪的同情，对袁世凯阴谋诡计的憎恶，以及对内务府营私取利的憎恨。在他看来，袁世凯野心勃勃，"他对大清帝国并不忠诚，对于革命者和民国政府也并不尽力，他只关心他自己。从袁世凯的根基、能力、性格和机遇来看，清室'优待条件'很可能是他策划的"。[3] 而且庄士敦认为袁世凯之所以提出让溥仪移居颐和园，是因为他自己想入住紫禁城，逐步实现称帝的美梦。[4] 庄士敦的叙述总是饱含个人情感，一家之言或许并非历史之真相。

尽管如此，庄士敦一直都认为溥仪应该移居颐和园，颐和园是溥仪最佳的去处。紫禁城被他描述为"乌烟瘴气""污浊"，不

---

1 〔英〕庄士敦：《紫禁城的黄昏》，第261页。
2 《优待清帝清皇室及满蒙回藏各族待遇条件案》，《近代中国史料丛刊·第2辑·中华民族史料》，台北：文海出版社，1973，第89页。
3 〔英〕庄士敦：《紫禁城的黄昏》，第49页。
4 〔英〕庄士敦：《紫禁城的黄昏》，第57页。

适合溥仪个性的发展；而颐和园却是"地域广大，不仅有利于运动，行动也非常自由，这能够让他有更多的自由时间和自由空间"。[1]究其原因，庄士敦成为帝师后不久就发现了紫禁城里面的贪污腐化问题，他视内务府为一大毒瘤，认为溥仪只有从这种恶劣的环境中走出来才能更好成长。此外，他亦认为长居紫禁城是不可能的，如果由民国政府正式提出移居的话，处于弱势的溥仪根本无讨价还价的余地；而且当时社会上有很多人对优待条件不满，如有极端激进的政客等，都对溥仪构成了威胁；而移居颐和园的另一好处就是可以实行改革计划，裁撤无用人员，进而提高清室的运转效率。[2]

## 二　庄士敦管理颐和园的机缘

来自英国的庄士敦能管理颐和园这样一座古典恢宏的皇家园林，在中国历史上是非常罕见的。因颐和园历来由清廷内务府掌管，内务府又长期由满人把持，汉人没有主政机会，更别提洋人参与。而庄士敦得以管理颐和园，与其建议溥仪改革内务府以及郑孝胥的推荐密切相关。

1922 年起先后发生的几件大事促使溥仪坚定了改革内务府的决心。其一是 1922 年溥仪请求庄士敦带他离开紫禁城，[3]到英国公使馆发表声明称他要搬出紫禁城，放弃"皇帝"的尊号，前往

---

1　〔英〕庄士敦：《紫禁城的黄昏》，第 78 页。

2　〔英〕庄士敦：《紫禁城的黄昏》，第 243 页。

3　根据潘际坰对溥仪做的访问，"在一九二四年冯玉祥将军逼宫以前的两三年光景，他已经做过两次逃出紫禁城且到外国乘机观变的尝试，失败了的尝试"。潘际坰：《末代皇帝传奇》，通俗文艺出版社，1957，第 30 页。

欧洲旅行。庄士敦考虑当时的政治环境难以实现，并认为不应率先放弃清室优待条件，于是向溥仪建议迁居颐和园，全面清查宫廷财产，改组内务府，为日后前往欧美游历做准备。根据溥仪的《我的前半生》，1923年溥仪和溥杰再次计划逃出紫禁城，失败的第二天，溥仪向庄士敦发牢骚，庄士敦安慰溥仪道："不如暂时不去想这些，还是现实一些，先把紫禁城整顿整顿。"[1] 同时，庄士敦还告诉溥仪地安门街上的许多家古玩店是太监或内务府官员及其亲戚开的，宫内的盗患问题已经非常严重。

其二是1923年发生的建福宫大火，虽纵火事件不了了之，但庄士敦认为是太监在作怪，"由于太监们总是拿一些宝物出去卖，导致皇上要检查的时候不能交差，为了毁灭罪证，他们索性把坏事干到底，一把火烧了整个建福宫"。[2] 溥仪也疑心是偷盗犯故意放火灭迹。[3]

其三是在1923年7月15日那天，溥仪宣布遣散宫中所有的太监。太监偷盗、纵火与内务府的不作为、管理混乱关系很大，溥仪一气之下遣散太监，正是其改革内务府的先声。而这些又都受到了庄士敦对溥仪的影响和指导，正如溥仪所说，"在庄师傅的进一步指引下，我接着把'励精图治'的目标又转到内务府方面"，[4] "我那时对三旗世家所包办的内务府，最不满的还不是俗而无学，而是他们'视中饱舞弊，如奉明言'"，[5] "至于庄师傅就更不用说了，内务府在他看来就是'吸血鬼'的化身。他对内务府的看法促成了我整顿内务府的决心"。[6]

改革内务府需要人才，紧接着就出现了郑孝胥入主内务府的

---

1  爱新觉罗·溥仪：《我的前半生》，中华书局，1977，第146页。

2  〔英〕庄士敦：《紫禁城的黄昏》，第220页。

3  爱新觉罗·溥仪：《我的前半生》，第149页。

4  爱新觉罗·溥仪：《我的前半生》，第151页。

5  爱新觉罗·溥仪：《我的前半生》，第152页。

6  爱新觉罗·溥仪：《我的前半生》，第154页。

事情。[1] 据《郑孝胥日记》记载，郑之授职得到了溥仪汉文师傅陈宝琛的举荐。[2] 他于 1924 年 1 月 8 日来京，2 月 16 日入宫见溥仪，得到面谕"将令尔管理内务府，将以金梁助尔"，3 月 3 日接到正式命令，"特派郑孝胥为总理内务府大臣，畀以全权，以资整顿"。[3] 其后，郑孝胥向溥仪推荐由庄士敦管理颐和园，促成了洋人管理中国园林的一段短暂历史。

其实，庄士敦与郑孝胥是互为推荐，共同希冀大刀阔斧地改革。溥仪曾对庄士敦说郑孝胥是个了不起的人，建议其与郑孝胥聊聊。庄士敦在与郑孝胥、郑垂父子几次畅谈后，对其印象非常好，庄称"在中国生活了 25 年，还没看到过如此令人敬佩的人"，[4] 并向溥仪建言，"新来的郑孝胥，是个很有为的人……郑很有抱负，不妨听听他对整顿的想法"。溥仪对庄士敦的建议非常满意。[5] 饶有趣味的是，郑孝胥在日记中记载："弢（指陈宝琛）云：初奉朱谕为'总理内务府全权大臣'，摄政王请改，除去'全权'二字，上不允。摄政以电话至庄斯敦寓中，召弢复入，乃劝移'全权'二字于下。意系荣仲泉（指容源）言于上非有'全权'不可，故上执之甚坚。庄士敦闻摄政电话召弢，顿足云：'此必沮郑之入'，劝弢勿从其意。"[6] 可见在这一复杂的讨论中，庄士敦是站在郑孝胥一方，并希望郑孝胥能作为第一位汉人

---

1　此外，根据溥仪《我的前半生》的记载，还有罗振玉、景方昶、温肃、柯劭忞、杨钟义、朱汝珍、王国维、商衍瀛等人，溥仪还任用了两名旗人为内务府大臣，即金梁和荣源（爱新觉罗·溥仪：《我的前半生》，第 155 页）。

2　中国历史博物馆编《郑孝胥日记》第 4 册，劳祖德整理，中华书局，1993，第 1975、1977 页。

3　中国历史博物馆编《郑孝胥日记》第 4 册，第 1978、1983、1987 页。

4　〔英〕庄士敦：《紫禁城的黄昏》，第 229 页。

5　爱新觉罗·溥仪：《我的前半生》，第 146 页。

6　中国历史博物馆编《郑孝胥日记》第 4 册，第 1987 页。

全权掌管内务府，郑孝胥对庄士敦的推荐、支持自是了然于胸。

　　据庄士敦称，在溥仪迁居颐和园一事上，两人想法也一致。所以当庄士敦反复陈说溥仪移居颐和园遭到内务府原有势力的反对时，郑孝胥建议如果想成功做好这件事，必须事先做好周全的准备，即改革颐和园周边的行政组织和治安状况，整理宫中财政。进而郑孝胥向溥仪推荐由庄士敦全权管理颐和园。[1]1924 年 5 月 23 日，溥仪正式下令命庄士敦管理颐和园、静明园、玉泉山事务。郑孝胥在日记中记载："此旨于三月十七日已拟上，留中未下，或曰，朱艾卿沮之。今日孝胥犹未入，上以电话语绍英，令传旨告庄士敦；绍复拟旨，有'会同'字样，内侍持旨下，云'上命除去"会同"二字'。绍复请先示摄政王，上从言。"[2]朱艾卿是溥仪的另一位汉文师傅朱益藩，似乎对庄士敦管理颐和园提出过反对意见。而"会同"一词非同小可，若加入该词，则说明庄士敦管理颐和园将受到内务府的约束和限制。可以想见，庄士敦最终能管理颐和园颇有波折。

## 三　庄士敦对颐和园的实际管理

　　庄士敦正式管理颐和园是从 1924 年 5 月 23 日开始，直到 1924 年 11 月 5 日溥仪被赶出紫禁城。据《时报》记载，"鹿钟麟已着手接收颐和园，禁人游览（本馆二十五日北京电）"。[3]在这短暂的几个月中，庄士敦首先是精减人员，并说服了属下几个有见识的人来帮助他，主要进行了以下几方面的整顿和管理。

---

1　〔英〕庄士敦：《紫禁城的黄昏》，第 244 页。
2　中国历史博物馆编《郑孝胥日记》第 4 册，第 2000 页。
3　《时报》1924 年 11 月 26 日，第 3 版。

### （一）接待溥仪游园，建造小艇以便溥仪学习划船

溥仪下令由庄士敦管理颐和园的第二天，即 1924 年 5 月 24 日，就到颐和园参观游览。这在当时引起了不小的轰动，内务府大臣绍英劝阻失败，后派人通知民国政府，民国政府派出一队士兵加以保护（据庄士敦说这一举动实际上是害怕溥仪借游园之名，前往东交民巷的使馆区寻求庇护）——"到了预定启程的时候，在神武门外排了一长溜的汽车，总共有 14 辆，分别运载皇上、皇后、淑妃、内务府大臣和民国士兵。当时我（指庄士敦）和皇上坐车先行，皇后和淑妃尾随在后"。[1] 绍英在当天的日记中有更为详细的记载，"电传汽车十余辆报齐。上同皇后、淑妃同往，予与郑、耆大人随行。守卫富、穆大人亦随行。十一点三刻至颐和园，庄先生随同上乘船，至龙王庙，又由水门至玉泉山，仍来汽车还宫，五点到"。[2]

庄士敦说这是溥仪所做的最远的旅行，以前他最远也只到过醇亲王府，并认为这次游园对溥仪来说是一件妙不可言的事，因为他之前一直被困在一个狭小的天地，根本没有行动的自由。[3] 这之后，溥仪还曾多次赴颐和园游览。据《绍英日记》的记载，由绍英随同前往的就有 8 次。[4] 庄士敦说他借助这些机会介绍了不少优秀人士给溥仪，包括欧美人士和中国的高人隐士。[5]

此外，当溥仪游览颐和园时，为方便他学习划船，庄士敦专

---

1 〔英〕庄士敦：《紫禁城的黄昏》，第 246 页。

2 绍英：《绍英日记》第 5 册，国家图书馆出版社，2009，第 361~362 页。

3 〔英〕庄士敦：《紫禁城的黄昏》，第 246 页。

4 绍英：《绍英日记》第 5 册，第 391、395、400、402、409、411、413 页。

5 〔英〕庄士敦：《紫禁城的黄昏》，第 246 页。

门从上海、天津、烟台三处各建造了一艘小艇。因他觉得昆明湖原有的御舟太过笨重，并不适用。一艘是庄士敦取名为"艾丽尔"的装有舷外架铁的小艇，一艘是名为"阿特拉斯的巫婆"的有稳固座位的小摇艇，还有一艘名叫"复仇"但并未造成的独木舟。[1] 至于溥仪学习划船的效果就不得而知了。

### （二）开源节流，自给自足

在颐和园的管理中，庄士敦秉持开源节流的理念。该园的收入主要来自田庄租金、颐和园和开放日玉泉山的门票、昆明湖鱼的销售、玉泉山处旅馆和汽水厂的利益股份、茶馆和照相馆收入，[2] 这可谓开源之策。而为了修葺颐和园，庄士敦拒绝内务府介绍的两个估价较高的建筑商，采用在北京城内登载广告公开招商的办法。据其记载，最终工程以优异的质量如期完成，所花费用不到之前承包商的 1/7，[3] 可以称得上节流之法了。庄士敦在书中自信满满地说夏天快结束的时候，已经取得相当大的成就，"在此之前，颐和园每年都要向皇上申请一笔费用，用于修葺管理之用，但是我上任那一年，不仅没有向皇上伸手要一分钱，反而盈余了很多钱。我们的生活足够自给自足了"。[4]

但需要注意的是，以上论述均出自《紫禁城的黄昏》一书，该书作于 1934 年，距离庄士敦管理颐和园已经过去整整十年，庄的回忆和记载是否准确，是值得继续探究的问题。首先，需要

---

1　〔英〕庄士敦：《紫禁城的黄昏》，第 246~247 页。

2　Reginald Fleming Johnston, *Twilight in the Forbidden City* (London: V. Gollancz, 1934), p.363（中文翻译本翻译不准确，以英文原本为准）。

3　〔英〕庄士敦：《紫禁城的黄昏》，第 248 页。

4　〔英〕庄士敦：《紫禁城的黄昏》，第 248 页。

澄明的是颐和园收入中来自门票和玉泉山汽水厂的部分并非庄士敦的创举。其实，1913 年，颐和园、玉泉山、静明园等就开始对外界开放；1914 年颁布《颐和园等处售券试办章程》，颐和园开始对外收取门票，"售票所进款项，除前条所提步军统领衙门修路费外，按月提出二成，以作步军统领衙门弹压游辑经费之用。再提二成，即作本园各项执事官员头目、园役、闸军经费。所余之款，交广传司存储，以备补助岁修等项工程之用"，[1] 且票价未变。[2] 而玉泉山汽水厂亦在庄士敦管理之前就已存在，刊登在 1924 年《玉田季刊》的一篇《颐和园游记》就记载有该年 5 月 27 日游客赴颐和园、玉泉山游玩时饮用汽水。[3] 庄士敦于 5 月 23 日管理颐和园，玉泉山汽水厂断不会数日中便造好营业。也就是说，这些收入都是颐和园的常规收入，早已有之，并非庄士敦所创。但如果游览人数增多，亦会造成收入增加。

其次，庄士敦自信满满地称他管理颐和园期间未向溥仪要一分钱，反而盈余了很多钱。但对比庄士敦当时发表在报纸上的文章，则又要提出疑问。庄士敦在回复众议院议员李燮阳为清室处置颐和园谣传向政府提出之质问时，曾转述当时颐和园的经营现状如下：

> 该园入门券每张收洋一元二角，此为曾游该园者所尽知。惟每年入该园游览之各国人民，数达十数万人，然实际收入乃远不及表面之多。缘每年收入付政府充该园至京城马路费

---

1　颐和园管理处编《颐和园志》，第 385 页。

2　"1914 年，颐和园作为溥仪私产售票开放，入园门票价 1.20 元，入排云门 0.50 元，入南湖岛 0.30 元，入谐趣园 0.20 元。1928 年 7 月接收后票价未变。1931 年 4 月 1 日入园票价改为 1 元……"颐和园管理处编《颐和园志》，第 391 页。

3　李崇金：《颐和园游记》，《玉田季刊》第 1 卷第 1 期，1924 年。

之款及护卫兵丁之需，在收入三分之一以上。且每月游客有二千人以上，系因有力军政官吏介绍免费入内。一元二角之门费在常人未免视为过巨，故余主将金额减少，使京城居民皆可入内游览，惟此事之实行仍非得执掌该园大权之军警当局之合作不可。李燮阳及其他议员之反对该园成人民共乐之处，想系因余之提议，在共和之中国，尚太觉自由公开也。[1]

除上述收入以外，尚有玉泉园及其他不常开放宫园之少数收入、其他各休息处茶餐等收入、游船费引导费等，亦有一部归公，但以经理不当、实际为数极为微薄……总之本园及附属各费远不及维持修理所需，每年亏空甚巨，当使清室掌财者，感受困苦，今日所拟改良之办法，仅无非欲将收款方法变更，剔除中饱，增补缺点。[2]

从中可见颐和园收入之复杂，并非所有入园者均需要门票；且收入并非全部留存，其中的 1/3 以上要充当该园至京城马路费及护卫兵丁费；再加上经营不当等问题，每年亏空甚多。庄士敦亦承认对颐和园的管理面临沉重的年度赤字。[3]若庄士敦所述为实，其仅凭几个月的整顿管理扭亏为盈、自给自足，实在值得怀疑。

此外，庄士敦在回复李燮阳的文章中还提及管理颐和园的计划。如准备追缴欠租；加强对园内引导者的训练，严禁私向游客需索多资；刊印游园说明书，屏除各园门污秽人等；借除员役窃盗偷售之弊，园内照相由中国照相馆承包，费用直接缴付而不再由员役收

---

1　《清室处置颐和园问题之争执（续）》，《时报》1924 年 8 月 7 日，第 5 版。

2　《清室处置颐和园问题之争执（续）》，《时报》1924 年 8 月 8 日，第 5 版。

3　R. F. Johnston. "The Summer Palace Again: A Reply to Mr. K. C. Tchen: A Few More Wild Charges to Correct," *The North-China Daily News*, 1924-8-15(7).

取，亦允许游人携带照相机入园摄影；将空屋出租给中国饮食商人经营，以解决缺乏就餐处所的问题。庄士敦还澄清两点：其一，蓄鱼权利，由华人专家承受，报载系属西人并非事实；其二，华文报纸载称有茶店十处，浴室、体育场、旅馆四所及园门戏馆一处等，皆属报纸理想之辞，并非事实。庄士敦提议在园内设一小旅馆，但该事当与本地军政当局接洽商讨。[1] 从这些预备计划来看，庄士敦确想励精图治、认真整顿颐和园，但其是否实际施行就很难说了。

### （三）为罗振玉、王国维提供研究场所

王国维于 1923 年夏入值南书房，罗振玉于 1924 年夏 5 月"奉旨"可在紫禁城骑马，8 月入值南书房。[2] 庄士敦与二位都认识，并认为他们在历史和考古学方面非常出名，他们认真对待历史的态度值得学习。据庄士敦的说法，"中华民国政府刚成立的时候，有人竟然把一批珍贵的历史材料当作废纸卖掉，见到这种情形，罗振玉把这些珍贵的历史资料全部买了下来，为世界和中国保住了一大批无价之宝"。[3] 因罗、王二人需要一个非常大的地方以便学习和研究，于是到颐和园向庄士敦求助。庄士敦欣然答应，在玉泉山西面找到一幢面积大、地处偏僻、不易被外界干扰的大楼。此后，三人在昆明湖散步时，还讨论将其发展为中外历史研究所。[4]

---

1　《清室处置颐和园问题之争执（续）》，《时报》1924 年 8 月 8 日，第 5 版。

2　罗振玉：《集蓼编》，载《雪堂自述》，江苏人民出版社，1999，第 50 页。

3　〔英〕庄士敦：《紫禁城的黄昏》，第 253 页。

4　中文翻译本翻译不准确，一些细节未译出，现根据英文原本增补如下：（1）罗、王从销毁资料中保存了一大批非常有价值、尚未刊印出版的关于清政权早期的历史资料，而民国当局认为应该销毁或当作废纸卖掉；（2）庄士敦帮罗、王所找的大楼是乾隆时代的，且曾成功抵御两次大火；（3）中外历史考古研究所只是一个从未实现的梦想。Reginald Fleming Johnston, *Twilight in the Forbidden City*(*London*: V. Gollancz, 1934), p.367。

按照庄士敦的描述，罗振玉购买的应该是光宣之间新出之四大史料之一内阁大库之元明及国朝文书。[1] 从罗、王通信来看，罗振玉购买后就一直在思考如何整理及保存这批材料，"大库史料现仅阅视千分之二三，所得已不少，惟检理之功，至少期以十年。购地建筑，安置妥洽，不知在何时也"（1922年5月3日）。[2] 而庄士敦本人对中国儒学、佛学等文化非常感兴趣，其肯定罗、王保存历史资料，鼓励二人积极从事研究，并提供帮助应该不虚，但遗憾的是恐怕时事变迁过速，尚未来得及实施。

首先，罗振玉自身对租玉泉之屋整理史料心存芥蒂。这要从罗、王与庄士敦较为复杂的关系说起。其实，罗、王与郑孝胥政见不同，郑未入都前，罗给王的通信即言"此老所见，与吾辈颇殊，良可注意也"。[3] 且二人并不认同郑对内务府的改革，"海藏（指郑孝胥）办事卤莽灭裂，与前此之因循腐败者正各趋一极端，可虑之至"。[4] 同时，二人亦不支持溥仪移居颐和园，对溥仪之游园颇多担心。而庄士敦又极力赞成郑之改革，且力倡溥仪移宫，罗、王对庄的看法就很微妙了。后来，在徐良的引荐下，罗、王与庄士敦的交往才渐渐多起来。对于租玉泉之屋整理史料的缘起，在罗给王的信中可见端倪：

> 弟思以前大库文籍，至今赁庙贮积，本非长策，久且腐烂，若能得名山安置最佳。但有二难，一运费无人出，二若弟赁之，不免疑议甚多。徐云何妨先致书告庄，言有同志赁之，不必租与

---

1 《库书楼记》，载谢维扬、房鑫亮主编《王国维全集》第8卷，浙江教育出版社，2009，第629页。

2 罗振玉、王国维：《罗振玉王国维往来书信》，东方出版社，2000，第531页。

3 罗振玉、王国维：《罗振玉王国维往来书信》，第588页。

4 《致蒋汝藻》（1924年5月26日），载谢维扬、房鑫亮主编《王国维全集》第15卷，第754页。

民国，不言先生。弟遂诺之。乃昨来复信，谓庄甚愿意，但若无
他人能增价，请亦从而加增云云。今读来示，知徐仍明言弟所赁。
此事请转询佟梓翁（并告渠缘由），若当道疑弟别有用心，即不敢
赁此；若以弟赁为与○○（指溥仪）有益，则当勉力图之。[1]

可见，罗振玉并非直接向庄士敦求助，而是由徐良居间传话，
且罗担心当道疑忌。尽管佟济煦后告知"租屋事别无疑谤"，但
罗仍言"玉泉关系虽密，房屋甚多，不须大修，然对于此事，颇
欲前且却"。[2]直到1924年9月17日，罗给王写信将于明晨入都，
"欲看玉泉岩、石琴音房屋决租否"。[3]即使谈妥，是否真正运书
至此仍值得怀疑。

因为从现有资料来看，并未发现内阁大库书入藏玉泉山的线
索。根据王国维的记载，罗振玉购买这批史料后，贮存在彰义门
之善果寺。[4]再参考徐中舒[5]的《内阁档案之由来及其整理》，可以
发现当时购买这些"废纸"的同懋增纸店，将这些资料用火车分
运定兴、唐山，同时零星卖出不少。罗振玉购买后，"前运定兴
的现则运回北平，初堆置彰仪门货栈，继寄存商品陈列所大楼，
再迁入善果寺余屋。前运唐山的，现则运回天津，罗振玉以寓居
天津之故，特辟库书楼藏之"。[6]基本可以认定内阁大库书最终并

---

1　罗振玉、王国维：《罗振玉王国维往来书信》，第627~628页。

2　罗振玉、王国维：《罗振玉王国维往来书信》，第628、631页。

3　罗振玉、王国维：《罗振玉王国维往来书信》，第636页。

4　《最近二三十年中中国新发见之学问》，载谢维扬、房鑫亮主编《王国维全集》第14卷，
　　第243页。

5　1924年，罗振玉将这批资料转卖给李盛铎，1928年中央研究院历史语言研究所从李盛铎
　　处买入。徐中舒当年曾代表中研院历史语言研究所主持了这批档案的接收和整理工作。

6　徐中舒：《内阁档案之由来及其整理》，载《徐中舒历史论文选辑》，中华书局，1998，第
　　296页。

未入藏玉泉山。

　　同时，当年罗振玉曾将这批资料的一小部分整理出版，名为《史料丛刊初编》。罗振玉在序中写道："检理之事，以近数月为比例，十夫之力约十年当可竟。顾检查须旷宅，就理者须部署庋置，均非建专馆不可。顾以前称贷既竭吾力，将何从突兀见此屋耶？即幸一二年间此屋告成，天假我年，俾得竟清厘之事，典守传布又将于谁望之？……若得三五同志协力图之，一面鸠金建筑，一面贷大屋从事检理，检理所得随时刊布，假以月成百纸计，则十年得万余纸……"[1]可见罗当时正为没有"旷宅"整理资料苦恼，且希望得志同道合之士帮助，建专馆整理研究。这正与罗、王与庄士敦的谈话不谋而合，且时间上也符合。因此，庄士敦所言部分为实，罗振玉确实有租玉泉之屋整理资料的想法，亦得庄士敦赞同，但庄士敦不知的是罗振玉对此事曾非常犹豫。此后不久北京政变爆发，庄士敦管理颐和园也就戛然而止，一切都未来得及实现。

# 四　庄士敦受到的攻击及应对

　　在当时的中国，庄士敦以洋人身份管理中国园林，争议不少，他所受到的攻击亦来自多方面。首先是来自内务府的排挤，内务府本来就不赞成溥仪移居颐和园，更对郑孝胥、庄士敦等人主持的改革计划嗤之以鼻。当溥仪任命一位立志改革的英国人管理颐和园时，内务府自然不情不愿。用庄士敦的话来说，"皇上对我信赖有加，这让许多人对我不仅嫉妒而且深怀敌意。如此一来，

---

1　《史料丛刊初编》，东方学会，1924。

我要做什么事情都非常棘手，除非皇上施加压力，否则他们坚决不配合。每次我提出改革紫禁城的建议，他们都会竭力反对。表面上来看，紫禁城里面的人对我非常客气，但暗地里恨死了我"。[1] 其次还有来自恐吓信的威胁，庄士敦曾说他收到过很多恐吓信，其中一封署名为"非常钦敬和爱护你的人"，信中提醒他有人打算在颐和园和紫禁城之间的路上杀掉他。[2] 此外还有来自中国学生的反对，学生高喊"打倒帝国主义"的口号，将庄士敦当作英帝国主义分子。面对这些攻击，庄士敦大多未放在心上，不予理睬。但面对民国政府众议院议员李燮阳的攻击，庄士敦则公开进行了反击。

李燮阳作为众议院议员，曾多次提出针对清室的议案。1922年1月10日，《北京日报》登载李燮阳在众议院提请的"取消清室优待条件并将宫殿改建国会"议案；1924年初，又提出要清室迁居的议案；[3] 此外，《申报》还有一些相关的报道，如《李燮阳再提取消优待条件》[4]、《李燮阳质问清室盗卖古物》[5]、《李燮阳催决取消清室帝号》[6] 等。在庄士敦管理颐和园之后，李燮阳再次向民国政府提出五端质问，笔者目前尚未找到其原始文本，但针对李的提问，庄士敦于1924年8月5日、8月6日先后在《字林西报》发表文章回应，题为《李燮阳先生和颐和园：中国国会议员抨击皇帝的谣言：谣言泄露》( *Mr. Li Hsieh-Yang and The Summer Palace: Chinese M.P.'s Unfounded Attack on the*

---

1 〔英〕庄士敦:《紫禁城的黄昏》，第247~248页。

2 〔英〕庄士敦:《紫禁城的黄昏》，第249页。

3 赵雅丽:《略谈清室优待条件的法理和信义精神》，《溥仪研究》2013年第1期。

4 《李燮阳再提取消优待条件》，《申报》1924年3月1日。

5 《李燮阳质问清室盗卖古物》，《申报》1924年3月15日。

6 《李燮阳催决取消清室帝号》，《申报》1924年4月20日。

*Emperor: A Slander Exposed* )[1]、《李燮阳先生和颐和园："商业化"的事实和回应李先生的一些问题》( *Mr. Li Hsieh-Yang and The Summer Palace: The Truth of the "Commercializing" and a Few Questions in Reply to Mr. Li* )[2]。之后，《时报》将其翻译成中文，以《清室处置颐和园问题之争执》连续发表于 8 月 6 日、7 日、8 日、10 日的报纸上。

李燮阳提出质问的前提是"颐和园现由宣统英文教师督理改作商场，已招商投标出租地面房屋，开办种种商店，如中西菜馆各五所，照相店两所，茶店十所，以及浴室、运动场、旅馆等类"。[3] 李认为在清室优待条件中颐和园为清帝日后移居住所，现在由庄士敦改作商场的做法表明清帝违反了优待条件。因而质问政府：

是否准许清帝如此行动，并是否曾命聂宪藩将该园交与清室管理。

是否准许破坏优待条件。

是否愿任清室于颐和园经营商业，增加清帝财力，使国家将来受复辟之危险。

是否曾闻庄士敦滥用教师地位鼓励宣统不法行动，促其复辟。

清帝以颐和园充作商用之妄行，是否应由聂宪藩或政府负责。[4]

---

1　庄士敦：《李燮阳先生和颐和园：中国国会议员抨击皇帝的谣言：谣言泄露》，《字林西报》1924 年 8 月 5 日，第 11 版。

2　庄士敦：《李燮阳先生和颐和园："商业化"的事实和回应李先生的一些问题》，《字林西报》1924 年 8 月 6 日，第 10 版。

3　《清室处置颐和园问题之争执》，《时报》1924 年 8 月 6 日，第 5 版。

4　《清室处置颐和园问题之争执》，《时报》1924 年 8 月 6 日，第 5 版。《清室处置颐和园问题之争执（续）》，《时报》1924 年 8 月 7 日，第 5 版。

其看似质问政府，实则将矛头直指庄士敦及其背后的溥仪，且焦点在颐和园的所有权、管理权归属上。李所持的观点是颐和园的所有权在民国政府，管理亦应由政府主持，庄士敦及溥仪的做法表明其违反了清室优待条件，且有复辟之危险。庄士敦显然不这么认为，他的回复直接指出："颐和园系清室私产之一部，民国政府或其负责官吏，亦向未否认清室管理该园之权，聂等既不操管理之权，岂能更发生交付管理权之理。""余可言清帝并无将该园改为商场之意，清室既无此意，则政府如遇此项情事应取如何态度，更无考虑之必要。且清室即使欲以永久或临时之居所，改作商业之用，政府亦无合法干涉之理。"[1] 庄士敦坚持颐和园的所有权属于清室，虽然当时并无改作商场之意，但无论清室用于居住抑或改作商业，民国政府均无权干涉。

此后，庄士敦发表在《字林西报》的另一篇文章再次提到颐和园的所有权（proprietary rights）归属，他称"自从民国建立以来，任何总统或内阁并没有做出尝试，来否认清室对于颐和园的所有权。相反，那些权利被政府情愿承认"。[2] 庄士敦所言不虚，进入民国后，颐和园确实作为皇家私产由内务府管理。即使溥仪被赶出宫，民国政府国民军 11 师接管西郊一带古迹名胜后，1926 年京畿卫戍司令王怀庆曾私将颐和园交还清室，由清室办理处派贝勒润祺接收，仍属溥仪私产进行管理。直到 1928 年 7 月 1 日民国政府接管，颐和园才正式成为国家公园。[3]

庄士敦的回击掷地有声，最后反向李爕阳提出五端质询：清室优待条件是否生效；如失效，何来清帝违反条件；如仍有效，

---

1 《清室处置颐和园问题之争执》，《时报》1924 年 8 月 6 日，第 5 版。

2 R.F.Johnston, "The Summer Palace Again: A Reply to Mr. K. C. Tchen: A Few More Wild Charges to Correct," *The North-China Daily News*, 1924-8-15(7).

3 颐和园管理处编《颐和园志》，第 371 页。

双方均受约束，民国政府未能遵守，何来单独责清帝违约；李提出质问时用清帝个人之名，实为重大侮辱；李所根据攻击清帝之报载消息，是否曾调查其内容系属确实。此番质询非常精彩，结尾处庄士敦言"颐和园距北京仅数小时之遥，汽车半小时可达。李如径至园内一加调查，则举动决不至如是轻率，亦不致提出无谓之质问。余今希望李氏以后对于颐和园请纳余之说，直接而可得详细真相情形者，加以询问云云"。[1] 此后未见李燮阳的公开回复，但据庄士敦说后来两人在一次私人宴会相遇，在庄士敦的坦诚和众人的压力下，李燮阳最终向庄士敦道了歉，并说是误听了别人的谣言。[2] 此番论争可视为时人关于应否修改或取消优待条件论争的一部分，庄士敦的立场和态度恰恰展现了他对溥仪的维护和追随，亦使其管理颐和园蒙上较深的政治色彩。

## 结 论

庄士敦作为一位来自苏格兰的西方人，在中国工作、生活长达 30 多年。他以溥仪英文师傅的特殊身份，曾负责管理颐和园 5 个多月，成就了一段短暂而有趣的历史。在管理颐和园之前，他对颐和园的观察体现了他个人对清末民初中国政治的看法。在慈禧、光绪时代，他认为颐和园是慈禧悠闲奢华生活的象征，慈禧是一位喜欢在颐和园扮演观音菩萨普度众生的佛教徒，却无法放弃对权力的迷恋；光绪则变成了被颐和园玉澜堂冰冷的隔墙囚禁的囚徒。进入民国后，他通过追溯袁世凯逼迫隆裕太后、溥仪移居颐和园的旧事，表达对袁的不满情绪。

---

1 《清室处置颐和园问题之争执（续）》，《时报》1924 年 8 月 10 日，第 5 版。
2 〔英〕庄士敦：《紫禁城的黄昏》，第 252 页。

　　需注意的是，庄士敦并非这些历史事件的亲身参与者，所以他的记述只能算作一家之言。他印象中的颐和园也并不仅仅是一座可供游山玩水的皇家园林，而是带有浓重的政治色彩，体现了他个人的政治态度和立场，那就是对君主制度的维护，无论是光绪还是溥仪，他都毫不吝啬地表达自己的同情。此外，关于颐和园，他还有两点看法值得重视。其一，他认为慈禧虽然挪用海军军费兴修颐和园，但这并非甲午战争中国战败的主因，并未对最后的战局有实质性的影响；其二，他始终坚持溥仪应该移居颐和园，相比紫禁城来说颐和园更有利于溥仪个性发展、自由成长，而且还能促进内务府改革。

　　而庄士敦能够管理颐和园的机缘，与他对溥仪的影响和郑孝胥的举荐密切相关。在庄士敦对颐和园的实际管理中，他具有励精图治、认真整顿的决心和计划，但考虑到时事变迁之速、任职时间之短，笔者认为很多计划实则没有来得及实施。一方面，他秉承开源节流的经营理念，希望做到自给自足，且在《紫禁城的黄昏》中自信满满地称任职期间做到了不向溥仪要一分钱，反而盈余了很多钱。但对比 1924 年他发表在报纸上的公开文章，可知颐和园收入复杂、分配多元，多年赤字、亏损不断，实在让人怀疑是否真的做到了自给自足。另一方面，他称为给罗振玉、王国维提供研究之便，在玉泉山找到一幢面积大且不受干扰的大楼，三人漫步昆明湖还有将其建成中外历史研究所之构想。然而，经过考证，笔者认为庄士敦想为罗、王提供研究便利确实不虚，但罗振玉曾心存犹疑，且不久后北京政变爆发，并未来得及实现。此外，庄士敦多次接待溥仪游园确有其事，至于他教溥仪学习划船的效果就难以言说了。

　　最后，关于他身处其位遭受的攻击，对于内务府的排挤、恐吓信的威胁和激进学生的反对，他大都不为所动，然而面对众议院议员李燮阳的指控则据理反驳。双方争论的焦点在于颐和园的所有权、管理权归属问题，庄士敦坚持认为颐和园属于清室私产，对李氏的反击有理有据，可谓精彩。

综合来看，庄士敦对颐和园充满感情，他将对颐和园的整顿管理看作改革内务府的一部分，因而不惜裁撤冗员直接对抗内务府。他亦曾制订多项管理颐和园的预备计划，希望励精图治达成目标。但结果可能并非所愿，亦没有像他在书中所写得那样光鲜。曾作为溥仪英文伴读的溥佳在《清宫回忆》中写道："庄士敦很高兴担任这个职务，他到了颐和园，原也想要认真地整顿一番，但由于他对行政管理是个地地道道的外行，怎么能应付得了善于营私舞弊的那些旧官员呢？搞了一个时期，毫无成效，便也不再认真地搞下去了。他干脆从英国订购了两艘极精巧的游艇，在湖光山色之中尽情地游乐。在周末或星期天，还不断宴请好友，我也时常去参加。整顿的结果，竟把颐和园变成他的别墅了。"[1] 可以作为一个侧面的参证。

---

1　溥佳：《清宫回忆》（写于 1964 年），载全国政协文史和学习委员会编《回忆晚清宫廷生活》，中国文史出版社，2016，第 25 页。

# 民国前期北京高校洋教员居住区研究
## ——以燕京大学燕东园、燕南园为中心

李　辰[*]

**摘　要：** 兴建于 1926 年左右的燕京大学燕东园和燕南园，是民国前期北
京高校最具代表性的三处洋教员住宅区中最晚出现、发展最为
成熟的，也是在华的欧美教育力量在办学"本土化"、消除中西
文化隔阂并形成华洋之间、师生之间的新型关系方面的努力达
到全新高度的重要标志。作为"燕园文化遗产"不可或缺的组
成部分，它们的历史价值除了体现为有形的物质文化遗产之外，
更重要的是在中国高等教育史上树立了校园文化建设的榜样，
为今人留下了丰厚的无形的非物质文化遗产。

**关键词：** 燕京大学　燕东园　燕南园　洋教员　居住区

## 引言：入"乡"如何随"俗"

在最近几百年里，北京一直扮演着"帝都"的角色，与屡
得风气之先的广州、因开埠而迅速以西化的姿态崛起的上海不
同，北京的魅力更体现在它古老的神韵上。自意大利人马可·波
罗的元大都书写（虽被不少学者认为是纯粹的虚构之作）开

* 李辰，北京大学中文系。

启欧洲人想象东方、想象中国的序幕以降，北京城的形象开始通过一系列令人感到如梦似幻的描绘进入他们的视野之中，并因其显赫的国都地位而被不少读者想象为一座东方理想型都市。随着时间进一步推移，有机会亲睹北京城风采的欧洲人越来越多，现实将原本不切实际的想象戳破，那种关于城墙高大、街道整洁、商业繁华的赞美逐渐让位于批评、贬抑甚至诅咒。

即便如此，北京对于西方人的吸引力也并未丧失殆尽。近代以来，众多欧美人士纷纷涌入北京，其中有不少人在华期间把主要的精力放在了教育和教学工作上。相比于那些一厢情愿、只顾输出的传教士，他们常常既是新观念的传播者，又能设身处地理解中国人的思想和行为。他们希望主动融入中国人的精神世界，甚至会主动站在中国人的立场上考虑问题，也因此更加推崇"本土化"的办学思路。以往对洋教员的叙述，更多集中于他们的本职工作，而对他们日常要亲历的"正常人的生活"却着墨不多。

居住文化是人类日常生活不可分割的一部分，所谓"正常人的生活"理所当然包含对居住环境的要求。基本的居住条件，比如住在什么样的屋舍里，屋舍中的基础设施是什么样，屋舍的设计与装潢有哪些讲究，屋舍与自然的亲近度和协调度如何等一系列因素，都会对住户的居住质量产生根本的影响。通常来说，欧美的教育界人士位居精英阶层，对于包括居住环境在内的生活条件要求普遍较高，非常在乎住宅是否宜居、社区是否安全这一类问题。他们在本国的居住环境也往往是风景优美、土地平旷的乡野郊外。以美国为例，由于大部分地区地广人稀，经济收入较高的群体就喜欢在乡村的开阔土地上盖小别墅，并在周围经营农场、花园等，屋内则暖气、热水、卫浴设施齐全。可想而知，"无论是出于情感归属的原因，还是出于生活舒适、讲究卫生等原因，多数欧美侨民倾向于在北京维持西式生活"。[1] 然而在居住环境带来的便利和愉悦感这一点上，以古旧著称的北京城几乎满足不了他们的要求。北京城虽是在精心的构思之下形成的格局，但因为中国传统的城池多以防御功能为优先考虑，必须建起高峻的城墙围住四周，这种趋于自卫的保守思路与西方人希望亲近自然、开拓空间的进取思路恰恰是背道而驰的。而在环境卫生舒适方面，中西差距就更大了。

"民国时期，北京的欧美人士极力维持西式生活，首先表现在他们对中式房屋进行的现代化改造上。"这一点在那些因各种缘故不住在东交民巷使馆区的侨民那里体现得更明显。由于原先住惯了西式洋楼，看惯了开阔空间里优美的自然环境，他们很难适应传统北京四合院里的日常生活，尤其不能忍受的是居所卫生环境的恶劣。在收入水平相对较高的情形下，他们是有能力支付一笔改造中式居所的资金的。只有安装了木地板、热水管道、壁炉、电灯、抽水马桶等全套现代化的生活设施之后，这些住宅才真正可能让旅居的西人有一种家的感觉。[2]

不过，如果只是在局促逼仄的北京城内买房或租房，可伸展的空间仍然很有限。一所具有西洋背景的大学要想吸引好的师资力量，就应当保证有能力、有条件为欧美籍的教员提供高质量的居住环境：首先，他们可以不必再为买房或租房费心劳神；其次，他们有可能直接入住学校分配好的住房；最后，他们在选择住所的时候可以有较大的余地。

民国前期的北京高校出现了少数专门为洋教员设计、建造的住宅区，最具代表性的包括清华学校的北院、协和医学院的北院和南院、燕京大学燕东园和燕南园这几处宿舍区。其中，协和的住宅区在北京城内，清华和燕大的住宅区在西郊海淀。清华是从建校起即

---

1　李少兵、齐小林、蔡蕾薇:《北京的洋市民》，北京师范大学出版社，2016，第112页。

2　李少兵、齐小林、蔡蕾薇:《北京的洋市民》，第114页。

在城外，协和则一直在城内的东单以北，而燕大是在城内一隅蛰居多年后才与清华比邻而居；协和的"不动"和燕大的"动"本身就是一个很有意味的现象。这三所大学在建立之初都被打上了鲜明的美国烙印，因而生长机制相近，拥有不少共通之处。但因每所学校又有各自不同的校风、办学理念，具体到每一个作为住户的洋教员，情况又会变得比较复杂，有很多问题是不能用一言以蔽之的方式处理的。这种同中有异、异不妨同的格局，恰好为本文的论述提供了空间。而燕大洋教员住宅区在三者中最晚出现，发展也最为成熟，是在华的欧美教育力量在办学"本土化"、消除中西文化隔阂并形成华洋之间、师生之间的新型关系方面的努力达到一个全新高度的标志，因此也成为本文希望重点探讨的对象。

## 一 营造之思：园的诞生

燕大自 1919 年成立、1920 年最终完成三校的合并工作以后，在校师生人数激增，主要的校区——盔甲厂男校和佟府夹道女校都面临不堪重负的危险。司徒雷登答应出任校长以后，也对燕大局促逼仄、条件简陋、周围街区与河道卫生状况不堪入目的状况非常不满，[1] 长校之初就开始四处寻觅新的地皮以供燕大新校舍的使用。功夫不负有心人，偶然的机遇使他和同事们相中了北京城西北郊的海淀以北的一块空地，并成功地说服它当时的所有者陕西督军陈树藩将这块地卖给燕大。[2] 毫无疑问，

---

1　参见唐克扬《从废园到燕园》，三联书店，2009，第 6~10 页。

2　见〔美〕司徒雷登《在华五十年》，常江译，海南出版社，2010，第 52 页。1921 年夏天，司徒雷登亲自去陕西拜会了陕西督军陈树藩，陈树藩同意将清华学校对面那片原先用于消夏的 40 英亩（约 16.2 万平方米）土地以 6 万大洋的价格卖给燕京大学，同时允诺拿出付款的 1/3 用作奖学金。

这是燕大由一所不算太起眼的普通学校，一跃腾飞成为世界级名校的起点。假如燕大一直留在原先的校址而不搬到海淀，很难想象它能取得后来的成就。

清华选址清代西郊园林的决策想必也触动了司徒雷登。1911年清华建校的时候，完成了第一批校园建筑的修造，其中就包括专门的洋教员住宅——北院。从地理位置上看，北院在清华校园（第一期）中位居东北一隅，东侧恰好有万泉河流经，景色优美，容易引发才子的诗情，当时即有不明身份人士赋诗一首，名为《北院幽深》："酷暑初消北园深，小雨偶来草地淋。劲风古柏在歌晚，石堆山脚展现新。点点翠竹千般绿，几条小路尽文人。花台透露红珠落，彩蝶双飞护粉尘。"[1] 司徒雷登到北京西郊考察新校址的时候曾经去过清华，那时清华校内专门的教员住宅仍仅有北院一处而已，这些别墅贴近自然，四周生态良好、水源丰富，虽经掳掠荒芜，却仍不失旧日园林佳胜。燕大后来的园林式校园规划虽然是亨利·墨菲的杰作，但倘若得不到司徒雷登的大力支持，恐怕也难以成为现实。

对新校园的建筑应当具备怎样的特点，司徒雷登有自己的想法："从开始策划时，我们就决定教学楼的风格应当融合中国古典韵致和现代元素……照明、取暖和管道等现代设施一应俱全。"在司徒雷登看来，"燕大的校园校舍融古典外观和现代装潢和谐一体，象征着我们对中华文化与现代知识的完美结合"。[2] 与燕园的主要建筑几乎同时兴建的两处教员住宅区——燕东园和燕南园，虽然在建筑的整体造型风格上不同于华丽典雅的传统中国楼阁式校舍，但也是按照中西合璧的思路来设计和建造的。曾长期

---

1 姚雅欣、董兵：《识庐——清华园最后的近代住宅与名人故居》，中国建筑工业出版社，2009，第18页。

2 〔美〕司徒雷登：《在华五十年》，第52、82页。

致力于研究和发掘北京大学校园名人故居价值的学者肖东发在一篇题为《走进燕南园》的文章里写道：

> 燕京大学在教职员住宅的建设上可谓精益求精、不惜工本，除了泥石砖瓦取自当地，其他建筑材料多由国外运来，那门扇窗框的木材都是上好的红松，就连门上工艺精良的把手也全由黄铜制成。房间里铺设了打蜡地板，屋角有造型典雅的壁炉，卫生间里冷、热水分路供应，每座住宅还有独立的锅炉房以供冬季取暖。家家门前屋后都有一个宽敞的庭院，花草林木格外繁茂。各自相对独立的庭院或分或合，在校园里形成了一个景色别致的特殊区域。与教学区和办公区飞檐斗拱大屋顶的中国传统建筑风格迥异，燕南园和燕东园取的是美国城郊庭院别墅的模式，或小楼或平房，一色的灰砖外墙。[1]

关于建筑材料的描述，在关于清华北院乃至协和北院、南院的一些文字中也能看到，甚至可以说大抵相仿，这当然是三处住宅区比较明显的共性。比如，清华北院的建筑特点是："建筑为砖木结构，立面较大面积使用高质量的进口玻璃，围合成落地式阳光外廊；或在立面中插入山面造型，墙面开高大的圆弧上缘窗，形成富于变化的立面形式。组合式坡屋顶，基座虎皮石饰面，建筑总体具有典型的欧式风格。北院住宅内部为四室一厅，客厅宽敞明亮，朝阳方向为整面的落地玻璃窗，客厅两侧分别布列书房、卧室和其他房间，卫生设施完善，后院附建厨房和供家庭服务人员使用的房间。"[2]协和医学院的南北院教员宿舍则属于清一色的"美国乡村独立别墅形式的多栋住宅，灰砖清水墙……建筑的设计、施工和装修

---

1　肖东发、陈光中主编《风范：北大名人故居及轶事》，北京大学出版社，2014，第237页。
2　姚雅欣、董兵：《识庐——清华园最后的近代住宅与名人故居》，第16页。

都非常讲究，在材料选择和施工工艺上要求非常严格"。[1]

而就个性而言，除了上面提到的美国城郊庭院别墅风格之外，还应该注意到小楼和平房蕴含的特质。现有公开资料并没有明确说明燕南园和燕东园这些建筑的总设计师是谁，不过清华已有住宅的设计思路很可能起到借鉴作用。今日幸存的唯一北院建筑物——北院 16 号就是一座注重精致雕饰、尝试融会中西建筑风格的小楼，在单檐悬山顶的悬山部分，"于木质封檐板与檩端相接处设计如意雕饰"，山花部分则是"在蜂窝状水泥工艺的基地上，以菱形变化组合托起一朵雍容的砖雕牡丹花或两朵向日葵"。[2] 北院的初步尝试，为后来陆续营造的多处教员住宅区开了一个好头，它们也都在设计中注意将中国艺术传统元素吸收进来。在燕大的这两处住宅区里，燕东园大体是清一色的美式别墅，燕南园则是美式的洋楼和中式的平房皆有——按今天燕南园的 17 座建筑物的编号，前者有 51 号、52 号、53 号、54 号、60 号、61 号、65 号、66 号，后者有 55 号、56 号、57 号、58 号、59 号、62 号、64 号（不包括最晚建的 50 号和风格独异的 63 号），数量上基本是对半开。其中的中式建筑因为注重本地工艺，细节上有很多中国特色，如门楣上有精工雕镂的砖石和仿造中国建筑样式的窗格。楼内厨卫、客卧的布局乃至灶具的装置方式和美国一般的乡村住宅没有什么区别。这是一批"中学为体，西学为用"的建筑——"内部设有代表西洋近代文明的自来水、电灯、热汽汀，外表却是十足的中国式的宫殿"，[3] 和那些被有意集体赋予中式建筑外观的教学楼、办公楼、学生宿舍楼等不同，燕南园里的住宅更加朴实，却因其洋楼与平房错落有致的布局而彰显出鲜明的个性。

---

1  丁超：《"住"在北京——北京居住文化》，东方出版社，2007，第 26~27 页。

2  姚雅欣、董兵：《识庐——清华园最后的近代住宅与名人故居》，第 18 页。

3  唐克扬：《从废园到燕园》，第 242~243 页。

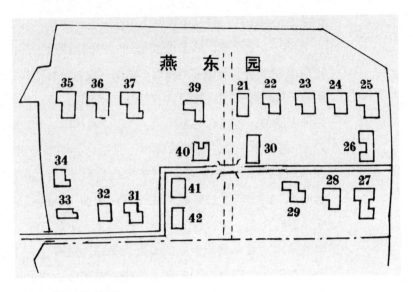

图 1 燕东园平面图

（翻拍自张玮瑛等主编《燕京大学史稿》，人民中国出版社，1999）

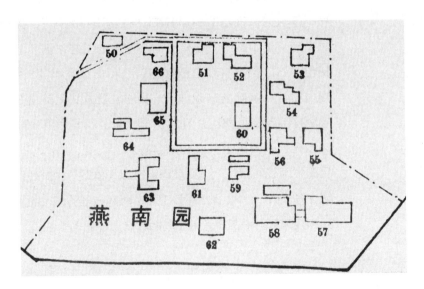

图 2 燕南园平面图

（翻拍自张玮瑛等主编《燕京大学史稿》，图示的 57 号、58 号与今天门牌号正好相反）

## 二　理想"融合"现实：住宅的多元选择

1929 年 9 月 27 日，正值燕京大学举行隆重的新校舍落成典礼前夕，《燕京大学校刊》推出"校舍落成典礼专号"，其中有一份详细的校舍建筑用费报告。从这份报告里可以看到此时的燕东园一共是 19 座楼，燕南园是 14 座楼。燕东园的楼号是 21~31 号、33~38 号、40 号、42 号，燕南园的楼号是 51~64 号。截至这期专号发刊之日，尚未完工的楼有燕南园 57 号、58 号、60 号、64 号 4 座，燕东园的 19 座则均已竣工。[1]1928 年 5 月 15 日的《燕大月刊副镌》提及，为了进一步方便教员的联络，满足他们安居的需求，经过美国方面批准，燕南园内即将增加两座新住宅。[2]由于这是"专号"之前一年的事，现在还没有足够证据判定两座住宅是否包含在 57 号、58 号、60 号、64 号这 4 座之中。若答案是否，则燕南园在纳入 50 号之前其余的 51~66 号这 16 座楼就都能对上号了。何以燕南园的建设比燕东园拉的战线更长，并且还有新造建筑的余地，可能只有当事者才能说得清。

就这些住宅的分配权而言，兴建伊始的清华北院和协和医学院北南两院都明确说明由外籍教师入住，特别是开办之初仅三十余名教员，且其中大多数是美国人的清华学堂（学校），更是存在非常明显的中美教师地位不平等的现象。当时，工字厅为西文部中国教员宿舍，古月堂为国文部教员宿舍，北院为外国教员住宅。美国教员工资高，又可以免费居住新式美观、宽敞和现代卫生设备齐全的洋房，且免交租金，在北院过着养尊处优的特权生

---

1　参见《燕京大学校刊》第 2 卷第 3 期，1929 年 9 月 27 日，第 1 页。

2　参见《燕大月刊副镌》第 7 卷第 1 期，1928 年 5 月 15 日，第 25~26 页。

活，北院因此被讥为"小租界""美国地"。[1] 反观中国教员，特别是国文部的教员，薪水低得可怜不说，还要缴租金，只能"十几个共同'蹴居'一个直二栋，横四栋的小小古月堂。至于讲起带家眷，则那可怜的十几位教员，千万不要作这个梦了"。[2] 围绕清华在中外教员待遇上的天壤之别，中国教员决定行动起来捍卫自己的权利，成立了"华员公会"（后更名为"清华教职员公会"），积极联合本国教师的力量，反映教职员的迫切需求，要求校方增建新住宅，以改善中国教师的居住条件。由于力量不够强大，他们的抗争历经数载，直到20世纪20年代初曹云祥任校长时境遇才获得明显改善。[3] 20世纪初南院、西院先后建成，清华教职员住宅紧张的矛盾得到缓解，专供美籍教师居住的北院也转而成为本国教授的居所。但这里有一个最大的问题，原先居住在北院的外籍教师在1924年以后都搬出去了，然而南院、西院住户都没有他们的名字，无论他们是选择在清华周边就近租房，还是直接搬回北京城内（平时靠通勤上班），至少他们所受的待遇是一落千丈，就像是被校方集体清退了一样。从20年代以后清华采取各种措施试图将来自美国的深层影响冲刷干净，从一所留美预备学校转型成为一所国立大学，再到30年代中期成为学生发起政治运动的重要策源地之一，清华的变化透露出的是激进之风在校园中弥漫，这由梅贻琦之前的历任校长很少不被汹涌的"学潮"赶跑即可见一斑。相较清华的激进，协和作为一所医学院，其教学科研的重心一直放在医疗事业上，学生对政治运动争取权利这类事并不热衷。旧中国医疗水平普遍低下，北京地区又

1 参见张复合《北京近代建筑史》，清华大学出版社，2004，第142页；姚雅欣、董兵《识庐——清华园最后的近代住宅与名人故居》，第16、18、19页。

2 旁观：《我为国文教员鸣不平》，《清华周刊》第208期，1921年1月21日，第19页。

3 姚雅欣、董兵：《识庐——清华园最后的近代住宅与名人故居》，第19页。

屡经战乱侵袭，民众和精英都不乏医疗方面的需求，与之相应的是本土人才培养的紧迫性，这些因素都决定了协和医学院至少不会发生像清华那样明显的抗争与颠覆，南北两院住宅区的住户进出一般取决于他们来华或离去的安排。[1]如果各用一个词来概括清华与协和洋教员住宅区的特点，清华是"冲突"型，协和则属于"温和"型。

燕大的境界似乎更高，表现为"融合"型。这一点在其精神领袖司徒雷登的回忆中体现得格外明显："这所新的大学必须要很好地融入中国社会……我们不应当享受额外的保护，要和中国人平等共处，彼此分享交流。……学校事务无论巨细，外国人和中国人都应当有平等的发言权，大家要住一样的房子，邻里之间和睦相处。"[2]"燕大在自身中国化的同时，也要更加深入、明确地走国际化的道路。"[3]正是由于司徒雷登认定教员无论中西，理应享受同等待遇，"两园随中外教员自由选择居住"才能成为一个令全体教员都喜闻乐见的政策，燕东园、燕南园自第一批住户入住起，就无须担心出现像清华北院那样中外对立、矛盾尖锐的状况。[4]它们的建设资金同样离不开司徒雷登团队在十余年里十次往返于中美之间的筹款努力。1923年燕大校方对迁校的最基本要求中包括新建27处教工住宅，后来实际建成的不止这个数目，可见司徒雷登的筹款运动的确取得了远远超出预期的成功。[5]

即便不从档案中查询住户名单，单从燕大的校办刊物里也能找到不少与燕南园和燕东园的早期住户有关的信息。1931年

---

1　参见〔美〕福梅龄《美国中华医学基金会和北京协和医学院》，闫海英、蒋育红译，中国协和医科大学出版社，2014。

2　〔美〕司徒雷登：《在华五十年》，第68页。

3　〔美〕司徒雷登：《在华五十年》，第69页。

4　肖东发、陈光中主编《风范：北大名人故居及轶事》，第239页。

5　唐克扬：《从废园到燕园》，第71~72页。

2 月 23 日，《燕大周刊》一条题为《南大地喜气重重》的条目载，家政学系的宓乐施、心理学系的魏翠瑛宣布婚约，国文系的冰心亦于此年产下长子（吴平），她们都住在南大地（即燕南园），其中宓乐施（Miss Camilla Mills）就是美国人。[1] 无独有偶，3 月 13 日，《燕京大学校刊》又有一条《燕南园人丁兴旺》的报道，燕南园的住户梅贻宝夫人和范天祥夫人顺利生产，梅贻宝夫妇是中国人，范天祥夫妇则是美国人。[2] 由 1936 年 2 月 14 日《燕京新闻》可知，化学系教授、美国人韦尔巽住在燕南园 52 号。至于燕东园，1929 年 3 月 29 日的《燕京大学校刊》载，西语系英语教师、美国人米德先生是燕东园"园会"的秘书。[3]1934 年 11 月 22 日，《燕京新闻》有一则题为《燕东园聚餐会盛况》的报道，包含了三座楼的住户信息：26 号吴路义，27 号窦威廉，30 号米德，他们都是外籍教员。另一位中国教员、生物学家胡经甫也参加了聚餐会。[4] 据胡经甫的女儿胡蕗犀回忆，30 年代初他们家住在燕东园 31 号。[5] 这些都是燕东园和燕南园早期住户不分中西的有力证据。奇怪的是，此类埋藏在燕大旧报刊里的详细信息在以往的燕园名人故居相关论述中竟然从未受到过重视。这也提醒我们，要想让燕东园和燕南园名人故居的住户变迁史不至于沦为一笔永远也算不清的糊涂账，必须更加全面地浏览和查阅这些利用难度并不算大，却总是无人问津的原始材料。

　　燕大的教员住宅区不同之处还在于燕东园、燕南园虽然是专

---

1　参见《燕大周刊》第 14 期，1931 年 2 月 23 日，第 9 页。

2　参见《燕京大学校刊》第 3 卷第 24 期，1931 年 3 月 13 日，第 2 页。

3　参见《燕京大学校刊》第 26 期，1929 年 3 月 29 日，第 1 页。

4　参见《燕京新闻》第 1 卷第 25 期，1934 年 11 月 22 日，第 1 页。

5　冰心、萧乾主编《燕大文史资料》第八辑，北京大学出版社，1994，第 198 页。

门建造，但洋教员也可以到其他经改造的教员宿舍或是到校园周边的村落中租房住，选择空间很大。司徒雷登在燕大的地位自不必说，但起初在校长官邸没有出现时他是住在朗润园 16 号平房的。由于在很长的一段时间里，主校区和朗润园之间的镜春园始终不归燕大所有，人们若从燕大校园去朗润园，还须从东门外的大成坊绕路，才能在一个偏僻的地方找到它东南角的小门。[1] 校长来校办公如此不便，显然不合情理。后来费城的乔治·库里夫妇打算捐赠给司徒雷登一座校务长官邸，"规定外观一定要中式，临近湖边，处在校园的中心位置"。如果司徒雷登不肯接受，他们就不捐赠一分钱。这让凡事依从公心、不图私欲的司徒雷登很是为难，好在他"突然灵机一动，客厅、饭厅和两三间卧室应该留给学校"，而他自己要一小套房间私用就可以了。这样一来，此地的功能竟变得丰富多彩，"除了一般的餐聚茶会，还有婚庆、学生舞会等，真正成了一个连接教师、男生和女生的纽带"。[2] 司徒雷登以退为进的策略，反而使自家住宅成了一个温馨友爱的校园活动中心，如此调整堪称完美，即使放眼整个中国大学教育史恐怕都罕有其匹。

朗润园地处燕大主校园和圆明园遗址之间，原先它的主要建筑位于一个方形的湖心岛上。"朗润园住宅是旧园址上保存尚完整的房屋改建而成，全都装有新式水暖和卫生设备。"[3] 据钱穆回忆，当时住朗润园的基本是独身教师，[4] 大概朗润园就是燕大最早的"单身公寓"。任教于英文系的包贵思和生物系的博爱理均终身未婚，她们都在朗润园居住过。1935 年毕业的新闻系校

---

1　唐克扬：《从废园到燕园》，第 235、243 页。

2　参见〔美〕司徒雷登《在华五十年》，第 84 页；唐克扬《从废园到燕园》，第 227~228 页。

3　唐克扬：《从废园到燕园》，第 242 页。

4　冰心、萧乾主编《燕大文史资料》第五辑，北京大学出版社，1991，第 10 页。

友、著名作家萧乾曾撰文回忆他到包贵思在朗润园的家中参加读诗会的情形："一九二九年我读燕京国文专修班时，曾旁听过她的英国小说和英国诗歌两门课。她一直独身，那时住在校园北面的朗润园里，房外小桥流水，短篱曲径，具有中国古典苑林建筑的幽静雅致；室内铺着地毯、沙发、壁炉，又有着西洋客厅的舒适温暖。课余她除了从事中国苑林艺术研究外，最喜欢组织朗读会，约同学们晚间去她家一道欣赏英国古典诗歌。"[1] 博爱理则是燕大医预系学生熟悉的教师，正如汪培娟在《从盔甲厂到燕园》一文中所提到的那样，"住朗润园的医预导师 Miss Boring（博爱理，一位美国老姑娘），每逢周日及节假日，即备茶点邀请我们"。[2]

包贵思在 30 年代中期即已搬到燕大校园南边靠近海淀镇的军机处胡同 7 号住。杜荣在回忆文章中写道："包贵思老师喜欢清静，她……住在燕京大学南校门外海淀军机处的一所老式平房里，房屋不多，也不十分宽敞，但是院子很大，种满了各种花草树木，每个学期她都要请一些学生到她家里作客，往往是让学生围坐在院子里，吃吃茶点，聊聊天。"[3] "喜爱中国园林的包贵思，她在军机处清朗小院中的'晚山园会'"，[4] 是燕大这片"乐园"里难忘的回忆。不过另一位在军机处胡同住过的燕大洋教员，其名气之大就是包贵思也难以比拟的了，他就是《红星照耀中国》一书的作者、著名的美国记者埃德加·斯诺。斯诺 1934 年春来燕大新闻系任教。张文定《斯诺在燕园》一文提及："他的家也从城里搬到了军机处胡同 8 号，这座房子原是一个燕京大学出身的

---

1　萧乾:《杨刚与包贵思——一场奇特的中美友谊》,《新文学史料》1982 年第 2 期, 第 127 页。

2　冰心、萧乾主编《燕大文史资料》第八辑, 第 124 页。

3　冰心、萧乾主编《燕大文史资料》第十辑, 北京大学出版社, 1997, 第 447~448 页。

4　唐克扬:《从废园到燕园》, 第 206 页。

中国银行家的住宅，就在燕大校园的南面。斯诺喜欢这座中西合璧式的住宅，在宽敞的庭院里有果树，有竹子，还有一个小型的游泳池。房屋建在高地上，因此，透过居室明亮的玻璃窗，可以眺望到颐和园、玉泉山。"[1] 从两篇文章对 8 号和 7 号这两个院子所做的描述，可以发现一个共同点，那就是军机处这两处庭院面积较大，植物繁盛。张文还有一个重要细节，即"房屋建在高地上"。它看似不起眼，然而却是理解军机处胡同为什么会成为受到外籍教员青睐的又一处合适的居所的关键。同样地，燕南、燕东两个园在入口处都修有斜坡，新建住宅的基座明显要比周围地势高，这样的设计是有讲究的。据历史地理学家、"燕南园里的最后一位大师"侯仁之的研究，"从校园本部的整个地形来看，大体是从南向北——更确切地说是从东南向西北逐渐倾斜的"，南北高程之差多达 4 米。"这个坡度的变化……是海淀镇附近一带地形变化的基本规律。"北京夏天经常下暴雨，燕园周边排水不畅的地方很容易酿成水灾。[2] 地形较高的地方受水灾的冲击小，位置靠南的军机处胡同正好在海淀台地之上，海拔高于北侧的燕大校园以及西侧的巴沟低地，可保夏无溃涝之虞。从生活便利的角度来说，近旁的老虎洞胡同是海淀镇的主要商业区，商铺、饭馆、茶馆众多，方便了仆人采购，也为教员们不时在家中举行茶会提供了保障。

　　燕大东门外的成府村同样也有洋教员落户。美国教员施美士（Ernest K. Smith）一家人都住在成府村。施美士研究英美文学，曾经在清华长期任教，其就居住在上文提到的北院 16 号。1929 年，他因难以忍受清华频繁的学潮扰乱正常教学秩序，"转会"去了近邻燕大，他的夫人就在燕大教起了声乐，他的女儿后

---

1　冰心、萧乾主编《燕大文史资料》第二辑，北京大学出版社，1991，第 110 页。
2　侯仁之：《燕园史话》，北京大学出版社，2008，第 114、117 页。

来也在燕大教舞蹈。施美士家从 1930 年到 1943 年都在成府村。[1]成府村的房子多为中式建筑，不过能被洋教员相中的也都应当具备基本的室内设施。该村自燕大迁入海淀以后，得近水楼台之利，商业也重新繁荣起来。[2]

另外，美国教员夏仁德 30 年代还住过"临近水塔的一个树木掩映的小庭院"。[3]

从以上这些史料的重新整理，可以看到燕大在建设专门的教员别墅住宅区方面的用心，也可以看到中外教员选择住宅有相当的自由度，同时亦口味多元。如果把主要居住中国青年教师和职工的蔚秀园算上，则校园的东、北、南、西四个方向的邻近处同时就有多个教员住宅群落，使燕大具备了以居住社区为单位缔结牢固的校园社交网络，燕大中外师生亲密无间的氛围就建立在这个基础上。

## 三　"燕京精神"：以社区为大家

燕大的社会学系自创设伊始就班底雄厚，培养了不少人才，也诞生了不少有分量的学术成果，其中以吴文藻教授等人发起的社区研究尤为引人注目。"社区"的概念是通过翻译引进的，在中国还是个新鲜事物。燕大人不仅研究社区、主动参与北京及全国其他地区的社区服务，同时也善于把校园周边的各大教员住宅区"社区化"。在传统中国，人们缺少社区建设的自觉，所

---

1　参见冰心、萧乾主编《燕大文史资料》第三辑，北京大学出版社，1990，第 58、60 页。
2　参见《燕京新闻》第 1 卷第 4 期，1934 年 9 月 29 日，第 4 页。
3　参见侯馥兴《仁者德者夏仁德——燕京大学外籍教授追忆（上）》，《中华读书报》2013 年 6 月 5 日。

谓"居住文化"更多地表现在房屋建筑设计和装潢、自家庭院甚至园林的精打细造，而并非通过将自身定位在一个更大空间范围内的"社区"，既重视和左邻右舍的往来，又重视居住区的公共性。来燕大任教的欧美人士较早接受了西式的居住理念，很注重寓所周边环境的保护，中国教员也多数有留洋经历，倾向于认同社区文化——中外教员都有心想把燕大打造成"乐园"般的居住社区，燕大的意义和功能也因此不止于一所纯粹只为教学服务的教会大学。教学科研与日常生活浑然一体，有利于师生之间自然而然形成相互关爱、平等对话的关系，使这种关系从设想变为现实的关键人物是司徒雷登。

人们之所以把司徒雷登视为燕大成就传奇的灵魂人物，就是因为他的诸多理念在方方面面深刻地影响了这所大学的面貌。这是一位在中国现代教育史上贡献不亚于蔡元培的杰出校长；而且蔡氏在北大的改革真正持续的时间不算太长，司徒雷登却是从燕大建校一直到抗战胜利后出任美国大使之间的 27 年始终与燕大同呼吸共命运，他的精气神儿就是燕大的精气神儿。而能受到他的品格感召聚拢在他身旁的同事反过来也支撑起了司徒雷登的教育信念。难怪他在晚年撰写回忆录时深情地表示："在燕大的成长历程中，大学同事们一直热情地给予我希望和梦想，为我指明前进的方向。从燕京大学呱呱落地之日起，我们就是一个整体。亲密的战友情谊为我带来了无限的喜悦，是我一生最为宝贵的财富。"[1]

由于燕京大学已于 1952 年全国高校院系调整中解体，成为一所不复存在的大学，燕大的校友们在其后漫长的岁月里只能通过记忆的留存与反复的强化来回味那动人心弦的逝水年华。1999

---

1 〔美〕司徒雷登：《在华五十年》，第 72 页。

年，在燕大八十周年校庆的时候，校庆委员会曾经编了一本纪念
文集，题为《燕京精神》。"燕京精神"这四个字不光肯定了燕大
的办学成果，更是让无数校友时隔多年仍能魂牵梦系于母校的关
键所在。董天民在《燕园杂忆》中写道："不论中外教师，在谈话
中往往提到'燕京精神'。所谓'燕京精神'，其含义是中国人
和外国人，教师和学生，都彼此关心，互相照顾，亲如一家。因
此，有时也称'燕大一家'。"[1] 只有以无限的人格魅力和春风化雨
的教育精神统领一所大学的"大家长"，才能使它具备大家庭般
的亲切氛围。

　　燕大的校园环境之美，至今在北大西门至未名湖区一带仍有
体现。可是当年新落成的燕大独居西郊，少有社会各界形形色色
的游人慕名"到此一游"，校园里的人也远远不及今日多，这显
然有利于管理校园环境卫生，营造有如世外桃源的社区氛围。文
彬如校友回忆："一进燕园，便给人以赏心悦目，心旷神怡之感。
满园郁郁葱葱，鲜花怒放，曲径通幽，蝶飞莺鸣，是那么井然有
序，清新雅洁。偌大的一个校园，见不到片纸、果皮、烟蒂和垃
圾，即使是金风乍起也很少看到落叶飘零，四处飞卷。……燕园
也装有电灯、电话、煤气供应和水暖系统，但整个校本部及燕东
园、燕南园、镜春园和蔚秀园却不见一根凌空电线和管道。洁净
得很，敞亮得很，毫无零乱之迹。每幢楼阁经常保持修整，众手
爱护仅是一方面，校方每届暑假有计划的轮番大修是其根本原
因。"[2] 一所大学要让生活在这里的师生们感到精神愉悦，首先得
保证环境宜人。大概是建校头几年在北京城东南角的恶劣观感给
以司徒雷登为代表的校务带来强烈刺激，燕大对一切"脏乱差"
实行零容忍政策，学生们也被动员起来，随时做好清洁校园环境

---

1　冰心、萧乾主编《燕大文史资料》第一辑，北京大学出版社，1988，第 182 页。

2　冰心、萧乾主编《燕大文史资料》第五辑，第 64 页。

的准备，不少人的课余生活包括帮助清除生活垃圾、修剪社区草坪等义务劳动，这就使以园为家的观念深入人心，校园环境管理进入良性循环。

别有意味的是，通过搜检燕大时期的旧报刊，可以发现基本上每一个教授聚居的园子都会成立一个"园会"，用今天的话说可能就是园内居民委员会一样的存在。固定时间的餐会，在燕南园、燕东园、朗润园、成府村都有举办的记录。而且，园会还在很大程度上担负起了维护住宅区环境卫生整洁的职责。查 1929 年 3 月 29 日《燕京大学校刊》，记载燕东园园会曾开会议决：凡园内住户，均应负责保护各宅附近之花篱，并按时浇灌。[1] 由于教授们大多是拖家带口入住的，园子里的儿童数量不少，1930 年 10 月 26 日《燕大周刊》又发布了一条公告，称燕东园计划筹建一个儿童游戏场，专供教职员家的孩子玩耍，园会将负责给孩子们购买专门的游戏器材。[2] 燕南园的园会也发挥类似的作用。1935 年 3 月 28 日，《燕京新闻》有一条《燕南园兴工造门》的报道，还特地指出，为了防止燕南园大门发生汽车或其他车辆碰撞幼童的事故，务必引导所有孩子从一条新修的斜道入园（该斜道位于园内西北 53 号楼房边角，系为方便自行车和洋车通过而设）。[3] 历来对燕大的讨论和研究都罕见有人提及"园会"的价值，这是非常可惜的，因为这一在教师之间兴起的自治组织，其运营和实践效果的巨大成功以及可能存在的问题，对今人理解 20 世纪中国社会各界如何在势不可当的现代化进程中各自摸索前进有

---

1　参见《燕京大学校刊》第 26 期，1929 年 3 月 29 日，第 1 页。

2　参见《燕大周刊》第 5 期，1930 年 10 月 26 日，第 9 页。

3　参见《燕京新闻》第 1 卷第 67 期，1935 年 3 月 28 日，第 1 页。按此处报道中提及 53 号楼在燕南园的西北角，但该楼在图 2 的标示中位于东北角，在未见基建档案的情况下不知是门牌号发生了变化还是记者出现失误，暂且留此存照，以待后续查证。

难以替代的作用，故意义不可小觑。社区自我管理在人口素质参差不齐甚至整体水平较低的地方往往难以落实，所以在当时战乱频仍、文盲众多的中国不具备推广的可能，但燕大教授们超前的实践毕竟为后人树立了榜样。

常驻燕大的教员与教员之间的关系大体是和谐而稳定的，教员与学生之间的关系亦然。从燕大校友日后书写的回忆文章里，能看到太多教员（无论中外）在家中设宴邀请学生做客并且谈笑风生、其乐融融的场景。前文述及朗润园住户博爱理和军机处胡同住户包贵思时就曾提及，此外还有很多例子，如夏仁德教授"每月一次请学生晚上到他家中讨论课程提出的问题，他的夫人总是热情招待同学们，颇有家庭气氛，令人很感乐趣，这是心理卫生课一个很重要的学习方式"。[1] 德语教师吴路义（Wolferz）家中陈设舒适简朴，时常有医、护预科学生到他家，就像在自己家一样，学生们可以安静地休息，悠闲度过周末或假期，也可以切磋学问。我国首位南丁格尔奖获得者、护理预科学生王琇瑛"从这些外籍教师的家庭生活中，耳濡目染，学到治家简朴有方，夫妻子女、师生之间互相尊重爱护的好风尚"，因此大受感动。[2]后来成为著名作家和记者的萧乾，在燕大期间最幸运的事就是遇到了恩师斯诺，他很快就成为斯诺家的常客。萧乾在《斯诺·杨刚·〈活的中国〉》一文中回忆，斯诺了解到萧乾在《大公报》上发表白话小说，并曾和美国青年威廉·安澜合编《中国简报》，而他自己之前曾在姚克的帮助下翻译了七篇鲁迅作品（包括五篇小说、一篇杂文和一篇散文诗），便向萧乾征求意见，问他是否愿意继续帮他选译其他人的作品，萧乾欣然答应，还邀请英文系的杨刚加入，一起从事这项工作，但他们俩坚决不要报酬，因为

---

1　冰心、萧乾主编《燕大文史资料》第八辑，第 152 页。
2　冰心、萧乾主编《燕大文史资料》第八辑，第 314 页。

"人家洋人帮助咱们把中国新文艺介绍出去，作为中国人，尽点义务是应该的"。[1] 师生的这次亲密合作时隔数十年仍被传为佳话，对萧乾后来的职业生涯，对他在英国留学和工作期间主动肩负起沟通中英文学和文化的使命也有很直接的影响。以上所列只是洋教员的例子，而实际上中方教员也是用几乎一样的方式和学生相处的。

燕大的价值不仅仅是教学、学术方面的，其在日常生活管理方面的一丝不苟，在社区形成群体生活的和谐风气，惠及各个年龄段的住户，无论是中国人还是西方人生活于此，都不会感到特别生疏。燕大之所以能够让无数校友虽然饱经沧桑仍魂牵梦绕，不是没有缘由的；它令人眷恋的根源有一部分就扎在这些教员住宅区里。

# 结 语

本文所处理的主要是以下几个层面的问题，这些问题的交叉并置将会组合成一个具备较大阐释空间的课题。

首先，大学洋教员的住宅区文化是近代以来北京居住文化的组成部分，这一维度的重心，是考察北京在城市现代化的转型过程中如何经由单个机体有效的自我革新向符合现代宜居理念的目标艰难地前进。围绕燕大洋教员住宅形成的成熟的社区文化和自我管理能力作为一项在精英阶层里率先开展的实践，具有超前性，同时亦不乏深刻的现实意义。

其次，从城市（社区）规划、建筑及园林景观设计的专业角

---

1 冰心、萧乾主编《燕大文史资料》第六辑，第18页。

度，评判大学洋教员住宅区从选址的科学性，到建筑设计和装饰的中西合璧，再到园区环境如何因地制宜等问题的得失，也有助于重新理解人地关系互动的复杂性。规划、管理理念是否以人为本，人地关系是否能有效协调，是衡量一座城市"现代化"程度的重要指标。高质量的城市社区是宜居城市不可或缺的肌理；同样的道理，高质量的大学居住社区也是建设"世界一流大学"不可或缺的肌理。

再次，就同类型专门住宅区的平行对比，分析燕大燕南园、燕东园与清华北院、协和医学院北院及南院之间的共性与差异，从中可获得对三所大学各自不同的教育状况的认知；清华在北院问题的解决上与燕大形成的巨大反差足以构成中国现代高等教育史和中西文化交流史的研究中特别值得深入探讨的一个话题，地处郊区的清华与燕大依靠富足空间建造住房，与协和在有限可拓展空间中步履并不轻盈的自我调整之间的张力亦是需要注意的。

最后，还需要引入记忆史的研究思路，深度发掘这些住宅所在的地理空间内曾经发生过的种种有趣的或值得铭记的故事（学生之间交口流传的"段子"亦可），通过种种或虚或实、或逼真或变形的不同个体从不同角度、不同立场展开的叙述，还原细节丰富、饱满的历史现场。

随着民国时期的老大学日渐成为历史性的话题，今天乃至将来的学人只能凭借有限的史料和必须有所节制的历史想象力去和那段岁月对话。真正的大学史研究其实很大程度上是同一些平凡而琐细的故实相连的。探究民国前期北京三所大学的洋教员住宅区的来龙去脉，不一定有多么伟大的战略意义，但俗话说"以史为鉴"，我们仍然可能通过系统回顾过往事件培养对当下现实问题的洞察力。无用之用，反倒有可能是大用，这也是人文学研究的一大特点。

# 当代京剧老生流派综说

张　宁*

**摘　要：** 京剧自晚清逐渐走向成熟以迄民国时期，老生行群雄并起、人才辈出，形成了精彩纷呈、各具特色的艺术流派。本文在阅读历史文献、赏析音像资料、观看剧场演出的基础上，回顾具有代表性的老生流派的形成过程，阐述流派创始人及其继承者的艺术特色；从技艺掌握、演出剧目、人才培养等方面说明当代老生流派传承的基本状况，分析前后"四大须生"及李少春之后新流派难以产生的症结所在，指出了京剧作为一门古典艺术的时代命运。

**关键词：** 京剧　老生流派　艺术特色　传承

## 一　京剧老生流派综述

　　回顾京剧历史，在老生演员中能够自成一派者，公认有如下十几位，计有：俗称"老三鼎甲"的程长庚、张二奎、余三胜；"新三鼎甲"的谭鑫培、汪桂芬、孙菊仙；前后"四大须生"余叔岩、言菊朋、高庆奎、马连良、谭富英、杨宝森、奚啸伯以及"文武全才"的李少春（另有沪上周信芳的"麒派"和关外唐韵笙的"唐派"节外生枝，呈另立门户之状，因本刊为《北京史学》，故

---

＊　张宁，北京市社会科学院科社所。

拙文对"麒""唐"两派略而不论）。此后再无新流派诞生。

随后历经数十载，"老三鼎甲"及"新三鼎甲"中的汪、孙两家，均已销声匿迹，唯有被誉为"伶界大王"的谭鑫培声誉日隆，独领风骚，在与同辈诸多名家的竞争中脱颖而出，最终巍然屹立于京剧艺术之巅峰。其博大精深的"谭派"在须生界几近"全覆盖"，无人与之"分庭抗礼"，同辈日渐凋零，后代趋之若鹜，形成"无生不谭"的垄断格局。

然而流派传承自有其内在规律，非人力所能抗衡，像谭鑫培这样集古今之大成的一代宗匠，后学者只能高山仰止，自叹弗如，企图与之比肩纯属奢望，更遑论超乎其上了。于是乎，尽管众多青年才俊天资聪颖，业精于勤，也只得分别承接谭氏技艺之余绪（宗谭最佳者余叔岩坦言，所学谭艺"仅九牛一毛耳"），逐渐分化出数个支派，虽然呈现出"锦上添花"的多彩景观，但谭氏本人之声腔，仍难脱"千古风流人物"终被"浪淘尽"之宿命。纵使谭门六代须生薪火相传，到了谭富英这一代，他的"新谭派"俨然余（叔岩）派分支，说其"脱胎换骨"，不免言过其实，但富英以降，元寿以次，与"老谭派"相较，则恍如隔世，渐行渐远矣。当然，话又说回来，谭鑫培高于前辈及同辈诸贤者，乃在于其技艺以"分化"的方式孕育出多个艺术流派，前后"四大须生"及李少春，他们登堂入室，植根于谭氏沃土，而又"破土而出"，名曰"另起炉灶"，然谭氏"法帖"，仍有迹可循；谭氏音容难以再现，谭氏衣钵绵延不绝。由此观之，老谭之于京剧艺术，其盖世之功，可谓空前绝后。

谭鑫培之后，传承"谭派"之路径可分两途：一为正宗源流，即谭（鑫培）—余（叔岩）—杨（宝森）一脉相承，谭富英、孟小冬、李少春以"宗谭学余"纳入正轨，因此谭、孟、李三人亦属正宗序列；二为独辟蹊径，唯言菊朋、高庆奎、马连良、奚啸伯马首是瞻。

在所有宗谭者中，余叔岩名列榜首，他虽得入谭氏门墙，但谭鑫培只给他"说"了一出半戏（即冷门戏《太平桥》和《失空斩》中的配角王平）。因此，余叔岩所学谭艺，一是靠他的聪慧和悟性，从观摩谭氏演出中能够举一反三、化为己有；二是向与谭鑫培同台合作多年的钱金福（武净）、王长林（武丑）等前辈讨教，再加上自己不断丰富的舞台实践，竟以锲而不舍之毅力，收功成名就之硕果；与此同时，余叔岩虽然恪遵师承，对谭艺"从一而终"，但并非食古不化，而是根据自身的嗓音条件，在谭氏浑然天成的古朴风貌中，注入了清新、爽脆峭拔的特色，演唱技巧更加细腻讲究，声腔韵味更是臻于化境，这就使余叔岩在谭鑫培之后成为正宗须生的典范，后学之人纷纷效仿，"余派"如喷薄之日出，尽显夺目之光辉。

"余派"取"谭派"而代之，成为后学楷模，另有缘由。老谭晚年从心所欲，无一定之规，其表演颇多神来之笔，其唱腔时常变幻莫测，令人不易捕捉，难寻踪迹。而余叔岩则始终在"谭派"基本规范中恪尽职守，所谓"余派"，亦可说是"谭派"的精细化或雅致化。刘曾复先生说余叔岩"就是以己之长学习谭鑫培。谭有时候是唱得好玩，很随便。余叔岩是没有一句不好好唱的，都精雕细刻，严谨极了"。[1] 因此后学者均对老谭望而生畏，而对余氏模仿有加，虽说"余派"易学难精，但毕竟"易学"，随便学唱几出，音色再像一点，对外自诩"余派老生"而能卖座，也算是"祖师爷赏饭"了。当然，"余派老生"虽遍地开花，但得余氏神韵者凤毛麟角，易学难精，绝非虚言也。

"余派"特点究有几何？数十年来论者如云，无非"擞儿音""提溜音""三级韵""中锋"之类，这些确实都是余叔岩演唱的基本法则。不过这都属于枝节问题，只有张伯驹先生之观点

---

1　刘曾复:《京剧说苑》，学苑出版社，2012，第224页。

才是切中实质。张先生最反对动辄"特点"之说，他谈道："唱戏的最讲究一个'圆'字，唱、念要字正腔圆，使身段、打把子也看的是圆，圆就是中正平和。什么戏有什么戏的规矩、尺寸，照着规矩、尺寸唱，就没有什么'特点'。不照着规矩、尺寸唱，才能叫人家看出'特点'来。……唱戏的最讲规矩的三个人是杨小楼、余叔岩、梅兰芳，要说特点，中正平和就是他们的特点。你说他们的戏哪儿好？哪儿都好！你说他们的戏哪儿不好？没哪儿不好。听戏的人有的爱听这一派，有的不爱听那一派，我没听说过有不爱听杨小楼、余叔岩、梅兰芳的。学戏的也是，学杨、学余、学梅的绝学不出毛病来。"[1] 如此说来，余叔岩的"特点"就是路子纯正，规范工整，不偏不倚，好整以暇。后学者必须汰尽心浮气躁、急于求成之情绪，以全神贯注、凝神静气之心态，潜心钻研，反复咀嚼，方能窥得"余派"堂奥。

说到传承问题，余叔岩颇值得称道的是，他所创立的"余派"与谭鑫培的"谭派"一样，能够孵化出新的流派，而与余叔岩同期或稍后的其他老生流派都是及身而止，未能再现"流变"之光彩。

在"余派"传人中，当数孟小冬、谭富英、李少春、杨宝森四人成就最为显赫。孟小冬拜余之后，终日厮守师门，须臾不离左右，余氏倾囊相授，小冬潜心研习，所获余艺独多，唱念做表，形神兼备，被公认为"余派第一传人"。但孟小冬遵从"余派"准绳，力求取法乎上，绝不偏离寸步，因而终其一生，仍称"余派"老生。而谭富英、李少春、杨宝森三人则在宗法"余派"的基础上逐渐"跃出龙门"，各自衍生出老生艺术的新境界，以"新谭派""李派""杨派"享誉菊坛。

---

1 林下风编《张伯驹与京剧》，中国戏剧出版社，2005，第190页。

谭富英乃谭鑫培嫡孙，天赋佳喉，尽显谭门遗风，无怪其父谭小培笑称"姓谭的怎么唱都是谭派"。可惜谭富英少年之时，谭鑫培即驾鹤西归，未能亲聆其祖教诲。谭富英尽管拥有先天遗传的好嗓子，又在富连成科班练就了唱念做打的基本功，对乃祖生前的拿手戏码信手拈来、举重若轻，但对"谭派"内在的精髓领悟不深，略显粗枝大叶；经人牵线搭桥，登门余府求教，余叔岩也愿意将老谭的玩意儿"还给"谭门后代，以报师恩，因此谭富英之声腔艺术亦得到"余派"熏陶。然而谭富英生就一副铁嗓钢喉，在台上尤似信马由缰，如入无人之境，无论多么繁重的唱工戏，在他唱来都能游刃有余，达到随心所欲的程度，只要他一张嘴，观众无不感到如饮佳酿、过瘾解渴。但正因为如此，谭富英忽略了"余派"那种巧夺天工、妙造自然的唱工技法，而这种技法正是余氏深研"老谭派"神韵的硕果。谭富英自恃嗓音冠绝一时，不必刻意求工即能夺占须生一席之地，从而未能在"余派"的基础上掌握乃祖博大精深的全面技艺，使寄厚望于谭富英的顾曲家们颇感遗憾。然而"失之东隅，收之桑榆"，谭富英虽然缺乏余叔岩那种精雕细琢的"水磨功夫"，但其挥洒自如、酣畅淋漓的演唱风格透露出一种质朴无华的独特气质，如果谨守余门规范，未必能扬长避短、尽情发挥。由此，谭门遗风与"余派"点缀融为一体，谭富英开创了属于自己的一片新天地，"新谭派"脱颖而出，影响甚巨，今之所谓"谭派老生"非指老谭，而以小谭（富英）为宗师是也。

李少春堪称京剧史上"文武全才第一人"，此非过誉，实至名归，无持异议。李少春之父李桂春（艺名"小达子"）乃"外江派"翘楚人才，久战江南，红紫一时。少春自幼随父学艺练功，唱文戏有嗓子，唱武戏有功夫，确属跨灶之子。然而李桂春却并不希望少春秉承家学，而是令其归入正宗，文戏学余（叔岩），武戏宗杨（小楼），欲将其培养成"京朝派"名角儿。于是李桂春请来"谭派"（亦精通"余派"）名师陈秀华、杨（小楼）派名师丁永利，分别在文、武两方面为李少春重新"下挂"。少春聪明绝顶、悟性极高，在两位名师指点下获益匪浅，取得了突飞猛进的成绩。1938 年李少春首次进京，以《两将军》《击鼓骂曹》文武双出亮相，即刻轰动京城。李桂春以重金疏通京城各路关系，终于使李少春如愿以偿，拜在余叔岩门下。余叔岩器重高徒，给他"说"的第一出戏就是谭鑫培的招牌戏之一《战太平》，此戏文武并重，是考验靠把老生的"试金石"。余叔岩因材施教，李少春心领神会，学习进度很快，未几，即在西城新新戏院（今首都电影院）贴演《战太平》。余叔岩亲自为徒弟把场，戏园满坑满谷，观众彩声不绝，李少春唱念做打，均合"余派"标准路数，京城之门洞开，少春一炮走红，内外行无不庆幸"余派"衣钵，传承无虞矣。然而由于诸多因素，少春在某些方面难以恪遵师训，师徒产生隔阂，于是李少春未能从余叔岩那里获得更多教益。与余叔岩交谊甚厚的张伯驹先生在谈到余叔岩亲授了李少春几出戏时说："整出学的就两出，一出《战太平》，一出《洗浮山》，其余就是问什么说什么了。"[1] 然而李少春天分既好，又聪敏过人，虽然余叔岩给他"说"的戏不多，但他另辟学余之门径。他善于触类旁通，精于捅破窗纸，正如吴小如先生所言："拜叔岩后，除《战太平》《洗浮山》外，其他余派保留剧目如《定军山》《阳平关》《杀家》《骂曹》等，也都或多或少受过余叔岩指点。及至孟小冬拜叔岩后，只要小冬公开演过的戏，少春从间接方面连'掠'带'学'，也能一看就会，一演就像。"[2]

　　与谭富英相似，李少春未能对"余派"从一而终，确实有些得不偿失，但如果他仅以"余派"自限，其超高的艺术天才多少会被湮没。从李少春后来的艺术发展道路来看，他身上迸发出来

---

1　林下风编《张伯驹与京剧》，第 188 页。

2　吴小如：《京剧老生流派综说》，中华书局，1986，第 162 页。

的艺术能量实在是太惊人了，老生之安工、靠把、衰派，无不囊括，武生之长靠、短打、箭衣，一网全收；另有猴戏独擅胜场，继杨小楼之后，与李万春并称"猴王"；及至新中国成立以后，在新编历史剧、现代戏中亦多有成功斩获，其所涉猎的艺术领域之宽阔，真可谓前无古人后无来者。"李派"之称谓虽未普及，然"李派"之存在，却是不争的事实。

谭—余—杨（宝森）一脉相承，为正宗须生源流，单凭这个世所公认的结论，杨宝森在须生界之正统地位就足以彪炳京剧史册。以"正宗"之含义，虽谭富英为名门之后、李少春乃余氏高足，但在杨宝森标准的"余派"艺术气质面前亦须退避三舍。

杨宝森学艺之初即拜在"谭派"名师陈秀华名下，后又拜余氏"硬配"鲍吉祥为师，宗谭学余，心无旁骛，力避旁门左道之嫌；从"谭"入"余"，是为正途，杨宝森学余是有扎实的"谭派"基础的。刘曾复先生对此评论说："杨宝森是在谭派老生基础上学余，所以不会走入歧途，从他的表演中，找不出坏的东西。"[1] 刘先生所说之"坏"，并无贬低其他流派之意，而是指杨宝森的老生艺术是沿着谭、余正宗之路平稳发展，绝无庞杂之弊是也。然而杨宝森又与孟小冬有所不同，如果杨宝森之艺途与孟氏完全复合，则谭—余正宗之后就不会再添加一个"杨"字了。说起来真是令人唏嘘不已，杨宝森最终能够脱"余"入"杨"，却是苦于嗓音不济而扬长避短、绝处逢生所致。杨宝森少年时期拥有一条响堂挂味儿的绝佳嗓音，先天条件非常好，荣获"小余叔岩"之美誉；不料"倒仓"之后竟一蹶不振，嗓音暗哑，声嘶力竭，几近断送前程。然而杨宝森可谓坚韧不拔，他以常人难以承

---

1　谢国祥主编《杨宝森纪念集》，百花文艺出版社，1998，第24页。

受的艰辛努力，深度钻研"余派"唱工技巧，以苦心孤诣之耐力，尝到苦尽甘来之滋味，以力不从心之嗓力，达到力所能及之功效，余叔岩峭拔、英挺之音色，竟由杨宝森以宽厚、低沉之声腔娓娓道来，唱出了品位，唱高了格调，其平实、精致、隽永的艺术风格在"余派"的基础上独立成篇，再配以杨宝忠的琴、杭子和的鼓，"杨派"异军突起，为世人所惊叹。环顾当今，"无生不杨"竟在相当程度上"跨越"余叔岩而与老谭之"无生不谭"隔代衔接，虽然杨宝森在京剧史上的地位仍在谭鑫培、余叔岩乃至马连良之后，而且与余叔岩的全面造诣之间尚有不小差距，但"杨派"之影响力已鹤立于其他老生流派之上，成为当今老生艺术之"显学"。"谭—余—杨"正宗路径，被公认为学习老生艺术的阳关大道，晚生后辈就此拾级而上，不至慌不择路矣。

如前所说，在宗谭之后另辟蹊径进而独树一帜者，当以言菊朋、高庆奎、马连良、奚啸伯为翘楚。其中纯宗"谭派"而剑走偏锋者为言菊朋。

言菊朋系票友出身，酷爱京剧且嗜"谭"如命。其早年学谭的造诣不在余叔岩之下，余叔岩学谭给人以"别有洞天"之感，于是被推为"新谭派"领袖（实为"余派"之先声），言菊朋萧规曹随、不越"谭派"藩篱，被誉为"旧谭派"领袖。然而时运不济，言菊朋中年以后嗓音渐衰，不复当年"旧谭领袖"之风光，于是改弦易辙，另创新腔，迭经尝试，竟获观众认可，追随者亦不乏其人，"言派"唱法不胫而走，说其通古今之变，似嫌夸张，但成一家之"言"，却是无可争议的。关于"言派"特色，论者颇多，然皆大同小异，余以为吴小如先生对"言派"之分析颇为透彻。吴先生说言菊朋"讲究吐字发音，注意气口（即歌唱中间的偷气换气），强调行腔时音节的起伏顿挫。不过言氏晚年过分追求腔调的尖新纤巧，不免矫揉造作，甚至由于刻意求工而不惜加重斧凿痕迹，有点矫枉过正，欲益反损"。[1] 不过，言菊朋的唱法虽有缺失，但他对音韵学有透彻研究，分四声，辨阴阳，避免"倒字"，其藕断丝连、一波三折之旋律，别有一番"曲径通幽"之妙处，风格独具，自创一派，且位列"前四大须生"，若干瑕疵无碍其一代名须生之地位。

高庆奎系梨园世家，其父高四保乃前辈名丑。他早年学老生也是从"谭"入门，但时间很短，因其嗓音高亢嘹亮，满弓满调，酷似另一位前辈须生刘鸿声，所以高庆奎弃谭宗刘，其天赋的高调门儿得以尽情发挥。高庆奎的唱工气力充沛，行腔吐字铿锵有力、斩钉截铁，尤其是在高声区响遏行云，如"鹰击长空"，尽显"石破天惊"之奇境，聆者无不瞠目结舌，叹服不已。尤为难能可贵的是，高庆奎并不单靠一条嗓子横扫千军，而是唱念做打全面发展。他的唱腔不仅以"高"取胜，而且能够以情带声，声情并茂；其念白吐字清晰，做表细腻传神，武打亦有相当功底。他能名列"前四大须生"，绝对当之无愧。而在言菊朋渐入颓唐之时，他与余叔岩及后起之秀马连良并称"老生三杰"，亦属众望所归，由此"高派"横空出世，继汪（桂芬）、孙（菊仙）、刘（鸿声）之后，以"嗓"论英雄，高氏堪称独步。

如前所述，若以须生正宗而论，"谭—余—杨"排座次，井然有序；但若以京剧须生之划时代意义来讲，则谭—余—马（连良）为"三座丰碑"，亦属盖棺定论。老谭以"伶界大王"独霸菊坛；杨（小楼）、梅（兰芳）、余（叔岩）以"三大贤"屹立巅峰；而马连良与余、言、高并称"前四大须生"，又与谭、杨、奚合称"后四大须生"，其在梨园界举足轻重之地位，于此可见一斑。及至新中国成立以后，梅、马赫然生旦魁首，无人与之争

---

1　吴小如：《京剧老生流派综说》，第 60 页。

锋，程砚秋虽与梅兰芳堪比"梅兰秋菊"，周信芳虽与马连良合称"南麒北马"，亦难与梅、马相提并论。犹忆 50 年代，梅兰芳、马连良联袂贴演《二堂舍子》《打渔杀家》，其轰动情景，非笔墨所能尽述。余叔岩之后，与梅兰芳唱生旦对儿戏而能势均力敌且相得益彰者，唯马连良一人耳。当年的北京京剧团以马连良、谭富英、张君秋、裘盛戎并挂"四大头牌"，四人合作《秦香莲》，张君秋、谭富英分饰秦香莲、陈世美，二人戏份儿极重，几乎贯穿全场，裘盛戎饰演包拯，位居压台，其浓郁的"裘腔"沁人心脾，叶盛兰先生聆之感叹曰："盛戎真会唱，这出老包，叫他'包'了！"而马连良在此戏中饰演的王延龄，戏份儿最轻，纯属"歇工"活儿。然而全剧结束后，张、裘率先谢幕，富英继之与观众见面，最后在如潮的掌声中，马连良出场向观众致谢。"马连良"三个字在观众心目中的分量真是无与伦比。

马连良的成才之路可谓转益多师，博采众家之长。他早年入喜连成（后改富连成）科班学艺，得萧长华、蔡荣贵两位老先生亲传，萧、蔡二老并不以"流派"开蒙，而是照科班路数，横平竖直，规行矩步，以"通大路"的方式授艺，马连良由此打下了坚实的基础。马连良拥有一条好嗓子，但他的"好"，并非谭富英那种天生豁亮的"好"，而是技巧高妙，经久耐唱，属于后天锤炼出来的"功夫嗓儿"。青年时期的马连良也唱"谭派"戏，他的《定军山》《珠帘寨》最饶谭味儿，梨园内行均认为他深得谭氏真谛。与此同时，马连良又向与谭鑫培齐名的老前辈孙菊仙问艺，萧老特将"孙派"《雍凉关》之唱腔移植到《借东风》之中，为马连良设计了一套二黄导板—回龙—转原板的唱段，即著名的"习天书学兵法犹如反掌"，后来成为"马派"经典唱段。马连良进入"倒仓"期以后，嗓子难以承受繁重的唱工戏，他便在念白、做表上苦下功夫，研习的对象是为谭鑫培配戏的贾洪林。贾氏嗓音不济，但善用技巧，唱法独具特色，尤其是其做工细腻，妙造自然。"马派"以做工著称，确实得益于贾洪林。嗓音恢复以后，马连良又从"余派"中吸取养分，余叔岩的许多经典剧目，马连良也都能唱，经过吸收融化之后，其中有些剧目逐渐演变成"马派"名剧。尤为难得的是，马连良一生的艺术创作活力长盛不衰，直至晚年，马连良创排的《赵氏孤儿》可称不朽巨作。在这部整本大戏中，马连良的唱念做表炉火纯青、臻于化境，他一改往昔灵动、流畅的演唱风格，而代之以悲怆、苍凉的歌声，情真意切，感人至深。"马派"境界得以升华。

关于马连良的艺术特色，论者多以"唱工巧俏帅美、做工飘逸潇洒"盛赞之，这些当然都是"马派"风格，但车轱辘话来回说，不免味同嚼蜡耳。老顾曲家丁秉鐩先生从比较的角度概括马连良在近代须生界的地位，真是言之有物："如果以功力的单项来比，唱腔不如余叔岩，字眼不如言菊朋，武功不如谭富英，韵味不如杨宝森。缺点正自不少呢！但是衡量一个人的成绩，不能只看单项，要看他的总平均分数。……要把唱腔、念白、做派、脸上、身上、水袖、台步、手里头、脚底下，这十几个部门的总平均来看，除了余叔岩在他以上，不但谭富英、杨宝森、奚啸伯不如他，就连言菊朋、高庆奎，也比不上他的。"[1] 丁先生之论极为公允——马连良位居余叔岩之下，同代诸贤之上，这是无可否认的事实。谭—余—马"三座丰碑"之说，当为定评，足令后代须生顶礼膜拜矣！

奚啸伯出身满族贵胄，自幼嗜剧，工老生，年轻时经常出入北京各家票房，以"名票"身份初露头角，后正式"下海"以唱戏为业。其艺术生涯之转折点是受到梅兰芳关注，特邀其加盟承华社，挂二牌老生，与梅氏合作生旦对儿戏，声望与日俱增，后自组班社唱头牌，跻身名老生行列。在杨宝森卧薪尝胆、以图东

---

1　丁秉鐩：《菊坛旧闻录》，中国戏剧出版社，1995，第478页。

山再起之时，奚氏竟与马连良、谭富英合称"马跳潭（谭）溪（奚）"，呈三足鼎立之势，及至杨宝森崛起，"后四大须生"之称谓迅速流传，为内外行首肯。

奚啸伯最初拜在言菊朋门下学艺，当时言菊朋仍宗"谭派"，尚未自立门户，因此奚啸伯师从言氏学的也是"谭派"。及至言菊朋开创"言派"，奚啸伯已是独当一面的须生界头面人物之一，他在宗谭学余兼收"马派"之余，又对乃师之"言派"唱法精心揣摩并融入自己的声腔艺术之中。虽然艺宗"言派"者不乏其人，但言菊朋之女、"梅派第一传人"言慧珠曾说："真正理解掌握我父亲东西的，还是师哥奚啸伯。"

奚啸伯的"奚派"属于兼收并蓄类型，这一点与马连良颇为相似，转益多师、广撷博收，最终潜移默化于"奚派"声腔体系之中。除拜言菊朋为师外，他与余叔岩亦有过从，深得余氏点拨与赞许；后又向"谭派"名票韩慎先（别号"夏山楼主"）、汪（桂芬）派传人王凤卿弟子刘曾复请益，均有所得。奚啸伯挑班唱戏，师弟言少朋充任管事，少朋拿出"马派"剧本为奚啸伯排演，因此奚啸伯在吸收"马派"方面也获益良多。奚啸伯的音色极为独特，有"洞箫之美"，发音清幽、恬静，书卷气十足，所以"奚派"的艺术格调颇受文人墨客的赏识。刘曾复先生说："四大须生，论文化水平学识素养，以奚居首。奚的书生气质、儒雅风度，得天独厚。"[1] 奚啸伯的音量不宽，但声音能灌满全场，后排观众亦能听得真切，这得益于他的口齿清晰、咬字讲究、"喷口"有力，在与"声震屋瓦"的铜锤花脸金少山同台时也丝毫不显弱势。奚啸伯的闭口音最为人所称道，在"十三辙"中，他的"衣七"辙罕有匹敌，国内许多"美声"学派的歌唱家认为他的

---

1 《奚啸伯艺术生涯》，新华出版社，1991，第117页。

"衣七"辙发音具有相当高的声乐学术价值。

行文至此，对京剧老生流派的粗略梳理完毕，至于上述流派传承至今，其境况如何，留待下节详述之。

## 二　当下京剧老生流派传承之状况

"文化大革命"结束不久，传统戏开禁，前述老生流派之创始人均已辞世，劫后余生的各流派传人担当起"为往圣继绝学"的使命，他们除了身体力行、恢复登台献技之外，开始收徒授艺，秉承"为祖师爷传道"之责。拙文开篇已有言在先，前后"三鼎甲"早已尘埃落定，已成历史陈迹；前后"四大须生"之遗音尚能通过若干传人展现昔日之余晖，正所谓"青山依旧在，几度夕阳红"。至20世纪80年代初，余、言、高三派传人均年事已高，偶尔亮相，亦显力不从心；马、谭、杨、奚、李（少春）之传人尚有年富力强者，彼等趁"开禁"之东风，纷纷登台献艺，老生流派虽近黄昏，但余晖犹在，不致湮没无闻矣。

余（叔岩）派：改革开放之初，余叔岩亲传弟子均已故去，私淑传人中只有陈大濩、张文涓二人健在，然亦"廉颇老矣"，不复当年之勇。陈氏年迈体衰，只能在个别晚会上清唱一段，其嗓音已败，余氏神韵尽失矣。张文涓虽也年近古稀，嗓音亦有衰退迹象，但粉墨登场，仍能传余（叔岩）、孟（小冬）衣钵，其最轰动的一次演出是在70年代末贴演"余派"名剧《搜孤救孤》，特邀"裘派"名净方荣翔配演屠岸贾，二人唱做俱佳，观众彩声如潮，"复制"了当年孟小冬、裘盛戎合作此戏时的盛况。此后20余年，"余派"几近断档，直到京剧新星王佩瑜崭露头角，"余派"声腔才得以延续香火。

王佩瑜16岁时即在少年京剧大赛中以《文昭关》一炮而红，京剧名宿谭元寿惊呼其为"小孟小冬"，一时间"小孟小冬""小冬皇""当代坤生第一人"之类的赞美之词不绝如缕。后考入上海戏曲学校专攻老生，得"余派"教师王思及悉心传授，其间又得到京剧老生名家朱秉谦、孙岳等人指导，技艺突飞猛进，毕业后频繁上演"余派"经典名剧，不仅像《失·空·斩》《击鼓骂曹》《四郎探母》《武家坡》《捉放曹》《珠帘寨》《奇冤报》等热门戏码均优为之，久已无人问津的《法场换子》《问樵闹府·打棍出箱》也因王佩瑜而得以重见天日，内外行均对其赞不绝口。王佩瑜进京贴演老生重头大戏《失·空·斩》，"谭派"掌门谭元寿与"裘派"名净李长春极尽提携之力，在《斩马谡》一折中分饰孔明和马谡。王佩瑜之声誉更是如日中天。可以说，当今若无王佩瑜"隔代"承袭，"余派"几成绝响矣。

言（菊朋）派：言菊朋弟子中最著名者当数奚啸伯。然奚氏并非"言派"，艺宗"言派"而学有所成者以李家载、张少楼（言菊朋儿媳，言少朋之妻）最享盛名。言氏之子言少朋不宗其父而痴迷"马派"，言菊朋遂令少朋拜在马连良门下。新中国成立后，周恩来总理提倡继承弘扬流派艺术，言少朋又改承家学，回归言门本派。新中国培养的首批京剧新星中，有位毕英琦私淑"言派"，在京剧电影《杨门女将》中饰演一个边配角色——采药老人，剧中设计了几段"言派"唱腔，毕英琦的演唱极具"言派"神韵，内外行均认为日后传"言派"衣钵者，非此人莫属。毕英琦后拜言少朋为师，深得少朋、少楼夫妇真传。无奈天不假年，毕英琦英年早逝，年仅 38 岁。言门不幸，莫甚于此。

传统戏开禁之时，言少朋、张少楼及李家载均垂垂老矣，虽偶有登台，亦属鲁殿灵光。不料少朋、少楼之子言兴朋竟于此时脱颖而出，高擎"言派"大旗，贴演"言派"名剧，久违之"言派"独擅剧目《卧龙吊孝》《让徐州》《上天台》等均重获新生。兴朋宗"言"，近水楼台，得父母亲授，为他人所不及耳。振兴"言派"，兴朋由此名列当代须生前茅，无愧先祖。然世事难料，各人自有其难言之隐，外人不得以管窥之见而非议之。言兴朋弃优从商，今已六旬开外。"言派"传承，又复何人？令人唏嘘不已。

高（庆奎）派：数十年来，"高派"传人以李和曾、李宗义双峰并峙，余者皆难望其项背。高氏门婿李盛藻早年亦擅"高派"，曾在富连成科班领衔主演于广和楼，技艺全面，红紫一时；然其兼学老谭及余、马诸家，戏路子未免庞杂，中年以后日渐颓唐，新中国成立后在戏曲学校任教，极少登台献艺，殊为可惜。高庆奎之子高盛麟嗓音高宽厚亮兼备，也能唱几出"高派"戏，但他本攻武生，艺宗杨（小楼）派，嗓子绰绰有余，但兼具杨（小楼）、麒（麟童）音色，与其父并不同工，偶唱"高派"戏，应属"客串"性质。

李和曾为高庆奎亲传弟子。高氏嗓音"塌中"后受聘于中华戏曲专科学校，"和"字科学员李和曾的嗓音又高又亮，与高庆奎何其相似乃尔，于是校方延请高庆奎专门为李和曾"说"戏。高庆奎喜遇高徒，倾囊相授。李和曾勤奋有加，尽得真传，其所贴演"高派"名剧《辕门斩子》《斩黄袍》《逍遥津》《哭秦庭》《赠绨袍》等，均能传师余韵。李宗义系票友下海，天赋高嗓儿，私淑"高派"，几可乱真，举凡上列"高派"名剧，无不胜任愉快。李宗义嗓音不及李和曾宽亮，但韵味胜之。传统戏开禁后，"二李"虽已年迈，但健朗如初、嗓音基本保持完好，竞相主演"高派"经典，逢贴必满，盛况空前。然"二李"毕竟高龄，数年之后，相继淡出舞台。

李和曾之徒辛宝达，扮相酷似和曾，嗓音有高无宽，难以表达"高派"特有之冲天气魄，今已七旬，无力承乏也。李宗义后代皆精英人才，长子李光文武全才，为李少春高徒；次子李欣，铜锤花脸，乃裘盛戎义子；三子李岩工老生，虽能贴演其父之"高派"剧目，但戏路子以"余派"为主。观今日"高派"之现状，亦后继无人矣。

马（连良）派：马连良年轻时即收徒授艺，其早年所收弟子有李万春、李慕良、王和霖、王金璐、言少朋诸人。然万春、金璐皆著名武生，拜马为师实属"挂名"；李慕良败嗓后改为马连良操琴，"马派"精髓，谙熟于心；王和霖纯宗"马派"，有"小马连良"之誉，当年中华戏曲专科学校延聘马连良亲授王和霖《群英会·借东风》，王和霖仿马连良前饰鲁肃，后饰孔明，嗓音扮相俱佳。今聆王和霖与程砚秋合灌《三娘教子》唱片，行腔韵味，确得"马派"真传。新中国成立后调往宁夏京剧团，久离京城，渐不为人所知。1980年北京京剧院纪念马连良80周年诞辰，特邀王和霖在《龙凤呈祥》中饰演后部乔玄，老态龙钟，嗓音沙哑，难复马氏神韵矣。言少朋弃"言"学"马"，得马连良亲授。少朋刻苦用功，做工表情，酷似连良，唯嗓音较差，未能在"马派"领域中纵横驰骋；后又回归言门本派，仍苦于嗓音限制，只得收徒授艺，传马、言两派技艺于后学，亦可告慰前辈在天之灵。

　　传统戏开禁以后，传承"马派"的中坚力量颇为雄厚，马连良在新中国成立后所收的弟子正值年富力强，其中以马长礼、冯志孝、张学津三人呈鼎足之势，备受戏迷青睐。马长礼一生可谓得天独厚，他拜谭学马宗杨，获得三位京剧大师亲炙，终于功成名就，成为一代老生名家。马长礼自幼入尚小云主办的荣春社科班学艺，出科后又拜老生名师刘盛通深造，初登舞台时不够挑梁资格，散搭各班充任"里子"老生。他嗓音不宽，但极"挂味儿"，且音质纯净、音色甜美，受到谭富英的注意，谭氏主动收其为徒。马连良听了他的演唱后也认为他是可造之才，碍于谭富英收徒在先，马连良遂收马长礼为义子。50年代组建的北京京剧团以马（连良）、谭（富英）、张（君秋）、裘（盛戎）为"四大头牌"（赵燕侠加入后又称"五大头牌"）配戏，马长礼在团里除了在"五大头牌"的大轴戏中饰演配角以外，也经常在前面单挑一出本工戏，知名度水涨船高，被视为后起之秀。马长礼常年陪侍马、谭身边，获益良多；而他又对杨宝森的艺术倾心已久，谭富英知其心愿，遂将他介绍给杨宝森，杨宝森将自己的杰作《文昭关》授与马长礼，马长礼因而名列杨氏门墙。当年北京京剧团的"四大头牌"及李多奎、马富禄通力合作的《秦香莲》实乃旷世杰作，而当此戏被拍摄成彩色电影时，谭富英竟将陈世美一角让与马长礼，足见谭对马的器重，而马长礼亦不负师望，他在剧中的唱念表演极为精彩，令人过目难忘。"文革"期间，马长礼堪称幸运，他在样板戏《沙家浜》中饰演反派角色刁德一，剧中的几段唱腔均成为广为流传的经典名段儿，尤其是与周和桐、洪雪飞（此前是赵燕侠、刘秀荣）合演的《智斗》一折，历经半个世纪仍传唱不衰。"文革"结束后，马连良、谭富英均已辞世，马长礼在北京京剧院一团升任头牌老生，承担恢复"马派"戏之重任。在长期为马连良配戏的周和桐、郭元祥以及马连良之子马崇仁鼎力相助之下，马长礼主演了《赵氏孤儿》、《群英会·借东风》、《十老安刘》（含《淮河营》《盗宗卷》）、《四进士》、《春秋笔》、《胭脂宝褶》、《苏武牧羊》等大量"马派"名剧。与此同时，他在《伍子胥》（含《文昭关》）、《空城计》、《捉放曹》等骨子老戏中亦能展示"杨派"风采。2016年，马长礼因病辞世，师兄谭元寿悲痛之余，对马长礼以高度评价："长礼兄弟的艺术造诣很高，得腔容易得韵难，长礼唱得有味儿。他是我们这一代老生演员当中唱得最好的。我不如长礼兄弟唱得好，我这一辈子都在向他学习，想从演唱上追上他。他为北京京剧院立下不少功劳，为传承谭派艺术、马派艺术都做出了贡献，我们应该永远记住他。他的离去，实在是京剧界的一大损失。"

马长礼之门婿杜镇杰为当代知名老生，嗓音扮相酷似长礼。马长礼所学之马、谭、杨三派剧目皆传授与杜镇杰，其靠把老生戏《定军山》《战太平》等，又得谭元寿指点。如今杜镇杰已57岁，仍不时贴演须生重头戏，为戏迷所称道。

冯志孝为新中国培养的第一代京剧新星之一，他出身梨园世家，祖父冯惠林、姑父姜妙香均为前辈小生大师。他1951年考入中国戏曲学校，攻老生，受业于京剧名宿萧长华、雷喜福、贯大元、鲍吉祥等。毕业后分配在中国京剧院四团，与杨秋玲、王晶华、孙岳、吴钰璋、毕英琦等同学合作演出新编戏《杨门女将》（后拍成彩色京剧影片），冯志孝在剧中饰演寇准，唱腔念白、举手投足均仿马连良，颇具"马派"神韵，引起马连良注意。1961年，马连良收冯志孝为徒。此时冯志孝已调入由李少春、袁世海、叶盛兰、杜近芳担纲主演的中国京剧院一团，曾与马连良合作多年的著名郝（寿臣）派架子花脸袁世海为提携后进，亲自陪他演出了《淮河营》《群英会·借东风》《青梅煮酒论英雄》等"马派"戏，冯志孝"马派传人"之地位就此奠定。冯志孝的音色酷肖马连良青年时期的音色，调门虽高但不失宽厚，这是其他一些"马派"弟子所不具备的嗓音优势。然而"文革"时期他在样板戏《红色娘子军》中饰演洪常青，现场观摩排练的江青提醒冯志孝"不要总想着马派"。于是为了表现英雄人物的刚强性格，冯志孝改用生硬的发声方法，竭力"撑大了嗓子"引吭高歌。恢复传统戏后，冯志孝的"马派"戏虽仍获普遍认可，但他的嗓音失去了"马派"灵动流畅的特色，宽厚犹在，索然无味矣。

"文革"后享有"马派第一传人"者当推张学津。比较而言，马长礼唱工有味儿，但嗓音清秀，不似马连良之宽厚舒展；冯志孝嗓音宽亮，有马氏早期风范，然顿挫过重而美感不足；张学津嗓音清亮，亦缺乏宽厚之声，但他善于在发音吐字的细微之处探寻"马派"技巧，在唱工方面追求"神似"，在做表方面力求"形似"，进而达到形神兼备。在"京剧音配像工程"中，张学津专为马连良配像，马的原声与张学津的表演严丝合缝，犹如"连良再生"一般。张学津乃张君秋之子，幼入北京戏曲专科学校，师从余叔岩亲传弟子王少楼学"余派"，因痴迷"马派"，遂于1961年与冯志孝一起拜在马连良门下，深得马氏真传。在1964年京剧现代戏会演时，张学津在《箭杆河边》中为自己饰演的角色创作了一段反二黄唱腔"劝癞子"，经他演唱，立刻风靡全国。他的演唱既有"马派"的帅美，又有"余派"的韵味儿，得到马连良、王少楼两位前辈的高度赞赏和认可。"文革"十年，张学津处于"靠边站"之境地，未曾登台献艺。传统戏开禁后，张学津恢复登台，贴演大量"马派"名剧，叫座力长盛不衰。此外，他在《击鼓骂曹》《大探二》中运用"余派"唱法，亦获广泛赞誉。在与袁世海、厉慧良、艾世菊、杜近芳、方荣翔、谭元寿、孙岳、叶少兰、李长春、李炳淑、刘长瑜、杨淑蕊等各路名家合作演出中，"马派"角色之席位，均非张学津莫属。

张学津弟子甚多，学有所成者首推朱强。朱强原为沈阳京剧院老生演员，心仪"马派"久矣，1987年拜张学津为师，陆续学演了《龙凤呈祥》《群英会·借东风》《淮河营》等"马派"热门戏码。1994年调入北京京剧院，遂成全国知名的"马派"演员。近年来致力于挖掘"马派"早期剧目如《广泰庄》等。在"马派"再传弟子中，朱强位居首席，现年近六旬，即将退休，艺宗"马派"之青年老生尚未见有更突出者。"马派"薪传，令人担忧耳。

谭（富英）派：谭富英亲传弟子中享有盛誉者为马长礼、高宝贤、殷宝忠、孙岳、李崇善以及其子谭元寿，其中谭元寿克绍箕裘、文武双全，继承谭门技艺最为全面，其"当代谭派掌门人"之地位世所公认。谭元寿自幼入富连成科班学艺，文戏师从王喜秀、雷喜福、张连福、刘盛通等名师，武戏则由王连平、茹富兰、沈富贵等人开蒙，他的基本功之扎实概由科班严格训练所赐。谭元寿出科后暂居家中，其父谭富英挑班唱戏繁忙，无暇为其"说"戏，于是由舅父宋继亭对他的老生戏重新"下挂"，让其回归谭门本派。谭元寿对李少春最为钦佩，想走文武并重的戏路子，谭富英拜托李少春收谭元寿为徒，"李派"杰作《野猪林》《打金砖》等日后皆成谭元寿之拿手好戏。新中国成立后谭元寿在北京京剧团为"四大头牌"配戏，谭富英因病休养时，"谭派"大戏均由谭元寿承乏。"文革"期间，谭元寿在样板戏《沙家浜》中担纲主演，饰演剧中一号人物郭建光，唱念做打极为繁重，功底稍差者难以胜任。谭元寿既有谭门天赋佳嗓，又有科班训练之功，再学得李少春文武技艺，演来精彩绝伦，红遍大江南北。传统戏开禁后，谭元寿全力恢复"谭派"名剧，他贴演的《定军山·阳平关》《战太平》《南阳关》《御碑亭》《问樵闹府·打棍出箱》《桑园寄子》等系列谭剧皆能展露谭门独有之风范。论及谭元寿的艺术风格，其嗓音虽不及乃父响堂，但嗓力充足，无论唱工怎样繁重，元寿歌来均毫不吃力；至于武功，恐不在其父之下。众所周知，谭鑫培是能唱武生的，小培、富英虽擅长靠把老生，但极少动武生应工的戏，而谭元寿则能上承高祖谭鑫培，《三岔口》《恶虎村》《连环套》等武生戏，谭元寿均称拿手，水平不在他的老生戏之下。李少春之后"文武全才第一人"，谭元寿当之无愧耳。如今元寿之子谭孝曾，嫡孙谭正岩秉承家学，延续谭门香火，不负前辈厚望。

前文述及马长礼曾拜谭富英为师，但他兼学马、杨，且晚年以"马派"为主，恕不赘述。高宝贤、殷宝忠皆宗谭（富英）派，均学有所成。高宝贤长期为谭富英配演二路老生，当年是与谭元寿、马长礼齐名的老生新秀。60年代初，北京京剧团赴香港演出，谭富英因病未随团前往，马连良、张君秋、裘盛戎主演《赵氏孤儿》，原由谭富英饰演的赵盾一角，则由高宝贤代演，唱做俱佳，与三位大师同台，并不显逊色。"文革"后，高宝贤与谭元寿、马长礼在北京京剧院一团并称三大头牌老生，其武功不及谭元寿，唱工韵味却不弱于前者，而其台风、扮相酷似富英，为戏迷所称道。殷宝忠为山东京剧团挑梁老生，与"裘派"名净方荣翔长期搭档，二人合演谭、裘之代表作《将相和》《除三害》等，颇具谭、裘两派风范。论高宝贤、殷宝忠二人，虽谭味儿十足，但音量有限，缺乏谭富英酣畅淋漓的洒脱气息。

孙岳乃谭富英弟子中之佼佼者，著名老生演员朱秉谦认为，在中国戏曲学院数十年培养的老生演员中，孙岳应该名列第一。这个评价应属公论，无可非议。孙岳家学渊源，其父孙均卿乃

"老谭派"名票,后正式下海,新中国成立后在陕西京剧团挂头牌老生。孙均卿延聘老生名教师产保福为孙岳开蒙。1951年孙岳考入中国戏曲学院,师从老生前辈贯大元。贯大元学的是"老谭派",孙岳幼年随乃父学的也是"老谭派",师徒二人心有灵犀,贯大元倾囊相授,孙岳尽得真传,成为同期学员中老生翘楚。毕业后,孙岳与冯志孝、杨秋玲、吴钰璋、王晶华、俞大陆、毕英琦、李嘉林、夏永泉等同为中国京剧院四团演员,孙岳为当家老生。1961年拜在谭富英门下,浸润于"新谭派"熏染之中,谭元寿坦言:"孙岳向我父亲学习,有的地方比我学的还细致。"孙岳天赋一条清亮、挺拔、俏劲的嗓音,音色近似余叔岩,虽然他以"老谭派"开蒙,但他的唱工戏给人以"余派"的感觉,拜谭富英之后,他的演唱又融入"新谭派"豁达、爽快的特色。内外行均认为他在同代老生演员中最具"正宗规范"气质,这是因为他从"老谭派"开蒙,兼收"余派"唱法,最后纳入"新谭派"藩篱。因此,孙岳的老生艺术具有"范本"的价值,足为后学楷模。

李崇善与张学津为同窗学友,二人先后考入北京私立艺培学校(北京市戏曲学校之前身),同为余叔岩亲传弟子王少楼的学生,均被视为优秀老生人才,在校期间经常主演老生重头唱工戏。1961年,张学津拜马连良为师,李崇善拜谭富英为师。"文革"后期,李崇善在样板戏《磐石湾》中饰演主角陆长海。此剧唱腔设计非常成功,李崇善的演唱极其优美动听,沁人心脾,一时间红遍全国,妇孺皆知。"文革"后李崇善为北京实验京剧团当家老生。李崇善天赋一条"唱不倒"的好嗓子,无论多么繁难的唱工戏,他都能够自始至终保持充沛的气力,唱到剧终也不显疲态。只是他的唱腔流派特点不太突出,虽拜谭富英为师,但并不刻意追求谭味儿,而且哪个流派的戏都唱,如"马派"名剧《群英会·借东风》《赵氏孤儿》等,他也来者不拒;后又经常向富连成老生名家李盛藻请益。虽则如此,只要贴演"谭派"

戏码，李崇善照样能够唱出谭（富英）派韵味，他的《奇冤报》《捉放曹》均恪守谭氏风格，他与"梅派"青衣李炳淑、"裘派"花脸李长春曾经合作过一次《大探二》，其浓郁的谭腔倾倒观众。谭元寿认为李崇善与马长礼、高宝贤、殷宝忠、孙岳等人均是当今弘扬"谭派"的代表人物。

杨（宝森）派：前文述及，杨宝森之"杨派"流传最广，"无生不杨"之说不胫而走。客观来说，当今老生中，宗杨者占有十分之七八，绝非虚言。所谓"杨派"人气旺盛，一是指杨门弟子皆学有所成，二是指"杨派"再传弟子遍地开花，较之其他老生流派，"杨派"后劲最足。第一代"杨派"传人中，杨宝森亲传弟子有程正泰、朱云鹏、马长礼、蒋慕萍、叶蓬；私淑传人有李鸣盛、汪正华、梁庆云；拜杨宝忠学艺者有杨乃彭。

程正泰早年入上海戏剧学校学老生，其父与杨宝森交谊甚厚，杨宝森遂收其为弟子。程正泰长期在杨宝森身边学艺，所得传授最多。程正泰贴演《文昭关》，竟由杨宝忠操琴，杭子和司鼓，足见杨宝森对程正泰的器重与厚爱。"文革"结束后，程正泰虽恢复登台，但嗓音渐衰，以授徒传艺为己任，其得意弟子张克是当今"杨派"之佼佼者。

马长礼学杨之经历前文已有涉及，"文革"结束后，"杨派"传人大多不在北京，程正泰在天津，李鸣盛在宁夏，汪正华在上海，梁庆云在河北，而在北京，"杨派"老生之首席，无疑应推马长礼。他当时以恢复"马派"为主，但他的"杨派"戏受欢迎的程度胜过他的"马派"戏，只要他贴演"杨派"戏，必卖满堂。他的全本《伍子胥》在前门外中和戏院首演时，剧场内座无虚席，叫好声不绝于耳，堪称盛况空前。

论学"杨派"成就最杰出者，非李鸣盛莫属。李鸣盛之父李华亭是一位经验丰富的戏班管事，他担任"经励科"，专责邀角儿或协助名角儿组班，曾为众多京剧名伶所倚重。杨宝森东山再起时特邀李华亭协助组建宝华社，李鸣盛近水楼台，现场观摩杨宝森大量演出，获益良多。在北京麻线胡同，李鸣盛与杨宝森同住一个四合院，杨宝森吊嗓子，李鸣盛隔墙聆听，进而掌握了杨氏发声技巧。李鸣盛痴迷"杨派"，但李华亭并不主张他拜杨宝森为师，因为拜了师就只能唱"杨派"戏，反而限制了他吸收各家之长，不利于全面发展。所以有论者称李鸣盛学杨宝森是"熏"出来的，确属实情。李鸣盛成年后即搭班唱戏，先后与吴素秋、毛世来、张君秋、裘盛戎、杨荣环、郭元汾、谭元寿等人合作，以"杨派新秀"闻名于天下。李鸣盛的嗓音与杨宝森极为相似，他与"金派"名净郭元汾在50年代合演的《捉放曹》《除三害》有录音存世，他的演唱几可乱真，不细听还真以为是杨宝森在演唱。"文革"结束后，李鸣盛宝刀不老，恢复上演了《文昭关》《失空斩》《杨家将》等系列"杨派"名剧，观者如云，佳评如潮。中国戏曲学院教授钮骠评价说："我认为当今学杨派老生的，李鸣盛堪称最为纯正地道的一位，把握了杨派艺术的精髓，韵味深醇，妙造天成，无刻意雕饰的痕迹，非常动听、耐听，余味无穷。"诚如斯言矣。

其他宗杨者亦各有千秋。朱云鹏少年时代即拜师学戏，后经程砚秋介绍入尚小云的荣春社搭班深造，拜杨宝森为师后，与黄桂秋、李玉茹合作组班，在南方辗转演出，因此北方戏迷对其知之不多。叶蓬乃小生巨擘叶盛兰之子，经叶盛兰拜托，杨宝森收其为徒。叶蓬音色颇有杨氏韵味，惜其嗓音条件有限，在中国戏曲学院任教，其得意门生于魁智为当代须生头魁。

蒋慕萍为杨宝森唯一女弟子，幼年开蒙学习，其父与杨宝森为旧友，因此蒋慕萍得以拜杨氏为师。蒋慕萍嗓音宽厚无雌音，这在女老生中是很难得的，她演唱的《文昭关》《失空斩》等皆能传杨氏余韵。蒋慕萍之于杨宝森，犹如孟小冬之于余叔岩，两代乾坤师徒，传为梨园佳话。

梁庆云早年拜师学戏，刻意仿学杨宝森，后有幸得识杨宝忠，对其大为赞赏，拟介绍他拜杨宝森为师，后因故未能如愿。但此后得到杨宝忠提携与指点。80年代梁庆云数次来京演出,他主演的《失空斩》《伍子胥》《武家坡》《捉放曹》等均获戏迷追捧。

汪正华为上海戏剧学校老生人才,与程正泰为同窗师兄弟。汪正华虽未拜杨宝森为师,但他曾经为杨宝森配演"里子"老生,像《失空斩》的王平,《珠帘寨》的程敬思,《四郎探母》的杨延昭,《搜孤救孤》的公孙杵臼等,陪侍宝森左右,深得杨氏真谛。汪正华的音色酷似杨宝森,尤其是他的"擞儿音"颇能乱真。汪正华晚年亦经常登台,与俞振飞、艾世菊合演的《打侄上坟》,与方荣翔、袁国林合演的《失空斩》,与李炳淑合演的《探母坐宫》,与香港的"姜派"小生名票钱江合演的《沙桥饯别》都是轰动一时的经典演出,其标准的"杨派"声腔非同凡响。

从年龄上说,杨乃彭在上述诸位杨氏门徒中属于晚辈,但他是杨宝森堂兄杨宝忠的亲传弟子,因此他算是第一代"杨派"传人。杨乃彭幼年入天津戏曲学校学老生,在校期间即得到杨宝忠亲授,出科后继续师从杨宝忠学习"杨派",被公认为"杨派"正宗传人。杨乃彭的音色宽厚,近似杨宝森,但他又拥有杨宝森所不具备的高音亮音,他根据自己的嗓音优势唱"杨派",博得"高嗓杨派"之美誉。可以说杨乃彭之后的新生代"杨派"老生演员,几乎全是"高嗓杨派",杨乃彭承前启后之作用不可低估。数十年来,他在天津与青衣李经文、张学敏,花脸康万生、邓沐玮贴演生旦净唱工戏,嗓音流畅、唱法纯正,以高亢之声吟咏杨氏深沉之音,使聆者有"别开生面"之感。

"杨派"再传弟子人才济济,其中以于魁智、张克、李军三人最享盛名。李军出身梨园世家,自幼酷爱京剧且嗓音条件优越,后入中国戏曲学院工老生,受教于"杨派"名师叶蓬。毕业后又先后拜梁庆云、马长礼为师,唱法日益精进。调入上海京剧院后,又经常向汪正华讨教,现为上海京剧院台柱老生。张克幼入天津戏曲学校攻老生,痴迷"杨派"且被天津梨园界认为是可造之才。后经时任天津市市长李瑞环的推荐,同时拜程正泰、谭元寿、马长礼及香港老生名票丁存坤为师，一方面跟随程正泰专攻"杨派"，另一方面又经常赴京向谭元寿学习靠把老生戏。1997年纪念谭鑫培150周年诞辰，张克与谭元寿、高宝贤、谭孝曾在《定军山·阳平关》中分饰老将黄忠，张克的唱工宗"杨派"，做工武打宗"谭派"，表演洒脱干净，获得满堂彩。如今内外行均认为在同代"杨派"老生中，张克的唱工是最具原汁原味的。

于魁智之声誉如日中天已达20多年之久。在这20多年中，他不仅稳坐京剧老生的头把交椅，甚至可以说，他堪称"新生代"京剧艺术家的标志性人物。于魁智幼入沈阳京剧团学员班开蒙学戏，"文革"结束后考入中国戏曲学院，成为当时全国招收的仅有的两个老生演员之一，师从叶蓬学"杨派"，学演了大批传统老生剧目。毕业后被中国京剧院一团录用，在与袁世海、杜近芳、冯志孝、杨春霞以及孙岳、吴钰璋、刘长瑜等名家合作中，艺术水平提高神速。其间又得识"杨派"名宿李鸣盛，李鸣盛为其加工了《文昭关》《奇冤报》两出骨子老戏，于魁智以《文昭关》一剧获得全国优秀青年京剧演员大赛老生头名，从此一举成名天下知，其艺途呈一马平川之势，红遍全国。其《四郎探母》《红鬃烈马》《杨家将》《失空斩》《伍子胥》《奇冤报》等骨子老戏，于魁智均以"杨派"风格展现。与此同时，他又向与李少春合作多年的袁世海、杜近芳、曹韵清以及李少春弟子祝元昆等人学演李（少春）派戏，特别是他的扮相与李少春很是相似，这是其他学李少春的演员没法比的。他的《将相和》《打金砖》《野猪林》《响马传》等均能传达少春神韵。于魁智的先天条件绝佳，嗓子、个头、扮相、台风都好，尤其是他那条嗓子，高低不挡，高而不尖，低而不闷，在每个声区发音都响堂挂味儿，彼一张嘴即先声夺人，音量充足，音色纯美，同代须生无出其右者。唯其近年来所创排之新戏，均不甚成功。窃以为京剧乃古典艺术，当代京剧名家应谨守传统规范，以传承古典意蕴为己任，举凡当今之所谓"创新"剧目，皆与古朴自然之"写意"风格相去甚远，在此引用齐如山先生对梅兰芳先生讲的一段话予以告诫："我今天郑重其事的告诉您一句话，倘若有人怂恿您改良国剧，那您可得慎重，因为大家不懂戏，所以这几年，凡改良戏，都是毁坏旧戏……那不但不是改良，而且不是改，而是毁而已矣。有两句要紧的话，您要记住，万不可用话剧眼光衡量国剧，凡话剧好的地方，在国剧中都是要不得的。"[1] 齐如山先生之言实为至理名言。当今创排新戏皆美其名曰"创新"，然而砸进去数百万元，没有一出戏"立"得住，草草收官，湮没无闻。这当然不是于魁智一个人的问题，乃京剧界普遍存在的问题。由此需要京剧界警醒——长此以往，京剧前景堪忧矣。

于魁智、张克、李军这一代"杨派"须生均已临近退休年龄，艺术巅峰期已过，后起"杨派"之秀不乏其人，然皆未达到于魁智等人之水准。较之其他须生流派，"杨派"后继者不绝如缕，前景或可乐观，但整体水平仍需提高，否则"九斤老太之虞"并非杞人忧天耳。

奚（啸伯）派：奚啸伯弟子甚多，而能得其神髓且能传其余绪者，唯欧阳中石一人也。欧阳中石乃当代书法大家，其京剧造诣极深，因其并未下海，所以仍以"名票"享誉梨园。戏迷、票友均对其尊崇有加。欧阳中石早年先后就学于辅仁大学和北京大学，19岁时拜奚啸伯为师，潜心研习"奚派"声腔艺术，因其文化素养高，与奚啸伯（奚氏之古文功底和书法造诣都很深）意趣相投，师徒交流数十载，共同切磋技艺。欧阳中石研习"奚派"拥有特殊优势，他不仅音色酷肖奚啸伯，能达到乱真的程度，而且奚氏"腹有诗书气自华"的艺术格调与欧阳中石自身的文化素养水乳交融，更使"奚派"得以升华，行腔吐字颇多神来之笔，

---

1　蒋锡武主编《艺坛》第2卷，武汉出版社，2002，第78页。

聆者击节品味，感觉妙不可言。80 年代以来，欧阳中石在几次纪念奚啸伯的活动中，贴演《白帝城》《范进中举》等"奚派"名剧，堪为典范之作。特别是他与名旦吴素秋合演《坐楼杀惜》最为行家所津津乐道，因为合作的这出戏奚啸伯与吴素秋就被赞为"绝配"，如今吴素秋与欧阳中石合作此戏，仍令人有"绝配"之感。吴素秋此前笑言："我一定要和大票友唱一出。"她对欧阳中石的"奚派"造诣赞不绝口。

在奚啸伯的再传弟子中，当推张建国为翘楚，"奚派"能够在沉寂多年之后再度辉煌，张建国功不可没。张建国少年时考入石家庄戏校学老生，毕业后分配到石家庄京剧团。他最初自学余叔岩、杨宝森的演唱艺术，自从听了奚啸伯的唱片以后对"奚派"萌生了浓厚的兴趣，由此发奋苦学"奚派"，后有幸拜在奚啸伯亲传弟子张荣培门下，更是如鱼得水，学演了大量"奚派"代表剧目。自从 80 年代赴上海演出一炮而红之后，张建国迅速成为全国知名的老生新星，在当时众多青年老生演员纷纷学"杨派"之时，张建国的"奚派"独树一帜，显得相当醒目。

张建国调入中国京剧院以后，他与于魁智成为剧院两大头牌老生。为求深造，张建国经常向欧阳中石讨教，精研唱法，获益匪浅。除了"奚派"《白帝城》《范进中举》以外，凡传统老生戏，张建国都能拿得起来，如《珠帘寨》《武家坡》《四郎探母》《法门寺》《白蟒台》等，均能游刃有余、胜任愉快。他在《龙凤呈祥》中饰演乔玄，用"奚派"唱法演绎那段著名的流水唱腔"劝千岁杀字休出口"，与"马派"异趣，别有一番韵味；甚至李（少春）派独有剧目《打金砖》，他也敢于尝试，在"太庙"一折中，他身上的功夫亦令人惊叹，他的转体 720 度竟达三尺之高，其双脚凌空"蹾"僵尸令观众目瞪口呆。

如今张建国已过退休年龄，但他的成功之路启迪了后学，青年"奚派"老生演员呈现"雨后春笋"之景观，足可告慰奚啸伯先生在天之灵矣。

李（少春）派：前文谈及李少春文武双全、技艺精深，后人有心追随，实在难以企及，在此只能简略述之。谭元寿文武全才，拥有学习李少春的优越条件，他演的《野猪林》《打金砖》，武功方面均够水准，唱工方面难如人意，不是说他唱得不好，而是他先天遗传的谭门嗓音，与李少春的音色相去甚远，难以展现李少春的唱腔特色。不过仅以《打金砖》一剧来说，论整体水平（不单是唱工），还没有人能唱得过谭元寿，这是公论，毋庸置疑。

李小春是李万春之子、李少春的外甥。李小春的戏路子不宗乃父而宗其舅，许多内行专家均认为小春是少春最佳传人，但他50年代就因其父的"右派"问题而随李万春远赴内蒙古，几十年未曾在北京登台亮相，戏迷对其技艺颇感陌生。通过一些文字介绍，人们了解到李小春无疑是一个文武兼备的优秀人才。他文戏能唱《失空斩》，武戏能演《长坂坡》，猴戏亦独擅胜场（有其主演《大闹天宫》影片为证），而像《野猪林》《打金砖》这类标准的李（少春）派名剧，李小春均称得心应手。不过诚如老顾曲家江上行先生所言："小春武功非凡，然其唱工与少春尚有不小差距。"李小春有《击鼓骂曹》录像及《战太平》录音传世，聆来深感江上行先生之言不谬矣。小春之嗓音力度偏弱，高音区有些吃力，不及少春高低不挡、运腔自如；音色不似少春圆润甜美，但倒有些"余派"韵味。李小春另有与"裘派"名净李长春合演《连环套》录像，其扮相气质、身段表情颇具少春遗风，仍是嗓音略病枯涩耳。李小春英年早逝，年仅52岁，真是天妒英才，令人叹惜不已。

其他艺宗李（少春）派者如李光、马少良以及少春两位公子李浩天、李宝春，虽各有千秋，但均非十全十美。李光乃"高派"须生李宗义之子，武戏功夫过硬，尤以短打戏著称，猴戏亦是少春之后领衔之人，唱工方面也有不俗表现，其主演的样板戏《平原作战》虽然唱腔繁多，但嗓子给人以"够用"之感。李光主演的《汉宫惊魂》（根据《打金砖》改编）能唱能翻，其身手矫健，不同凡响。然其嗓音近似其父，缺乏李少春之深沉浑厚的特色。而且除了《野猪林》《打金砖》，李光基本不动老生戏。

马少良亦属文武全才，按行当划分，马少良绝对是标准的长靠大武生，他的《长坂坡》《挑滑车》《战宛城》都是有口皆碑的。他先后拜李少春、李万春为师，又兼学厉慧良，在武生戏方面并不专宗少春。然而在文戏方面，他走的确实是李少春的路子，除了《野猪林》《打金砖》《响马传》这类李门本派以外，他在《四郎探母》《定军山》《战太平》《奇冤报》等纯由老生应工的戏中，唱法全宗"李派"，嗓音虽无少春圆润甜美，但音色深沉宽厚，略有少春韵味。

李少春的两位公子李浩天、李宝春皆宗乃父，然李浩天以武生为主，偶尔贴演《野猪林》《打金砖》，嗓力有限，但韵味尚可。李宝春以老生为主，其父擅演的老生戏他都能唱，但嗓音尖细，与少春之醇厚音色相距甚远。他当年在样板戏《杜鹃山》中饰演的石匠李石坚，虽非一号角色，但给人的印象不错。李宝春后出国定居，又转赴台湾组建"台湾京剧团"，久离大陆，逐渐为人所淡忘。近年来曾数次返回大陆，与尚长荣、孙正阳、杜镇杰、杨燕毅等几度合作，其中他与杜镇杰、魏积军合作演出绝迹舞台多年的《战长沙》，颇受内行专家赞赏。

若论李少春生前最器重的弟子，当数曾经"名满天下"的钱浩梁。首先，钱浩梁的武生师承得天独厚，他在中国戏曲学校期间得到尚和玉、茹富兰等武生名宿的传授；又先后向李盛斌、高盛麟、刘砚芳、傅德威、盖叫天等问艺，其一身兼具杨（小楼）、尚（和玉）、盖（叫天）各家之长，当年以一出武打繁重的《伐子都》技惊四座、一鸣惊人，被视为长靠大武生之难得人才。其次，钱浩梁拥有一条酷似李少春的醇厚嗓音，而他在校期间就对李少春心仪已久，终于心想事成，毕业后分配到李少春所在的中国京剧院一团，李少春对钱浩梁精心传艺并大力提携，袁世海、杜近芳亦曾与钱浩梁合演《野猪林》。"文革"风暴袭来，李少春饱受冲击，其在样板戏《红灯记》中饰演的一号人物李玉和，由备受江青赏识的钱浩梁取代，从此红遍全国，妇孺皆知，但钱氏也由此陷入政治泥潭之中不能自拔，"文革"后受到处理，被禁止登台。80年代末，经宋任穷等领导批示，钱浩梁得以重返舞台。他首次亮相贴演的武生勾脸戏《艳阳楼》身段优美边式，做表沉稳凝重，极具大武生气派。随后他时常在一些综合晚会上出现，主要是演唱《野猪林》《将相和》等"李派"名段，音色醇厚、韵味浓郁，少春风韵，近在眼前，观众均对其报以热烈掌声。此外，每逢在晚会上露面，钱浩梁不唱一段《红灯记》是下不来台的，足见他的《红灯记》影响太大、深入人心。然而钱浩梁经历磨难，心有余悸，凡事谨小慎微，虽偶尔登台，但难以再现昔日风采了。一介艺人，误入歧途，实在令人惋惜。

当今的青年老生演员，或者稍有嗓子的武生演员想学李少春的确实不少，《野猪林》《打金砖》等都成了热门戏码，不过唱归唱，可"将就"着唱与唱得"讲究"，则是完全不同的两个概念。至于达到李少春表演之神韵，无异于天方夜谭！近30年来，在新生代文武老生演员中，学习李少春的表演艺术有几分成就者，也就是于魁智了。前文已述，于魁智当年涉猎李少春的表演艺术，是得到长期与李少春合作的袁世海、杜近芳等人提携的。而从于魁智自身的条件来看，其一，他具备了一条高低不挡、无遮无拦的好嗓子，特别是他的嗓音还具备宽厚醇美的特点，这是学习李少春声腔艺术不可缺少的重要因素；其二，于魁智的身材、扮相近似李少春，这是先天优势，别人没办法比的；其三，于魁智具备一定的武功底子，像《野猪林》结尾的开打，《打金砖》"太庙"中的翻滚扑跌，《响马传》"观阵"中繁难的身段表演，于魁智基本能应付自如。至于《将相和》这类纯由老生应工的戏，对于魁智来说就更不在话下了。但李少春的武生戏（包括猴戏）则是于魁智绝对不敢问津的。然而大量的武生戏和猴戏在李少春的表演艺术中占有非常大的比例，这一重要部分的缺失，使于魁智很难成为李少春全面技艺的继承者。当然，李少春博大精深的艺术太全面了，于魁智能在"李派"文戏方面达到现有的水平已经是难能可贵。

## 三　结语

拙文开篇曾提到，前后"四大须生"及李少春之后，再无新流派诞生。个中缘由甚多，非三言两语所能尽述。不过从时代变迁的宏观层面，则可探究一二。

京剧属于古典艺术。古典艺术产生的时代当然是旧时代，旧时代已经成为历史陈迹，作为旧时代的产物——古典艺术也就成为历史陈迹了。但虽为陈迹，仍有"迹"可寻，旧时代并非踪迹全无，而是尘封于历史典籍之中，发思古之幽情者可以沉湎于历史典籍中聊以自慰，或邀约数友谈古论今，尽享"一壶浊酒喜相逢，古今多少事，都付笑谈中"的乐趣。古典艺术与旧时代一样，它也没有灰飞烟灭，但它不是尘封于历史典籍之中，而是在各种新兴艺术形式中偏安一隅，广陵未散，一息尚存。因此，京剧再无新流派产生，乃新旧时代转换使然。旧时代终结了，旧艺术也就终结了。它是在全新的生存环境中日趋艰难，几经徘徊之后而终结的。这个终结不是销声匿迹，而是它的基本风格的凝固化。它绝非"一张白纸"，可以任由后人在上面随意涂抹。它应该保持完好无损的古典气质和审美品格。

古典艺术之所以是古典，就在于它已经完成了它的生命旅程，从其草创、出新，直至臻于完美，规范成型，再往前跨出一步，则谬误百出，贻笑大方。新兴艺术可以新陈代谢，因为它正处在草创和出新的过程中，它还远未达到完美。而古典艺术已经达到了完美的极致，失去了推陈出新的功能。它只能保留"陈"，而不能"新"，如果在古典艺术中追求"新"，则其"陈"将不复存在。所谓保护历史文化遗产，就是保护其"陈"，非要在古典艺术身上强行"出新"，则与破坏历史文化遗产无异也。

有论者认为京剧在 20 世纪 30 年代达到了完美的极致，也是这门古典艺术最后的风流。李洁非先生甚至认为："从理论上说，昆曲时代到来以后，古典戏曲已然没有再发展的余地，剩下的只是在表演上如何以演员的才华去具体体现古典戏曲的这种至高无上的美感特征而已……当本世纪三十年代京剧艺术里出现了一个在戏曲史上前所未有的登峰造极的表演大师群体时，古典戏曲这台机器终于以它最后一种伟大的产品为结束而耗尽了自己的能量！"[1] 而说到 20 世纪 30 年代体现京剧"最后的风流"的这批艺术大师，无疑是指杨小楼、梅兰芳、余叔岩"三大贤"以及梅尚程荀"四大名旦"、马谭杨奚"四大须生"、金郝侯"花脸三杰"等人。笔者则认为这个"最后的风流"还可以往后延伸 20 年左右，即最年轻的也是最后一代京剧艺术大师李少春、裘盛戎、张君秋、叶盛兰、袁世海，甚至包括高盛麟、厉慧良、王金璐、言慧珠、吴素秋、童芷龄、李玉茹、赵燕侠、关肃霜、杜近芳、孙盛武、艾世菊、张春华等，这个群体才代表了京剧"最后的风流"，同时也是流派艺术的偃旗息鼓。新流派产生的时代一去不复返了。拙文罗列了"文革"后京剧老生流派的传承状况，即使有些优秀的流派传人能够较好地展现前辈流派的艺术风貌，但他们在这个基础上再也无力前行一步了，因为最后一代流派创始人已经完成了使古典戏曲臻于完美的历史使命，就像臻于完美的昆曲不能添加小提琴、交响乐不能添加京胡一样，再以所谓"创新"之名胡乱造魔，不仅徒劳无功，白费心力，而且必遭画蛇添足、狗尾续貂之讥讽。

---

1　翁思再主编《京剧丛谈百年录》下册，河北教育出版社，1999，第 374 页。

# 曲艺中的城市记忆：从传统相声文本看近代
# 北京地区的庸医及医疗纠纷

赵士第　吕梓菱 *

**摘　要：** 传统相声中不乏描绘庸医伤人及医疗纠纷的情节，其中所反映
的庸医形象在近代社会能找到原型，医疗纠纷案件的处理可以
管窥清政府对医讼案的处置。相声文本能让人更生动地了解当
时历史场景，从而更深刻地理解当时的医疗状况。相声文本作
为资料在历史研究中的运用不应被忽视。

**关键词：** 传统相声文本　近代北京　庸医　医疗纠纷

　　曲艺、笑话等资料在以往的中国史研究中并未得到足够的重
视。[1] 相声等曲艺虽是艺术作品，但其中一部分内容反映了当时
的社会生活。有学者认为："诗歌、剧本、传说、童话和曲艺等多
种形式的文本以另一种方式进入史料，荒诞和怪诞的部分变成了
另一种社会生活的真实。"[2] 20 世纪 60 年代，新文化史在借鉴文

---

* 赵士第，东北师范大学历史文化学院；吕梓菱，湖南大学岳麓书院。

1 目前可见的用此类资料进行研究的代表如汪润《从传统相声文本看京津地区城市生活》，
载于忻平主编《历史记忆与近代城市社会生活》，上海大学出版社，2012，第 17~23 页；
杨晓越、余新忠《医生也"疯狂"：明清笑话中的庸医形象探析》，《安徽史学》2017 年
第 1 期，第 61~67 页。

2 汪润：《从传统相声文本看京津地区城市生活》，载于忻平主编《历史记忆与近代城市社会
生活》，第 17 页。

化人类学、年鉴学派等理论的基础上，逐渐成为国际史学理论研究的一大潮流，当代新文化史理论又以 1989 年林·亨特编《新文化史》[1] 一书为源头影响着历史研究者。自 1999 年英国学者彼得·伯克来华，新文化史概念也开始真正进入中国，并引起一些学者的关注，引入中国的"新文化史"的特点之一亦是利用"文学和图像作品，对这些被认为带有虚构性质的史料进行了新的解读和诠释"。[2] 这一特点在城市史、医疗史、社会史、身体史等领域的研究成果中有所体现。

　　相声作为一种行业，肇始于 1870 年前后。[3] 相声表演者最初在北京天桥"撂地"演出，听者日益增多，随后流行于京津地区。相声文本历经清末民国艺人们的创作、打磨，据统计"流传至今的，至少有三百多段"，[4] 其作品不乏针砭时弊、讽刺社会问题的内容。医疗问题一直是重要的社会问题之一，亦与广大民众生活密切相关。晚清民国时期的中西医之争、对从医人员的资格考核、医讼案等一直是近代医疗卫生的重要内容。传统的中医、产婆等医疗群体衰微，西医、医院、诊所逐渐占据政治空间和社会空间，[5] 但大多数江湖庸医游走于街道，骗人骗钱甚至造成医疗事故。这些游医因流动性强且社会地位低下，难有文字记载其行医活动，[6] 一些传统相声里讽刺的多是此类。据笔者统计，北京传

---

1　中译本可参见〔美〕林·亨特编《新文化史》，姜进译，华东师范大学出版社，2011。

2　周兵：《新文化史：历史学的"文化转向"》，复旦大学出版社，2012，第 171 页。

3　王决等：《中国相声史》，北京燕山出版社，1995，第 70 页。

4　王决等：《中国相声史》，第 106 页。

5　参见杨念群《再造"病人"——中西医冲突下的空间政治（1832~1985）》，中国人民大学出版社，2006。

6　清代赵学敏曾据清末著名铃医宗柏云的诊治经验编写《串雅》一书，这是我国第一部写铃医的专著，但内容皆为药方及治病手段，难见其医治过程。

统相声目录中有 17 段相声涉及医疗及医生。[1] 其中虽有部分文本失传，但保存下来的仍有一定的参考价值。本文资料以由晚清民国时期演艺过的老艺人口述而成的《中国传统相声大全》[2] 一书及其他相声作品集为主，试以相声文本资料对晚清民国时期北京地区庸医及医疗纠纷做一探究，以期说明曲艺文本对城市史、社会史、文化史研究能有所帮助，不足之处，敬求教于方家。

## 一　相声中所描绘的庸医形象及其历史分析

传统相声文本中的医生形象多为庸医，内容表现的这些庸医在现实中也多能找到原型，这是对晚清民国庸医丑恶形象的反映和讽刺，现做如下分类，并进行历史分析。

### （一）相声中所描绘的庸医形象

#### 1. 不辨药材

有些医生不辨中药，缺乏基本的药品知识。如相声《假行家》中，财主"窝心"请"贾行家"做参谋，开药铺卖药，闹出笑话：

> "掌柜的，给包仨子儿的白炭。"
>
> "好，您哪。"
>
> 白炭呀就是研朱砂那个白炭。他拉抽屉找。其实呀，哪个物屉搁几味药有几个条儿，他不识字，就乱找，即便找着

---

1　根据王决等《中国相声史》，附录《北京传统相声名录》，第 315~325 页整理。

2　冯不异、刘英男主编《中国传统相声大全》，文化艺术出版社，1993。

白发呀，他也不知道那就叫白发。

……

他呀把学徒的叫过来，低声地：

"去，到帐房儿跟东家要两块钱，打后门出去还从后门儿进来，别打前门儿走；上菜市儿，买个小鸡子，白的，不要杂毛的。"[1]

第二个人买银朱，却给他拿银猪。

"掌柜的，你给包俩子儿银朱。"

"买银猪哇？好好！"[2]

第三个人买附子，却给他父子。

"我买附子。""您买父子，这是亲父子，您打听，要是抱养的、过继的，您甭给钱，绝对亲父子。"[3]

这段相声将庸医不辨药材的形象表现得淋漓尽致。

2．不知变通

相声《三句话不离本行》中有位名叫"铞腾祢"的医生，雅号加了一个头字，便是"头疼医头"，这里便带有讽刺意味。他去酒馆吃饭，遇到酒馆里的堂倌儿出哑谜考他：

---

1　单口相声《假行家》，载冯不异、刘英男主编《中国传统相声大全》第1卷，第82页。

2　单口相声《假行家》，载冯不异、刘英男主编《中国传统相声大全》第1卷，第83页。

3　单口相声《假行家》，载冯不异、刘英男主编《中国传统相声大全》第1卷，第83页。

说罢，用手往天上一指，又往地下一指，左边一指，右边一指，前头一指，后头一指，伸三个指头，再伸四个指头，五个指头，六个指头，七个指头。

斜医生尽是用药名回答：

堂倌儿你听着：你往天上一指是天蓬草，地下一指是地骨皮，左是柞木，右是柚皮，前是前胡，后是厚朴，你是三剂药，四时煎，五个红枣做药引，六碗水，喝七次病就好啦！[1]

最后大家哄堂大笑，这位医生出尽了洋相。这里讽刺了当时一些医生不懂变通、迂腐古板的形象。

3．医德堪忧

相声《庸医》中刻画的一个医生，在明知病人得了不治之症，依然为了赚钱而开高价药，并对患者进行欺骗：

别人他诊不出你的病，我告诉你呀，你真正的病没有，你这肚子里头药吃杂啦，我呀，给你下这服药先别治你这病，先开开你的胃，吃点儿东西，明天哪就比今天强，再吃几剂药就能下地啦，过不去三剂药我保你好，你只管放心，死了我给抵偿！[2]

刻画的另一位医生是给北京胡同里一女孩（未出阁）会诊。

---

1　单口相声《三句话不离本行》，载冯不异、刘英男主编《中国传统相声大全》第1卷，第106页。

2　单口相声《庸医》，载冯不异、刘英男主编《中国传统相声大全》第1卷，第157页。

"这位先生派头儿可不小，提溜大皮包，戴这么个大光儿的墨镜，一进门儿瞧屋里没有男人"，便开始行骗，什么也没诊出，知两位女人不识字，脉案写"产后失调，淤血不净"，[1]并开调理产后病的方子，骗人后逃之夭夭。

再如相声《拔牙》中，摆摊牙医为了招揽患者，

> 在南市一摆摊儿，搁一洋面口袋儿，上头这么一大堆牙，这堆牙少说有八九千个，"这人好大能耐呀，他要没能耐能拔这么些牙吗？"您哪儿知道哇，那不全是人牙，有狗牙。您听他说话可了不得，他到过二十多国，科学家都不如他，他是老科学家，天花乱坠。[2]

医者仁心，医生是高尚职业的代表，但医疗市场上良莠不齐，有医生为获取钱财而不择手段，这些庸医医德堪忧，从而成了相声作品讽刺的对象。

4. 医理不通

一些庸医未经过正规的医学训练，不通医理，所用的医疗器械亦不符合所治之症，甚是荒谬。

相声《拔牙》中所用的检查器械极不正规，"他打口袋里拿出一根铁棍儿来，一尺来长啊，手指头那么粗"，[3]拔牙时：

> 打口袋里拿出一根儿弦来。把这根儿弦哪拴一个套儿——越抽越紧的套儿……他把这头儿拴桌脚儿上啦，这位两块钱花

---

1 单口相声《庸医》，载冯不异、刘英男主编《中国传统相声大全》第 1 卷，第 158~159 页。
2 单口相声《拔牙》，载冯不异、刘英男主编《中国传统相声大全》第 1 卷，第 163 页。
3 单口相声《拔牙》，载冯不异、刘英男主编《中国传统相声大全》第 1 卷，第 163 页。

啦，拴在那儿啦，走也走不了，站也站不起来，蹲也蹲不下，腮帮子离地半尺多高……打口袋里拿出一个瓶儿来，把盖儿拿了去，他往桌子上磕，磕这么一个小坟头儿似的，这药什么颜色儿？漆黑。这是什么药哇？就是年下放那个二踢脚哇、麻雷子、爆竹里的炸药……他抽了几口（烟），一弹这烟卷儿灰，弹完灰往下一奔拉手，拿烟卷头儿碰这炸药：轰！[1]

这样拔牙，所用手段极不正规，患者受了欺骗。

再如相声《扎针》中描绘了清末一位江湖游医的形象：

有这么一种卖野药的，专门走村串巷。这种人穿戴上挺讲究，长袍马褂，脑袋上顶着呢帽，脚底下是礼服呢的布底鞋，手里还拿着个大串铃，哗楞楞……身背后还跟着一个小徒弟，也就在十三四岁，背着个药箱子，这一老一小，一进村口，哗楞哗楞地把人招来以后就白话上啦……[2]

他自吹自擂：

俺可是神仙一把抓啊，不亚于华佗再生，扁鹊还阳，外号叫天下第一针，我的针下去不论什么病都能治。[3]

中医针灸应用专门的银针，而这位游医却用足足一尺二长、磨尖的自行车条，并宣称："这是我们祖传的妙法神针。"[4]

---

1　单口相声《拔牙》，载冯不异、刘英男主编《中国传统相声大全》第1卷，第165~166页。

2　张寿臣等：《单口相声作品选（插图本）》，中国曲艺出版社，1981，第146页。

3　张寿臣等：《单口相声作品选（插图本）》，第146页。

4　张寿臣等：《单口相声作品选（插图本）》，第146页。

5．其他

传统相声中亦有用奇异怪诞的故事讽刺庸医的例子，如单口相声《阎王请医》[1]中阎王夫人生病，阎王命差人在阴曹地府请医治病，结果没有一个能医治者，便命判官调查其因：

> 判官听罢，立即回禀，"王爷，微臣也有不解之处，所以曾派各路小鬼遍查诸医实情，得知我王所请医生，俱是看过两天儿脉诀，读过两篇儿药性赋，念过两段儿汤头歌儿，便混到医界来鱼目混珠，滥竽充数之辈。甚至连街上卖狗皮膏药的都混进来了，还有的医生连脉门儿在哪儿都不知道，怎么能够治病呢？"[2]

判官知诸庸医大多缺乏医理知识，且让喽啰去阳世，并认为：

> 凡是无能之辈皆是庸医，他们只会骗人，赚钱，肯定会害死不少人。那些被治死的人都成了怨鬼。他们个个都想报仇。但是庸医的气数还在，故此怨鬼们都不能近身，只好蹲在门外伺机以报。所以你俩到了阳世，先去各家医生的门口查看一番，门口怨鬼多的，那就说明他治死的人多。[3]

相声艺人借判官、阎王之口对庸医进行讽刺，从现实看来可能有些夸张，但不得不说这从侧面反映了晚清民国时期北京地区医疗市场的鱼龙混杂，庸医横行且多有庸医杀人事件出现。

---

1　单口相声《阎王请医》，载冯不异、刘英男主编《中国传统相声大全》第4卷，第96~98页。
2　单口相声《阎王请医》，载冯不异、刘英男主编《中国传统相声大全》第4卷，第96页。
3　单口相声《阎王请医》，载冯不异、刘英男主编《中国传统相声大全》第4卷，第96~97页。

## （二）相声中庸医形象的历史分析

清末时期，医生从医已受国家管理。晚清修《大清律例增修统纂集成》曾规定："凡未经官署许可之医者，处以五百元以下之罚金。"[1] 针对庸医横行泛滥，社会舆论也开始发声。光绪三十年（1904），《大公报》曾评论道："宜由官府严加考试，显系通晓医术即发给文凭，准其行医，如无文凭而治死人命者，即以害毙人命论罪。"[2]

民国时期，针对医生行医的条例、法则也陆续颁布。北京作为政治中心，对医生的管理也较其他地区早，有学者查北京地区档案指出："1913 年 6 月 1 日，京师警察厅卫生处颁布了《取缔医生暂行规则》，规则规定，除了部分在专门医学堂领有毕业文凭，以及素有专长的医生可以继续行医外，其他行医者必须赴警察厅进行考试。"[3] 这说明在民国初年北京地区已经对医生进行管理。

但托关系办执照行医者，亦大有人在，相声《庸医》中便写道：

> 有些位大夫先生就知道要钱！任什么学问也没有，托人情来个执照儿，来了病人之后任什么也没诊出来就给人家下断语。[4]

---

1 （清）姚雨芗原纂，陆翰仙增修《大清律例增修统纂集成》卷 2，道光十一年刻本，转引自郭霭春《中国医史年表》，黑龙江人民出版社，1983，第 181 页。

2 《本埠·庸医杀人》，《大公报》光绪三十一年七月初一。

3 马金生：《论民国初期北京地区的行医管理和医病关系》，《北京社会科学》2011 年第 4 期，第 88 页。

4 单口相声《庸医》，载冯不异、刘英男主编《中国传统相声大全》第 1 卷，第 157 页。

这说明政府虽有对医生的考核、甄别，但仍摆脱不了庸医横行医疗市场的局面，尤其是走街串巷的不法铃医，难以将其绳之以法，官府对庸医的管理较松懈。

庸医问题虽古已有之，但晚清民国时期庸医问题凸显。究其原因，从舆论层面上看，有人认为："（庸医问题）固然有媒体披露、放大的因素，也是人们对中西医疗制度比较后，对当时医界状况进行反思的结果。"[1] 西医传入中国后，因其疗效显著，甚至有人提出废除中医。[2] 从社会层面上看，晚清民国时期，政局动荡，无业游民增多，大有打着行医的招牌而走江湖、卖假药以糊口者，而不法铃医所行医地区多是文化水平低、缺乏医疗常识的乡村或城镇偏僻地区，医治患者也多为下层平民。

大批相声演员出身底层，听闻或亲身经历庸医骗人、伤人的实例，他们经过加工整理编排，因此才有大量讽刺庸医的相声作品出现，并且有的将庸医杀人编成荒诞离奇的故事用于迎合观众的胃口，但不得不说相声这种灵活幽默的形式在讽刺庸医、启迪百姓、警示众人方面发挥了一定的作用。

## 二 相声中所见的晚清医疗纠纷

俗话说"庸医杀人不用刀"，在《大清律例》中便有针对庸医杀人的法律规定："凡庸医为人用药针刺，因而致死者，责令别医辨验药饵、穴道，如无故害之者，以过失杀人论，不许行医；若故违本方，诈疗疾病，而取财物者，计赃准窃盗论，因而致

---

1　胡勇：《民国时期医生之甄训与评核》，《浙江学刊》2008 年第 5 期，第 89 页。

2　清末俞樾曾写《废医论》，继之梁启超、李大钊、胡适等都曾提倡废除中医，可参见海天、易肖炜《中医劫——百年中医存废之争》，中国友谊出版公司，2008。

死，及因事故用药杀人者斩。"[1]同治十二年（1873）修《大清律例会通新纂》又载："庸医杀人必其病本不致死，而死由误治显明确凿者，方可坐罪。如攻下之误而死，无虚脱之行；滋补之误而死，无胀懑之迹，不使归咎于医者；其病先经他医，断以不治，嗣被他医误治而死，行迹确凿，虽禁行医不治其罪，以其病属必死也。"[2]然而，医疗纠纷诉讼的案例在清代确实少之又少，在官方编撰的《刑案汇览》中仅占十例，[3]在直隶地区审判的案例也仅有《妇女诡称蛇精附身焚香治病》一例。晚清庸医问题虽凸显，但仍难以见到医讼案件，直至民国时期，医讼案才大量出现。[4]

由于案例之少，晚清官府对庸医的审判过程难以窥测。单口相声《扎针》反映了晚清医讼案的审判情况，有一定的参考价值。

《扎针》中江湖游医和其徒弟，因用针灸治病将患者治死，众街坊与患者家属将其告到县衙：

> 县官升堂问案，听原告说明情由，县官这气大啦："把这个庸医给我带上来！"
>
> 他（游医）跟徒弟商量："你在外边等我一会儿，拿着串铃，看住了咱的药箱子。打完了官司咱们还得干这个。""哎。"
>
> 到了堂上，县官问他："你是把人家孩子扎死了吗？"
>
> "是我扎死的！不，不是我扎死的，这孩子晕针，我保他

---

1　《大清律例》卷 26，天津古籍出版社，1993，第 465 页。

2　（清）姚雨芗原纂，胡仰山增辑《大清律例会通新纂》卷 25，第 2588 页。

3　十则案例发生在乾隆、嘉庆时期，参见（清）祝庆棋《刑案汇览三编》（二）卷 32，北京古籍出版社，2004，第 1211~1214 页。

4　关于明清医讼案的沉寂以及民国医讼案凸显的情况，可参见马金生《发现医病纠纷：民国医讼凸显的社会文化史研究》，社会科学文献出版社，2016。

下地……"

"站在旁边！来！把死孩子抬上来！"

县官要亲自验看，抬上来一看县官就为难啦。这孩子本来就瘦得皮包骨，那么大的肚子，不扎也得死啊！

"哎，这个江湖庸医确有失误，本当严惩，怎奈你子病在垂危，不扎这一针也料难活命，所以还不能说是他给扎死的。"

"是啊，我知道这孩子不扎也得死，可是谁让他赶上了呢！他非说能治嘛！"

"谁说能治啦，我是说保他下地，你看，这不是从炕上下地了吗！"[1]

从这段对话中可看出三点：首先，官府难鉴别是否为庸医杀人，见到尸体，竟说"不扎也得死"，有想息事宁人的姿态；其次，庸医通过自我开脱，逃避责任，以求宽恕；最后，患者家属也受当时社会上流行的"药医不死病，佛度有缘人"的天命观的影响，虽对簿公堂，但态度并不积极，没有据理力争。对此，县官只能做出如下判决：

县官说："干脆，本县给活人出出气，警戒（诫）这个庸医以后别再骗人，罚他背着孩子游街，我派人跟在后面，让他自己高喊：'我不会看病，装会看病，把孩子扎死啦！你们谁有病可也别找我啦！'凡是本县管的地方都得游到了！"[2]

按照法律此医生应不得行医且要受严惩，甚至应该处死，但

---

1　张寿臣等：《单口相声作品选（插图本）》，第 148 页。
2　张寿臣等：《单口相声作品选（插图本）》，第 148 页。

此庸医只是被判游街示众，这罪已经减轻，然而随后又被释放，继续行医骗人：

> 衙役一看：行啦，站住吧！再背下去这儿又得死一个！干脆，把他们放了得啦："我们看这小徒弟儿怪可怜的，我们俩做主把你们放了，以后你们还干这个不干？"
>
> "哎呀，只要您放了我们，以后我这一辈子也不敢干这个啦！"
>
> "那好，你们把孩子扔这儿，回头我们让本家来埋。快走吧！"
>
> 这爷儿俩一听赶紧走。可是没过几个村子，这位先生让小徒弟把串铃拿出来一摇晃，哗楞……他又吆喝上了。[1]

通过这个相声可看出，当时针对庸医伤人事件，国家疏于管理，在清代医讼案中庸医并不能按律受惩，这亦符合历史事实。晚清有人评论官府对医疗纠纷的解决："律载杀人者死，而庸医杀人，治罪亦有专条，乃今则概置不问，从未杀一以警百。"[2]这虽有夸大之嫌，但不得不承认清代法律对医疗纠纷的解决仍"没有满足广大民众的需求"。[3]加之在现代科学不发达的传统社会，官府难以掌握确凿证据，庸医伤人便因此难以界定。综上两个原因，清代官方便对医讼案处理不力。从这个相声文本事例的官府处理态度、庸医开脱理由、家属息事宁人的表现，可知晚清时期"告医"并不兴盛，在社会上难形成一股风气。而且，此官府态

---

1　张寿臣等：《单口相声作品选（插图本）》，第151页。

2　邵之棠编《皇朝经世文统编》卷99《考工·格物》，载沈云龙主编《近代中国史料丛刊续编》第72辑第719册，文海出版社，1980，第4066页。

3　杜家骥主编《清代基层社会关系研究》下册，岳麓书社，2015，第337页。

度亦能管窥清代官府的态度，这种敷衍的办案状态，压抑了当时的医讼，体现了官家对民众追求合理医疗权利的忽视，致使清代医讼呈现沉寂状态。[1]

## 三　余论

一方面，经上文所述，相声作品讽刺了近代的庸医及不作为的官府，用诙谐幽默的形式向民众展现医疗问题，从而促使人们提高警惕，防止被庸医欺骗。另一方面，相声中还有朗朗上口、合辙押韵能起到劝解作用的唱词，有利于人们树立正确的健康观，在当时的医疗状况上起到过积极作用。如清末民初相声演出中的开场小唱《劝忌鸦片烟》：

> 大清国里颠阿颠，明清两朝不一般。
> 明朝官全都戴纱帽，清朝官全把顶戴安。
> 明朝官吃喝漂（嫖）赌全都占，清朝官又添一项鸦片烟。
> 那皇上若吸烟江山不稳，做官的若吸鸦片准把赃贪。
> 买卖人吸鸦片全都赔了本，工人们若吸烟就别想剩钱。
> 妇女们若吸烟懒怠拿针线，学生们若吸烟不想念传篇。
> 那本是英国鬼子送来的毒药，有的人却把它当成仙丹。
> 众明公听了我的良言劝，千万别吸鸦片烟！[2]

相声虽是一种曲艺形式，高于生活，但它来源于生活，能在潜移默化中影响民众。我们对相声文本的解读不能只单纯地停留

---

1　参见马金生《明清时期的医病纠纷探略》，《史林》2012 年第 1 期，第 79 页。
2　开场小唱《劝忌鸦片烟》，载冯不异、刘英男主编《中国传统相声大全》第 4 卷，第 674 页。

在曲艺表演、舞台艺术领域，更应扩展至历史、社会学研究领域。在当时，相声活跃于京津冀地区，所反映的正是此地的生活状况。从传统相声文本中了解近代社会、城市生活，是社会史研究的一个新角度。就本文来说，相声中所描绘的医疗纠纷、庸医形象更为生动，更能将人带入历史现场，从而更深刻地理解当时的医疗状况。这些相声作品在新中国成立后依然经久不衰，直到现在有的作品仍在上演，演员通过这种幽默的形式劝告人们警惕庸医，尽量去正规的医疗场所就医，其所产生的效果并不亚于标语、宣传册、讲座等宣传手段。

但不得不说，曲艺资料虽有参考价值，但它毕竟是经过加工的艺术作品，也应对其进行筛选、甄别。传统相声文本中亦有许多改动之处，并不符合清末民国的时代背景，且有夸大或贬低的弊端及主观性，在运用时应结合当时的资料进行对比分析。相声能作为历史研究的资料，是历史研究新的探索，相关研究人员不应忽视。

# 试论明清时期的正阳门

杨　婧 *

**摘　要：** 本文主要论述明清时期正阳门的历史沿革和空间性质。从地理
位置、礼制功能、规模建制三方面来分析正阳门"国门"地位
的由来，以及正阳门的修建所体现的传统营造思想，同时从商
业中心、宗教空间和社会空间三个层面考察正阳门丰富的空间
性质与传统社会下的市民生活。

**关键词：** 正阳门　城市管理　城市建设　市民生活

北京作为传统的政治中心城市，有着悠久的建都史，历经元、
明、清三代发展形成，不仅有着深厚的历史文化积淀，同时也是
建筑艺术的集中体现。北京城由皇城、内城和外城组成，多重城
墙营造出的空间深度象征着等级地位和族群隔离，表达和维护着
皇权的威严。城墙之高大令人却步，城门之开合蕴含权力，同时
也为京城蒙上了一层神秘的面纱，将皇家禁地藏在高墙深苑内。

正阳门俗称"前门"，是目前北京城内唯一保存较完整的城
门，矗立于天安门广场的南端。作为北京的城市文化名片和京都
城垣的标志，正阳门是来北京旅游必去的景点。而在明清时期，
正阳门有着自身的城门文化和特殊功能，除了御敌防卫，还是中

\* 杨婧，中国人民大学清史所。

轴线上具有象征意义的"国门",两朝天子祭天之道、"御驾"之门,更是迎接八方来客之地,同时它又起着内城与外城、满人与汉人、政治与经济的空间隔离作用。

## 一　传统营造思想下修建的城门

正阳门是北京内城九门中建制最高的城门,今天所见的正阳门城楼和箭楼均为孤零零的单体建筑,饱经沧桑,屹立在北京中轴线上。而在明清时期,正阳门则是由城楼、箭楼、瓮城、关帝庙、观音庙、正阳桥及五牌楼构成的一组建筑群,造型庄严、气势凝重、布局合理。如今,正阳门箭楼和五牌楼建筑样式焕然一新,已非当年模样,瓮城、关帝庙、观音庙和正阳桥也不复存在,见证着北京城日新月异的变化,旧时风貌只能在历史文献的爬梳中去追寻。

我国历代都城的规划理论与思想大都来源于《周礼·考工记》。《周礼》是儒家的政治思想蓝图,该书依据我国古代的礼制原则提出了城市规划方案。明清时期北京的城墙城门是在元大都基础上改建和扩建的。元大都基本按照《周礼·考工记》中的规定"方九里,旁三门。国中九经九纬,经涂九轨。左祖右社,前朝后市"[1]建造。城分十一门,丽正门为南城垣正中之门,始建于至元四年(1267),位置在今长安街稍南一点的中轴线上。[2]以"丽正"为名,其义取自《周易·离卦》:"离,丽也。日月丽乎天,百谷草木丽乎土,重明以丽乎正乃化天下。"[3]明永乐十七年

1　闻人军:《考工记译注》,上海古籍出版社,1993,第130页。

2　(明)宋濂等撰《元史·地理志》,中华书局,1976,第1347页。

3　北京市正阳门管理处编《正阳门》,北京美术摄影出版社,2008,第4页。

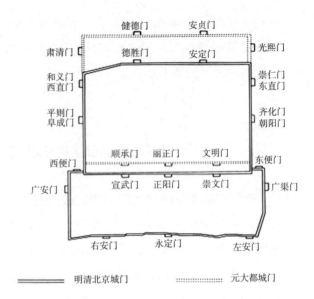

图 1 元明清城门示意

资料来源:《正阳门》,第 8 页。

（1419）营建北京城时，将原南城垣往南开拓了近 1 公里，用砖墙代替土墙进行了重修。丽正门迁到今天正阳门位置，当时仍沿称丽正门。正统四年，丽正门改称正阳门，取义于"天子负扆，南向而立"（《礼记·明堂位》），"圣人南面面听天下，向明而治"（《周易·说卦传》），[1] 并大规模修建北京城垣、城门。

据文献记载，正统四年正阳门增修了瓮城（也叫月城）、箭楼、左右闸楼，并疏浚城壕、建造石桥。[2] 明世宗嘉靖三十三年至四十三年（1554~1564），在城南墙外又新筑了一部分，设城门七座，称为外城，将原有部分称为内城。自此三层城墙将北京城分隔成皇城、内城和外城，形成"内九外七皇城四"二十个城门的格局。清朝定都北京之后，继承并保留了明朝国都的基本格局

---

1 《正阳门》，第 4 页。

2 《明英宗实录》，正统四年四月，卷五十四，第 1047 页。

直至民国初年。对于明代遗留下来的城墙，基本没有变动，只有在城墙倒塌、城楼破坏时，间或进行修缮。

《光绪顺天府志》中记载，正阳门城楼为"朱楹丹壁，三层封檐，封檐列脊均绿琉璃"。[1] 城楼为三滴水檐歇山式建筑，三滴水即三重檐歇山顶。在殿顶中，重檐歇山顶仅次于等级最高的重檐庑殿顶，歇山顶由四个屋面、一条正脊、四条垂脊、四条戗脊和两侧山花组成，因此又被称为九脊顶。城门外为长方形的瓮城（又称月城），将城门楼和箭楼连起来，瓮城垣与城垣墙高度相同，略窄。瓮城内建有两座庙宇，均坐北朝南，西北边为关帝庙，东北边为观音庙。正阳门瓮城分别在三面垣墙辟左、中、右三个瓮城门。瓮城与城门相对之垣墙正中筑有箭楼，为重檐歇山顶，箭楼高度略低于城门楼。楼前、左、右三面墙体各辟箭孔四层，前面每层十二个，侧面每层四个，共有箭孔八十个。瓮城的建制主要是为了方便出兵时清点军队。一般说来，出军时，先打开城门，部队进入瓮城，关闭城门，部队在瓮城内重新清点整队后，再开瓮城门出城；回军时，先开瓮城，部队进入瓮城，关闭瓮城门，清点之后，再开城门入城。正阳门城楼、箭楼和瓮城具体如图 2 所示。在高大的箭楼下是护城河，跨护城河有桥，称为正阳桥，甃以文石，中为驰道。桥南有五牌楼一座，木结构，"五间、六柱、五楼"柱出头式；六根立柱均为通天柱（亦为冲天柱），每根立柱各有一对戗柱，每间上有两道额枋，枋间有镂空花板，枋上各以斗拱承楼顶；五楼均为四坡顶，正间额枋间镶"正阳桥"匾额，夹杆石上有石雕小兽。因此，正阳门又有"三桥四门五牌楼"的传称。过五牌楼是正阳门外大街，俗称前门大街，往南直达永定门。

---

1 （清）周家楣等编纂《光绪顺天府志》（一），北京古籍出版社，1987，第 2 页。

图 2 《皇帝大驾卤簿图》正阳门局部

清代佚名绘，藏于中国国家博物馆。

　　北京城的整体布局规模宏大且均衡对称，营造出对皇权的崇
敬。梁思成认为北京城是都市计划的无比杰作："世界上最长的南
北中轴线贯穿了北京城，以中轴线为依据分配着左右对称的体形
空间，因为中轴线的建立，北京也拥有了独有的壮美的秩序和雄
伟的气魄。"[1] 而城门的修筑更是在传统营建思想下对皇权的维护。

---

1　梁思成:《北京——都市计划的无比杰作》，载《梁思成文集》第 4 卷，中国建筑工业出版
　社，1986，第 58 页。

## 1. 正阳门的营建是中国传统的宇宙观、阴阳五行理论和风水观的结合

据阴阳五行之说，"木居左，金居右，火居前，水居后，土居中央……是故木居东方而主春气，火居南方而主夏气，金居西方而主秋气，水居北方而主冬气"，[1]这种五行的方位为后世风水所遵从。中轴线把北京城分为东西两半：东属阳，主春、生、文、仁；西属阴，主秋、收、武、义。因此，吏、户、礼、兵部及翰林院等主文属阳的机构设在东方，中、左、右、前、后五军都督府和刑部、太常寺、锦衣卫等主武属阴的机构设在西方，举行朝政大典时，文官在东，武官在西。[2]前三门以正阳门为中，崇文门在东，宣武门在西。太阳升起在东边，阳光充足，万物生长，正午过后，日落西山，光照减弱，夜晚出现。按照太阳昼夜运行规律，白天太阳偏向南方运行，日落时偏向北方，所以古人认为夜间太阳在地下运行，故北方被定为阴性方位。而正南方正阳门名称的命名也体现了这种思想。如嘉庆十二年因雨泽愆期，光禄卿钱楷上奏称，依《汉书》中所载求雨应闭南门，因此要将正阳门正在进行的石道工程停工，并令正阳门暂闭数日来"闭阳纵阴"求雨。[3]这也体现了正阳门方位蕴含的阴阳五行之说。

## 2. 正阳门的营建体现了中国传统尊卑价值观念

按先天八卦，天在南，地在北，故南向为尊，北向为卑。《周礼·天官》规定："惟王建国，辨方正位，面南为尊。因此乾清宫

---

1　（汉）董仲舒：《春秋繁露》卷十一《五行之义》，上海古籍出版社，1989，第65页。

2　王子林：《皇城风水》，紫禁城出版社，2009，第186页。

3　（清）陈康祺：《郎潜纪闻三笔》卷四，中华书局，1984，第712页。

在南，坤宁宫在北；天安门在南，地安门在北；天坛在南，地坛在北。"

### 3. 正阳门的营建体现了城市空间布局中的轴线平衡

轴线平衡是中国传统城市规划思想的一个显著特征，在北京城营建过程中，城市规划非常强调对称轴和有一系列气势磅礴的建筑群，而不是单一的建筑中心。北京的中轴线是由上百幢建筑构成，宫殿只是整个城市建筑群的一部分。中国建筑的整体效果，"既富含创造性和诗意，还融合了雄伟的特点，又很好地协调了与自然的关系，形成了不可超越的有机整体"。[1] 而正阳门的三桥、四门、五牌楼构造也是一个小的建筑群，以北京的中轴线为中心均匀分布，不仅使城墙显得格外雄伟而威严，还使城墙外表变化的节奏变得鲜明。

# 二 "国门"地位的由来

正阳门又被称为"国门"，关于何时以及为什么被称为"国门"，史籍中并未明确记载，但从其地理位置、规模建制、礼制功能上可略知一二。

地理位置方面：正阳门位于南北中轴线上皇宫和紫禁城的正前方，处于内外城之间的枢纽地带。向北为内城，正对皇城正门大明门（清代改为大清门）；向南为外城，对着繁华的前门大街。正阳门内东西侧是明清的吏、户、礼、兵、刑、工六大部，外省进京参加科举考试的学子和办事的官员大部分住在正阳门外一

---

1 张利民主编《城市史研究》第 24 辑，天津社会科学院出版社，2006，第 98 页。

带。因此，正阳门给进京的人留下了对京城的第一印象，起着门面作用，为何修筑得如此宏伟瑰丽便可想而知。

规模建制方面：营造物的尺寸体现了建筑的等级制度，而这又是礼制重要的组成部分。京师诸门中数正阳门规制最为隆崇。正阳门楼为面阔七间、进深一间外，其余八门楼皆面阔五间、进深一间。内城门楼通高（自地面计算，包括门楼台座）在30~40米，如阜成门楼高35.1米、东直门楼高34米、西直门楼高34.41米、安定门楼高37.5米、正阳门楼最高为40.96米。[1]作为帝都的正门，正阳门规模建制的高大巍峨对皇权的庄严起了很好的烘托作用。此外，正阳门桥并列三座，其余各门外均为一座石桥，可能是出于皇帝出行方便的考虑。

礼制功能方面：沿正阳门大街南行过天桥即为天坛，明清之际，正阳门大街为皇帝到天坛祭天和去先农坛亲耕的御路。京师其他各城门均内外两门，唯独正阳门是四门，其瓮城正门平日掩闭，设而不开，官民只能从瓮城两侧的门出入，只有当皇帝诣坛时才能开启，这也是其他城门所不具备的特点。并且正阳门专许舆入，车不准行，京官无一乘车者。同时正阳门对治安管理的加强和出入的控制更为严格，晚六七时即下钥关闭城门，至半夜复开，以通朝官。"故居内城者，如在城外饮宴，必流连至于午夜才能回来，古称候城门，亦叫倒赶城"，[2] 每逢朝期"行知步军统领衙门届日于晓钟时即启正阳门，俾城外居住各官早入"。[3] 如周寿昌在《思益堂日札》中记载京官轶事时写到渔洋山人戏赠南海程周量七绝诗，其中便提到一边吃槟榔一边候城门："趋朝夜永未

---

1 北京市文物研究所编《北京文物与考古》，北京燕山出版社，1992，第110页。

2 （清）夏仁虎：《旧京琐记》，北京古籍出版社，1986，第89页。

3 《清文献通考》卷一百二十五，第1698页。

渠央，听鼓应官有底忙。行到前门门未启，轿中端坐吃槟榔。"[1]

作为御路的正阳门大街与其他外城大街相比，经常整修，备受重视。每逢冬至天坛大祀，"大清门正阳门至天坛所有御路派八旗满蒙汉各官厅分段修理，一律填平其有凹凸者，亦须用三合灰土修筑"，[2] "自正阳门外起街道于前十日一律打扫洁净，步军统领以及五营员弁昼夜巡查，地面为之肃静，所有赌博妓馆偷儿无不闻风敛迹"。[3] 正阳门大街两旁向来有商贩架棚摆摊，因此特别规定天坛大祀时应肃清街道，商贩不许侵占轨辙，让步军统领随时稽查，发现如果有沿街铺户乱搭棚户妨碍官街畅通的，让其立即搬移，以方便车马的往来。[4]

通过上述分析，我们不难看出正阳门优越的地理位置、隆崇的规模建制，同时正阳门大街作为御道是帝王禁苑与平民城市之间的中间环节，得天独厚的地位使其他诸多城门皆无法与之相比。

## 三　正阳门与市民生活

城门与市民的生活关系密切，每天黎明，厚重的城门缓缓开启，进城的人渐渐越来越多，有的肩挑扁担，有的手推小车。中午时交通流量达到高峰，车马人流密度越来越大，而随着夜幕降临，暮色苍茫，车马行人逐渐冷落，等待着城门新一天的开启。由于清代实行满汉隔离政策，内城的汉族官民搬到外城居住，尤其是众多商贩和手工业者也迁到大栅栏地区，对发展正阳门一带

---

1 （清）周寿昌撰《思益堂日札》第 4 卷，中华书局，2007，第 28 页。

2 《申报》1886 年 12 月 21 日，第 2 版。

3 《申报》1887 年 1 月 9 日，第 2 版。

4 《清仁宗实录》卷二百五十六，嘉庆十七年四月，第 462 页。

的商业起到了重大作用。该区域逐渐形成各类市场，如肉市、鲜鱼口、果子市、打磨厂、珠市口等。且因距内城的六部等各部门较近，进京参加会试的举子和各地到六部办事的官员多住在大栅栏一带，于是周边地区的饭馆、旅店、照相馆、理发店以及茶馆、戏院等娱乐场所得到了空前的发展。如乾隆十八年发谕旨，因"正阳门等三门城外之满洲官员兵丁，竟至四百余家"，"现任职官每日应入署办事，护军近列羽林各有差使。倘遇暮夜转唤，隔城殊为未便"，且"内城自有各旗分地，尤当恪遵定制"，"其离亲族而潜往者，徒以近市喧嚣，阛阓庞杂，溺于酒食游戏"，要求"在此居住之官员兵丁应勒限令陆续入城居住"。[1] 从中可看出，即使实行满汉隔离政策，仍有满族官员流连忘返而在此居住的现象发生，足可见正阳门商业区的繁华程度。

## （一）区域商业中心

正阳门外大街、大栅栏一带，商贾云集，车马嘈杂，人声鼎沸，十分繁盛。这片区域商业中心主要由三部分市肆组成。第一部分从正阳门东西月墙至正阳桥，这片商业区面积不大。据吴长元辑《宸垣识略》载："东月墙在东洞子门外至正阳桥，形如扇面，列肆居之，其傍城夹道曰荷包棚，西月墙在西洞子门外至正阳桥，形与东月墙同。其傍城夹道曰帽儿棚。"[2] 当时的东西荷包巷"顾绣荷包诸肆，鳞萃比栉，朝流士女日往游观，巷外车马甚盛"，[3] 可见很受妇女的青睐。

其实早在明代，这里"搭盖棚房居之为肆"由来已久。据时

---

1 《清高宗实录》卷四百四十二，乾隆十八年七月上，第 751 页。

2 （清）吴长元：《宸垣识略》，北京出版社，1964，第 164 页。

3 （清）夏仁虎：《旧京琐记》，第 93 页。

人记载：

> 崇祯七年，成国公朱纯臣家灯夕被火，于是司城毁民居
> 之侵占官街棚房壅塞衢路者。金侍御光宸上言：穷民傲居无
> 资，藉片席以栖身，假贸易以糊口，其业甚薄，其情可哀，
> 皇城原因火变，恐延烧以伤民，今所司奉行之过，概行拆卸，
> 是未罹焚烈之惨，而先受离析之苦也。[1]

从这段史料中可看出，崇祯年间这里棚房已经阻塞了道路，
并且以糊口的小本买卖为主，搭建的棚房并非固定的店铺，而是
临时集市。

进入清代，内城商人迁徙外城，进一步促进了正阳门外传统
商市的繁荣。[2]这片邻街市廛更加繁荣。顺治年间，著名诗人吴伟
业的诗句"布棚摊子满前门"[3]即为证明。乾隆年间也有相关记载：
"今正阳门前棚房比栉，百货云集，较前代尤盛。足征皇都景物
殷繁，既庶且富云。"[4]至清代中后期，棚房逐渐改建为正式房屋。
《都门杂咏》中有这样一首诗："五色迷离眼欲盲，万方货物列纵
横。举头天不分晴晦，路窄人皆接踵行。"[5]以此来形容这里每天人
来人往，热闹非凡。

第二部分与第三部分以正阳门大街为界，分为东、西两片。
东片北自东打磨厂，南至小市街，有四条西起于正阳门外大街的
胡同，其一为打磨厂，其二为鲜鱼口，其三为大蒋家胡同，其四

---

1　（明）张爵：《京师五城坊巷胡同集》，北京出版社，1962，第162页。

2　吴建雍：《北京城市发展史》（清代卷），北京燕山出版社，2008，第202页。

3　吴伟业读史偶述诗："布棚摊子满前门，旧物官窄无一存。王府近来新发出，剔红香盒豆
　　青盆。"见陈宗蕃《燕都丛考》，北京古籍出版社，1991，第476页。

4　（清）于敏中等编纂《日下旧闻考》，北京古籍出版社，1985，第887页。

5　（清）阙名：《燕京杂记》，北京古籍出版社，1986，第123页。

为大冰窖胡同，此片区域"皆商贾匠作货栈之地也"。[1] 西片北起西河沿，南至珠市口大街，依次为廊房头条、二条、三条胡同，大栅栏，小、大齐家胡同，王皮胡同，蔡家胡同，施家胡同，掌扇胡同等，"皆市廛旅店商贩优伶丛集之所"。[2]

三片市廛是北京商品最齐全的商业聚集区，其中最著名的还是大栅栏。大栅栏是综合性的商业街市，拥有五花八门、资本雄厚的店铺，如滋兰斋点心铺、六必居酱园、同仁堂药铺以及瑞蚨祥绸布店等。这里还聚集了许多银号、钱庄、炉房、票号等，是全城独一无二的黄金宝地。大栅栏的店铺不仅商品齐全、服务周到，而且内外装饰都极其讲究，均"雕红刻翠，锦窗绣户"，有的店铺招牌甚至有三丈高，夜晚则挂纱笼角灯，照耀得如同白天一样。[3] 正阳门商业区不仅有名冠京城的老字号，还有其他各式店铺，三片市廛满足不同阶层的消费需求。对于其繁华程度，时人绘画及著述中多有描绘。

如明代所绘的《皇都积胜图》正阳门局部图，描绘了正阳门城门外以及瓮城内形形色色的商业活动。图中有卖日用品的行商坐贾，或张着布棚或挑着担子，卖衣冠鞋袜、布匹绸缎、折扇雨伞、陶瓷器皿等；有摆摊子的工匠和医卜星象；还有在城墙角弹唱的民间艺人。行人则或三两相伴在摊铺前驻足，或聚在一起观赏表演、高谈阔论。这幅局部图形象地展现了正阳门区域商业的繁盛景象，这也是今天我们所能见到的最早表现正阳门的形象化资料（见图3）。

乾隆年间，俞蛟在自己的游记中描述正阳门商业区"凡天下各国，中华各有，金银珠宝、古玩玉器、绸缎古衣、钟表玩物、

---

1 （清）吴长元：《宸垣识略》卷九，北京古籍出版社，1981，第163页。

2 （清）吴长元：《宸垣识略》卷十，北京古籍出版社，1981，第182页。

3 （清）阙名：1986，第121页。

图 3 《皇都积胜图》正阳门局部
明代佚名绘，藏于中国国家博物馆。

饭庄饭馆、烟馆戏园，无不毕集其中"，因此他评价正阳门商业区为"京师之精华，尽在于此；热闹繁华，亦莫过于此"。[1]嘉庆年间，时人在《都门竹枝词》中用"晴云旭日拥城闉，对面交言听不真。谁向正阳门上坐？数清来去几多人"[2]来表达正阳门外热闹喧嚣、人气兴旺的景象。1886 年，进京赶考的河南书生李若虹写下他对正阳门商业区的观感：

> 京师的市廛铺户妆饰富甲天下，大栅栏、珠宝市、西河沿、琉璃厂最尚繁华。如靴铺、茶叶铺、银楼缎号皆金碧辉煌，雕梁画栋，令人目迷五色。至肉市、酒楼、饭馆，张灯列烛，猜拳行令，夜夜元宵，非他处所可及也。京师最肖应酬。外省人至，群相邀请、筵宴、听戏、往来馈送，以及挟

---

1　（清）俞蛟：《梦厂杂著》，北京古籍出版社，2001，第 27 页。
2　杨米人等著，路工编选《清代北京竹枝词（十三种）》，北京出版社，1962，第 18 页。

优饮酒，聚众呼卢，虽有数万金，不足供其挥霍。[1]

从他的这段记载中我们不仅可知正阳门商业区的繁华，还可知正阳门商业区声名之显，不仅在北京妇孺皆知，甚至还远播外埠。清代的正阳门商业区得益于清廷的政策和优越的地理位置，使达官显贵多在此会聚，围绕他们服务的商业盛极一时，无疑是北京城最繁盛的商业中心。但随着清朝的覆灭，民国时期政治、经济和思想文化的变化，北京城的市场格局发生变化，正阳门商业区已不再是唯一的商业中心。

## （二）宗教空间

北京关帝庙的数量在清代北京各类寺庙中居首。明代时，在修筑北京内城九门中除了在安定门建真武庙外，其余八门均建关帝庙。清代时，民众对关帝的崇拜与信仰同统治者的大力提倡密不可分。据《清朝续文献通考》中的记载，关帝不仅曾助清军平定张格尔，还曾经震慑了林清的八卦教起义军，这种功劳使清廷感其忠义，因而在全国各地遍修关帝祠庙。[2]而其中最为著名的则是正阳门瓮城中的关帝庙。

本朝崇祀关帝，宫内祠宇亦多。顺治间封"忠义神武大帝"。旧时惟五月十三日致祭。雍正六年，定春秋二祭，如文庙仪。乾隆、嘉庆以来，屡加封号，纂四库书时，命将三国志之谧改书"忠义"，内府陈设书籍，一律刊正。咸丰间，楚粤逆匪之乱，显佑昭昭，大军克捷，因升春秋二祭为中祀。

---

1　（清）李若虹:《朝市丛载》，北京古籍出版社，1995，第69页。
2　《清朝续文献通考》，浙江古籍出版社，1988，第9119~9120页。

又前门月城内有关帝庙，香火极盛。曩时南郊礼毕，圣驾入城，必诣庙行香。[1]

从上段史料中可知，清朝皇帝每逢去天坛祭天礼毕回城时，都要下马到正阳门月城内关帝庙上香，可见正阳门关帝庙与该地区其他寺庙相比规格之高。其实前门大栅栏地区寺庙众多，在东河沿有萧公堂、崇真观、天庆寺、慈源寺、清化寺，鲜鱼口新潮胡同有二忠祠，西河沿有关帝庙，湿井胡同有真武庙，车辇胡同有观音寺，粮食店有火德真君庙。[2]为何此处香火如此之盛？

首先从地理位置上来说，该庙地处国门，背依紫禁城，左后为太庙，右后为社稷坛，地位十分显赫，因此配享皇家香火。每年民间传说的关老爷磨刀日为农历五月十三日，当天朝廷会派官员前来祭祀。当巨大灾难降临时，还要在此举行隆重的祭祀仪式。[3]其次从关帝庙的传说来看，京城的老百姓都传言正阳门关帝是黄金铸身，百灵百验。《藤阴杂记》中载录了一段关于正阳门关帝庙的传闻，称正阳门关帝庙的关圣像本为明朝时宫中旧物，明天启年间宫中有一大一小两尊关圣像，通晓天文历法、吉凶祸福的日者推算"小者福寿绵长，香火百倍，大者不及"，而熹宗则不信日者所说，将小像弃置于正阳门关帝庙，而供大像于后宫。不久闯贼入宫毁掉大像，而正阳门关帝庙却香火极盛，印证了日者的推测。[4]而《竹叶亭杂记》中所记载的传说则更为有趣，书中称一内监在大觉寺附近山顶真武殿诵经修行，遇到山洞中的蟒蛇女妖，女妖因敬佩内监修行坚定，与内监成为谈友，每日都

---

1 （清）吴振棫:《养吉斋丛录》卷七，北京古籍出版社，1983，第88页。

2 罗保平、张惠岐:《前门·大栅栏》，北京出版社，2006，第30页。

3 邓辉:《北京》，中国地质大学出版社，2011，第240页。

4 （清）戴璐:《藤阴杂记》，北京古籍出版社，1982，第47页。

到城中将其见闻告诉内监，却说唯独不能进内城，因为正阳门有关圣守护，因此只能去外城。[1]这些传说虽都带有迷信色彩，真实性也有待考察，却反映了时人对正阳门关帝庙的信奉之情。

正阳门关帝庙内殿祀精严，朱楹黄覆，绮槛金龛，中奉圣祖御书额曰"忠义"。西庑下有明董文敏书焦太史所撰碑记，传为二绝。[2]道咸以来，相传正阳门关帝庙的"关帝签"十分灵验，并越传越奇，于是关帝庙香火更盛。庙里庙外，仅手抱签筒接待香客的道士就有百余摊位。每年关帝的诞辰日农历五月二十三日，前来拜佛求签的人更是络绎不绝，整座庙宇，香气缭绕，盛况空前。清代杨静亭在《都门杂咏》中曾这样描述道："来往人皆动拜瞻，香逢朔望倍多添。京中几万关夫子，难道前门许问签。"[3]

对于普通民众而言，祭祀关羽最大的意义在于满足了其各种心理需要，每逢初一、十五开庙之日，求签者蜂拥而至，焚香燃烛，求财者、求福者、求寿者、求子嗣者络绎不绝。而求功名者则更多，史料中多次记载正阳门关帝庙求签之事，如在徐珂编撰的《清稗类钞》中就曾提到乾隆年间毕沅在庚辰会试前到正阳门关帝庙求签，见首句"君今庚甲未亨通"，颇不悦，没想到竟以第一人及第。可见"君今庚甲"四字，已示先机也。[4]又如道光辛丑年间进士张惕斋在正阳门关帝庙求签，有云"常把他人比自己，管须日后胜今朝"，及改刑部主事，始悟"常把他人"，盖庶常属他人；刑为比部，属诸己也；编检七品，而主事则六品，"胜今朝"亦验矣。[5]王士禛在其文言小说集《池北偶谈》中也提

---

1 （清）姚元之：《竹叶亭杂记》，中华书局，1982，第65页。

2 （清）潘荣陛、富察敦崇：《帝京岁时纪胜·燕京岁时记》，北京出版社，1961，第20页。

3 潘超等编《中华竹枝词全编》（一），北京出版社，2007，第187页。

4 徐珂编撰《清稗类钞》，上海商务印书馆，1917，第4667页。

5 徐珂编撰《清稗类钞》，第4667页。

到其在顺治己亥谒选时曾慕名前往正阳门关帝庙求签，得签云："今君庚甲未亨通，且向江头作钓翁。"当时不解，是年十月得扬州推官，以明年庚子春之任，在广陵五年，以甲辰十月内迁礼部郎，才明白"所谓庚甲者，盖合始终而言之。扬郡濒江，故曰江头也"。[1] 清人的文集笔记中类似于此在正阳门关帝庙求功名、预卜前程的记载还有很多，可见当时正阳门的"关帝签"被视为"灵签"。其实签上的谶语从正常语法上看很容易产生歧义，以"今君庚甲未亨通"为例，既可解释为"未亨通"，也可解释为"尚未亨通"，但人们往往按自己的心理需求加以牵强附会或断章取义，来为谶语的正确性进行辩护。

正阳门关帝庙一直保存到 20 世纪 60 年代，北京修建地铁时才拆除。在 1935 年出版的《老北京旅行指南》中描述了此庙当时的盛况："迄民国以来，此庙香火甚盛，庙内有孙宝琦、张学良夫人于凤至和塔王所献的两块牌匾，分别为'大汉千古'匾、'灵镇山河'匾和'灵佑'匾。该庙于每年旧历除夕、元旦、初二开庙三天，游人最盛。"[2] 可见尽管正阳门地区的面貌在民国时期发生了很大改变，但关帝庙并未因瓮城的拆除而受到影响，仍然受到时人的推崇。

除了上文所述的关帝庙外，火神庙对该地区也十分重要。火灾是大栅栏地区主要的隐患，因此为满足民众希望免除火灾的愿望，本区修有大量的火神庙。清廷对此也相当重视，如琉璃厂东边的火神庙是乾隆年间由步军统领衙门拨款重修的。而大栅栏一带多店铺，为防止火灾，六必居等老字号也筹款重修了粮食店街火神庙。[3]

---

1　（清）王士禛：《池北偶谈》，中华书局，1982，第 528 页。

2　马芷庠：《老北京旅行指南》，北京燕山出版社，1997，第 86 页。

3　何岩巍：《京韵西风——北京历史文化与法国人笔下的中国》，线装书局，2006，第 66 页。

（三）社会空间

正阳门区域除了是满足不同阶层消费的商业中心、祭拜神灵的宗教空间，更多的则是与人们日常生活密切相关的公共空间。本部分从戏园、会馆、灯市、政府救济、信息传播五个方面来考察该区域的综合性的社会空间。

## 1. 戏园

清代京师外城的居民尽管有多种形式的消闲文化生活，如游览踏青、逛庙会等，但最重要的娱乐活动是看戏。康熙十年（1671），清朝政府为防八旗子弟及官员不务正业腐化堕落，下令内城永行禁止设戏园。这样外城便成为民间戏曲演出中心。清代北京的戏园大都建在正阳门外，居住在这里的各阶层人士，从达官显贵到平民百姓，无不喜欢看戏。民间对看戏的需求日增，为各地方戏班进京提供了条件。

清代戏园皆有楼，环绕舞台有三面，即舞台左、右及对面，分为两层，呈"凹"字形；戏园中间部分，仅一层，称作"池子"。楼上左、右各以屏风隔为三四间，为"官座"。据记载："官座倚栏杆，前设短榻，后列高几，各施锦褥。后面备有高座，以坐仆从。"[1] 楼下还设有长案，观者一个挨着一个坐，称为"散座"。

由于看戏同时兼品茶，因此戏票又称作"茶票"。道光初年，散座一座为百钱，儿童半票，称为少票，没有茶票的当时称为听栏杆戏。据记载，四大徽班在茶园演出，"观者人出钱百九十二，曰座儿钱，此乃散座。官座及桌子则有价。除座钱外，散座还要

---

1 张次溪：《清代燕都梨园史料》（上），中国戏剧出版社，1988，第 354 页。

加坐褥、茶壶钱百二十"。[1]

戏园观众，因身份地位不同，来去时间不一，看戏方式也迥然有别。戏园正午开始，至下午七时结束。演出分三段进行，先散演三四出称为早轴子；再接演三四出为中轴子，皆佳伶；最后为压轴子，以最佳一人当之；复接演三四出为大轴子，而忽忽日暮矣。[2] 达官贵人来得迟，走得早，常以看戏为应酬之举。而一般市民则往往等到最后，是大轴子的主要观众。清代的北京戏园内，还有负责烧茶和沏茶的茶水行，卖花生、瓜子等零食的小卖行，以及夏天为观众准备手巾擦脸的手巾把行。

清代北京的戏园，大部分现已不存，与之相关的史料也较为匮乏。且由于一些戏园留存时间不长，又没可靠记载，如今只能知其名，而无从考证详细情况。乾隆五十七年（1792）《重修喜神祖师庙碑志》中提到九座戏园，分别为广和楼、中和园、长春园、万家楼、裕兴园、同庆园、庆丰园、中和园、庆乐园。[3] 道光年间《重修喜神殿碑序》中提到了二十座戏园，并且从史料中可得知大栅栏一带戏园最为集中，如道光年间进京赶考的张际亮在《金台残泪记》中提到："园同名异，凡十数区，而大栅栏为盛。"[4] 同时该书还说："嘉庆间，御史某车过大栅栏，路壅不前。见美少年成群，疑为旦色，叱之，群怒，毁其车。今大栅栏，诸伶之车遍道，几不可行。"[5] 同光年间，由于京剧的繁荣，戏园数目不断增加，但生意最好的还是大栅栏的七所戏园。

此外，位于大栅栏西口路北的广和楼在当时影响也很大。据

1　吴建雍：《北京城市发展史》，北京燕山出版社，2007。

2　张次溪：《清代燕都梨园史料》（上），第250页。

3　张次溪：《清代燕都梨园史料》（上），第913页。

4　（清）张际亮：《金台残泪记》，引自张次溪《清代燕都梨园史料》（上），中国戏剧出版社，1988，第248页。

5　（清）张际亮：《金台残泪记》，引自张次溪《清代燕都梨园史料》（上），第250页。

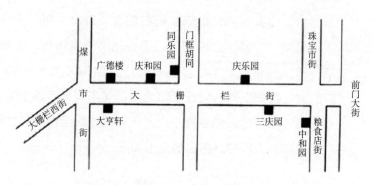

**图4　大栅栏地区戏园位置示意（1900年前）**

资料来源：刘嵩崑《西城梨园史料》（下），北京市西城区政协文史学习委员会出版，2010，第868页。

《宸垣识略》中记："查楼在肉市，明代巨室查氏所建戏楼，本朝为广和楼。街口有小木坊，旧书查楼二字，乾隆庚子毁于火，今重建。"[1]康熙二十八年（1689），传奇剧目《长生殿》在此演出，引起很大轰动。光绪三十年（1904），梅兰芳初次登台就在广和楼演出。

清代正阳门外的这些戏园每天锣鼓喧天，其中享誉京城的四大徽班也多在这些戏园演出，并且他们住在正阳门外的各胡同中，春台班在百顺胡同，三庆班在韩家胡同，和春班在铁树斜街，四喜班在陕西巷。这些戏园见证了戏曲艺术的繁盛和戏曲名家的风采，同时戏曲演出也促进了京剧的发展。到了民国时期，正阳门区域出现了仿造西式建筑改良戏园结构的新式剧场，如第一舞台、文明戏园、开明戏院等，舞台设备更为优良。

### 2. 会馆

会馆是"同籍贯或同行业的人在京城及各大城市所设立的机

---

1　（清）吴长元：《宸垣识略》，北京古籍出版社，1983，第164页。

构，建有馆所，供同乡同行集会、寄寓之用"。[1] 清代随着士人集中于外城，会馆的分布重心也向外城转移。史籍中记载："京师……货行会馆之多，不啻什百倍于天下各外省；且正阳、崇文、宣武门外，货行会馆之多，又不啻什百倍于京师各门外。"[2]与外城其他区域会馆相比，大栅栏地区会馆独具特色，商业色彩浓厚。大栅栏周围主要会馆如下：

西河沿街：萧山会馆、渭南会馆、大宛会馆、银号会馆、莆仙会馆、如泰会馆、钱业同业公会

煤市街：漳州会馆、赣州会馆

百顺胡同：晋太会馆、太平会馆

大栅栏街：临汾会馆

大外廊营胡同：泾阳会馆、严州会馆、潮州会馆、凉州会馆、琼州会馆

陕西巷：四川会馆

石头胡同：黄岩会馆、龙岩会馆、望江会馆

铁树斜街：襄陵会馆、延定会馆、京师饭庄商会、肇庆东馆

小椿树胡同：孟县会馆、漳浦会馆

西柳树井：奉天会馆、赣宁会馆、仁钱会馆

小沙土园胡同：长春玉行会馆、昆新会馆、文昌会馆

延寿街：潮州会馆、平乐会馆、吴县会馆、云间会馆

杨梅竹斜街：和含会馆、酉西会馆

樱桃斜街：贵州会馆、泾阳会馆、梨园新馆[3]

---

1　辞海编辑委员会编纂《辞海》，上海辞书出版社，2001，第918页。
2　李华编《明清以来北京工商会馆碑刻选编》，文物出版社，1980，第23页。
3　参见北京市宣武区图书馆编《北京会馆资料集成》，学苑出版社，2007。

其中银号会馆、临汾会馆、漳州会馆等均为商人独资兴建，商人会馆与士人会馆是两类不同性质的会馆，后者以士人为主体，是单纯的地域性组织。商人会馆重要特征之一是设有戏台，每逢喜庆之日可举行宴会，邀请戏班前来演出，不仅联系了同乡同行的情谊，而且为商人提供了社交的场所。如正阳门外西河沿处的银号会馆，为康熙年间浙江来京经营银号的商贾所建，经常举办各种堂会，邀集名角、名票在此演出京剧、杂耍等。另一重要特征是会馆内设有祭祀之所，经商并非易事，因此商人常寄托于借助神灵的庇佑，具有一定的功利色彩。各商人会馆供奉的神灵不一，如龙岩会馆神龛内祀关帝神位、历代乡贤神位及创设者段云龙先生神位。

会馆发展到清光绪晚期逐渐走向衰败。由于1905年科举制度的废除，全国各地举人不再来京应试。1906年北京商务总会成立，各行业工会也相继成立，因此原来同乡同业所设立的商人会馆就没有存在的必要了。1928年国都南迁，大批外地京官也随之南行，会馆逐渐关闭。不少会馆在城市房屋成片改造中被夷为平地，变为普通民居、厂房，逐渐变成历史的概念。

### 3. 灯市

清代北京的灯市包括"灯"和"市"，白天为集市，商贾云集，夜晚则燃放花灯。灯市主要在正月十五元宵节期间举行，因此元宵节又被称为"灯节"。这段时间白天可逛集市，入夜后市肆张灯，人们可外出游玩赏灯，小孩则"各持莲花灯而舞"，[1] 在街头玩耍。明代时，东城区灯市口大街的灯市名气最大，"至期结席舍，悬灯高下，听游人昼观，盖京师坊巷元夕不放灯也"。[2]

---

1 （清）夏仁虎：《旧京琐记》，第37页。
2 （清）查慎行撰《人海记》，上海古籍出版社，1996，第72页。

史籍中详细记载了当时的盛况：

> 市之日，省直之商旅，夷蛮闽貊之珍异，三代八朝之骨
> 董，五等四民之服用物，皆集。衢三行，市四列，所称九市
> 开场，货随队分，人不得顾，车不能旋，阗城溢郭，旁流百
> 廛也。向夕而灯张，灯则烧珠，料丝则夹画、堆墨等，纱则
> 五色，明角及纸及麦秸，通草则百花、鸟兽、虫鱼及走马等。
> 乐作，乐则鼓吹、杂耍、弦索，鼓吹则橘律阳、撼东山、海
> 青、十番，杂耍则队舞、细舞、筒子、斤斗、蹬坛、蹬梯，
> 弦索则套数、小曲、数落、打碟子。烟火施放。烟火则以架
> 以盒，架高且丈，盒层至五，其所藏械：寿带、葡萄架、珍
> 珠帘、长明塔等。于斯时也，丝竹肉声，不辨拍煞，光影五
> 色，照人无研媸，烟胃尘笼，月不得明，露不得下。[1]

从这段史料中可知，灯市之日白天各省商旅、异地珍异皆齐
集灯市口，人气兴旺，热闹非凡。其中还提到了夜晚花灯的类
型，有烧珠灯、料丝灯、纱灯、明角灯、通草灯等，并简要说明
了这些灯的特点。夜晚除了张灯外，还可看到百戏表演，如杂
耍、弦索等，同时还有烟火燃放。

到了清代，由于内外城隔离，灯市口的灯市逐渐衰落，正阳
门外的灯会兴盛起来，以"正阳门之东月城下、打磨厂、西河
沿、廊房巷、大栅栏为最"。[2]张灯日为十三日至十六日，杨元长
在《都门元夕张灯记》中描述了廊房巷的灯节盛景：

> 张灯之地，以正阳桥西廊房为最，巷有五圣祠，康熙癸

---

1　（明）刘侗、于奕正：《帝京景物略》，上海远东出版社，1996，第104页。

2　（清）朱一新：《京师坊巷志稿》，北京古籍出版社，1982，第183页。

卯（1663），里人燃灯祀神，来拜观者如堵，因广衍为闾巷之灯。巷隘而冲，不容并轨，车旋辔马，仕商往来经之者，十率八九。向夕灯悬，远近游观，不下万人。施放烟火、鼓吹弦索、走桥、击唱秧鼓、妆耍大面具、舞龙灯诸戏，亦趁喧杂，蚁聚蜂屯，纷沓尤甚。若多楼居，灯影上下参差，辉灿如昼。灯之类，流珠、料丝、画纱、五色明角、麦秸、通草、百花、鸟兽、虫鱼、水墨，及走马鳌山等，巧变殆尽。又巷俱业贸迁者，日则交易百货，夕即戏以所业，剪纸为灯，悬门楹记焉。[1]

从中可见与明代灯市口的灯市相比，清代灯会花灯的类型更加丰富，尤其是"冰灯"流行，因满族原居黑龙江一带，气候寒冷，因此有冰灯之俗。清入主中原后，浇铸雕刻的冰灯也传入中原。民间娱乐活动此时也是异彩纷呈，既是观赏花灯的灯节，又是一次盛大的民间艺术表演。同时，史料中还提到了正阳门外灯市与明代灯市口灯市的一些不同之处。一是前文已经分析了正阳门外庙宇诸多，而这段史料中也提到"燃灯祀神，来拜观者如堵"，可见正阳门外的灯市将花灯与祭拜神灵结合起来；二是正阳门外店铺众多，灯市期间入夜后商家大张花灯以招徕顾客，扩大影响。一条条商业街挂着各式彩灯，令人眼目迷离。因此可知，正阳门外灯市与灯市口灯市相比融入了更多自身的空间特点。

正阳门外的灯市，除赏灯外，还伴随一些特别的娱乐活动和节日习俗。

首先是猜灯谜。将谜题直接写在花灯上或用白纸写好挂在花

---

1　（清）王养濂修《康熙宛平县志》卷六，北京燕山出版社，2007，第211页。

灯上，集中于正阳门外琉璃厂猜灯谜，"猜中以物酬之，俗谓之'打灯虎'。谜语甚典博，上自经文，下及词曲，非学问渊深者弗中"。[1]猜灯谜活动丰富了灯节的娱乐活动形式，活跃了节日气氛，为赏灯增添了极大的趣味性。

其次是"调将"。据记载有在正阳门城上调将的传统。元宵节这一天夜晚三鼓过后，步军统领便在正阳门城上以灯绳曳取城外武营官名帖，称为调将。[2]但史料中对此记载很少且未做详细解释。

最后是"走桥摸钉"。在明代灯节时就已盛行该习俗。如时人作诗道："长安灯市昼连宵，游女争呈马上腰。蹋蹋灯光莫归去，前门钉子玉河桥。"[3]到了清代，"元夕妇女群游，祈免灾咎。前一人持香辟人：曰走百病。凡有桥处，三五相率以过，谓之度厄，俗传曰走桥。又竞往正阳门中洞摸门钉，识宜男也"。[4]可见"走桥"主要目的是度厄运、去百病，祈吉祥、保健康。而在正阳门洞"摸钉"，可使家中人丁兴旺。可能因"钉"与"丁"谐音，以此来表达求子之意。

### 4．政府救济

由于正阳门特殊的地理位置，政府在此设有慈善机构赈济灾民，赈济的形式有煮赈、平粜等。

煮赈，即由官方办厂，发放银米，煮粥散给贫民灾民充饥。京师五城均设有饭厂，为官办的常年粥厂。中城的粥厂设于正阳门东月墙城根处，为朝阳阁粥厂，又称龙王堂，明代设，乾隆

---

1 （清）阙名:《燕京杂记》，第111页。

2 （清）陈康祺:《郎潜纪闻三笔》卷十，中华书局，1984，第821页。

3 （明）刘侗、于奕正:《帝京景物略》，第106页。

4 （清）潘荣陛、富察敦崇:《帝京岁时纪胜·燕京岁时记》，第10页。

四十五年重修，"每岁僧人募缘舍粥，自十月十五日起，至来春二月十五日止"。[1] 粥厂的管理制度为开厂前各粥厂由五城御史上报应拨粟米数量，然后由户部统一发放，"乾隆元年每岁赏粟米三百石，嘉庆七年赏银五千两生息，同治五年加赏小米五百石，成为定例"。[2] 散粥的具体过程史籍中有记载："粥厂事宜俱由司坊会同各地面绅士经理钦派御史稽查，每日晨昏施放两次，每人一大杓稠粥，近年来皆系顺天府暨各城御史先期奏赏小米数百石，于十月初一日开放，今岁仍循旧章于本升初一各处挂牌示众煮粥施放日下，贫民可无冻馁之虞矣。"[3] 可见施粥的时间为早晚两次，并且为了稳定煮赈秩序，防止抢夺冒领，各粥厂由司坊官会同绅士亲自经理。清廷还委派巡城御史负责稽查，维护治安。咸丰以后贫民增多，除了政府主持的五城饭厂外，清政府还大力提倡官绅办厂，如光绪元年（1875）设于正阳门外打磨厂的普善局粥厂，由普善水局绅士管理。同时，民间慈善机构还在寺庙开设粥厂赈济贫民，如同治元年（1862）在正阳门外长巷三条胡同内设的关帝高庙粥厂。

平粜，是清政府赈灾济贫经常采取的方式。为了让贫民灾民买到平价减价的粮食，清政府在北京五城设立平粜厂。据史籍记载，雍正三年因为雨水过多，米价腾贵，因此发放部分国库存粮，"将廒内成色米酌量平粜，将京通二仓二成至七成三色米一百万余石，本裕仓三成、四成米共三万二千余石"减价出售，并于"京师东、南二城设厂一处，西、北二城设厂一处，又令五城各酌拨官房二所，以为米厂"。光绪年间五城已经设立十厂平粜，六居城内，四居城外。但由于粜米加多，籴米人众，因此将

---

1　（清）吴长元：《宸垣识略》卷九，第163页。

2　（清）周家楣等编纂《光绪顺天府志》，第317页。

3　《施粥善政》，《申报》1879年11月26日，第2版。

原设城内六厂移于城外。其中中城米厂,一在正阳门外鹞儿胡同,光绪年间已废;一在正阳门外粮食店。[1]平粜厂由顺天府府尹经管,并且令都察院每厂派一名御史负责监督平粜情况。[2]

此外,由于正阳门处街市人众,雨泽愆期,天气炎热时"发内帑银一万两,分给九门,每门各一千两,正阳门二千两",[3]用来预备冰水药物,在城门外发放给百姓治疗中暑等疾病。正阳门外的社会救济活动不仅反映了清政府的赈灾救济政策,还反映了经济情况和市民生活的变化。

### 5.信息传播

正阳门外大街是清代北京经济文化中心,离负责发钞的六科等政府部门也很近,因此这一带逐渐成为清代北京信息传播活动的中心。在清代,负责信息传播的主要是官方的提塘和民间的报房。

提塘主要负责官报的抄传发行工作。《历代职官表》记载:"谕旨及奏疏下阁者,许提塘誊录事目,传示四方,谓之邸抄。"[4]可见各省驻京的提塘官主要抄录六科发抄的章奏和谕旨,抄完后再传送到地方。

各省地方官员依靠官报获取朝政信息,以此来了解京城动态。负责传送官报的是各省派驻在京的提塘,提塘官的办事机构一般设在自己的寓所,平日主要负责处理日常的塘务工作。《朝市丛载》中详细记载了晚清各省提塘驻京办事处的地址:

---

1 (清)周家楣等编纂《光绪顺天府志》,第330页。

2 《清高宗实录》卷六十四,乾隆三年三月,第42页。

3 《清高宗实录》卷一百九十四,乾隆八年六月,第1124页。

4 (清)黄本骥:《历代职官表》,上海古籍出版社,2005,第73页。

直隶提塘：陕西巷路东

山东提塘：宣武门外裴家街

河南提塘：香炉营头条胡同路北

陕甘提塘：西河沿路南渭南馆

山西提塘：棉花六条胡同路南

湖南提塘：保安寺街东口路北

江南提塘：棉花头条胡同路南

湖北提塘：西阁旺庙街路西

江西提塘：椿树上二条胡同路南

四川提塘：大外廊营路东

浙江提塘：宣武门外贾家胡同

广西提塘：大安南营路北

云贵提塘：香炉营头条胡同路北

福建提塘：麻线胡同周宅

广东提塘：鲜鱼口豆腐巷路东[1]

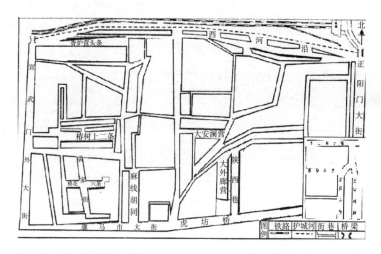

图5　各省提塘办事处分布

资料来源：张颖倩《近代北京报馆历史地理研究》，中央民族大学，2010。

---

1 （清）李若虹：《朝市丛载》卷三，第68页。

从图 5 可看出，各省提塘大多分布于北京正阳门外的城南地区。除广东提塘在正阳门大街东边的鲜鱼口外，大部分集中在宣武门外大街以东、正阳门大街以西、南横街以北、西河沿以南的这一小片街区内。

这一区域除了传送官报的提塘，还有一些民间报房，因史料记载较少，具体位置已不能逐一考证。民间报房所发行的报纸总称为京报，报纸内容多与官报相同，基本上分为宫门抄、上谕和章奏三部分。关于京报的起源，据记载："清初因为荣禄堂与内府有关系，所以可以印京报及缙绅录发售。后来山东人负责在西北各省贩卖该报，销行颇易。因为有利可图，所以在正阳门外，荣禄堂设立报房来发行京报。"[1]

对于普通百姓来说，直接接触不到提塘或者报房传递的信息，可是又想了解朝中动向，再加上正阳门外五方杂处，良莠不齐，因此歪门邪说、小道消息借这一特殊场合散布开来。正阳门外可以说是大众传播媒介之所在，如鸦片战争期间，正阳门外有人散布谣言说马上有夷船北驶往天津，清廷得知后，立马令"步军统领衙门、都察院、顺天府、五城御史，设法严查，万般不可仅仅照例稽查户口门牌了事，尤不能张皇，以致讹言四起"。[2] 又如《申报》所刊的一则消息，称厦门一小庙贴有告示，说接到两京官来信，正阳门关帝庙显灵称将有凶神下界如此云云，因此各家宜在室内休息，不要外出。[3] 此消息显然为随意捏造，也从侧面反映出正阳门外各种消息传播范围之广。可见在正阳门外活动的平民百姓不仅被动地接收信息，而且也主动地发布信息，或高谈阔论、说今道古，或添油加醋、长吁短叹。

---

1 戈公振：《中国报学史》，载《民国丛书》第 2 编第 49 册，上海书店，1989，第 35 页。

2 《清宣宗实录》卷三百七十四，道光二十二年六月，第 738 页。

3 《妄言可笑》，《申报》1878 年 6 月 13 日，第 2 版。

经济与社会

# 清乾隆朝北京西郊水资源利用的生态效益*

赵　珍　聂苏宁**

**摘　要：**清乾隆朝在北京西郊的原生态水资源条件基础上，充分利用水源，营造人工用水环境和皇家园林，解决用水分配难题，客观上保证了西郊水质优良，改善了局部生态效益，收到了良好效果。

**关键词：**乾隆朝　北京西郊　水资源　生态效益

　　水利工程的修建，其初衷都是利用水资源，进而改善环境、造福人民，实现水利工程的生态效益。可是，水资源利用程度的加大，无疑会对水环境造成不利影响。以往学界相关研究大都主要集中于后者。[1] 本文所要讨论的生态效益，依托于清前期北京西山水环境原态，在此基础上，对清廷所采取的一系列营造人工水环境和优化水环境状态的工程效益加以讨论。这些水资源利用工程，主要体现在乾隆年间扩挖昆明湖人工水库、营造皇家园林水域景观等方面。凡此，趋利避害，达到水生态与美学的自然

*　本文为北京社科基金重点项目"清代京畿水环境研究"（15LSA005）阶段性成果。

**　赵珍、聂苏宁，中国人民大学历史学院。

1　钞晓红：《环境与水利：清代中期北京西山的煤窑与区域水循环》，载《环境史研究》第 2 辑，天津古籍出版社，2013，第 73~89 页；潘明涛：《海河平原水环境与水利研究（1360~1945）》，博士学位论文，南开大学，2014。

结合，使西郊成为北京独特的集自然与人文景观为一体的优质生态区。

# 一 "一水贯五园"的园林体系

水域景观是皇家园林的灵魂。乾隆年间扩挖昆明湖，引西山、玉泉山水源来汇，一水通贯五园，形成以"三山五园"为主体的皇家园林格局。这里所说的"五园"是指静宜园、静明园、清漪园、圆明园和畅春园，五园之水均引自香山、玉泉山，汇聚于万寿山前的昆明湖，形成北京城市供水水库，营建出良好的生物生存环境。

西山引水工程，首先将卧佛寺及香山静宜园碧云寺泉水导入静明园中，归玉泉湖水，形成"园中练影堂挂瀑檐诸水皆自此来"的景观，水出静明园园墙，则为玉河，东流入清漪园昆明湖。这里的清漪园是以万寿山、昆明湖为中心而兴建的。汇入昆明湖之水来自玉泉山，包括自玉泉山流经万寿山的后溪河归入之水。

为了充分发挥昆明湖蓄水、灌溉与排洪功能，在昆明湖东南端修建绣漪桥闸，当城内需水之时则打开桥闸供水；在北端修建青龙桥闸，作为昆明湖水多之时泄洪之用。此外，为了灌溉东边的稻田以及供给园林水域，还在东北角修建了二龙闸，成为圆明园最重要的供水之源。昆明湖水经二龙闸，往东北分流，入圆明园。水流路径为二：一绕圆明园西垣为圆明园西垣外河；一流经营市街一带，过马厂桥，汇合附近诸水，再流经西马厂，到达圆明园西南角。从圆明园西南角的一孔进水闸流入，在园内，水势顺着地势由西北流向东南，分为二流。一部分经东北从蕊珠宫北的一孔出水闸，流入北垣的外河，大部分则流经福海，而后东注，从分隔圆明园与长春园的大门——明春门北边的五孔出水闸泄入长春园诸湖内。水从长春园诸湖环绕后，再经由东北角的七孔出水闸流入清河。

对此，《日下旧闻考》有详细记载："自玉河东流经柳桥曲折东注，其出水分为三：一由东北门西垣下闸口出，一由东垣下闸口出，并归圆明园西垣外河，一由惠山园南流出垣下闸，为宫门前河，又南流，由东堤外河，会马厂诸水入圆明园。由进水闸经园之响水口，水势遂分，西北高而东南低，五孔出水闸在明春门北，一孔出水闸在蕊珠宫北，西罩门前河形如月，中驾石桥三，其水自西来，东注长春园，出七孔闸东入清河。"[1]

由是，经清漪园之水通过后溪河、昆明湖与圆明园相通。畅春园来水，与以上诸园水源不同。其水源来自万泉庄，水流分为两支：一支向东经水磨村流入清河；另一支向西经马厂桥，向北流入圆明园。[2]如此，便使香山静宜园、玉泉山静明园、万寿山清漪园、圆明园、畅春园前后一水可通。经西山引水工程，将玉泉水、昆明湖及圆明园水系连接为一个整体（见图1）。

经如上述的营造勾连，乾隆帝一天之内就可以坐船游遍诸园。正如御制诗《昆明湖泛舟至玉泉山即事》载："欲往香山小驻銮，畅春清晓敬询安。取程水路舟行近，传膳玉泉斋憩宽。此已美哉彼尽善，两无系耳一先盘。指西阿那绿云表，少刻斯为俯镜看。"[3]也就是说，乾隆帝于清晨往畅春园给皇太后请安后，取程水路，经圆明园、清漪园，在静明园玉泉用早餐，最后到香山静宜园小驻。

1 于敏中：《钦定日下旧闻考》卷80《国朝苑囿》，见《景印文渊阁四库全书》（以下简称"四库本"，不另行标注出版信息）第498册，台湾商务印书馆，1986，第252页。
2 于敏中：《钦定日下旧闻考》卷76《国朝苑囿》，四库本第498册，第213页。
3 《御制诗集（四）》卷4《昆明湖泛舟至玉泉山即事》，四库本第1307册，第132页。

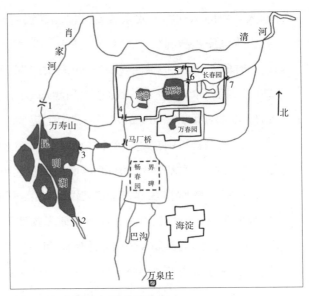

图 1　三山五园水系形成示意

注：图上数字分别标识，1"青龙桥闸"、2"绣漪桥闸"、3"二龙闸"、
4"一孔进水闸"、5"一孔出水闸"、6"五孔出水闸"、7"七孔出水闸"。
资料来源：蔡蕃《北京古运河与城市供水研究》，北京出版社，
1987，第 202 页。

## 二　对西山水质的保护与优化

　　水质优劣与否是考量水环境质量好坏的前提与标准，也与
水生动植物的生长有直接关系，影响人们对水资源的利用。清
前期北京西郊水利工程的兴修，是以解决北京城市水供给为
主要目的，因而讨论水质优劣是理解清前期水资源利用率的
前提。

　　供皇家用水，是解决北京城市供水的内容之一。乾隆十五年
（1750），扩昆明湖，引玉泉山水，是构建北京供水体系的主要
步骤，也完全着眼于优良的玉泉山山泉水质。史书描述泉水水质

"清可鉴毛发"，"鸣若杂佩，色若素练"。[1] 乾隆帝曾令专人负责制银斗量水轻重，得到"京师玉泉之水，斗重一两"的报告。同时经与天下名泉之水相较，得知"塞上伊逊之水，亦斗重一两。济南珍珠泉斗重一两二厘，扬子金山泉斗重一两三厘，则较玉泉重二厘或三厘矣！至惠山、虎跑则各重玉泉四厘，平山重六厘，清凉山、白沙、虎邱及西山之碧云寺各重玉泉一分"。经过称量比对，得出"更无轻于玉泉之水者乎"的结论。不过，经实际调查还得出雪水比玉泉水稍微"斗轻三厘"。可问题是，"雪水不可恒得"。故终了可知，"则凡出山下而有冽者，诚无过京师之玉泉"。[2] 因此，乾隆帝将源于玉泉山之玉泉，命名为"天下第一泉"。

由于玉泉优良的水质，历代在修建西郊水利工程的过程中，十分重视对玉泉水的使用与保护。元代从玉泉山导引泉水入金水河，使金水河独流入城。为保证水质，不被污染，该渠在穿过金代所开的高粱河西河时，利用"跨河跳槽"技术，以避免与浊水相混。而且，元代也有规定加以管理，"金水河濯手有禁，今则洗马者有之，比至秋疏涤，禁诸人毋得污秽"。[3]

至清前期，在利用泉水时也十分关注使用中的保护。如在玉泉山兴建皇家园林，专供御用，目的就是限制大多数人使用，这在某种程度上收到利用率小的保护效果。乾隆时期，在康熙年间所建静明园的基础上扩建园林，引水进园，表现在将玉泉山及周围诸如东麓的裂帛泉、宝珠泉，东北隅的试墨泉，西南隅的迸珠泉，北侧的山顶泉等全部纳入静明园，客观上将这一水源地纳入园林管控范围，严禁民众入园，也禁止民间沿途引用和截留水源，达到减少水利用和水质不受污染的目的。

---

1 于敏中：《钦定日下旧闻考》卷 85《国朝苑囿》，四库本第 498 册，第 344 页。

2 于敏中：《钦定日下旧闻考》卷 8《形胜》，四库本第 497 册，第 130 页。

3 《元史》卷 64《志第十六·河渠一·隆福宫前河》，中华书局，1976，第 1591~1592 页。

　　为使皇家园林供水源源不断，储备水资源就成为很重要的手段。因而为了扩大昆明湖水量，乾隆三十八年（1773）导引西山碧云寺、卧佛寺等诸泉水，汇入昆明湖。西山山泉水源丰沛，在乾隆年间遭遇大旱时也未断流，水质虽较玉泉之水稍逊，但仍优质甘甜。《试泉悦性山房》中载："倚壁山房架几楹，泉临阶下渫然清。玉泉第一虽当逊，喜是汲来就近烹。"[1] 就是这种在烹茶时所用之较玉泉稍逊的泉水，在利用过程中，清廷亦十分珍视。是年，在修筑石渠导引时，"皆凿石为槽以通水道，地势高则置槽于平地，覆以石瓦"，[2] 既保证了水质清洁，同时达到了"玉泉一脉溯源头，湖辟昆明潴众流"[3] 的目的。

　　在扩展昆明湖汇入皇家园林的过程中，为使水质不被污染，清廷也采取了一系列管理办法。首先，对年久失挖、泥沙淤积的昆明湖前身——瓮山泊进行修整。乾隆十四年（1749）冬起，扩浚瓮山泊，清挖河底淤泥、拓宽河道和整理泊岸工程，以至"芟苇葭之丛杂，浚沙泥之隘塞，汇西湖之水，都为一区，新湖之廓与深两倍于旧"，[4] 大大改善了昆明湖的水质。其次，在昆明湖储水量增加的基础上建成清漪园，并加强对清漪园的管理与防护，派专员随时对昆明湖进行清淤。

　　乾隆十六年（1751），清廷加大对清漪园的维护。传谕："清漪园前昆明湖，向因河道窄狭，并未设有宫殿，又无应役园户，是以本苑酌拨闸军，于行船河路随时芟草浚淤。今湖面宽展，均围绕宫殿之间，关系紧要。现在清漪园有专管大臣，又

1　《御制诗集（四）》卷21《试泉悦性山房》，四库本第1307册，第610页。
2　于敏中：《钦定日下旧闻考》卷101《郊垌》，四库本第498册，第542页。
3　《御制诗集（二）》卷28《高梁桥进舟达昆明湖川路揽景即目成什》，四库本第1303册，第518页。
4　于敏中：《钦定日下旧闻考》卷84《国朝苑囿》，四库本第498册，第314页。

设苑丞苑副及园户等役百有余名，请嗣后凤凰墩并昆明湖所有附近水面桥闸，并广润祠、静明园外船坞等处，承应拉纤提闸浚浅各项差务，于本苑酌拨闸军五十名，统归清漪园管理。其凤凰墩至长春桥以及高梁桥一带河道桥闸，并清龙桥夏令看守各闸，仍由苑管辖。奉旨清漪园亦系尔苑应管之地，何必委令一处管理，所奏拨给闸军五十名分令管辖，为数甚少，即拨给百名，亦属无多。"[1]

经过实施一系列管理办法后，昆明湖水质无疑得到了优化。清澈的湖水和优质水生态，在乾隆御制诗中多有体现。现整理御制诗所载昆明湖水质清澈概表（见表1）。

表1　乾隆御制诗载昆明湖水质清澈

| 诗名 | 诗句 | 年份 | 出处 |
| --- | --- | --- | --- |
| 昆明湖上 | 储泽疏流利下田，宜晴镜碧漾澄鲜 | 乾隆十五年 | 二集卷十八 |
| 昆明湖泛舟 | 倒影山当波底见，分流稻接坰边生 | 乾隆十六年 | 二集卷二十九 |
| 昆明湖上 | 水天一舸玩空澄，今岁清和景倍增 | 乾隆十七年 | 二集卷三十四 |
| 泛舟昆明湖遂至玉泉 | 霜落沧池彻底清，延缘一棹泛昆明 | 乾隆十七年 | 二集卷三十七 |
| 昆明湖上 | 湖上春深好，漪澜倍艳清 | 乾隆十八年 | 二集卷四十 |
| 冰拌 | 冰拌昆明湖，溶溶新水漾 | 乾隆二十五年 | 三集卷二 |
| 昆明湖泛舟拟竹枝词 | 冻解明湖漾绿波，新蒲沿雁识春和 | 乾隆二十五年 | 三集卷二 |
| 西堤 | 展拓湖光千顷碧，卫临墙影一痕齐 | 乾隆二十八年 | 三集卷三十七 |
| 清漪园即景 | 山称万寿水清漪，便以名园颇觉宜 | 乾隆三十一年 | 三集卷五十四 |

资料来源：参见《御制诗集》，四库本第1303~1306册。

---

1 《清会典事例》卷1194《内务府·园囿·奉宸园》第12册，中华书局，1991，第890页。

## 三　昆明湖生物多样性的保护与营建

乾隆十四年以来，对万寿山、昆明湖的填挖扩展及随后进行的高水湖、养水湖、西山石渠等一系列工程的修建，奠定了以湖山为主的皇家园林基调。所兴建的清漪园，即今颐和园，"面水背山地，明湖仿浙西。琳琅三竺宇，花柳六桥堤"，[1] 具有背山面湖的湖山生态景观。

万寿山，明代称为瓮山，彼时这里"土赤坟，童童无草木"。[2] 明代诗人刘效祖在诗中云："迢递荒山下，披荆拜古祠。"至明末，山上庙宇周围有了些许树木。《山行杂记》中载，"仁慈庵，入门三百步，两旁椿树夹之"。[3] 入清后，这里逐渐树木森森。

乾隆十四年冬起，扩浚瓮山泊，将挖出的淤泥堆积瓮山上。随后经人工多年栽植自本地和外地移植的各类树种及长时间的植物自然演替，山湖之中逐渐形成了郁郁葱葱的大片多样树种的杂木林。整个湖山园内，从山地到平原再到湖泊的旱生、湿生、阴生、水生、沼生等各种植物类型均有分布。据今人对昆明湖底的沉积物植物孢粉分析研究，认为万寿山、昆明湖地方的植物、植被历史上分属于 79 个植物科属。乾隆十五年（1750）以前，该地方的植物以松、柏、榆、杨为主，自此年起，人工增植多类树种。[4] 五年后，各类树木植被茂盛，以至

---

1　《御制诗集（二）》卷 38《万寿山即事》，四库本第 1308 册，第 579 页。

2　刘侗：《帝京景物略》卷 7《瓮山》，北京古籍出版社，1980，第 196 页。

3　于敏中：《钦定日下旧闻考》卷 84《国朝苑囿》，四库本第 498 册，第 326 页。

4　1750~1966 年，增植栗、胡桃、槭、菱、莲等植物。参见黄成彦等《颐和园昆明湖 3500 余年沉积物研究》，海洋出版社，1996，第 111~120 页。

清乾隆朝北京西郊水资源利用的生态效益

于"叠树张青幕，连峰濯翠螺"。[1]至乾隆三十三年（1768），圆明园、万寿山周围有果松、罗汉松、马尾松、菠萝树、柏树、槐树、木兰芽、明开夜合（合欢树）、千松、若梨树、枫树、家榆树、山桃树、山榆树、杨树、山杏树、红梨花、西府海棠、花红、山兰枝、山丁、千叶杏、珠子花、碧桃、紫丁香、千叶李、白丁香、黄绶带、青信树、垂杨柳等30多种树种生长。是年共栽各样杂树35314棵。[2]

在万寿山的植物中，松、柏是植物生态群落的基调树种，松柏成林、郁郁葱葱，"高下移栽五鬣松，郁葱佳气助山容"，[3]既装点了山体，也体现了松树所蕴含的"长寿永固""高风亮洁"之寓意。御制诗如"苍松傲冻耸孱颜"[4]、"松柏参差得径曲"[5]、"阴巘雪余皴古松"[6]。万寿山的殿阁轩堂，掩映在松柏绿海中。湖山岸边多树种生态功能尽显，以四季常青的松柏绿海为背景，以不同季节里的红桃、白杏、黄桂、粉白梅等树木花色点缀，有些树旁还植有兰花，如"汀兰岸柳斗青时"。[7]

为适应季节变化，在湖山杂种各季树木，有梅树、柳树、枫树、桃树、杨树、槐树、桑树、梧桐、桂花树、唐花等，在湖岸也植有松、杨、榆、桑、枣、柳、桃、竹等。在御制诗中，各

1　《御制诗集（二）》卷57《首夏万寿山》，四库本第1304册，第158页。

2　三和等：《奏为圆明园等处栽种树株实用银两事折》，乾隆三十三年四月二十日，参见中国第一历史档案馆、故宫博物院合编《清宫内务府奏销档》第84册，故宫出版社，2014，第214~204页。

3　《御制诗集（二）》卷76《节后万寿山即景得句》，四库本第1304册，第425页。

4　《御制诗集（五）》卷12《节后万寿山即景得句》，四库本第1310册，第128页。

5　《御制诗集（三）》卷70《新正万寿山即景》，四库本第1306册，第413页。

6　《御制诗集（二）》卷54《谐畅春园问安后遂至万寿山即景杂咏》，四库本第1304册，第132页。

7　《御制诗集（二）》卷47《湖上杂咏》、卷57《昆明湖泛舟作》，四库本第1304册，第31、159页。

种树的景观功能尽显风采，如"梅心柳眼谁为速，峰态林姿好是闲"[1]，"已看绿柳风前舞，恰喜红桃雨后开"[2]，"长堤几曲绿波涵，堤上柔桑好养蚕"，"桂是余香矣"[3]，"梧风最引秋"[4]，"律暖堤杨金缕摇，冰融湖水碧澜开"[5]，"岩枫涧柳迟颜色，只觉森森翠益浓"，"唐花底用工然蕴"，"松竹依然三曲径，柳桃改观六条桥"[6]，"轻烟又傍绿杨低"，"陌上从新桑叶长，新丝缫得过蚕忙"，"竹篱风送枣花香"[7]，"绿柳红桥堤那畔"，"山桃报导烂如霞"，"森森银竹度空寒"。

昆明湖扩浚后，水量增加，水域扩大，岸边水势散漫，逐渐形成浅滩，在池湖富水之处，广植水生植物，有菰（茭白）、香蒲、菱、芦苇、水蓼、蒲苇、白芷、芰、青苔、泽兰等，尤以湖内荷花种植最盛。荷花的香气弥漫整个池塘，微风吹过更是飘香无穷。乾隆帝经常泛舟观荷，留下众多赞美荷花风貌的诗句，如"前轩次第畴咨罢，便泛兰舟一赏荷"[8]，"岸虫入听不为喧，晓露荷香数里繁"[9]，"镜桥那畔风光好，出水新荷放欲齐"[10]，"绿叶撑如油碧伞，红葩擎似赤琼杯"[11]。湖以西堤为界，西堤以西的荷花

1 《御制诗集（四）》卷94《新正万寿山即景成什》，四库本第1308册，第806页。

2 《御制诗集（三）》卷37《仲春万寿山即景》，四库本第1305册，第819页。

3 《御制诗集（二）》卷63《初夏万寿山杂咏》、卷64《仲秋万寿山》，四库本第1304册，第218、266页。

4 《御制诗集（二）》卷64《新秋万寿山》，四库本第1304册，第256页。

5 《御制诗集（四）》卷86《节后游万寿山》，四库本第1308册，第690页。

6 《御制诗集（二）》卷76《新春万寿山即景》、卷84《昆明湖上作》，四库本第1304册，第415、527页。

7 《御制诗集（三）》卷79《自玉湖泛舟至昆明湖即景杂咏》、卷74《自玉河泛舟至石舫》，四库本第1306册，第562、474页。

8 《御制诗集（三）》卷83《昆明湖泛舟观荷之作》，四库本第1306册，第622页。

9 《御制诗集（二）》卷59《长河进舟至昆明湖》，四库本第1304册，第184页。

10《御制诗集（三）》卷5《夏日昆明湖上》，四库本第1305册，第351页。

11《御制诗集（三）》卷83《昆明湖泛舟观荷之作》，四库本第1306册，第622页。

最为繁盛，也有"逦西一带多荷花""西湖花较东湖盛"[1]的诗句。其他水生植物，如"秋月菰蒲万顷烟"[2]，"甓社菱丝堤畔柳"[3]，"芦丛亦可安栖啄"[4]，"蓼花极渚晚红多"，"满川绿芷漪纹细"[5]，"白芷青蒲带远渍"[6]，"绿蒲红芰荡兰桡"[7]，"柳染青黄苔着绿"[8]，"汀兰岸柳斗青时"，构成一派理想的湿地生态景观。可见，浚湖蓄水对这里植物多样性生成影响较大。

另外，由于昆明湖水源增加，附近水田日辟，种植水稻、小麦、菜花、黍禾等很多农作物品种，如"稻田刚觉水生才，戢戢新秧可布栽"[9]，"麦田收毕黍苗起"，"六桥堤畔菜花黄"，"麦收黍稻均芃茂"[10]，构成西郊水乡田园景观。

在湖山与林中有飞翔的黄鹂、燕子、喜鹊、鸢等各类鸟，如"林煦莺迁木，泥香燕贺居"[11]，"莺罢绵蛮辞树去"，"坐来更不嫌鹊噪，认作檐前报喜声"，"岸柳已藏黄鸟啭"[12]，"鸢飞鱼跃兴无

1 《御制诗集（三）》卷67《过绣漪桥昆明湖泛舟即景》、卷75《泛昆明湖观荷四首》，四库本第1306册，第361、494页。

2 《御制诗集（二）》卷45《晓春万寿山即景八首》，四库本第1304册，第10页。

3 《御制诗集（二）》卷28《高梁桥进舟达昆明湖川路揽景即目成什》，四库本第1311册，第173页。

4 《御制诗集（二）》卷46《自石舫进舟由玉河至静明园溪路浏览即景成短言五章》，四库本第1304册，第14页。

5 《御制诗集（二）》卷29《昆明湖泛舟》、卷40《凤凰墩放舟自长河进宫之作》，四库本第1303册，第186、428页。

6 《御制诗集（三）》卷72《昆明湖泛舟即景杂咏》，四库本第1306册，第449页。

7 《御制诗集（三）》卷5《夏日昆明湖上》，四库本第1305册，第351页。

8 《御制诗集（二）》卷60《玉河泛舟至玉泉》，四库本第1304册，第210页。

9 《御制诗集（三）》卷56《昆明湖泛舟作》、卷87《雨后万寿山三首》，四库本第1306册，第192、553页。

10 《御制诗集（三）》卷57《玉河泛舟》、卷63《初夏万寿山杂咏》、卷82《自长河泛舟至万寿山杂咏八首》，四库本第1311册，第164、238、612页。

11 《御制诗集（二）》卷41《仲夏万寿山》，四库本第1303册，第325页。

12 《御制诗集（三）》卷51《仲夏万寿山》、卷66《雨后万寿山》、卷57《昆明湖泛舟》，四库本第1306册，第121、344、208页。

穷"[1]，"林翠藏鸟声，啁噍复间关"[2]。林间还隐匿着蝉、蟋蟀、虫、肖翘、蚕等，如"树里鸣蝉清胜弦"[3]，"柳岸忽闻嫩簧响，始知复育化成蝉"[4]，"岸虫入听不为喧"[5]，"蝉声欲让蚤声亮"，"肖翘蠕动柳生稊"[6]，"堤上柔桑好养蚕"[7]，尽显一派水生树生动植物生态景观。

昆明湖水域景观的扩大，为各类动物栖息游乐营造了环境。这里"沙鸥翔集""沙禽出没""可钓可渔"，[8] 湖水之鱼以各种姿态游荡，如"春来已陟负冰鱼"[9]，"鱼过拨剌卧波顽"[10]，"忘机鱼鸟情何限"[11]，"醉鱼逐侣翻银浪"[12]。乾隆帝在《西海捕鱼》中写道："唼喋修鳞水面游，争驾扁舟荡双桨。渔人哪晓生意多，不舍鲲鲕尽收网"，"劝君收网放渔网，篱撑绿水中流响。花片飞香几处漂，宿鸥眠起冲云上"。[13] 记录了渔民恣意捕捞、大鱼小鱼（鲲鲕）捕捞忙的情景。

昆明湖面上云集着野鸭、野鸥、野鹅、大雁、鹭等，如"冻

---

1 《御制诗集（五）》卷95《昆明湖泛舟》，四库本第1311册，第431页。

2 《御制诗集（二）》卷41《自玉河泛舟至玉泉山》，四库本第1303册，第326页。

3 《御制诗集（三）》卷40《高粱桥放舟至昆明湖沿途即景杂咏》，四库本第1305册，第863页。

4 《御制诗集（三）》卷51《自高粱桥进舟由长河至昆明湖》，四库本第1306册，第115页。

5 《御制诗集（二）》卷59《长河进舟至昆明湖》，四库本第1304册，第184页。

6 《御制诗集（三）》卷7《孟秋万寿山即景杂咏四首》、卷2《新春游万寿山报恩延寿寺诸景即事杂咏》，四库本第1305册，第375、310页。

7 《御制诗集（二）》卷63《初夏万寿山杂咏》，四库本第1304册，第257页。

8 夏仁虎：《旧京琐记》，北京古籍出版社，1986，第127页。

9 《御制诗集（二）》卷54《新正万寿山》，四库本第1304册，第126页。

10 《御制诗集（三）》卷51《仲夏万寿山》，四库本第1306册，第121页。

11 《御制诗集（二）》卷34《昆明湖上》，四库本第1303册，第125页。

12 《御制诗集（二）》卷48《泛舟至玉泉山》，四库本第1304册，第41页。

13 《御制乐善堂全集定本》卷20《西海捕鱼》。

解凫鹭乐"[1]，"春风凫雁千层浪"，"驾鹅鸥鹭满汀州"[2]，"凫鸥高下喜冰消"[3]，"取戒多鸥未致惊"，"野鹭迷群仁绿蒲"，"鸂鶒鸥鹭浴还飞"[4]，都是乾隆帝御制诗里常见的描述。

今人通过对昆明湖底的沉积物分析，认为昆明湖自形成至今，已经有 3500 多年的历史，经过演化，昆明湖中现有鱼类、鱼鳖类以及软体动物、硅藻等水生生物千种以上。1990 年清淤时，发现了 20 余种世界生物新种。[5]

显然，以昆明湖为主体的蓄水库周围营造了良好的水生动植物生态，以至"山水增斯辉，禽鱼得其所"，[6] 成为清代北京西郊生物多样性最完整的地区，可谓"沙鸥翔集，锦鳞游泳，岸芷汀兰，郁郁葱葱"，一派沙鸥翔集、水天一色的山水景观。

## 四 对西郊气候的调节

水资源不仅能够满足人们的生产和生活所需，还能调节局部小气候环境。也就是说，人们对水资源的开发和利用，还表现在对气候的调节、营造景观等方面的作用。[7] 这是因为水源本身就属

---

1 《御制诗集（二）》卷 38《万寿山即事》，四库本第 1303 册，第 89 页。

2 《御制诗集（二）》卷 45《晓春万寿山即景八》、卷 47《湖上杂咏》，四库本第 1304 册，第 13、31 页。

3 《御制诗集（三）》卷 70《新正万寿山即景》，四库本第 1306 册，第 413 页。

4 《御制诗集（二）》卷 47《恭奉皇太后昆明湖观水猎》、卷 48《泛舟至玉泉山》，四库本第 1304 册，第 31、41 页。

5 黄成彦：《颐和园昆明湖 3500 余年沉淀物研究》，第 111~120 页。

6 《御制诗集（二）》卷 28《万寿山新斋成》，四库本第 1311 册，第 520 页。

7 李磊、王亚男、黄磊：《生态需要及其应用研究》，中国环境出版社，2014，第 3 页。

于环境资源的组成部分，还包括太阳辐射、风、气候、土地等。

从现代科学研究的角度审视水对气候的调节作用，可知水体不仅调节气温，还能调节湿度。如水能影响气温的研究表明，大气中的水汽能阻挡地球辐射量的60%，保护地球不至于被冷却，而且海洋和陆地的水体，在夏季时能吸收和积累热量，使气温不至于过高，冬季则能缓慢释放热量，使气温不至于过低。最新的成果表现在有人通过利用移动测量与定点观测相结合等一整套现场实测技术，研究城市河道内外河流和大气间热质动态平衡关系，认为随着河流水域面积增加，城市空气温度呈现不同程度降低的趋势。这是由于白天河流吸收太阳辐射，空气温度降低的幅度要远大于夜间。[1]

当然，水对气候的调节不仅局限于气温，对湿度也有调节作用。如海洋、湖泊、河流等地表水经蒸发进入大气，这些进入大气的水分，遇冷后形成雨、雪、冰雹，再重新回到地面。同理，地表树木植物吸收的水分，大部分通过蒸发和蒸腾作用也进入大气，孕育云雨、调节气候。林木可以再次分配太阳辐射，当太阳辐射到达林冠时，有79%被林冠吸收，透过林内的光照只有11%。而林木叶面的蒸腾作用又可以大量消耗热能使气温降低。[2]

诚然，清代兴建西郊水利工程是出于蓄水增加城市供水的目的，可是也有人工造景实现美化环境的需要，以及选择凉爽之地躲避京城炎热天气的需要。清代前期，北京气候的显著特征就是冬天寒冷、夏天炎热。随着人口陡增，城市热岛效应显

---

1　参见刘京、宋晓程、郭亮《城市河流对城市热气候影响的研究进展概况》，《中国工程院第155场中国工程科技论坛——城市可持续发展研讨会论文集》，2012年，第27~33页。

2　李俊清：《森林生态学》，高等教育出版社，2006，第487页。

现。[1]而自东北严寒之地进京的满族贵族，很难适应京城夏季酷暑。在顺治年间的酷暑时节，当大臣奉诏入乾清宫觐见顺治帝时，但见"世祖足跣，单纱暑衫禅裙，曳吴中草鞋坐"。[2]摄政王多尔衮也曾说，"京城建都年久，地污水咸。春秋之际，尤可居止。至于夏月，溽暑难堪"，且打算"建小城一座，以便往来避暑"。[3]

至康熙时，因天气炎热，皇帝"特奉两宫避暑瀛台"，[4]即往四面临水的中南海避暑，西郊的畅春园、京南郊的南苑围场及承德避暑山庄等处也成为其常去的消夏之地。雍正帝在夏天则常居圆明园。乾隆时期，京城酷暑难耐，因而于西郊大兴土木，广建园林，"避暑"便是一个非常重要的目的。当昆明湖水域扩展及三山五园体系逐渐形成，西郊更成为皇帝避暑常驻之所。可见，地表存在的大面积水域和树木林地，可以产生降水，增加湿度，净化环境。[5]兹就乾隆御制诗中所描述的夏季紫禁城酷热、西郊湖山凉爽境况梗概制表比较（见表2）。抛去诗文的文学浪漫色彩，乾隆帝对夏季酷热时节西郊湖山景观的描述，便是当时人们利用西山水资源营造人文景观所取得的最佳生态效益。

---

1 丁蕊：《清代北京西郊皇家园林对环境的影响》，硕士学位论文，中国人民大学，2004。

2 彭孙贻：《客舍偶闻》，北京燕山出版社，2013，第9页。

3 《清世祖实录》卷49，顺治七年秋七月庚寅。

4 《圣祖仁皇帝御制文集》卷13《谕大学士勒德洪明珠李霨王熙学士噶尔图石柱张玉书》，四库本第1298册，第136页。

5 蒋志学、邓士谨：《环境生物学》，中国环境科学出版社，1989，第32页。

表 2　乾隆年间御制诗文所载夏季紫禁城与西郊气温境况比较

| 紫禁城内炎热 | | 西郊凉爽 | | |
|---|---|---|---|---|
| 诗名 | 诗句 | 诗句 | 诗名 | 诗句 |
| 热 | 逢闰立秋迟，秋月仍炎热。宫深九重，诸阁清以洁，几席适起居。书史供怡悦，犹然苦烦器 | 山静夏无暑，窗虚楼似斋。绿云铺野暗，爽籁韵松佳 | 高梁桥放舟至昆明湖沿途即景杂咏 | 已到清凉无暑处，不妨胜处憩斯须 |
| 热 | 当天九重居，广厦俯垂湘。冰盘与雪簟，微洲翻薰光。展转苦烦热，心在黔黎旁 | 侵肌水色夏无暑，快意天容雨正晴 | 昆明湖泛舟 | 道暑山中好，迎秋楼上宜 |
| 夏日养心殿 | 视朝虽常例，有如爱礼羊。避热而弗行，是即度两次。炎热必有事，图兹境清凉，庶可遣烦暑，以为日后居。因循乃园居，虔奉置，向意惜未遑 | 近陇遥阡霭绿云，恹清青欣。秋前峰色棱棱露，雨后泉声处处闻。消夏具，山蝉别有喝秋声 | 香山杂咏 | 雨足浓皴一屋山，天醍仙药非人间。是中消夏宜长住，笑我无过暂住还 |
| 建福宫题句 | 忆当元二年，廿七月守制。少壮禁弗可当，慈闱颐幽，结宇颇遭大故，略春 | 晓凉发跸爽胜前 | 清可轩 | 考盘喜俯瞰之洋，落络长松夏亦凉。水阁翻书消暑者，子舆神契十三章 |
| 热 | 挥扇依然白汗漓，披薰无恻座频移。安得岁华不怨咨，细庸广厦扰如此 | 雨后明湖生嫩凉，寿峰翠罨水中央 | 水榭观澜 | 拂席一时凉，开襟四面凉 |
| 方泽礼成回跸御园沿途即景 | 晓凉发跸爽胜前，乘舆还御园觉郊外凉爽人（宫中斋戒三日颇甚炎热，今） | 此地堪消夏，忘言礼应真 | 凤凰墩 | 是地可消夏，日夕吟清籁 |
| | | | 玉泉山罗汉洞勒壁 吟清籁倚松为轩谡谡有韵 | |

续表

| 紫禁城内炎热 | | 西郊凉爽 | |
| --- | --- | --- | --- |
| 诗名 | 诗句 | 诗名 | 诗句 |
| 延趣楼 | 假山真树友忘年，远隔红墙夏飒然（大内皆黄瓦红墙，夏日晒之意增炎热。唯此间树木繁荫，遥隔红墙，便觉爽趣飒然） | 讨源书屋作 | 雨后西山翠映轩，小年佳事略堪论。庭余松竹足消夏，架有诗书籍讨源 |
| | | 挹香室 | 书室泠然近水边，益清花气拂文筵。一篇展读当消暑，正是濂溪说爱莲 |
| | | 夏日循园即事 | 薄爽浓阴凑，阇斋优游义。府散尘怀气，清松竹湖山，是处佳乐志 |
| | | 题漪鉴堂 | 长虹夹镜两湖源，一桁湖杯过湾。遂涉溪堂挹景畅，略消夏昌橙几闲 |
| | | 池上居作 | 半亩方塘上，五间敞榭凉。一时聊复尔，消夏以为常 |
| | | 玉乳泉得句 | 轻阴韬日色，弗炎多爽气。路经玉乳泉，驻舆成小愒 |

资料来源：参见《御制诗集》，四库本第1304～1311册。

# 五　结语

如前所述，水资源利用工程的生态效益就是指工程竣工后所发挥的调节区域生态系统良性循环，促进区域生态稳态发展，从而改善人类生产、生活和环境条件而产生的有益影响和有利效果。清前期尤其是乾隆朝依托北京西郊的原生态水资源条件，整治玉泉山诸水，扩浚昆明湖，兴建西山引水工程，构建了清代北京城市供水体系，基本解决了当时用水分配困难问题，为营造"三山五园"为基础的园林体系构建了良好的供水系统，给水丰沛，从而保证与优化水质，建造与美化湖山生态景观，对生物多样性的保护与区域气候调节，实现生态效益的良性循环皆有裨益。

# 晚清山西商人在京师的金融经营
## ——对宣统三年京师《转本底账》的解读*

刘伟国　孟　伟**

**摘　要：** 在社会化的经济结构和形态中，金融经营与商业活动呈现对应性关系，或者说金融经营具有谱系化特征。民间文献资料在社会经济史的学术研究中具有重要作用，应当引起高度重视。宣统三年的《转本底账》是较为少见的文献资料。通过对《转本底账》的文献学分析，探讨其背后的历史事实和学术价值，即晚清山西商人在京师金融经营的谱系化特征，并以此透视明清山西商人的金融经营特征。

**关键词：** 晚清　京师　山西商人　金融经营　《转本底账》

　　一定的金融机构，必然与相应的商业字号形成业务关联和关系。山西商人的商业字号与金融字号，相得益彰地对应性发展和共赢，金融字号为商业字号提供必要的资金支持，而金融字号因此也分享利润，获得应该得到的"金融收益"。

　　就目前所知的山西商人的金融字号或者金融机构而言，既有专门借贷给行商的大账局，也有为小字号服务的中小账局和钱庄；有从事专门化跨区域汇兑的山西票号，也有专门护送往来各地方

* 　2017年国家社科规划重点项目"明清白银货币史"（17AJL005）阶段性成果。
** 刘伟国、孟伟，山西大学民间文献整理与研究中心。

与京师之间银两和财物之镖局，还有兼营小额汇兑的民信局；既有专门从事白银铸造的银炉和银号，也有专门为小商小贩提供资本的印子铺和印局；至于传统的典当业，则更是非常普遍；而一些商业字号在经营商业的同时，也从事零星的借贷业务。

在最近几年出现的民间文献中，我们欣喜地发现山西商人在京师展开金融经营的历史特征：明清以来的山西商人在京师的金融活动呈现明显的类型化和谱系化特征。

本文所考察的宣统三年的《转本底账》是较为少见的文献资料，很有特色，构成了山西商人在京师展开金融经营的一个"环节"，抑或是借贷谱系中的一个类型。本文即以此为例，分析晚清山西商人在京师开展的金融经营。

# 一 账本整理中的要素和界定

## （一）账本的基本情况

该账册为山西太原刘建民先生收藏。

传统账本一册，线装，毛笔行书，竖行格式化书写，共 190 页，尺寸为 22cm×36cm，蓝色封面，红条书写"宣统三年新正月吉立·转本底账"，账本内无印章等特别标识和标注，但有大量的"勾销"、"旁批"和"后批"情形，多为单页记账。

该账册的记账时间为宣统三年正月初十日到闰六月二十九日，约 7 个月的时间。

搜集地以及其他相关情况，目前不详。

## （二）账本整理中的要素和界定

（1）文献归类：宣统·京师·金融·账局·借贷底账·单册。

（2）文献归户：有鉴于收藏时不清楚来源，尚没有发现相关资料同出，更由于账册中没有印章等标注，目前暂时无法归户，但可以充分肯定的是"山西商人在京师所从事金融借贷"经营的情形，籍贯归属（属于山西哪个州县）待考。

（3）该字号在京师所在位置，依据它所对应的"商业字号"的分布区域，大体可以确定在前门外的商业区。

（4）该字号的上溯和下延问题，初步可以确定，宣统三年正月开始，或者是新的账期，或者是重新振作，抑或是新开字号。我们倾向：原来从事本行业的字号在宣统三年开始重新确立，是一伙从事该业的伙友与财东的重新组合。理由是：该字号的业务顺延性，有较为稳定的业务对象，但是没有"前账抄来"等情况。它从什么时候开始金融经营，目前难以推断，但根据山西商人"合伙制的账期制"来推断，则有3~6年的时间。从账册的处理上可以清楚地看到，已经有明确的一套较为成熟的"操作规范"体系及处理疲账问题的相应成熟办法。

（5）本账册所使用的记账货币和记账单位为"足银·两（钱）"，基本没有出现大洋、制钱等折算情况，也没有出现"本平"等平砝情况。为什么会如此，目前不详。抑或这本身就是该字号的类型化中最为鲜明的特点之一。[1]

（6）本账册属于该字号业务账的一部分——上半年的账册（从正月初十日到闰六月二十九日），下半年的账册情况如何，目前不详。

---

1 一般而言，特别是宣统年间，整个中国的货币体系格外紊乱，诸如金融机构，尤其是民间性的字号（较大的账局、钱庄，以及票号、银号），必然在这一问题上（账册中）有其明确的"记账单位"，也即业务往来中必然涉及"色平兑"问题。然而，该字号却没有相关的情况，抑或是"口头约定"，抑或是"老习惯和老惯例"。我们认为后者的可能性最大，其业务对象基本是"老相与"，否则难免产生"纠纷"。

（7）整理处理。将《转本底账》中的经营信息整理如附表，并将原文格式化展示、横排、标注、统一字体处理，示例如下：

## 示例 1

································································

宣统三年正月初十日　立折　大市街　伍

同聚典估衣局朱姓借转本足银壹佰伍拾两，言明外加利银柒两伍钱，每月取本利足银叁拾壹两伍钱

二月初十日收本足银叁拾两，收利足银壹两伍钱

三月初十日收本足银叁拾两，收利足银壹两伍钱

四月初十日收本足银叁拾两，收利足银壹两伍钱

五月初十日收本足银叁拾两，收利足银壹两伍钱

六月初十日收本足银叁拾两，收利足银壹两伍钱

完（勾销情形）

································································

## 示例 2

································································

宣统三年二月二十七日　立折　珠宝市　拾

恒庆斋鞋铺赵姓借转本足银叁佰两，言明外加利银贰拾柒两，每月取本利足银叁拾贰两柒钱

三月二十七日收本足银叁拾两，收利足银贰两柒钱

四月二十七日收本足银叁拾两，收利足银贰两柒钱

五月二十七日收本足银叁拾两，收利足银贰两柒钱

六月二十七日收本足银叁拾两，收利足银贰两柒钱

又六月二十七日收本足银叁拾两，收利足银贰两柒钱

八月初二日收本足银叁拾两，收利足银贰两柒钱

二十八日收本足银叁拾两，收利足银贰两柒钱

冬月二十九日收本足银叁拾两，收利足银贰两柒钱

壬子年九月廿二日收本足银壹拾伍两，肆拾伍两，十二月三十日收本足银柒两，叁拾捌两

癸丑年十二月廿九日收本足银捌两

甲寅年三月十五日收本足银捌两，欠叁拾两，甲寅十二月二十八日收本足银拾壹两，拾壹两

乙卯年九月廿九日收本足银壹拾两，壹两，冬月初十日收本平足银壹两，冬月初十日收利银贰两肆钱捌分

完（有勾销情形）

## 示例 3

宣统三年五月十五日　立折　蒜市口　拾

广源祥麻刀铺徐姓借转本足银贰佰两，言明外加利银贰拾两，每月取本利足银贰拾贰两

六月十五日收本足银贰拾两，收利足银贰两

又六月十五日收本足银贰拾两，收利足银贰两

七月十五日收本足银贰拾两，收利足银贰两

八月十五日收本足银贰拾两，收利足银贰两

九月十五日收本足银贰拾两，壹佰两，收利足银贰两

乙卯年十月二十日收本足银壹拾两，玖拾两

下欠玖拾两

打账了事

## 二　金融经营与金融谱系考论

在全面整理的基础上，从五个方面展开相关的金融考察：

经营模式和操作规程；业务规模和资本构成；业务对象情况；利润和收益；金融经营特征。

## （一）经营模式和操作规程

该字号的经营模式，采用"整借本金，既定利息，平均分月，归还本利"的借贷形式，记账方式、经营要素与操作规程相同：

（1）借贷时间、立折、字号地点、分期；

（2）字号称谓、经手人、借贷金额、言明利息、每月本利；

（3）逐月还本利时间、数额；

（4）出现意外情况，则逐项记录。

由于本账册属于"底账"类，较为真实地反映了它的经营实际。该字号恰逢辛亥革命，以及诸如"壬子兵变"等骚乱，有鉴于此，该账册表现为三个不同阶段的"记账"情形，给出了"战乱与金融"关系的一个侧面。

第一阶段，从宣统三年正月开账起，一切业务基本没有任何的意外。

第二阶段，从宣统三年九月开始，一些客户开始不再履约，也不再按期归还"本利"，一直到1912年（壬子年）夏天，其业务情况基本处于停顿。

第三阶段，该号从1912年夏天开始追讨本银，采用"明言止利归本，每月取本足银"措施，一部分客户出现大量的"后批"情形，以及不同的"疲账处理"情形。

## （二）业务规模和资本构成

### 1. 业务规模

本账册属于半年经营的账册（上半年），共计189笔借贷业务，7个月内，每月平均27笔，大体上平均每天一笔，业务经营相当正常。从正月到闰六月底，共放出借贷款项 46830 两，平均每笔 247.78 两。该字号的借贷模式如下。

（1）业务额度在 50~1000 两，以 5、10 的倍数呈梯度展开，没有一笔零星业务。没有零星业务的借贷方式（包括归还时有零碎银两）是非常少见的，因为"白银货币的色平兑"决定了记账时应当有"小数"出现，但该账册一笔都没有，所以我们可以充分肯定：如此约定是预先的，或者就是"本平"规定，或者实际操作中已经处理。因此，必然另有相关账册与之配合，我们不排除"银炉"的可能。

（2）业务额度以 100~300 两为主体，占到了总业务数量（笔）的 78.84%，而 500 两和 1000 两的业务，仅仅为 24 笔，为总数的 12.7%。其背后隐藏着该借贷业务的基本原则：控制风险，以小额为主。

（3）以 5 次、10 次两种方式平均收回本钱（有 13 笔业务不是按 5 次、10 次收回本钱），因此，大体取一个算术平均数，[1] 则为 7.5 个月全部回收，以此我们估算出该字号保证正常运营的流动本金在 20000 两上下。

（4）该字号采取"预先约定利息，与本金对应归还"的方式，因此，其毛利润率基本等于其利息率，表现在账面的利率为 10%~20%，取平均值，[2] 则半年内毛收益为 3000~5000 两，一年则为 8000~10000 两。按照一般情况，没有特别的支出，年纯收益则在 5000 两左右（总收益的 60%，为普通，见表 1、图 1）。

---

1　这里取算术平均数并不严谨，科学的计算方法应当取"加权平均数"，因为计算过于复杂，只好给出一个基本测算。

2　这里取平均数并不严谨，相关计算需要遵循"金融精算学"的方法，有一系列的特定公式。

### 表1　宣统三年《转本底账》业务类别情况一览

| 序号 | 额度（两） | 次数（次） | 比例（%） | 总数（两） | 行当铺号 |
|---|---|---|---|---|---|
| 1 | 50 | 7 | 3.70 | 350 | 眼镜铺、翠花局、干果铺、涤带铺、饭铺2、杆局 |
| 2 | 70 | 3 | 1.59 | 210 | 铜铺、铜器铺2 |
| 3 | 100 | 43 | 22.75 | 4300 | 纸铺3、绒线铺3、皮局2、皮货局、麻刀铺、穗子局、估衣局5、饭铺2、挂货铺、烟袋铺2、玉器铺、粮店2、米局、皮箱铺、茶馆、颜料铺、柜箱铺、烛铺、碾坊、米局2、炉厂、帘则铺2、木厂、瓷器铺、眼镜铺、毡帘铺、洋广货铺、山货铺、翠花铺 |
| 4 | 105 | 2 | 1.05 | 210 | 煤铺、估衣铺 |
| 5 | 150 | 17 | 8.99 | 2550 | 洋漆杆局2、瓷器铺、估衣局5、粮店、铁铺、掸则铺2、翠花局、毛厂、丝绒铺、铜炉房、照相馆 |
| 6 | 200 | 41 | 21.69 | 8200 | 药铺4、果店、画铺、粉坊、涤带铺、粮店6、玉器铺、估衣铺3、麻刀铺、广货铺4、铜炉房（铺）2、翠花铺、布铺、绒线铺、鞋铺3、货栈、响器铺2、大药房、山货铺、眼镜铺、米局2、皮货局、漆杆局 |
| 7 | 210 | 1 | 0.53 | 210 | 铜炉房 |
| 8 | 250 | 21 | 11.11 | 5250 | 粮店（庄）6、油局、估衣局（铺）3、皮局、（白）米庄2、绒线铺、丝绒铺、扇则店、栏杆庄、料局2、猪肉店、白油局 |
| 9 | 300 | 24 | 12.70 | 7200 | 木厂（店）2、米庄、眼镜铺、干果铺2、粮店7、照相铺、药铺、涤带铺、油盐店2、绒线局（铺）2、鞋铺、丝绒局（铺）2、金线店 |
| 10 | 350 | 1 | 0.53 | 350 | 猪店 |
| 11 | 400 | 5 | 2.65 | 2000 | 粮店2、铁铺、涤带局、米局 |
| 12 | 500 | 16 | 8.47 | 8000 | 金线店、估衣铺2、玉器局、布铺2、绒线铺、广货庄（铺）2、白米庄、粮店3、大药房2、油盐店 |
| 13 | 1000 | 8 | 4.23 | 8000 | 绒线局、涤带铺、粮店2、布铺、油盐店2、茶铺 |
| 合计 | | 189 | | 46830 | |

说明：（1）本表依据宣统三年正月吉立《转本底账》编制；（2）"行当铺号"后数字为"借贷次数"；（3）有些相似行当，并未相加和合并。

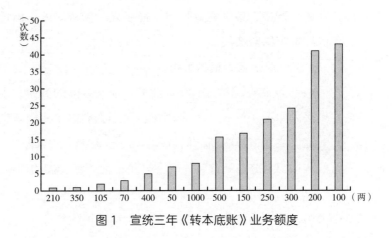

图 1　宣统三年《转本底账》业务额度

2．资本构成

非常遗憾，我们没有该字号的"合伙合同""清查账册""万金账"等相辅助，因此难以知道该字号的"初始资本"（合同中约定的货币资本的初始构成）情况，也难以准确知道它的"资金流转"（临时和长期借贷）情况。不过我们可以依照山西商人字号三年账期回收本金的基本水平情况估算出该字号的初始资本构成在15000 两上下，这个数目便可较为顺利地、正常地展开本账册所给出的业务。进而每股银股则对应地在 3000 两左右，如此一来，该字号的"银股 + 人力股"的总股俸数在 8 俸上下，其比例大体为 5：3。

虽然以上论述不是很精确，但大体的情形不会相差很大。也就是说，该字号算是一家中小型的账局，借贷业务的总体流水（规模）一年在 10 万两以下。

（三）业务对象情况

所谓业务对象情况即金融经营所服务的对象，主要指商业组织、商业机构或个人、家庭等。其要素通常包括商业字号的称谓、行当、设立经营地点、经手人、借贷额度、借贷时间、借贷约定等综合情况。

针对附表，稍做解析。

（1）半年内的189笔业务，涉及京师的商业、手工作坊等字号大体为147家。两者不相符是因为有些字号重复借贷，归还前笔借贷后，继续新的借贷。

（2）这些商业字号主要分布在前门及周边的商业区。

（3）可以清楚地看到，这些字号均属于小型的坐贾或者作坊，既有传统行业，也有如照相铺等近代行业字号，基本属于日常用品、粮食等专营商铺。他们与这一家账局形成对应的"商业—金融"关系。

（4）依据我们现在建立的"明清以来山西商人字号的数据库"，一半多的字号有线索可追寻。这一半多的字号，目前可以肯定是山西商人在京师所开，其他字号则有待进一步考证。文献中也有"京师大贾多晋人""服贾于都会（北京）者实繁有人"的记载。

（5）借贷额度与字号行当之间并没有清晰的区分标准，但是其明确的日用品商铺、加工作坊、餐饮服务等，则属于"坐贾"商家字号（见附表）。

## （四）利润和收益

虽然仅仅是一本底账，但我们依照目前所知的明清以来山西商人的普遍情况，即越是金融借贷领域，其专业化的情况越突出，一般不涉及兼营（即便有兼营，也是另外的相关独立字号，两者最多存在股俸投资关系，目前学界习惯上称之为"联号"，实际上这种说法并不科学）。就本账册所体现的利润和收益，虽然上文稍有叙述，但尚需要针对重点，给出几个特定概念，以便窥一斑而知全貌。

（1）利息。利息是账局等金融机构和组织的"生命线"，是利润的主要来源。本字号采用的是"言明利息"方式——"提前约定数字，分期与本金对应归还"。大体来看，账面利率并不是很高，在10%～20%。实际上，对于这一家特定的字号来讲，真正的利息收益远不止如此，原因在于"逐月回收本金"，因此带有明显的"累进利率"特点。我们估计，在正常经营的情况下，最终的平均水平不会低于20%，甚至有达到30%的可能。

（2）毛收入。毛收入广义上是所有的经营组织在没有撤除支出的情况下的收益，就这一账局而言，借贷利息毫无疑问是主体。

（3）纯收益。纯收益是指除去应支和开支以及撤除疲账等可以用来分红的收益。一般情况下，山西商人的字号，无论是商业还是金融，其账期的"纯收益"通常与"账期"相对应，也即，依照账期和初始资本的情况，可以估算出诸如年利润率的情况；反之，亦然。

## （五）金融经营特征

这一金融字号有其非常独特的经营方式，鲜明的特征如下。

第一，特定的"经营模式和操作方法"，很显然是自我完备的——几乎所有客户都采用相同的做法，并且在"借贷额度和借贷时间上"对应地"言明利息"，而所言利息在一定的很小的幅度内变化，丝毫看不出例外情形，进而可以肯定其规章和规则是操作模式化的保障。这一模式甚至排斥"市场利率变化"等因素，或者无视市场利率的变化情况。

第二，带有明显的"高利贷"特征，所以"高利率与高风险"并行，借贷时所埋下的隐患，在遇到"市面混乱"特别是诸如改朝换代的辛亥革命和壬子事变的情况下，也只好委曲求全"止息收本"。

第三，最本质的特征在于"转本"，那么所谓的"转本"到底是什么含义呢？我们给出的认识和界定是：①顾名思义是金融借贷的本金；②这一本金具有"快速流转"的特点，抑或说与习惯的借贷方式不同，是分期分批以"递减和累进"的方式予以回收并且"再运营"，很有"次第滚动、周而复始"的"复合运营"味道；③与当今社会的"定额利息＋分期付款方式"有异曲同工的属性；④表面上看，本金的快速回收是风险降低的策略，实质上则隐藏着"利率的变动"问题。

第四，这一金融模式在类型化层面表现出了适应性。如此做法并不是所有的商业类型都能适合，更适合针对特定的"服务对象"和"群体"展开对应的金融经营。具体地说，服务对象本身应有"资金流动"式回转的对应性，坐贾商铺、手工作坊、饭铺酒肆等就与之相适应；相反，批发商号、长途贩运商号等则不适应这一陆陆续续、细水长流的"借贷模式"。

# 三　结论

根据上文的分析可得出如下结论。

第一，本账册体现的是账局的"经营模式"，归属于专业化从事金融借贷的大类，它不从事吸收存款、汇兑、银锭铸造、银两兑换等业务。

第二，不同经营风格和模式的金融机构，其初始资本构成、运营方式方法、利润水平各不相同，各有其较为固定的服务对象（客户群体），也各有其行业行当规则。

第三，金融体系是满足全社会的需求差异而形成的，过去如此，现在如此，将来变化也不会很大。只要差别存在，适应和满足不同层次的社会群体和阶层的借贷谱系就一定会存在。本账册所体现的金融借贷，就是专门为当时的京师坐贾、手工作坊等服务的，是金融谱系化体系中的机构之一。

附表　宣统三年京师商号借贷情况一览

| 序号 | 字号 | 行业行当 | 经手人 | 借贷时间 | 借贷额（两） | 还款次数（次） | 外加利（两） | 每月收本足银（两） | 每月收利足银（两） | 字号所在地 | 还款情况 | 勾销 |
|---|---|---|---|---|---|---|---|---|---|---|---|---|
| 1 | 同聚兴 | 估衣局 | 朱姓 | 正月初十 | 150 | 5 | 7.5 | 30 | 1.5 | 大市街 | 完 | 是 |
| 2 | 庆元成 | 铜局 | 王姓 | 正月十三 | 70 | 10 | 11.9 | 7 | 1.7 | 打鼓巷 | 完 | 是 |
| 3 | 宏元号 | 纸铺 | 田姓 | 正月十三 | 100 | 10 | 10 | 10 | 1 | 东西牌楼南 | 完 | 是 |
| 4 | 新茂魁 | 干果铺 | 张姓 | 正月二十一 | 300 | 9 | 33 | 30 | 3.3 | 后门大街 | 完 | 是 |
| 5 | 鸿益永 | 白米庄 | 姜姓 | 正月二十三 | 250 | 5 | 12.5 | 50 | 2.5 | 骡马市大街 | 完 | 是 |
| 6 | 文增祥 | 洋漆杆局 | 夏姓 | 正月二十三 | 200 | 9 | 20 | 20 | 2 | 山川柳 | 完 | 是 |
| 7 | 兴盛长 | 翠花铺 | 李姓 | 正月二十四 | 100 | 10 | 10 | 10 | 1 | 花市上四条 | 改折，移账 | 是 |
| 8 | 兴泰号 | 粮店 | 刘姓 | 正月二十四 | 200 | 5 | 9 | 40 | 1.8 | 齐化门外大街 | 完 | 是 |
| 9 | 协义成 | 粮店 | 吴姓 | 正月二十四 | 200 | 5 | 8 | 40 | 1.6 | 礼市胡同 | 完 | 是 |
| 10 | 赞元堂 | 药铺 | 王姓 | 正月二十五 | 200 | 10 | 20 | 20 | 2 | 四单牌楼 | 完 | 是 |
| 11 | 长顺永 | 山货铺 | 张姓 | 正月二十五 | 100 | 5 | 4.5 | 20 | 0.9 | 骡马市大街 | 完 | 是 |
| 12 | 丰元号 | 照相馆 | 刘姓 | 正月二十七 | 150 | 5 | 11.25 | 30 | 2.25 | 琉璃厂 | 完 | 是 |
| 13 | 屈臣氏 | 大药房 | 于姓 | 正月二十七 | 500 | 10 | 50 | 50 | 5 | 大栅栏 | 完 | 是 |
| 14 | 德成玉 | 洋广货铺 | 王姓 | 正月二十八 | 100 | 10 | 12 | 10 | 1.2 | 大栅栏 | 未还完 | 是 |

续表

| 序号 | 字号 | 行业行当 | 经手人 | 借贷时间 | 借贷额（两） | 还款次数（次） | 外加利（两） | 每月收本足银（两） | 每月收利足银（两） | 字号所在地 | 还款情况 | 勾销 |
|---|---|---|---|---|---|---|---|---|---|---|---|---|
| 15 | 信成号 | 毡帘铺 | 刘姓 | 正月二十八 | 100 | 10 | 10 | 10 | 1 | 东西牌楼南 | 完 | 是 |
| 16 | 永义兴 | 铜炉房 | 杨姓 | 正月二十九 | 150 | 5 | 8.25 | 30 | 1.65 | 东西牌楼西 | 完 | 是 |
| 17 | 源祥湧 | 粮店 | 赵姓 | 正月二十九 | 100 | 5 | 5 | 20 | 1 | 牌子△△ | 完 | 是 |
| 18 | 宝山恒 | 眼镜铺 | 刘姓 | 二月初一 | 100 | 10 | 11 | 10 | 1.1 | 五斗斋 | 未还完 | 否 |
| 19 | 积顺殿 | 广货铺 | 孙姓 | 二月初四 | 200 | 10 | 17 | 20 | 1.7 | 花市四条 | 未还完 | 否 |
| 20 | 协丰裕 | 皮货局 | 于姓 | 二月初五 | 200 | 7 | 20 | 20 | 2 | 南大街 | 未还完，撇 | 是 |
| 21 | 广泰成 | 磁器铺 | 胡姓 | 二月初五 | 100 | 5 | 5 | 20 | 1 | 通州 | 完 | 是 |
| 22 | 德成和 | 丝绒铺 | 杨姓 | 二月初六 | 300 | 5 | 16.5 | 60 | 3.3 | 花市大街 | 完 | 是 |
| 23 | 大生号 | 油盐店 | 刘姓 | 二月初八 | 1000 | 5 | 50 | 200 | 10 | 崇文门大街 | 完 | 是 |
| 24 | 吉祥和 | 丝绒铺 | 赵姓 | 二月初八 | 150 | 3 | 4.5 | 50 | 1.5 | 花市大街 | 完 | 是 |
| 25 | 同兴永 | 估衣局 | 王姓 | 二月初八 | 150 | 5 | 7.5 | 30 | 1.5 | 大市半䄂 | 完 | 是 |
| 26 | 寿昌号 | 油盐店 | 范姓 | 二月初十 | 500 | 10 | 41 | 50 | 4.1 | 西单牌楼 | 未还完，打账了事 | 否 |
| 27 | 德顺号 | 粮店 | 姜姓 | 二月十一 | 200 | 5 | 9 | 40 | 1.8 | 铁门（胡同） | 完 | 是 |
| 28 | 全亨号 | 鞋铺 | 张姓 | 二月十三 | 200 | 10 | 18 | 20 | 1.8 | 煤市街 | 完 | 是 |

续表

| 序号 | 字号 | 行业行当 | 经手人 | 借贷时间 | 借贷额（两） | 还款次数（次） | 外加利（两） | 每月收本足银（两） | 每月收利足银（两） | 字号所在地 | 还款情况 | 勾销 |
|---|---|---|---|---|---|---|---|---|---|---|---|---|
| 29 | 文增祥 | 洋漆杆局 | 夏姓 | 二月十七 | 50 | 5 | 2.5 | 10 | 0.5 | 山川柳 | 完 | 是 |
| 30 | 义盛公 | 估衣局 | 王姓 | 二月十七 | 250 | 5 | 12.5 | 50 | 2.5 | 半壁街 | 完 | 是 |
| 31 | 德盛泰 | 粮店 | 史姓 | 二月十八 | 250 | 5 | 12.5 | 50 | 2.5 | 小市口 | 完 | 是 |
| 32 | 正兴号 | 估衣局 | 张姓 | 二月十八 | 100 | 5 | 5 | 20 | 1 | 南大街 | 完 | 是 |
| 33 | 庆德益 | 估衣铺 | 呼姓 | 二月二十一 | 500 | 5 | 25 | 100 | 5 | 煤市街 | 完 | 是 |
| 34 | 隆和成 | 铜铺 | 鞠姓 | 二月二十三 | 70 | 10 | 11.2 | 7 | 1.4 | 打磨厂 | 未还完 | 否 |
| 35 | 增盛得 | 粮店 | 李姓 | 二月二十三 | 250 | 5 | 12.5 | 50 | 2.5 | 蒜市口 | 完 | 是 |
| 36 | 恒盛公 | 铜炉铺 | 张姓 | 二月二十三 | 200 | 5 | 10 | 40 | 2 | 观儿 | 完 | 是 |
| 37 | 同泰和 | 掸则铺 | 刘姓 | 二月二十三 | 150 | 10 | 18 | 15 | 1.8 | 前门大街 | "此宗兑在达瑞长" | 是 |
| 38 | 浚元斋 | 眼镜铺 | 刘姓 | 二月二十三 | 200 | 5 | 10 | 40 | 2 | 门框胡同 | 完 | 是 |
| 39 | 裕兴号 | 米局 | 马姓 | 二月二十四 | 200 | 5 | 10 | 40 | 2 | 东西牌楼北 | 完 | 是 |
| 40 | 恒盛号 | 白油局 | 许姓 | 二月二十五 | 250 | 5 | 12.5 | 50 | 2.5 | 喇叭胡同 | 完 | 是 |
| 41 | 长盛合 | 猪店 | 阎姓 | 二月二十六 | 250 | 5 | 12.5 | 50 | 2.5 | 东西牌楼猪市 | 完 | 是 |
| 42 | 恒庆斋 | 鞋铺 | 赵姓 | 二月二十七 | 300 | 10 | 27 | 30 | 2.7 | 珠宝市 | 完 | 是 |

续表

| 序号 | 字号 | 行业行当 | 经手人 | 借贷时间 | 借贷额（两） | 还款次数（次） | 外加利（两） | 每月收本足银（两） | 每月收利足银（两） | 字号所在地 | 还款情况 | 勾销 |
|---|---|---|---|---|---|---|---|---|---|---|---|---|
| 43 | 聚盛号 | 丝线局 | 王姓 | 二月二十八 | 300 | 5 | 15 | 60 | 3 | 花市大街 | 完 | 是 |
| 44 | 裕慎号 | 炉厂 | 王姓 | 二月二十九 | 100 | 5 | 5 | 20 | 1 | 新开路 | 完 | 是 |
| 45 | 俊升如 | 眼镜铺 | 曹姓 | 三月初三 | 50 | 5 | 2.5 | 10 | 0.5 | 义善水会内 | 完 | 是 |
| 46 | 同聚永 | 料局 | 李姓 | 三月初四 | 250 | 5 | 12.5 | 50 | 2.5 | 打磨厂 | 完 | 是 |
| 47 | 德诚和 | 金线店 | 杨姓 | 三月初八 | 300 | 5 | 16 | 60 | 3.2 | 花市大街 | 完 | 是 |
| 48 | 义顺号 | 笤则铺 | 刘姓 | 三月初十 | 100 | 5 | 5 | 20 | 1 | 前门大街 | 完 | 是 |
| 49 | 同聚兴 | 估衣局 | 朱姓 | 三月十四 | 150 | 5 | 7.5 | 30 | 1.5 | 大市 | 完 | 是 |
| 50 | 同聚永 | 料局 | 李姓 | 三月十四 | 250 | 5 | 12.5 | 50 | 2.5 | 打磨厂 | 完 | 是 |
| 51 | 洪兴号 | 木厂 | 段姓 | 三月十五 | 100 | 10 | 10 | 10 | 1 | 骡马市大街 | 本银还完，利银未完 | 是 |
| 52 | 丰泰号 | 米局 | 张姓 | 三月十五 | 200 | 5 | 10 | 40 | 2 | 北新桥米市 | 完 | 是 |
| 53 | 文增祥 | 洋漆杆 | 夏姓 | 三月十八 | 150 | 5 | 7.5 | 30 | 1.5 | 山川柳 | 完 | 是 |
| 54 | 宏元号 | 纸铺 | 田姓 | 三月十八 | 100 | 10 | 10 | 10 | 1 | 东西牌楼南 | 完 | 是 |
| 55 | 和记号 | 大药房 | 王姓 | 三月二十二 | 500 | 10 | 50 | 50 | 5 | 东安市场 | 本银还完，利银未完 | 是 |
| 56 | 长顺永 | 山货铺 | 张姓 | 三月二十五 | 200 | 10 | 18 | 20 | 1.8 | 骡马市大街 | 完 | 是 |

续表

| 序号 | 字号 | 行业行当 | 经手人 | 借贷时间 | 借贷额（两） | 还款次数（次） | 外加利（两） | 每月收本足银（两） | 每月收利足银（两） | 字号所在地 | 还款情况 | 勾销 |
|---|---|---|---|---|---|---|---|---|---|---|---|---|
| 57 | 复兴和 | 绒线局 | 刘姓 | 三月二十七 | 300 | 5 | 15 | 60 | 3 | 花市大街 | 完 | 是 |
| 58 | 义丰号 | 油盐店 | 张姓 | 三月二十七 | 300 | 5 | 12 | 60 | 2.4 | 西板桥 | 完 | 是 |
| 59 | 福通号 | 米局 | 谢姓 | 三月二十九 | 400 | 5 | 20 | 80 | 4 | 无量大 | 完 | 是 |
| 60 | 永和号 | 毛厂 | 郝姓 | 三月初九 | 150 | 5 | 7.5 | 30 | 1.5 | 报房胡同 | 完 | 是 |
| 61 | 义聚丰 | 油盐店 | 赵姓 | 三月初九 | 300 | 10 | 27 | 30 | 2.7 | 北小街十一条 | 拨账 | 否 |
| 62 | 万利长 | 粮店 | 马姓 | 三月二十五 | 300 | 5 | 15 | 60 | 3 | 顺直门外 | 完 | 是 |
| 63 | 屈臣氏 | 大药房 | 于姓 | 四月初二 | 200 | 5 | 15 | 40 | 3 | 大栅栏 | 完 | 是 |
| 64 | 日增号 | 米局 | 梁姓 | 四月初二 | 100 | 5 | 5 | 20 | 1 | 北米市 | 完 | 是 |
| 65 | 广泰号 | 碾房 | 牟姓 | 四月初三 | 100 | 5 | 5.5 | 20 | 1.1 | 鲜鱼口内南 | 完 | 是 |
| 66 | 锦华斋 | 烛铺 | 陈姓 | 四月初三 | 100 | 5 | 5 | 20 | 1 | 花市北羊肉口 | 完 | 是 |
| 67 | 洪兴号 | 柜箱铺 | 段姓 | 四月初五 | 100 | 10 | 10 | 10 | 1 | 骡马市大街 | 完 | 是 |
| 68 | 德盛永 | 涤带局 | 李姓 | 四月初七 | 300 | 5 | 15 | 60 | 3 | 花儿市中四条 | 完 | 是 |
| 69 | 同顺合 | 响器铺 | 申姓 | 四月初八 | 200 | 10 | 20 | 20 | 2 | 崇文门大街西 | 完 | 是 |
| 70 | 宝兴号 | 铜炉房 | 陈姓 | 四月初八 | 210 | 5 | 11.9 | 42 | 2.1 | 北五虎△△ | 完 | 是 |

续表

| 序号 | 字号 | 行业行当 | 经手人 | 借贷时间 | 借贷额（两） | 还款次数（次） | 外加利（两） | 每月收本足银（两） | 每月收利足银（两） | 字号所在地 | 还款情况 | 勾销 |
|---|---|---|---|---|---|---|---|---|---|---|---|---|
| 71 | 福泰号 | 粮店 | 李姓 | 四月十一 | 300 | 5 | 15 | 60 | 3 | 蒋家胡同 | 完 | 是 |
| 72 | 海兴号 | 粮店 | 李姓 | 四月十二 | 300 | 5 | 10.5 | 60 | 2.1 | 南横街 | 完 | 是 |
| 73 | 泰兴森 | 绒线铺 | 周姓 | 四月十二 | 100 | 5 | 5 | 20 | 1 | 东珠市口 | 完 | 是 |
| 74 | 聚泰义 | 粮店 | 高姓 | 四月十三 | 200 | 5 | 7.5 | 40 | 1.5 | 藏家桥 | 完 | 是 |
| 75 | 春华斋 | 鞋铺 | 宋姓 | 四月十七 | 200 | 10 | 20 | 20 | 2 | 东单牌楼 | 利银未完 | 是 |
| 76 | 增盛益 | 饭铺 | 张姓 | 四月十七 | 50 | 5 | 2.5 | 10 | 0.5 | 齐化门外大街 | 完 | 是 |
| 77 | 永盛兴 | 筲则铺 | 刘姓 | 四月十九 | 100 | 10 | 10 | 10 | 1 | 东西牌楼 | 利银未完 | 是 |
| 78 | 保元堂 | 药铺 | 张姓 | 四月二十 | 200 | 10 | 24 | 20 | 2.4 | 东单牌楼北 | 未还完 | 是 |
| 79 | 广顺昌 | 响器铺 | 牛姓 | 四月二十 | 200 | 10 | 20 | 20 | 2 | 前门大街 | 完 | 是 |
| 80 | 永顺轩 | 茶馆 | 王姓 | 四月二十 | 100 | 5 | 4.5 | 20 | 0.9 | 崇文门外大街 | 完 | 是 |
| 81 | 瑞生号 | 粮店 | 王姓 | 四月二十一 | 1000 | 10 | 65 | 100 | 6.5 | 东化门大街 | 本银还完，利银未完 | 是 |
| 82 | 兴裕隆 | 饭铺 | 李姓 | 四月二十四 | 100 | 10 | 12 | 10 | 1.2 | 北小街西口外 | 本银还完，利银未完 | 是 |
| 83 | 晋义号 | 货栈 | 霍姓 | 四月二十四 | 200 | 5 | 10 | 40 | 2 | 打磨厂西 | 完 | 是 |
| 84 | 福泰号 | 粮店 | 李姓 | 四月二十四 | 250 | 5 | 12.5 | 50 | 2.5 | 蒋家胡同 | 完 | 是 |

续表

| 序号 | 字号 | 行业行当 | 经手人 | 借贷时间 | 借贷额（两） | 还款次数（次） | 外加利（两） | 每月收本足银（两） | 每月收利足银（两） | 字号所在地 | 还款情况 | 勾销 |
| --- | --- | --- | --- | --- | --- | --- | --- | --- | --- | --- | --- | --- |
| 85 | 天裕公 | 颜料铺 | 马姓 | 四月二十五 | 100 | 5 | 5 | 20 | 1 | 骡马市大街 | 完 | 是 |
| 86 | 洪福泰 | 估衣铺 | 腾姓 | 四月二十六 | 105 | 5 | 3.5 | 20 | 0.7 | 珠宝市 | 完 | 是 |
| 87 | 庆德益 | 估衣铺 | 呼姓 | 四月二十七 | 250 | 5 | 12.5 | 50 | 2.5 | 煤市街 | 完 | 是 |
| 88 | 双天成 | 烟袋铺 | 卞姓 | 四月二十八 | 100 | 5 | 5.5 | 20 | 1.1 | 花儿市 | 完 | 是 |
| 89 | 鸿成永 | 白米庄 | 姜姓 | 四月二十八 | 500 | 5 | 25 | 100 | 5 | 骡马市 | 完 | 是 |
| 90 | 永兴成 | 皮箱铺 | 张姓 | 四月二十八 | 100 | 5 | 10 | 20 | 2 | 南大街 | 未还完 | 否 |
| 91 | 福顺源 | 广货铺 | 曹姓 | 四月二十八 | 200 | 5 | 10 | 40 | 2 | 劝业场内 | 完 | 是 |
| 92 | 全享斋 | 鞋铺 | 张姓 | 四月二十九 | 200 | 10 | 18 | 20 | 1.8 | 煤市街 | "此宗兑在吴宅" | 是 |
| 93 | 德义兴 | 涤带局 | 胥姓 | 四月二十九 | 400 | 5 | 19 | 80 | 3.8 | 中四条胡同 | 完 | 是 |
| 94 | 泰兴森 | 绒线铺 | 周姓 | 五月初三 | 200 | 10 | 20 | 20 | 2 | 珠市口 | "此宗兑在常宅" | 是 |
| 95 | 永德公 | 茄铺 | 王姓 | 五月初三 | 200 | 5 | 9 | 40 | 1.8 | 南庐草院 | 完 | 是 |
| 96 | 景元号 | 茶铺 | 郭姓 | 五月初四 | 1000 | 10 | 80 | 100 | 8 | 西单牌楼 | "此宗净欠本银660两，移后" | 是 |
| 97 | 兴盛长 | 翠花铺 | 李姓 | 五月初四 | 200 | 10 | 20 | 20 | 2 | 上四条胡同 | 改折、转账 | 是 |

续表

| 序号 | 字号 | 行业行当 | 经手人 | 借贷时间 | 借贷额（两） | 还款次数（次） | 外加利（两） | 每月收本足银（两） | 每月收利足银（两） | 字号所在地 | 还款情况 | 勾销 |
|---|---|---|---|---|---|---|---|---|---|---|---|---|
| 98 | 义增和 | 翠花局 | 张姓 | 五月初四 | 150 | 10 | 15 | 15 | 1.5 | 上三条胡同 | 完 | 是 |
| 99 | 隆泰成 | 染带铺 | 江姓 | 五月初四 | 50 | 5 | 2.5 | 5 | 0.5 | 鲜鱼口内 | 完 | 是 |
| 100 | 增盛益 | 饭铺 | 张姓 | 五月初四 | 50 | 2 | 1.5 | 25 | 0.75 | 齐花门大桥 | 完 | 是 |
| 101 | 九如号 | 估衣局 | 王姓 | 五月初五 | 200 | 5 | 10 | 40 | 2 | 半璧门 | 完 | 是 |
| 102 | 源聚成 | 铜炉房 | 魏姓 | 五月初五 | 200 | 2 | 4.8 | 100 | 2.4 | 木厂胡同 | 完 | 是 |
| 103 | 同泰和 | 掸则铺 | 刘姓 | 五月初六 | 150 | 10 | 18 | 15 | 108 | 前门大街 | "此宗兑在达瑞长" | 是 |
| 104 | 赞元堂 | 药铺 | 王姓 | 五月初七 | 300 | 10 | 30 | 30 | 3 | 西单牌楼 | 完 | 是 |
| 105 | 吉祥和益记 | 丝绒铺 | 赵姓 | 五月初八 | 250 | 5 | 12.5 | 50 | 2.5 | 花儿市 | 完 | 是 |
| 106 | 源丰和 | 铜器铺 | 崔姓 | 五月初八 | 70 | 10 | 10.5 | 7 | 1.5 | 打磨厂 | 完 | 是 |
| 107 | 双合公 | 栏杆庄 | 曲姓 | 五月初九 | 250 | 5 | 20.5 | 50 | 2.5 | 上四条胡同 | 完 | 是 |
| 108 | 丰泰号 | 照相铺 | 刘姓 | 五月十一 | 300 | 6 | 27 | 50 | 4.5 | 琉璃厂 | 完 | 是 |
| 109 | 通兴永 | 粮店 | 申姓 | 五月十二 | 500 | 10 | 40 | 50 | 4 | 宣武门内 | 净欠本银112两，移账 | 是 |
| 110 | 增茂号 | 木店 | 李姓 | 五月十三 | 300 | 5 | 15.5 | 60 | 3.1 | 蒜市口内 | 完 | 是 |
| 111 | 宏元号 | 纸铺 | 田姓 | 五月十四 | 100 | 10 | 10 | 10 | 1 | 东四牌楼南 | 本银还完，利银未完 | 是 |

续表

| 序号 | 字号 | 行业行当 | 经手人 | 借贷时间 | 借贷额（两） | 还款次数（次） | 外加利（两） | 每月收本足银（两） | 每月收利足银（两） | 字号所在地 | 还款情况 | 勾销 |
|---|---|---|---|---|---|---|---|---|---|---|---|---|
| 112 | 复丰成 | 布铺 | 王姓 | 五月十四 | 1000 | 10 | 90 | 100 | 9 | 珠市口南 | 未还完 | 是 |
| 113 | 人和号 | 广货铺 | 王姓 | 五月十四 | 200 | 5 | 8 | 40 | 1.6 | 前门大街 | 完 | 是 |
| 114 | 聚源涌 | 广货铺 | 张姓 | 五月十四 | 200 | 5 | 8 | 40 | 1.6 | 布巷子北 | 完 | 是 |
| 115 | 福源号 | 粮店 | 赵姓 | 五月十四 | 100 | 5 | 5 | 20 | 1 | 牛血胡同 | 完 | 是 |
| 116 | 聚泰号 | 估衣局 | 王姓 | 五月十四 | 200 | 5 | 10 | 40 | 2 | 家桥三里河 | 完 | 是 |
| 117 | 三成号 | 米局 | 王姓 | 五月十五 | 100 | 5 | 5 | 20 | 1 | 米市 | 完 | 是 |
| 118 | 广源祥 | 麻刀铺 | 徐姓 | 五月十五 | 200 | 10 | 20 | 20 | 2 | 蒜市口 | 打账了事 | 否 |
| 119 | 复聚成 | 布铺 | 曹姓 | 五月十五 | 500 | 5 | 20 | 100 | 4 | 东单牌楼南 | 本银还完，利银未完 | 是 |
| 120 | 同聚兴 | 估衣局 | 朱姓 | 五月十五 | 200 | 10 | 20 | 20 | 2 | 大市 | 完 | 是 |
| 121 | 大生号 | 油盐店 | 刘姓 | 五月十五 | 1000 | 5 | 20 | 200 | 10 | 崇文门大街 | 完 | 是 |
| 122 | 庆元祥 | 皮货局 | 王姓 | 五月十六 | 100 | 5 | 4.5 | 20 | 0.9 | 东珠市口 | 完 | 是 |
| 123 | 福聚隆 | 粮店 | 庐姓 | 五月十六 | 300 | 5 | 12 | 60 | 2.4 | 锦什坊街 | 完 | 是 |
| 124 | 三益号 | 粮店 | 刘姓 | 五月十九 | 400 | 10 | 40 | 40 | 4 | 栏杆市 | 打账了事 | 否 |
| 125 | 裕昌号 | 玉器铺 | 王姓 | 五月十九 | 200 | 5 | 8 | 40 | 1.6 | 廊坊二条胡同 | 完 | 是 |

续表

| 序号 | 字号 | 行业行当 | 经手人 | 借贷时间 | 借贷额（两） | 还款次数（次） | 外加利（两） | 每月收本足银（两） | 每月收利足银（两） | 字号所在地 | 还款情况 | 勾销 |
|---|---|---|---|---|---|---|---|---|---|---|---|---|
| 126 | 华美号 | 扇则店 | 滕姓 | 五月十九 | 250 | 5 | 12.5 | 50 | 2.5 | 廊坊头条 | 完 | 是 |
| 127 | 三聚成 | 玉器局 | 汪姓 | 五月十九 | 100 | 5 | 5 | 20 | 1 | 羊肉胡同 | 完 | 是 |
| 128 | 泰合成 | 煤铺 | 吴姓 | 五月二十 | 100 | 10 | 11 | 10 | 1 | 深沟 | 完 | 是 |
| 129 | 东兴号 | 估衣局 | 王姓 | 五月二十一 | 100 | 5 | 21 | 20 | 1 | 三里河 | 完 | 是 |
| 130 | 广顺奎 | 广货铺 | 郝姓 | 五月二十二 | 500 | 5 | 25 | 100 | 5 | 佑卷子北头 | 本银还完，利银未完 | 是 |
| 131 | 协泰号 | 煤铺 | 白姓 | 五月二十四 | 105 | 5 | 7.5 | 21 | 1.4 | 霍家口 | 完 | 是 |
| 132 | 西鹤年堂 | 药铺 | 曹姓 | 五月二十五 | 200 | 5 | 9 | 40 | 1.8 | 骡马市 | 完 | 是 |
| 133 | 天德裕 | 粮店 | 郭姓 | 五月二十六 | 250 | 5 | 12.5 | 50 | 2.5 | 下三条 | 未还完，"火烧无人" | 否 |
| 134 | 三聚昌 | 绒线铺 | 龚姓 | 五月朴初二 | 250 | 5 | 15 | 50 | 3 | 齐化门外 | 完 | 是 |
| 135 | 天元成 | 烟袋铺 | 程姓 | 五月朴初二 | 100 | 10 | 10 | 10 | 1 | 花儿市街 | 完 | 是 |
| 136 | 福裕号 | 粮店 | 高姓 | 六月初二 | 500 | 5 | 20 | 100 | 4 | 西单牌楼 | 移，移账新账 | 是 |
| 137 | 瑞生润 | 广货庄 | 柳姓 | 六月初三 | 500 | 5 | 25 | 100 | 5 | 小蒋家胡同 | 疲，"火烧无人" | 否 |
| 138 | 崇慎号 | 铁铺 | 刘姓 | 六月初三 | 400 | 10 | 34 | 40 | 3.4 | 打磨厂东头 | 疲，移账 | 是 |
| 139 | 适义号 | 挂货铺 | 王姓 | 六月初三 | 100 | 10 | 8 | 10 | 0.8 | 天桥路东 | 完 | 是 |

晚清山西商人在京师的金融经营
——对宣统三年京师《转本底账》的解读

续表

| 序号 | 字号 | 行业行当 | 经手人 | 借贷时间 | 借贷额（两） | 还款次数（次） | 外加利（两） | 每月收本足银（两） | 每月收利足银（两） | 字号所在地 | 还款情况 | 勾销 |
|---|---|---|---|---|---|---|---|---|---|---|---|---|
| 140 | 源祥涌 | 粮店 | 赵姓 | 六月初四 | 200 | 5 | 10 | 40 | 2 | 脚子胡同 | 疲、关门打账 | 否 |
| 141 | 双聚成 | 估衣局 | 吴姓 | 六月初六 | 100 | 5 | 5 | 20 | 1 | | 完 | 是 |
| 142 | 西福盛 | 粮店 | 赵姓 | 六月初七 | 300 | 5 | 15 | 60 | 3 | | 完 | 是 |
| 143 | 福盛号 | 粮店 | 同上 | 六月初七 | 300 | 5 | 15 | 60 | 3 | | 完 | 是 |
| 144 | 双和号 | 铁铺 | 朱姓 | 六月初九 | 150 | 10 | 15 | 15 | 1.5 | | 完 | 是 |
| 145 | 福聚隆 | 粮店 | 庐姓 | 六月初九 | 1000 | 10 | 80 | 100 | 8 | | 完 | 是 |
| 146 | 增盛德 | 涤带铺 | 段姓 | 六月初十 | 200 | 10 | 20 | 20 | 2 | | 未还完 | 否 |
| 147 | 同聚兴 | 估衣局 | 朱姓 | 六月初十 | 150 | 5 | 7.5 | 30 | 1.5 | | 未还完 | 否 |
| 148 | 德利长 | 粮店 | 曹姓 | 六月十一 | 150 | 5 | 4.5 | 50 | 1.5 | | 完 | 是 |
| 149 | 德顺号 | 粮店 | 姜姓 | 六月十五 | 200 | 5 | 9 | 40 | 1.8 | | 疲账、未还完 | 否 |
| 150 | 聚昌德 | 干果铺 | 陈姓 | 六月十一 | 50 | 5 | 2.5 | 10 | 0.5 | 彰仪门 | 完 | 是 |
| 151 | 振秦魁 | 干果铺 | 张姓 | 六月十一 | 300 | 5 | 13.5 | 60 | 2.7 | | 完 | 是 |
| 152 | 隆裕泰 | 粮店 | 范姓 | 六月十一 | 500 | 5 | 22.5 | 100 | 4.5 | 教子胡同口外 | 完 | 是 |
| 153 | 义增和 | 翠花局 | 张姓 | 六月十六 | 50 | 10 | 5 | 5 | 0.5 | | 完 | 是 |

续表

| 序号 | 字号 | 行业行当 | 经手人 | 借贷时间 | 借贷额（两） | 还款次数（次） | 外加利（两） | 每月收本足银（两） | 每月收利足银（两） | 字号所在地 | 还款情况 | 勾销 |
|---|---|---|---|---|---|---|---|---|---|---|---|---|
| 154 | 吉祥和 | 绒线铺 | 赵姓 | 六月十七 | 500 | 5 | 25 | 100 | 5 | | 完 | 是 |
| 155 | 聚泰号 | 估衣局 | 王姓 | 六月二十 | 100 | 5 | 5 | 20 | 1 | | 完 | 是 |
| 156 | 鸿成永 | 米庄 | 吴姓 | 六月二十三 | 250 | 5 | 10.5 | 50 | 2.5 | | 完 | 是 |
| 157 | 浚元斋 | 眼镜铺 | 刘姓 | 六月二十三 | 300 | 10 | 30 | 30 | 3 | | 未还完，移账 | 是 |
| 158 | 天庆号 | 粮店 | 季姓 | 六月二十四 | 400 | 5 | 20 | 80 | 4 | | 完 | 是 |
| 159 | 聚隆永 | 粉房 | 季姓 | 六月二十八 | 200 | 5 | 10 | 40 | 2 | 德胜桥 | 完 | 是 |
| 160 | 天增成 | 布铺 | 张姓 | 闰六月初一 | 500 | 10 | 40 | 50 | 4 | | 未还完，移账 | 是 |
| 161 | 聚和隆 | 米庄 | 王姓 | 闰六月初二 | 300 | 5 | 15 | 60 | 3 | | 完 | 是 |
| 162 | 泰德昌 | 绒线铺 | 赵姓 | 闰六月初四 | 300 | 5 | 12 | 50 | 2.4 | | 完 | 是 |
| 163 | 广泰成 | 磁器铺 | 胡姓 | 闰六月初五 | 150 | 5 | 7.5 | 30 | 1.5 | | 完 | 是 |
| 164 | 同兴永 | 估衣局 | 王姓 | 闰六月初八 | 150 | 5 | 7.5 | 30 | 1.5 | | 本银还完，利银未完 | 是 |
| 165 | 三聚昌 | 绒线铺 | 龚姓 | 闰六月初九 | 100 | 5 | 6 | 20 | 1.2 | | 完 | 是 |
| 166 | 恒盛公 | 涤带铺 | 张姓 | 闰六月初九 | 1000 | 10 | 90 | 100 | 9 | | 本银还完，利银未完 | 是 |
| 167 | 广泰兴 | 麻刀铺 | 迟姓 | 闰六月初十 | 100 | 5 | 5 | 20 | 1 | | 完 | 是 |

续表

| 序号 | 字号 | 行业行当 | 经手人 | 借贷时间 | 借贷额（两） | 还款次数（次） | 外加利（两） | 每月收本足银（两） | 每月收利足银（两） | 字号所在地 | 还款情况 | 勾销 |
|---|---|---|---|---|---|---|---|---|---|---|---|---|
| 168 | 元升成 | 皮局 | 王姓 | 闰六月初十 | 100 | 5 | 5 | 20 | 1 | | 完 | 是 |
| 169 | 义泰成 | 皮局 | 王姓 | 闰六月十四 | 250 | 5 | 12.5 | 50 | 2.5 | | 完 | 是 |
| 170 | 全茂号 | 粮店 | 申姓 | 闰六月十五 | 300 | 6 | 24.4 | 50 | 2.4 | | 撤 | 是 |
| 171 | 长盛合 | 猪店 | 阎姓 | 闰六月十五 | 350 | 5 | 17.5 | 70 | 3.5 | | 完 | 是 |
| 172 | 庆兴号 | 木厂 | 赵姓 | 闰六月十六 | 300 | 5 | 12 | 60 | 2.4 | | 完 | 是 |
| 173 | 义盛公 | 估衣局 | 王姓 | 闰六月十七 | 250 | 5 | 12.5 | 50 | 2.5 | | 完 | 是 |
| 174 | 兴裕隆 | 饭铺 | 李姓 | 闰六月十八 | 100 | 10 | 12 | 10 | 1.2 | | 完 | 是 |
| 175 | 德盛泰 | 粮店 | 吏姓 | 闰六月十八 | 250 | 5 | 12.5 | 50 | 2.5 | | 完 | 是 |
| 176 | 文增祥 | 洋漆杆局 | 夏姓 | 闰六月十八 | 150 | 5 | 7.5 | 30 | 1.5 | | 完 | 是 |
| 177 | 正兴号 | 估衣局 | 张姓 | 闰六月十八 | 100 | 5 | 5 | 20 | 1 | 三里河西 | 完 | 是 |
| 178 | 聚兴号 | 穄子局 | 腾姓 | 闰六月二十 | 100 | 5 | 5 | 20 | 1 | 阎王庙后街 | 完 | 是 |
| 179 | 瑞升合 | 玉器局 | 林姓 | 闰六月二十一 | 500 | 10 | 40 | 50 | 4 | 花儿市中四条 | 未还完 | 否 |
| 180 | 庆德益 | 估衣铺 | 呼姓 | 闰六月二十一 | 500 | 5 | 25 | 100 | 5 | | 完 | 是 |
| 181 | 增盛得 | 粮店 | 李姓 | 闰六月二十二 | 250 | 5 | 12.5 | 50 | 2.5 | | 完 | 是 |

续表

| 序号 | 字号 | 行业行当 | 经手人 | 借贷时间 | 借贷额（两） | 还款次数（次） | 外加利（两） | 每月收本足银（两） | 每月收利足银（两） | 字号所在地 | 还款情况 | 勾销 |
|---|---|---|---|---|---|---|---|---|---|---|---|---|
| 182 | 聚美斋 | 画铺 | 张姓 | 闰六月二十二 | 200 | 10 | 20 | 20 | 2 | 大栅栏 | 本银还完，利银未完 | 是 |
| 183 | 德诚和 | 金钱店 | 杨姓 | 闰六月二十四 | 500 | 5 | 27.5 | 100 | 5.5 | 花儿市四条 | 撤 | 是 |
| 184 | 义全亨 | 皮局 | 于姓 | 闰六月二十四 | 100 | 5 | 5 | 20 | 1 | 三里河 | 完 | 是 |
| 185 | 恒盛号 | 油局 | 许姓 | 闰六月二十五 | 250 | 5 | 12.5 | 50 | 2.5 | 东西牌楼西 | 完 | 是 |
| 186 | 泰兴森 | 绒线铺 | 周姓 | 闰六月二十六 | 100 | 10 | 10 | 10 | 1 | 珠市口东 | "此京兑在常宅" | 是 |
| 187 | 保元堂 | 药铺 | 张姓 | 闰六月二十七 | 200 | 10 | 24 | 20 | 2.4 | 东单牌楼北 | 未还完，移账 | 是 |
| 188 | 聚盛号 | 绒线局 | 王姓 | 闰六月二十八 | 1000 | 10 | 100 | 100 | 10 | 花儿市东 | 利银未完 | 是 |
| 189 | 恒昌号 | 果店 | 徐姓 | 闰六月二十九 | 200 | 4 | 8 | 50 | 2 | 果子市 | 完 | 是 |
| 合计 | | 189 | | | 46830 | | 3067.2 | | | | | |

说明：（1）本表依据宣统三年京师新正月吉立《转本底账》整理编制；（2）其记账单位为"两"，但应当是该号之"本平两"；（3）凡字号为两个字者，后缀"号"字。

# 清代北京的票号

章永俊 *

**摘　要：** 票号亦称"票庄""汇兑庄"，多为山西商人经营。票号起源于
汇兑，为客户异地资金汇划服务，后来发展到全面经营存款、
放款、汇兑业务，成为完整形态的金融组织。早期票号的主要
活动地区在黄河流域和华北各省，而以北京为中心。北京票号
创建于清道光初年（1821~1824）。咸丰年间，由于太平天国
运动的影响，各省解运京饷发生困难，清政府下令准许京饷交
票号汇兑，北京票号业在这时发展到鼎盛阶段。清末银行出现
以后，北京票号逐渐衰落。

**关键词：** 北京票号　山西票号　汇总　票庄

　　票号亦称"票庄""汇兑庄"，因多为山西商人经营，所以俗
称"山西票号"。票号起源于汇兑业务，为客户异地资金汇划服
务，后来发展到全面经营存款、放款和汇兑业务，成为完整形态
的金融组织。早期票号的主要活动地区在黄河流域和华北各省，
而以北京为中心。[1] 北京票号创建于清道光初年。咸丰年间，由于
太平天国运动的影响，各省解运京饷发生困难，清政府下令准许

---

* 章永俊，北京市社会科学院历史研究所。
1　洪葭管主编《中国金融史》，西南财经大学出版社，1993，第128页。

京饷交票号汇兑，票号业在这时发展到鼎盛阶段。清末银行出现以后，票号逐渐衰落。

# 一　清初京师商号会票

票号以汇兑为专营业务，但汇兑并不开始于票号。作为一种异地支付凭证的"交子"在北宋即已出现。明代崇祯年间，关于会票的记载就很多。钱秉镫说："然吾观交子、会子犹今之会票，彼此俱有现钱，远难赍致，以交、会互通之，纳钱于此，而取钱于彼耳。"[1] 倪元璐曰："或以（钞法）久废乍复，人则骇之，不知此即民间之会票也。"[2] 陈子龙说："今民间子钱家多用券，商贾轻赍往来则用会，此即前人用钞之初意也。"[3] 这里的"会"是会票，"券"即银票和钱票，"子钱家"指钱铺、当铺等金融机构。明末时的会票和当时一并通行的银票与钱票都是作为信用凭证使用的，它们都具有流通性，在社会经济交往中的作用十分突出。

到了清代，会票使用更加普遍，会票的功能作用从汇兑时的信用凭证拓展到具有支票性质。清初顾炎武说："唐宪宗之飞钱，即如今之会票也。"[4] 康熙初年，江苏太仓人陆世仪（1611~1672）记述苏州一带的缙绅与旅京的苏州商人间常从苏州向北京拨兑银钱的事例。他说："今人家多有移重资至京师者，以道路不便，委钱于京师富商之家，取票至京师取值，谓之会票。"[5] 十

---

1　（清）钱澄之撰《田间文集》卷七《钱钞议》，彭君华校点，黄山书社，1998，第137页。

2　《明怀宗实录》卷一六，崇祯十六年九月甲寅。

3　《钞币论》，引自王鎏《钱币刍言·先正名言》。

4　（清）顾炎武：《日知录校释》（上），张京华校释，岳麓书社，2011，第495页。

5　（清）魏源：《皇朝经世文编》卷五十二《论钱币》，见《魏源全集》第15册，岳麓书社，2004，第822页。

分宝贵的是，1982 年发现了清康熙二十二年到康熙二十五年（1683~1686）北京前门外打磨厂日成祥布店遗留下来的 23 张会票。这批会票是由安徽休宁县西南渭桥谢氏收藏。票面金额除了一张 5 两的以外，其余最低的为 35 两，最高的为 3000 两，多数在 200~1000 两；23 张会票票面金额总计 13980 两。[1] 这批会票实物证明了当时在不同地区间（如北京和徽州之间），由于商品交换，商人之间为清算而利用会票完成款项的拨兑。道咸年间，江苏仪征县的张集馨（1800~1878）追述其叔父张晓岚嘉庆时捐官进京，曾"与邑人郑健堂太守之子平山诸生借银两千两，又向西贾借银数千两，捐纳双月知县"，其借款则以"会票来家兑还"。[2] 这表明会票不仅用于汇款，而且用于作为清偿债务的凭证。一般说来，见之于私人之间的汇兑活动往往是在地区之间商业金融调拨已经比较盛行之后才会出现。日成祥布号谢氏会票和张晓岚利用会票清偿个人债务等事例可以说明，从康熙以后到嘉庆年间，专业的汇兑机构虽未设立，但商号中兼营汇兑或利用汇票清算不同地区间因商业或私人借贷而形成的债务关系，已经是常见现象。

　　会票的兑付有一定的期限规定。根据已发现的会票来看，有即期和限期两种。即票就是会票中注写"见票即兑""见票兑付""验票兑付"等，即票由签发地传递到兑款地后，应立即付款，不准延误。期票则是约定兑付的时间，如会票中注写"三月内准兑""四月终兑""六月内兑付"等。

　　由于当时京城银两从成色到秤量的复杂性，会票兑付时还要按照特定的方法进行。从谢氏所藏的会票就可以看到，日成祥布店兑付银两使用的"本平"即自置的平砝，也就是"日

1　汪宗义、刘宣辑录《清初京师商号会票》，《文献》1985 年第 2 期。

2　（清）张集馨：《道咸宦海见闻录》，中华书局，1981，第 6 页。

成布法"。此外还有"封来钱法""市砝""封进钱法""市口砝""封来铜法""惟宽兄封法""兆贞法"。"封来""封进"等表明是汇款者随会票带去的平砝，并表示砝码是用纸封裹着。总之，就是收受银两时用什么平砝，到兑现地时亦用同样的平砝。兑银平砝之多亦说明了当时商人之间办理汇兑已成为一种经常性活动。[1]

## 二　北京票号的产生与初步发展

北京票号起源于山西票号。关于票号产生的年代，公认的看法是：第一家票号是道光初年在山西出现的日升昌票号，商人雷履泰是该业创始人。据北京平遥颜料会馆碑刻，雷履泰经营的西裕成北京分庄改营日升昌票号的时间，当在道光九年（1829）之前。[2]

道光初年至咸丰年间（19世纪20~50年代）是票号的初步发展时期。咸丰三年（1853），晋商开设的票号实存的有18家，[3]其中有8家在北京开设了分号，即平遥的日升昌、日新中、蔚丰厚、蔚泰厚、新泰厚、天成亨，祁县的巨兴和，太谷的志一堂（志成信在北京的分号）。这一时期票号的业务主要是从事国内各城镇间的商业款项的汇兑，以商号或个人为其服务对象。汇兑方式有票汇和信汇两种。票号的汇费不固定，往往因人因地而异，并以季节的淡旺、利率的高低、路途的远近等为估定的标准。例如，道光二十四年（1844）蔚泰厚京都汇苏州的汇费为

---

1　孙健等：《北京古代经济史》，北京燕山出版社，1996，第307页。

2　张国辉：《中国金融通史》第2卷，中国金融出版社，2002，第38~39页。

3　黄鉴晖：《山西票号史》，山西经济出版社，2002，第107页。

6%~14%不等。[1] 收汇号在付款时，在两地货币单位的折算上还要取"平色"余利，为汇额的5‰~6‰，结果实际汇费可达1%~2%。当时交通不便，票号还可以无偿地占用在途资金几十天。[2]

票号在进行汇兑时，一般是"顺汇"，即甲地收款，乙地付款。但票号经营灵活，为适应工商铺户筹措资金的需要，同时开办"逆汇"，即结合存放款的一种汇兑形式。如甲地票号先通知乙地付款，由甲地在一定期限内向汇兑工商铺户收款，先付后收间隔的时间，按月计收利息。实质上这是一种结合放款的汇兑方式。如果汇款人在乙地先交款，由甲地的票号延迟一定时间交付汇款，票号则免收汇费，如果时间较长，则由票号给予利息补贴。这种办法则是结合存款的汇兑方式。[3] 票号最迟在19世纪40年代已经把存款、放款与汇兑结合起来。[4] 到19世纪50年代初期，存款、放款已成为一些票号的经营性业务。如日新中京都分号道光三十年（1850）年终总结账，有存款白银36683.65两，放款68469.81两；咸丰二年（1852）年终存款84976.07两，放款49860.01两。[5]

清政府为搜刮民财，推行卖官制度，史称"捐纳"。有钱人无官衔可以捐款买虚衔，有官衔的可以捐款加级。各种官衔都有规定的捐银数量，只准在京城通过银号向户部交款领照，称为"常捐"。从嘉庆五年（1800）开始，在各行省都可向藩库交款领照，又称"大捐"。[6] 自嘉庆五年到道光二十六年

---

1  中国人民银行北京市分行金融研究所、《北京金融志》编辑委员会办公室编《北京金融大事记》，人民银行北京市分行金融研究所，1988，第6页。

2  张虎婴编著《历史的轨迹——中国金融发展小史》，中国金融出版社，1987，第43页。

3  吴慧主编《中国商业通史》第4卷，中国财政经济出版社，2008，第421页。

4  高贯成主编《江苏票号史》，中国金融出版社，2007，第156页。

5  黄鉴晖等编《山西票号史料（增订本）》，山西经济出版社，2002，第36页。

6  黄鉴晖：《告诉你一个真实的日升昌》，中州古籍出版社，2006，第80页。

（1846），仅江苏、安徽两省就收回捐纳款 12121060 两之多。在捐纳过程中，山西票号起到了一定的中介作用。[1] 据平遥日升昌票号京师分号与京城裕成银号往来折记载，日升昌在道光三十年二月初十到四月二十五日，共为叶德尧、朱璞、吴丕基等 12 人代办了捐纳。[2]

票号之间围绕承揽和代办捐纳业务展开过激烈的竞争。我们从票号内部的商业书信可以看出竞争的状况。例如，道光二十四年（1844）四月二十三日，蔚泰厚票号苏州分号致函京都分号，其中说："再报苏地大势，功名以及钱店生意，咱号概不能做分文。皆因日升昌、广泰兴等号，今年以来，收揽从九监生，加色曹平，二十二两微一些，二十、二十一（两）不等。照此弟等实无化算，是以只可不做，但不知伊等如何算法。"[3] 从书信的内容看，日升昌和广泰兴在承揽捐纳"从九品"和"监生"的业务中采用减价竞争的方法，使对手蔚泰厚票号感到难以应付。七月十三日，京都分号在致苏州分号的信中全面地分析了代办捐纳的业务，并提出了相应的建议："至于常捐，如从九、监生前信已报，各银号俱照旧不收，此刻果然。据弟等之见，至年尽银（有）半载，南北过账，虽无余剩，只可照旧，望兄等聪明合算，不误收揽为妙。唯大捐以此刻大势俱少，料想秋期各外省许有赶九月办理名字，望兄等如大捐名字乘此赶办之际，切宜手松些，到（或）许至临时，交足有宗项，胜无宗项，其银数几千两以及万数八千两者，更宜迁就让一二点，有益时多，此情不待弟冗〔陈〕呈，兄等久知。倘遇沾光，京、苏何必拘定限制过账，

———————

1　张正明、邓泉：《平遥票号商》，山西教育出版社，1997，第 34 页。

2　黄鉴晖等编《山西票号史料（增订本）》，第 763~764 页。

3　《道光二十四年四月二十三日蔚泰厚苏州分号致京都分号第九十一次信》，见黄鉴晖等编《山西票号史料（增订本）》，第 25 页。

况限来数。十年间，咱号各处捐项，苏局首一，常局在二，其余不须指望。现在光景，时势所及，显非人力所为，奈何！"[1] 可以看出，票号在承揽捐纳业务的竞争中，一方面重视保证一定的营业收益，另一方面也注意维持与客户之间的联系。为了维持与客户的关系，有时票号甚至是贴钱办理业务。有日升昌票号的京都分号致汉口分号的书信说："今次汉揽杨长珩廪贡加捐训导一名，包来之银数，按咱号之平色上兑，均得与其贴银六两有余。俟开卯即与其上兑不误。但伊开来履历单，未曾开来内三代姓氏存殁。唯杨三兄在汉与咱素属至好，定要与伊着实办理，庶免后首烦渎。"[2] 可见，在与同业的激烈竞争中，票号从大局出发，甚至不惜自身吃亏，也要维持今后与重要客户之间的信用关系。

咸丰年间（19世纪50年代），太平天国运动使北京的商业金融市场经历了剧烈的动荡，票号业曾一度收缩。咸丰三年三月，太平军逼近京津，"京师票号挟资回籍，汇兑不通"。[3] 咸丰三年四月十一日，清朝宗室惠亲王绵愉称："伏思天下之广，不乏富庶之人，而富庶之省，莫过广东、山西为最。风闻近月以来，在京贸易之山西商民，报官歇业回籍者，已携资数千万出京，则山西之富庶可见矣。若能于此两省中实力劝捐，自不患无济于事。"[4] 六月二十九日，福建道御史宋延春也献策曰："臣访闻得京师票号、账局共计百十余家。各本银一千数百万两……现在各商虽有收银回籍者，闻已不过十之二三，其余大半仍留京师，应请

1 《道光二十四年七月十三日蔚泰厚京都分号致苏州分号信》，见黄鉴晖等编《山西票号史料（增订本）》，第 1142~1143 页。

2 黄鉴晖等编《山西票号史料（增订本）》，第 836 页。

3 张国辉：《中国金融通史》第 2 卷，第 429 页。

4 《和硕惠亲王等奏折》，咸丰三年四月十一日，《军录》革命运动类，卷号 477-4，见黄鉴晖等编《山西票号史料（增订本）》，第 52 页。

饬交户部一并查明，传集劝谕。"[1] 战争期间最早的捐输始于京城各商，票号和账局一马当先。自咸丰三年五月初三日到十月初十日，京城各商号共捐银 339000 余两、钱 17 万余吊。山西票商捐输成为清军饷需的一个重要来源。[2] 咸丰三年十一月，"清廷筹集军饷，谕令各省绅商捐输助饷。13 家票号以经理人名义，共26 人，在京捐银 6182 两"。[3]

咸丰年间，清政府为筹措军费，大开捐纳，按虚实官衔等级定价，输银加封。"文官可至道台，武职得为游击，京堂二品，各部郎中，鬻实官并卖虚衔，加花翎而宽封典。票庄乘机居间揽办，得利优于其他汇款。"[4] 自从"咸丰初年，筹饷例开，报捐者纷纷，大半归票商承办其事，而营业渐次扩张"。[5] 各省捐生因"道路遥远，银两难于携带，且恐盗贼抢窃，每托京外汇票银号递至京中上兑"。[6] 票号承汇各地人等向政府卖官鬻爵的捐款，使北京分号的收交汇款额大增。据日升昌等 6 个票号分号账目统计，咸丰年间一年内收汇银 185.3 万两，涉及 21 个城市，其中北京占 18.49%；交汇银 184.2 万两，涉及 23 个城市，其中北京占 11.75%。[7]

票号东伙自己也出钱捐买官职，正式与清政府建立联系。据

1 《福建道监察御史宋延春奏折》，咸丰三年六月廿九日，《军录》财政类，卷号 13-15，见黄鉴晖等《山西票号史料（增订本）》，第 49 页。

2 《会议军器大臣柏葰等奏为派出捐资铸炮之有功委员给予奖叙的折片》，咸丰三年十月十二日，《军录》太平天国，第 1229-20 号，见黄鉴晖等编《山西票号史料（增订本）》，第 50 页。

3 黄鉴晖等编《山西票号史料（增订本）》，第 795 页。

4 赵子香：《票庄遗事记略》（未刊稿），见黄鉴晖等编《山西票号史料（增订本）》，第 141 页。

5 （清）李宏龄：《山西票商成败记》，黄鉴晖校注，山西经济出版社，2003，第 177 页。

6 《云南道监察御史周有簏为制止市侩开设堂名包揽捐项奏折与折片》，咸丰元年十一月初十日，《军录》财政类，捐输 18（2），见黄鉴晖等编《山西票号史料（增订本）》，第 25 页。

7 黄鉴晖等编《山西票号史料（增订本）》，第 41~42 页。

统计，在日升昌、蔚泰厚等票号的东家中，有 21 人输银捐买官职，有 26 个掌柜人报效银两 6182 两，得到了各种虚职，从而加深了与实职官吏的关系，发展了存款业务。[1]

由于太平天国战争的影响，各省向北京解运京饷发生重大困难，清政府被迫放弃历来奉行的严禁京饷交商号汇兑的规定，而于同治元年（1862）冬，通令各省督抚将京饷觅殷实票号"设法汇兑，兑期妥速"。[2] 通过频繁的汇兑业务，票号与清政府的关系异乎寻常地密切起来。这是票号在 19 世纪五六十年代之交业务对象发生变化的一个特点。[3]

## 三　北京票号的鼎盛时期

同治、光绪年间（19 世纪 60 年代至 90 年代），北京票号进入了黄金时代。

19 世纪 60 年代初，山西票号主要有 14 家；60 年代末，设在北京的分号已达 20 家以上。这些票号按其总号所在地，主要分为平遥、太谷、祁县三帮。平遥帮中有达蒲村李家开设的日升昌和谦吉升，有介休北贾村侯家开设的蔚泰厚、蔚存厚、天成亨、新泰厚、蔚盛长组成的五联号以及蔚长厚，还有祁县渠家在平遥开设的百川通，榆次王家开设的协同庆、协和信，介休冀家开设的乾盛亨等。太谷帮中主要有志一堂和协成乾，志一堂股东由员姓、曹姓和后来著名的孔氏家族等 19 家组成。祁县帮中最

---

1　苏全有主编《近代中国专题研究》上册，线装书局，2008，第 115 页。

2　《粤海关监督毓清奏折附片》，同治三年十月二十五日，《军录》财政类，卷号 28，见黄鉴晖等编《山西票号史料（增订本）》，第 75 页。

3　张国辉：《晚清钱庄和票号研究》，社会科学文献出版社，2007，第 80 页。

早设立的是合盛元，还有祁县乔家开设的大德兴，渠家开设的三晋源、存义公，此外还有元丰玖等。这一时期票号为山西商人独占的局面开始被打破，出现了江浙商人胡光墉（雪岩）开设的阜康、云南商人王光斋开设的天顺祥等票号。自19世纪80年代直至19世纪末，北京票号中著名的有太谷常家开设的大德玉，祁县乔家开设的大德通、大德恒，还有江浙商人严信厚开设的源丰润等。当时票号不仅充当清政府捐纳筹饷的办事机构，而且为户部汇兑，解缴税收，即京饷。从此，承汇政府公款和官吏个人汇款逐渐成为票号的主要业务。[1]

除了京、协饷汇兑之外，票号还为清政府的洋务运动汇解各种经费。如光绪七年（1881），北洋大臣李鸿章为加强海防，奏请购买铁甲船，户部咨文四川筹解银30万两；[2]光绪十二年（1886），四川续解海防捐输10万两。这些都是交由百川通、日升昌等9家票号承领，汇解北京海军衙门的。[3]

据不完全统计，1862年至1893年，票号承汇各省、关京饷、协饷和洋务经费等共计81407520两，其中汇兑洋务运动经费（包括海军、铁路及其他三项）6616081两，占8.1%；汇往京师京饷为58657337两，汇往京师内务府经费2661686两，汇往京师其他费用288754两，总计全国各地汇往北京的款项为61607777两，占75.7%。[4]

光绪二十六年（1900）庚子事变，在京的票号大都撤资回山西，损失不大。当时，慈禧太后西逃，途经山西祁县，行宫设于

---

1　北京市地方志编纂委员会编《北京志·综合经济管理卷·金融志》，北京出版社，2001，第85页。

2　《四川总督丁宝桢奏折附片》，光绪七年七月十一日，《军机处剥副奏折》。

3　《暂行护理四川总督按察使游智为筹解海军衙门饷银奏折》，光绪十二年九月十九日，《军机处录副奏折》。

4　黄鉴晖等编《山西票号史料（增订本）》，第132~133页。

大德通票号，随行官员因从北京出走仓皇，中途银钱衣物均缺，票号乃予全力资助，清室对此倍加赏识。迨事平之后，对票号更为信任，所有岁入各款，大部存入票号。[1] 此外，庚子事变中，各家票号都非常强调信用，对于存户的提款毫不留难，有的甚至主动"推还存款"。因此，事变过后，票号的信誉反而大增，以至"官商士庶，皆知票号之殷实"，于是官款（税款、军饷、协款、丁漕等）、私蓄（贵族达官的宦囊和绅富的家藏）"无不提负而来，堆存号内，大有挥之不去之势"。[2] 所以义和团运动失败以后，票号的业务反而比以前获得了更大的发展。

光绪二十一年（1895），晋商在京开设的票号有17家。[3] 光绪后期，1895年至1907年，北京又有义善源、锦生润、宝丰隆、大德川等新票号设立。据1905年统计，北京票号有30家以上。[4]

票号之所以获大利，不仅在汇兑，而且在于吸收存款，其中官款和大宗私款最多，一般商款甚少。北京是存款较多的地区之一。韩业芳在《山西票号皮行商务记》中记道："以各票号之原本计，每家不过十余万两，即后来获利倍本，每家本钱也不过增至二三十万、三四十万耳。今三年之中，即获利六七十万、二三十万，此何故哉？存款既多，所以获利自广也。自票庄信用大增后，勿论官商士庶，积有金钱，皆愿储票庄，冀图保值，上而公款如税项、军饷、边远各省丁漕等，下而私款如官场积蓄、绅富之储藏，无一不存票庄之内，所以每家存款至七八百万、

---

1  张利民：《华北城市经济近代化研究》，天津社会科学院出版社，2004，第291页。

2  严慎珍：《晋商盛衰记》，转见卫聚贤《山西票号史》，附录，中央银行经济研究处，1944，第317~318页。

3  《朝市丛载》卷五《汇号》，京都荣宝斋光绪乙未版，见黄鉴晖等编《山西票号史料（增订本）》，第319页。

4  《北京志·综合经济管理卷·金融志》，第86页。

二三百万之多。且公款皆不要利息，私款虽有利息不过二厘三厘耳。而票庄以此无利息巨款，转放可得八九厘之息，此何如胜利耶！"[1]

北京票号的存款情况从以下例子可见一斑：据光绪三十二年（1906）七月的统计，清政府户部先后存放各行号款为白银6936246两，其中存入外国银行的占8.17%，存入户部银行的占61.18%，存入票号2064596两，占29.75%。这些存款仅集中于存义公、大德恒、大德通、义善源4家票号。[2]可以推断在光绪三十一年（1905）户部银行成立之前，北京票号业的存款大大超过该三四家票号统计数字。

## 四　北京票号的衰落

北京的票号业同全国一样，在日臻发展的同时，也蕴藏着危机。自光绪二十四年（1898）中国通商银行在北京设分行后至辛亥革命前，仅10余年时间，在北京设立的国内官办、商办银行已有10余家，外资银行发展到9家。[3]在近代银行的冲击下，票号业务量锐减。光绪三十二年，全国票号汇兑公款数额达2250余万两。到宣统三年（1911），票号的汇兑额只有530余万两。5年间，汇兑金额迅速减少，不足原来的1/4。[4]对此，曾任蔚丰厚北京分号经理的李宏龄痛心地指出："自甲午、庚子以后，（票

1　韩业芳：《山西票号皮行商务记》（1921年油印本），见黄鉴晖等编《山西票号史料（增订本）》，第742~743页。

2　黄鉴晖等编《山西票号史料（增订本）》，第280~281页。

3　《北京志·综合经济管理卷·金融志》，第87页。

4　董继斌、景占魁：《晋商与中国近代金融》，山西经济出版社，2002，第258页。

号）不惟倒欠累累，即官商各界生意亦日见萧疏。推其原故，固由于市面空虚，亦实以户部及各省银行次第成立，夺我利权。而各国银行复接踵而至，出全力与我竞争。"[1] 宣统二年九月，北京票号尚有 26 家，合计发行银票 148438781 两，银圆票 31270 元。[2] 这 26 家票号，在戊申年（1908）三月，"其生意（汇兑）之减少已十之四五，存款之提取更十之六七也。即如户部银行所到之处，官款即全归其汇兑，我行（蔚丰厚北京分号）之向做交库生意者，至此已成束手之势"。[3] 到民国初年，北京商会属下汇兑庄 24 家，晋商开设者占 18 家。[4] 票号虽然还有一些家数，但也是每况愈下。

由于帝国主义的侵略，清末金融市场出现了倒账风潮，票号被倒欠的放款大大超过前期。李宏龄说："同治以后……而尤足寒心者，一遇倒账，外洋银行则凭藉外力，大清银行则倚仗官权，同属财产关系，而彼各挟势力以凭凌。如丁未营口东盛和之事，银行收十成而有余，票号收五成而不足，尚何公理之可言哉！"[5] 由于票号存放款对象范围狭小，加之各票号自恃殷实、乐善好施，对清政府的各种募捐慷慨解囊，而各地分庄经理、执事人员又作威作福、骄奢淫逸、赌博成性，票号在 19 世纪末 20 世纪初呈现岌岌可危的没落趋势。[6]

基于票号所面临的种种困境，李宏龄针对腐化作风，曾给当时财东侯从杰（字卓峰）写信说："以弟近日所见，各连号情形大

1　（清）李宏龄：《山西票商成败记》，黄鉴晖校注，第 171 页。

2　《汇兑庄暂行银条册》，宣统二年九月，《度支部档案》金融货币类，卷号 0165，见黄鉴晖等编《山西票号史料（增订本）》，第 361 页。

3　（清）李宏龄：《山西票商成败记》，黄鉴晖校注，第 171 页。

4　京师总商会编《京师商会众号一览表》（民国 2 年），首都图书馆藏，1914。

5　（清）李宏龄：《山西票商成败记》，黄鉴晖校注，第 178 页。

6　刘建生等：《晋商研究》，山西人民出版社，2005，第 173 页。

非历代东君手创规制本意，领事者瞻徇情面，往往各码头号事未能尽知；即有所知，亦未能穷究细问，即问矣又未能实行办理，因此日复一日，终恐难以振作。若不即早挽救，恐为时再久，东君虽有所知，挽救亦无及矣。"[1]要求整顿票号号事，去腐除污，以图重振雄风。

光绪三十四年（1908）四月，以李宏龄为代表的北京祁县、太谷、平遥三帮票号曾向山西总号发出合组股份银行倡议函，并向总号当面陈说利害。各埠分号经理也纷纷表示支持。但总号故步自封，不为所动，蔚泰厚票号的经理毛鸿瀚还认为积极创议改办银行的李宏龄是自谋发财。银行终于未曾办成。[2]

宣统三年清王朝崩溃，票号的特权和优越条件丧失，它所收受的政府和官吏存款被提取，放款一时不能收回，从此一蹶不振。[3]

综上，由于北京票号的兴盛是以服务于清政府的财政为主，成于斯，败亦于斯。晚清政治、经济形势的急剧变动，尤其是新式银行业的出现，对北京票号的影响甚巨。在辛亥革命之后，北京票号很快衰败，并作为一个行业消亡了。

---

1　（清）李宏龄：《同舟忠告》，黄鉴晖校注，山西经济出版社，2003，第136页。
2　叶世昌等：《中国古近代金融史》，复旦大学出版社，2001，第195页。
3　《北京金融大事记》，第9页。

# 商业团体与地方捐税

## ——以民初保定干鲜果捐、斗税为中心的考察

韩非凡 *

**摘　要：**清末时期，直隶省各县在牙税之外多以包捐形式开征"地方特别公益捐"。民初清苑各业连遭打击，市面持续萧条，干鲜果业的牙纪取消，所交地方公益捐在征收数额与征收方式方面由于多重因素干涉而纠葛有年。经各方交涉，该业最终确定了分行内外分别缴纳公益捐，确立定章，互不干涉，行内十八家商号由行头按季交由商会转解，包捐人系对行外运贩、行商评价过秤后收捐。此规至日伪时期始改归行内统一征收。斗税方面，斗业公会与包税人之间亦纷争不断。商会、行业团体力图居间调停，尽力减轻商人税负。各级政府虽清楚包税制之弊，但税制改良尚属摸索阶段，碍于省内实际情况，最终仍需包税之制或类似制度来维持税务，由行内商人担任包税人成为折中选择。

**关键词：**清苑　捐税　商业团体　斗税

随着中国近代化进程的推进，清政府于清末开始推行新政，地方自治是其主要内容，地方州县的学务、警政、实业等被定为"官治"以外的地方事务，其所需的经费国家财政不予拨给，各地纷纷设立财务机关（或由县署代理），产生了地方自治财政，地方杂捐、正

---

* 韩非凡，北京舞蹈学院思想政治理论教研部。

税的附加部分等成为自治财政的主要来源之一。[1] 民国以降，商业的税种仍大体分为国税、省税和县地方捐三种。地方捐是地方财政的主要来源，其中牙税属省税，而牙捐属于县地方捐。[2] 1914 年北京政府颁布《商人通例》，牙行业、居间业、代理业等都作为商业列入通例进行登记管理，1915 年 9 月颁布了《整顿牙税大纲》，废除了牙帖定额化制度。[3] 各地可以根据市场需要、行业需求自行添设或裁撤牙纪的数目和种类。[4] 直隶省亦颁布有整顿牙税章程十三条，主要目的是把清末开征的牙行盈余[5] 正式税化。在牙税之外，各县多以包捐形式向牙行开征"地方特别公益捐"。[6] 从现存档案[7] 可以看

---

1　魏光奇：《直隶地方自治中的县财政》，《近代史研究》1998 年第 1 期，第 70 页。

2　李景汉：《定县社会概况调查》，上海人民出版社，2005，第 435 页。

3　清代牙商有官牙、私牙之分，领用官府牙帖的为官牙。清代自雍正十一年（1733）起，官府禁止州县自由发给牙帖，乾隆初年重申此规，至同治年间，除个别地区外，牙帖数量基本保持稳定。参见燕红忠、李凤《清代的牙商及其经营特点》，《中国经济史研究》2013 年第 1 期，第 84 页。

4　江苏省商业厅、中国第二历史档案馆编《中华民国商业档案资料汇编》，中国商业出版社，1991，第 705 页。直隶省其后下发了地方性法规，包括《整顿牙税章程》《直隶牙税改订新章》等，参见《益世报》1925 年 4 月 29~30 日，第 10 版。

5　牙税最初性质为牙帖税，目的在于限制牙行，维护商贾。清末庚子以后，为增加财政收入，政府在牙商缴纳牙帖税的基础上，要求另行缴纳牙税盈余若干，直隶省牙税盈余分 100 两、50 两、30 两、20 两、5 两共六等。此后，牙税盈余制度成为牙商税负的主要部分。参见张彦台《蜕变与重生：民国华北牙商的历史演进》，山西人民出版社，2013，第 284 页。

6　清末牙行除纳帖税以外，还有缴纳当地长官的各种陋规。1914 年整顿财政后，大部分陋规拨充公款，改称特别公益捐，存作地方经费。牙行除纳征税外，另缴公益捐，在多数县内，不按正税收另外招商投标承包，由包商向各牙行抽收。1925 年直隶牙税改为包税制度实际上滥觞于此。参见冯华德《河北省牙税之演变》，《大公报》（天津版）1935 年 3 月 20 日，第 11 版。包税制度实际上改变了牙税的性质，由政府向牙纪征收变为包税人强制性地向买卖双方征收，当局虽明令表示无入牙行之必要的货物交易可自由买卖，但包税制下，在实际操作中，包税人往往依仗官厅牙税章程强迫商民缴纳牙佣后方准自由买卖。这或许是当局有意增加收入却无法明言，事实上默许了包商之行为。参见《取缔例外之牙行》，《大公报》（天津版）1921 年 4 月 25 日。

7　本文所用档案来自目前已经影印出版的《保定商会档案》和上海交通大学出版社开发的"中国商会档案数据库"（保定卷）（下文简称"保定商会档案数据库"）。

到，保定（清苑）的各行商业在民初连遭打击，市面持续萧条，干鲜果业的牙纪随即取消，而其每年呈交的地方公益捐在征收数额与征收方式方面由于行业商号、行政力量、包捐人等因素干涉而多年纠葛不断。涉及民生利益和地方市面荣枯的斗税方面，斗业公会与包税人之间亦纷争不断。地方商业领导力量——商会、行业团体作为"纳税人团体"力图居间调停，以维护商人利益，在可能范围内减轻商人税负，它们在地方捐税征收中扮演的角色实态是既往有关商业团体的研究中较易忽略的方面。[1]本文从档案、报刊出发，试图对民初保定这一问题做初步梳理。[2]

## 一　民初清苑干鲜果业的公益捐额纷争

民初保定的地方商号摊有公益捐，以助地方公共事业，主要用于地方医院、实习工场、学堂等。[3]干鲜果业的牙捐清末时由牙纪抽收牙佣[4]而得，牙纪每年呈交捐款 670 两作为清苑实习工场常年经费。

---

1　魏文享教授专攻这一领域研究，详见近年发于《近代史研究》《史学月刊》等文，他曾提示这一方向是商会史研究可以继续挖掘的领域，是为笔者选题的缘起。参见魏文享《作为纳税人团体的近代商人组织》，载朱英主编《近代史学刊》第 15 辑，社会科学文献出版社，2016，第 28 页。

2　既往关于保定商会的研究曾零星提及民初清苑干鲜果业地方捐的纷争，但未从较长时段完整叙述这一问题，对 20 世纪 20 年代之后干鲜果业因民初所定捐额而引发的行内外与包捐人和县政府的矛盾纠葛、30 年代因商业衰颓引起的捐额交涉和斗税纷争等内容较少提及，参见史佳《1907~1927 年保定商会研究》，硕士学位论文，河北大学，2009，第 23 页；尹晓敏《保定商会与近代保定城市社会变迁（1907~1928）》，硕士学位论文，郑州大学，2014，第 45 页；黄韬《保定商会与保定区域市场研究（1907~1927）》，硕士学位论文，河北大学，2016，第 57 页。

3　姜锡东、张冰水、梁松涛主编《保定商会档案辑编》第一卷（五），北京燕山出版社，2013，第 218 页。张彦台：《蜕变与重生：民国华北牙商的历史演进》，第 322 页。

4　牙商抽取的佣金称牙佣，参见张彦台《蜕变与重生：民国华北牙商的历史演进》，第 128 页。

民元市面萧条，牙纪亏损严重，无力交捐，遂由商行承办，所收牙佣仍按季呈交实习工场。1915 年 8 月 11 日，干鲜果行等因生意萧条曾向保定商会请求酌减实习工场捐款。15 日，商会向实习工场转达了此事，随后实习工场向商会表示干鲜果业捐一项原由牙纪承办，因该商行等再四请求，将旧日牙纪取消，统归商行办理，经商会会同工场呈请县长核准。此项捐数既由该商行担任，自应照旧呈交，不得因一两家之关张借端推诿，并表示此款乃该场紧要之款，希望商会设法维持公益。但 1916 年 10 月前后，有商人凭县发凭照呈请在干鲜果业营业集中区域试办牙纪，拟收揽捐利，遭到干鲜果业众商号的反对，希望商会转呈县长撤销此经纪。[1] 11 月，另有商人裴春林等赴财政厅呈请包办干鲜果捐。[2] 当月 26 日，干鲜果行就捐税问题致函商会，表明匡馨甫、裴春林等呈请包办均为"居心扰乱"，所向官厅保证之加认税款等多未言明如何对待售主，此鱼肉商民以报国之举流弊甚重。[3] 干鲜果业万顺和等商号为避免被包捐人宰割，表示愿加捐 500 元充作地方学务、商务所需，请所有捐款仍归该行照旧承办。清苑县行政公署表示"既愿加捐，循旧承办事尚可行"，以其中 200 元补助商会，以 300 元补充学款。1916 年 12 月，干鲜果业为避以后再遭包商宰割，众

---

1 《保定商会档案辑编》第一卷（五），第 219 页。

2 清苑县公署于 1916 年 11 月 8 日致函商会商讨此事，说明干鲜果多为富家之用，各省开设该业之商家多居为奇货，自清一直有牙纪借此渔利，每年在清苑县认缴纹银 670 两。民国之后，牙纪裁免，干鲜果行趁机要求请归行内承办，此项银两归清苑县实习工场经费，而西关旧日牙纪把持已久，愤恨不释，与行内曾起交涉，后拟将该牙纪改为行内雇工，每年帮贴行内银 400 两，仍照旧章抽要，牙用（佣）遇有车载骡驼（驮）负售卖者，内外取用六分，此虽无牙纪之名，却有牙纪之实，行内买卖干鲜等货不忿牙用（佣），分文不出而且得以贩卖获利，因其把持不肯放手，因而公署认为商会"不知细情，被该行蒙混，从中袒获"。商等因此顿起义愤之念，请愿包办公益捐 670 两，另加认银洋 1000 元。该商所请包办是否可行，其中有无妨碍，公署认为应召集众商研究。见《保定商会档案辑编》第一卷（三），第 297~298 页。张彦台在研究中也曾提及赵县棉花行店中有做牙纪的司秤员，在行店内吃住，按数付酬，年终结算，性质与雇工类似，见氏著第 127 页。

3 《保定商会档案辑编》第一卷（三），第 299 页。

商号议定由万顺和、万庆恒两商号为行头,由行内派人为经理,在西关设立一处捐税所,抽收清苑干鲜果捐税,城内设分所一所,以便稽查。[1] 众商[2] 还议定了干鲜果捐规则:干鲜果捐分行内行外,分别缴纳,所有行内货物以落地一分五厘抽收,行外货物无论何种运输方式均以归市变卖以落地三分抽收,由经理人评价过秤;清苑境内所产干鲜各货在街市零卖概不纳捐,如在市发卖亦按三分抽收;无论行内行外私行买卖偷漏者呈送县署处罚。[3]

经议定捐税规则后,行业捐税纠纷暂时平息,但此后仍纠葛不断。1918 年 8 月初,干鲜果业捐税所经理翟品三、高庆和因捐税所款项不足,辞退雇工徐太魁,徐心生不满,有意滋扰商务,后虽经调解,但干鲜果行向商会称徐太魁不肯罢休,仍捏词复控。[4] 随后商会上呈县长报告干鲜果行所称事项,请县长据实办理。[5]1919 年春,又有商人垂涎捐税所利源,起意增加捐税,呈请包办此项捐税,干鲜果业万顺和等商号向商会申述:该商等已有倒闭之虞,恐为利源起意,请求所有捐税事务仍归商行自行承办,捐款仍由各行承担,请求商会保护商行以免他人侵害。由于该商在县公署捏词包办,欲增巨款,4 月 20 日,干鲜果业众商号联名向商会致函,表示请愿将捐税所归两行头承办,不准他

---

1  保定商会档案数据库:《干鲜果行万顺和万庆恒等为公司议定捐银办法事的呈会长文》,档案号:16001042500013,民国 5 年。

2  民国 5 年参与订立干鲜果业规则的商号有万顺和、万庆恒、永兴号、福祯祥、永祯祥、德新顺、奎隆号、荣顺号、永升祥、中吉永、万盛和、本利号、仁义斋、真素斋、德利祥、鸿记。

3  保定商会档案数据库:《干鲜果业捐旧订规则》,档案号:16001042500007,民国 5 年。

4  保定商会档案数据库:《干鲜果行为请转呈徐太魁不肯干休仍行捏词复控事给保定总商会的公函》,档案号:16001028110011,民国 7 年 8 月。

5  姜锡东、许平洲、梁松涛主编《保定商会档案》第 2 卷(第 2 册),河北大学出版社,2012,第 233 页。

人干涉，所有捐款亦归两行头承担。[1]4 月 22 日，清苑县公署为干鲜果行事给保定商会的公函说明了徐太魁禀称之事："因本城四关税务时当需人经罗前升宪传同纪等办理，名为经理，追由该行向纪等先挽分让，继划行牙具限，纪等原由官派，观情相让，迥非斥革可比，种种陈情，历历在卷，不期该行头万庆恒既然不能维持，自应退还，曷有争执之虞，然而不思旧念，反行其文退辞纪等情，迫即以二千元呈收，斯税之公款以报国民一分子，无如该果行皆当未允其数，原额一千四百六十元尚屡求减，正值争执间，突有外行增款二千一百五十元呈请等情，旋闻该行继认纪等呈明二千元之数，商会尚有扶纵之意见，伏思会与商虽有属赏关系，似不能故捐公益而庇护该行，设若偏执，纪等何能甘心，即归外行，似亦有益于公，以昭平允，更不能由县长酌数归行，不然愿将当年一切进款合盘托出，纪等甘尽义务，不况国民于人世也。庶免该行损公把持之扰，事出情急，故敢冒罪直陈，再叩恩准秉公核示等情，据此除禀批示外相应函请贵会……"[2] 徐太魁等人是清牙纪，民国之后改为干鲜果业行内雇工，对牙纪之于行业之功表露无遗，对翟品三等不念旧情，直言其"损公把持"，而干鲜果业认为原为牙纪的雇工不出一分本钱而净得利润，对此十分不满，双方可谓各据其理。

由于利源之吸引，行内纠纷尚未停止之时，行外关于包捐事宜再起波澜。徐太魁所言"突有外行增款二千一百五十元呈请等情"指的是外行商人觊觎捐利呈请包办之事。1919 年 3 月中旬，张岐山、步润田为呈请包办保定干鲜果品牙税等致函保定商会："上年万顺和包办干鲜果品牙税试办一年，按照四季交实习工

---

1 《保定商会档案辑编》第一卷（五），第 232~233 页。

2 保定商会档案数据库:《清苑县公署为干鲜果行事给保定商会的公函》，档案号: 16001016800006，民国 8 年 4 月 22 日。

场暨商会、县公署,例交银六百七十两,前因充公不敷,又加赠大洋五百元,共合大洋一千四百六十元,交款今届期满,请求接替包办。"[1] 在张、步两人与商会交涉期间,发现干鲜果业行内在牙税征收上发生了各行之间的纠葛。4月9日,清苑县公署将张岐山、步润田禀承办干鲜果牙税交替间发生纠纷事告知了保定商会。经民国5年订立捐规后,干鲜果捐由行内承办,应为行内各商号轮流承办。因另一行头万庆恒已将辞帖呈交商会,商会以为所有干鲜果品牙捐无人接办,因而张岐山、步润田等先与行中商议,允协前因实习工场公款不敷民等情,愿再加大洋540元,每年共交现洋2000元,按照四季呈交充公,并具连环铺保负担,决不致误工。正在核办间,双井胡同刘公益、张沛霖又禀称:"因原办税务商人万顺和等奉谕承办干鲜等税,共合洋一千四百六十元,彼当拟以代办一年再为交替,迨经期满,而另一行头万庆恒因故将辞帖呈退商会,故而行纪分争,终归一面,胜事者扬眉吐气,衰志者自坏不平,轻则致扰税务不安,重恐滋生巨端,特拟全便之法,商等为出增任,如蒙俯准加参乃取妥善之道,则复为联合众行以及牙纪和衷共济,力求妥协诚意而与地面少滋风波,是以现洋二千一百五十元仍按四季交款,尚有连环股实铺保以昭公允,而求解决。"[2] 由1923年档案中所见的捐额可见,这次行外有意承包捐款的请求可能最终并未得手,但从这复杂的纠纷中可以看出,由于牙税之利甚巨,牙纪裁撤之后带来的利益空间使各方跃跃欲试,在包税额上更层层加码,干鲜果业行内商号与原牙纪之间、行内商号之间、行内商号与行外包商之间为所得之包捐权和捐额一直争执不休,反映了民初革除牙纪后行业秩序的混乱。

---

1 《保定商会档案辑编》第一卷(二),第572页。

2 《保定商会档案辑编》第一卷(二),第573~574页。

　　由于包税人可从捐税中获利不菲，关于包税权的争夺一直没
有停息。此后干鲜果业又因万盛和掌柜霸持干鲜捐税所匾额再起
争端，该号自 1918 年初担任包税人，既担负收缴捐税责任，又
长期拖欠，期满一年后，又霸持匾额，招致众怒，只得请商会评
议。[1] 1921 年 4 月中旬，保垣再有商人至保定卫生院呈递说帖，
表示愿承包干鲜果货品捐税，所有应交商会、实习工场、劝学说
1460 元，另愿加捐卫生院 500 元，加捐商会、劝学说、普济医
院各 100 元，并愿先交 1000 元保证金。干鲜果业了解此情后，
认为此举乃奸商增捐夺利之举，如果应允，此后再有奸商相率效
尤，则层层剥利，将无止境。[2] 为维护行业秩序，商会了解情况
后，21 日向卫生院致函解释了民国 5 年 12 月（前文所述）干鲜
果业曾承认加捐，不许奸商增捐破坏，此举破坏旧例，且之前捐
税并未贻误，希望医院同意照旧纳捐。[3] 1923 年 1 月，商人袁金
凯、张子振有意接替万顺和包办本地干鲜落地统捐，向县公署表
示均按旧章征收，并情愿加捐报效，在原应交的银洋 1460 元基
础上，承诺每年加捐 1000 元大洋。公署虽看到若该商包收，则
"对公款不无裨益"，但也认为以市面实际情形为准，函请商会据
情回复。3 月 7 日，干鲜业各商号联名向商会呈递说帖，回溯了
清由牙纪呈交捐税，后由商行承办的过程，表示其间多次有商人
觊觎捐利，请求加捐包税，干鲜业也曾于民国 5 年加捐 500 元，
在各方坚持下，奸商并未得逞，商会为行业利益，曾与县公署呈
请捐款照旧章缴纳，不准其他人干涉，已得照准。现今商人又欲
包收，"奸人等野心不死，故意破坏"，众商号分析是有奸商游民

1　《保定商会档案辑编》第一卷（五），第 236 页。

2　保定商会档案数据库：《干鲜果行为维持商捐旧章事的呈会长文》，档案号：
　　16001042500010，民国 10 年 4 月 19 日。

3　《保定商会档案辑编》第一卷（五），第 239~242 页。

长期觊觎捐利，每遇有新县长到任便图谋一次，既夸口加捐，得手后必竭泽而渔，希望商会体谅商艰，与公署协调仍按旧章征收。同日，商会将此情转知清苑县公署。[1] 最终，袁、张二人应未如愿。此后，干鲜果业行捐却在县公署的授意下改为竞标招商包收。[2]

## 二　包捐和认捐：吴文瀚事件与干鲜果业行内外纳捐纠纷

1923 年 4 月，商人吴文瀚得标包收清苑县干鲜果捐。6 月中旬，干鲜果行万顺和等与吴文瀚之间发生激烈冲突，经中人说和划清界限，以行内商号每年仍认自运货公益捐 1000 元，分四季呈缴商会转交公署，所有行内无论水陆、自运货物不准承包捐税人干涉，以后捐税所如有更换，不能牵涉商行的公益捐，并表示来年投标额相较原额如有短缺，商行可设法补助，包捐人只收外商货捐，每岁认捐 1765 元，商行希望商会能转请县公署永久立案，赏发示谕。[3] 8 月初，清苑县公署表示吴文瀚仍未到县具禀，待包捐人与调处人达成协议后再发谕以示。[4] 对于包税人吴文瀚加倍增价、为难客货之举，天津总商会于 8 月 21 日申诉该埠裕顺和鲜货庄在清苑县的分庄遭遇吴氏无故加捐勒索之事，请求保定商会照旧征捐，以护远商。商会转呈清苑县公署后，公署于 8

---

1　《保定商会档案辑编》第一卷（五），第 243~247 页。

2　采用公开投标的方式募集牙商在某一区域承包某一品种，即牙税包商征收制度。政府通过这种方式最大限度获得税收，华北地区 20 世纪二三十年代较为常见。参见张彦台《蜕变与重生：民国华北牙商的历史演进》，第 289 页。

3　《保定商会档案辑编》第一卷（五），第 251~252 页。

4　《保定商会档案辑编》第一卷（五），第 253 页。

月 31 日致函商会，称此次投标加捐系为开办本县师范讲习所之
故，强调之前袁文凯等有意包捐，该行坚不承认，方开始投标招
商，以昭公允，吴文瀚以每年认捐 2760 元得标，并表示其仍照
旧章收，斥责此事系干鲜业未得承包权，心不能平，捏词诬告包
捐人。[1] 由于包税人承诺高额捐款，县署言辞之间对包税人明显多
有袒护。

至此，干鲜业商行与县署各执一词，其本质是利益之争，当局
希望多得收入，商行希望少交捐税。通过商会与当局交涉，这对
矛盾在长期演化过程中本有所平衡，比如既往牙纪从中调剂，此
后归商行自办似在无形之中减少了县署的税款，故随后有商人多
次请求包税，当局也有动摇，最终以干鲜业主动加捐作罢。后经
中人说和，拟定行业公益捐定额，在税权归属上，商行在与当局
的较量中天然处于劣势，最终因税源之利，县公署决定投标招商，
专职负责捐税。既然中标者认捐数额较大，县公署自然与包税人
同一立场，无形中助长了包税人的气焰，进而引发冲突。干鲜果
业与包税人纠纷本有中人说和，商会原本持旁观态度，后包捐人
吴文瀚忽又反讦，只缴纳 690 余元到公署，借口干鲜果业拖欠公
款甚多。清苑县华县长与商会商议，拟由干鲜业多认捐 400 元平
息事端。在该县审员传讯时，包捐人开列干鲜业来货单，称按三
分纳用，共计应纳 1500 余元，而干鲜果业称来货单多有浮冒，两
方当堂争执不休，商会只得从中调解，以来货单应纳捐额 1500 元
的半数（700 元）为准，请干鲜业本年 10 月底再纳此数。商会认
为已对包税人多有体恤，而其仍不知足。11 月初，吴文瀚率众人
屡次在火车站强行霸占运来的花生等货物 400 余包，不容拉运，
商号与之理论，因慑于其蛮横无理，后向县公署申诉，无果。14

---

1 《保定商会档案辑编》第一卷（五），第 256~258 页。

日，商行将此事呈报商会，请求转请公署传案讯究，当日商会即转告县公署，称吴文瀚"贪得无厌"，多次与商行发生冲突，望公署速查严办。[1]18日，商会又表示因货物被扣，商行相继暂时停业，希望公署速派法警先将扣留货物交还。[2]21日，吴文瀚以清苑县干鲜果品捐务所名义致函商会，解释此事皆因商行强悍抗捐，辗转迁延，该业不认此承包人，捐税一直浮记，无可奈何方才按章扣货，其间还酿成赵永祥吓打抽捐人赵文华之事，希望商会不要只听其捏造之词。[3]商会闻言直斥其信口雌黄，并认为其作为包捐人代客评价过称抽用，系牙纪性质，对商会致公函似有不合。[4]至1925年9月，干鲜果行又发生行外包捐人病故，另人冒名接办，违章勒令肩挑小贩纳捐之事。行内小贩所售已在事务所内纳过捐款，冒名之人竟再令小贩纳捐，在市井多起冲突。[5]干鲜果业各行号售卖的各种干鲜果品，多属本国土产，未贩运到保定之前，在各产品区先纳出产税，途经税关局卡再缴统税，到保落栈后，货捐局又有一层货捐，此外还有清苑县公益捐。而到1928年上半年，石家庄统税局又在保定西关设立五项干果统税分卡，引起保定商会及干鲜果业的激烈反对。[6]在种种纷争之下，招包纳捐之举的弊端、干鲜果业行业负担以及税收乱象可知一二。

从吴文瀚与干鲜果业行内商号的纠葛可以看出，吴氏以行政授权为依仗，对干鲜果业商号时有滥增捐额、强行扣货之举，行内商号因旧年所定行业规则，不愿屈服自是常情所在，商会调

---

1 《保定商会档案辑编》第一卷（五），第260页。

2 《保定商会档案辑编》第一卷（五），第261页。

3 《保定商会档案辑编》第一卷（五），第286~287页。根据内容判断，第286页档案名称年代标注有误，应为1923年11月21日。

4 《保定商会档案辑编》第一卷（五），第288~291页。

5 《保定商会档案辑编》第一卷（五），第274~275页。

6 《石庄统税局苛捐病商》，《大公报》（天津版）1928年8月30日，第7版。

节其中纠纷，本意乃平息事端，维持商业秩序，对包税人已有迁延，但在行政力量的干涉之下，结果往往难以服众。吴文翰激起行业反抗，使干鲜业商号纷纷罢市，前后持续一年有余。此事件之后，干鲜果业行内行外确立定章，互不干涉，包捐人系对行外运贩、行商评价过秤，方能收税，行内行外分别负担捐款，互不侵犯，立有条规，规定行内每年认缴公益捐 1400 元，由干鲜果业商号万顺和等 18 家仍照旧案，按季交由商会转解，行外捐款 1365 元，由吴文翰承包。[1] 行内 18 家如有出行或新开补额，应先行呈报商会，知照捐税所临时增减。

此后，随着行内商号数量的变化，干鲜果业与包商的纠纷再起。1931 年 9 月初，新开干鲜果业商号永增祥、三合公向干鲜业同业公会呈报入会并随同行内缴纳公益捐，包商张云岚向清苑县政府呈称行内 18 家商号有定额公益，不得随意出入。三合公、永增祥此举属违章之举，致使捐税所收入减少，将来行外干鲜果业恐为行内吸收净尽，商人赔累不堪，并斥责干鲜业同业公会与之相互勾串。县府一时不明具体情形，致函商会，请协助责令三合公、永增祥两家出行，购买货物扔向捐税所纳捐。[2] 商会向干鲜果业公会反馈此事后，14 日，公会向商会说明了行内、行外当年制定条规中，第七条明文规定行内如有情愿入行出行者，归行内自行承办，捐税所不得干涉。三合公入行在民国 18 年 8 月，已过两年有余，此包商张云岚在包税权到手一个月之时即有意挑衅，可谓居心不良，并表示此二商号加入同业公会也属依法申

---

1　干鲜果捐分行内外纳捐后，数额曾略有变动，至 20 世纪 30 年代前后，行内捐额为 1200
　　元，其中第一工厂用款 960 元，县立师范用款 240 元，行外捐额为 1805 元，用作县立师
　　范专款，行内外捐均按季支用。参见《清苑县地方款全年收入统计表》，《中国地方志集
　　成·29》（民国清苑县志），上海书店，2006，第 398~399 页。
2　保定商会档案数据库：《清苑县政府为捐包商张云岚呈三合公永增祥两号违章入行查事给
　　保定商会文》，档案号：16001028000016，民国 20 年 9 月 8 日。

请，"相互勾串"更属妄言。[1] 未及商会向县署回禀此事，包商张云岚多次催呈县署要求解决三合公、永增祥照旧营业不纳捐税之事。此后商会向清苑县府转知干鲜业公会所言之情，并表示行内万顺和等商号除岁纳公益捐款外，遇有地方特别用款随同各行商一律负担，而该包商对地方公益并无丝毫义务，两相比较，行内实较行外无形之中负担加重，希望县署秉公处理包商贪得无厌之举。[2]

由于旧章订立有年，县府人员更迭，新任官员对地方过去实情不甚了解，在双方各执一词的情况下，只能一再请求商会据实相告，将商会意见作为主要参考。从中不难看出，包商与干鲜业公会争执的焦点在于当年订立分行内行外缴纳公益捐时，行内 18 家商号是否为定数。县府从维持行业秩序、保证地方捐税收入的角度一度认为行内 18 家商号应为定额，但对于商会、干鲜业公会的说辞也无法反驳。1932 年 8 月，在讨论玉顺祥应否加入干鲜业行内时，县府认为应以行内是否有缺额为准，函请干鲜果业将行内各家开列字号清单上报，三合公、永增祥两商号均在清单之中，可见上年张云岚状告两商号入行之事并未如愿。干鲜业公会还表示当年行内商号与包商吴文翰发生冲突，酿成罢市长达一年有余，所定条规为折中办法，其中所言 18 家货行系指当时正在营业与包捐人发生冲突的 18 家商号，并非不准增加。事实上，此后已有福庆恒、同义和加入，包商并未干涉。如今，同义和歇业，玉顺祥顶补，与以往旧例并无不和。[3] 在地方商务的事实面前，县府只能承认现状。

1　《保定商会档案》第 2 卷（第 2 册），第 243~245 页。

2　《保定商会档案》第 2 卷（第 2 册），第 246~247 页。

3　保定商会档案数据库：《保定商会为将在行内家数开列清单以便转达事给干鲜业公会文》，档案号：16001028000038，民国 21 年 8 月 11 日；《保定干鲜业公会为开列在行内家数清单事呈保定商会文》，档案号：16001028000044，民国 21 年 8 月 12 日；《保定商会为开列干鲜行各家字号清单送核事呈清苑县政府文》，档案号：16001028000047，民国 21 年 8 月 13 日。

## 三　商业萧条下的捐额交涉

进入 20 世纪 30 年代，保定地方市面持续萧条，商业经营状况欠佳，商会作为商业领导团体，对于行业整体利益自多有维护。1933 年 5 月，干鲜果业因行内商号有 5 家歇业，已达 1/4，恳请商会转呈县府按 8 成缴纳公益捐，彼时县府同意暂时准予，如后续市面恢复则仍照旧缴纳。至 8 月初干鲜果业再次上呈商会，表示 3 个月来市面持续凋敝，又有数家歇业，按八成上交已恐难完成，希望当局体恤。[1] 随后函达商会，表示德利祥等商行因歇业其所摊公益捐已有拖欠。在市面萧条的情形下，干鲜果业与县府均从自身利益出发，开始了拉锯式的交涉。9 月 2 日，清苑县政府召集领款机关乡村师范及第一工厂等开会，各机关表示市面虽有影响，干鲜果业销售仍无大碍，议定按原定数额九五成缴纳。干鲜果业表示各机关判断有误，此时行内商号歇业已达 1/3，请求转知县府按 2/3 缴纳，22 日清苑县政府再召集领款机关，表示可按九成上交。25 日，干鲜业再向商会申诉，表明北伐以后当局号召减免苛捐杂税，染业等均已比照歇业情形核减捐税，本业歇业商号已达 1/3，质问为何不能按 2/3 上交捐税。此事一直拖到 11 月下旬，县府最终同意夏季捐按原数缴纳，自秋季捐，每年按八成缴纳。[2] 在这场近半年的拉锯战中，直接交涉的是商会与县府，两者的背后是出款的干鲜业与领款机关（学校与工厂），双方一度互不相让。从僵持的过程可看出双方为了各自行业、机关的"公利"据理力争，而商会与县府的服务角色体现得十分

---

1　《保定商会档案辑编》第一卷（五），第 306 页。
2　《保定商会档案辑编》第一卷（五），第 308~326 页。

明显，并未懈怠职守或从中刁难。由于干鲜业所认公益捐为定额，随着商业持续凋敝，行内商行歇业家数增多，行业收入大受影响，定额捐款渐成负担，与当局的交涉并未得大幅核减。1934 年 6 月，干鲜果业请求凡营此业者若非肩挑小贩，均须入行分担公益捐。由于未入行的商行原系包捐人收税，此举无疑又将引发行内与包捐人之争，此前双方已有多年争执，县府自然不愿再生事端，下令仍按旧章收捐。[1] 干鲜果业见此，只好变换交涉策略，向商会报称林记、公兴号等向公会主动投递说帖要求入行缴纳公益捐。[2]

从商业团体与地方官府的交涉过程可以发现，双方地位较为平等。官府在捐税问题上认识到"自治"的意涵，地方捐既取于民，用于民，因而对待收款的商会、同业公会并未一味强硬；商业团体或明或暗地发挥了自主性，团体在一致对外抗争方面的群体意识非常明确，因而在与官府为背景的包税人抗争中并未处于下风。干鲜果业分行内行外纳捐实际上表明在持续的抗争中商业团体与包税人形成了分庭抗礼之势，这种势力均衡一定程度上在保证地方财政收入的基础上维持了行业秩序与社会稳定。干鲜果业分行内行外征收捐税的办法一直持续到 20 世纪 40 年代初，因行外包捐人征收的部分全指抽收外地来城商贩，外贩多不了解捐税规章，时有冲突。1940 年 2 月底，清苑县公署向商会转知了详细的干鲜果业行外捐包商收捐办法：外方（包括境内各乡镇）来市售卖，不论何种运输方式，均以三分收捐，外方商贩到本市后必须先报知捐所领票。行内商铺计 18 家，不准再加增入行。[3] 随着日伪政权下商业组合的成立，物资运输归于统制

---

1 《保定商会档案辑编》第一卷（五），第 330 页。

2 《保定商会档案辑编》第一卷（五），第 331~334 页。

3 《保定商会档案辑编》第一卷（五），第 370 页。

体制下管理，捐税征收也趋于划一。1942 年 1 月初，干鲜果业公会会长吴星文向商会表示，"组合不日成立，货物统由组合购进，何分行内行外"，已与包商协商将包税额归并公会缴纳，并自愿增加行内公益捐 2000 元；1 月底，县公署下令同意该业行内外归并一行共同办理，自民国 31 年起将捐税归行内公会负担，行外捐款不再行招商包办以杜纠纷。[1] 至此，干鲜果业自民初以来多年的捐额纠纷方告平息。

## 四 斗税征收的纠葛

在牙税（捐）的征收问题上，南京国民政府成立后，同业公会的确立带来行业内自主意识和维护自身利益的能力均有所增强，因而行业与包税人之间的纷争并不为干鲜果业独有，也不为保定一处独有。[2] 如果说干鲜果业由于行业性质，其时食者多系富贵人家，捐额高低最终影响的是市面上一小部分购买者，而食为民天，斗税高低则关乎民生之利益，下面再就保定（清苑）斗业与包税人的纷争做一补充说明。

清苑的斗税在清末按制钱抽用，牙纪得 2/3，斗局得 1/3，一直按 6 厘征收，民初清苑县基本沿袭旧制。至 1927 年招商投

---

1 《保定商会档案辑编》第一卷（五），第 404~405 页。
2 1933~1934 年，天津干鲜果业行业公会与包税人之间爆发长达一年有余的斗争，双方各得外国领事馆、市政府支持，双双在舆论上造势，对峙日久，声动上海商界，黄金荣、杜月笙从中斡旋，派代表调节未果，最终干鲜果业以向中央请愿的形式获得胜利。参见张彦台《蜕变与重生：民国华北牙商的历史演进》，第 445~456 页。

包，[1] 包商与政府、商会协定仍按市面习惯，照旧章办理。但包税制确立之初，不乏包税人挟强肥私之举，在斗税征收时发生为米谷互易之市抬价争包、破例苛敛之事，影响民食甚巨。1927 年下半年，包税人史久丰私加斗税，伙同当地警察威迫各斗局按每斗 2 分抽收，言辞蛮横恶劣，众商理论不下，而碍于其势众，一面赴县公署具呈，一面向商会请求帮助。[2] 至 1929 年，时任清苑孙县长曾发布告明示斗税仍以 6 厘征收，其中 4 厘纳税，2 厘归斗栈杂费使用，经各团体呈请县政府转呈河北省财政厅，将本县斗捐由 15800 元减为 8050 元，斗捐征收标准改值百抽一为每石抽洋 6 分，4 分充作斗捐公款，2 分作粮栈营业公务杂捐等费。1930 年 5 月，斗业公会曾向县公署及商会表明斗捐应按抽洋 6 分的规定进行。但至 7 月，捏造伪名的包商陆永成[3] 取得包税权后擅自提高征收标准，改为值百抽一，因包捐额较上年增加不过 1/8，而抽用度数则超过 2 倍，激起民愤，全行扣斗，粮业停顿。

---

1　河北省正式确立包商政策并下发《河北省招商承包税则通例》是在 1928 年下半年，随即招致各界商人反对，参见《财厅整顿税捐办法实行包商政策》，《大公报》（天津版）1928 年 10 月 3 日，第 4 版；《北平政分会议决要废止包税制度以免流弊　不准凭借党部干涉行政》，《大公报》（天津版）1929 年 1 月 16 日，第 4 版；《免除一切苛捐杂税　取消包商制度　改良税捐办法》，《大公报》（天津版）1929 年 1 月 23 日，第 8 版。事实上至 1930 年，清苑县因军兴导致市面萧条，致使各业包商除斗业外大多赔累不堪，县府多次招包均未有人应征，参见《清苑各项包税竟至无人过问》，《大公报》（天津版）1930 年 6 月 17 日，第 5 版。

2　保定商会档案数据库：《各粮局为清苑县全境总包商史久丰私加斗税事给保定总商会的说帖》，档案号：16001032100014，民国 16 年 11 月 27 日。

3　据斗业公会讲，此名为伪造，实为斗行捣乱分子组成的六股同盟。陆者，六也；永成者，同盟会永久成立之意也。参见保定商会档案数据库《清苑斗行公会为斗捐已为捏造伪名陆永成包得函请转请县政府立案照旧抽用以给市面事呈保定总商会文》，档案号：16001027900152，民国 19 年 5 月 17 日。笔者推测，当时可能存在包税人（或团体）以伪名取得包税权后，再在团体内部将税权分割，层层包转的情况，前文提及总包商"史久丰"极有可能也是这种情况。

8月31日，保定城关粮行公会、清苑县全境斗行公会为缴纳斗捐之事向商会呈递说帖，详述了本年陆永成承包全年斗捐后，大幅提高抽捐比例的情况。粮业为表不满停业后，包商陆永成竟致电财政厅，称谢九儒等把持行业，纠合各商罢市抵抗，后经商会、县府从中调和，包商暂且同意照旧按6分抽用，但此后陆永成又起意推翻前议，粮行、斗行公会痛斥此包商贪得无厌之举，希望商会能转知财政厅真相，并主持公道。[1]当日，商会即向清苑县政府说明了此事。9月13日，清苑县政府曾试图解决民人谢九儒与包商陆永成因斗用纠葛互相涉讼之事，称双方各执一词，相互推诿。一方斗行首领谢九儒借其行势众，危言耸听；一方包商陆永成倚官方之势，斥责其抗税之违法之举。因势成水火，难以说和，9月30日，县政府只好请求商会协助。[2]至10月下旬，经商会从中调解，包商陆永成代表谷聘卿到商会呈递说帖请求转函县府撤销控告谢九儒把持税收一案，称双方已"和好如初"。[3]

1931年初，南京政府开展人民团体会员登记调查工作。[4] 5月起，斗业公会多次请求斗税自办，归斗业同业公会永久承包，不再招包商，承诺承办额为每年9600元（较包商缴额9450元有所增加），[5]并表示无论四乡包价涨落若干，仍按十分之三七五比例缴纳，依照旧章以每斗6厘征收。[6]县府原不同意，后经商

1　《保定商会档案辑编》第一卷（二），第576~578页。

2　保定商会档案数据库：《清苑县政府为据民人陆永成包商陆永成因斗用纠葛互相涉讼函请妥为理处并望见覆由事给保定商会的公函》，档案号：16001016800025，民国19年9月30日。

3　《保定商会档案辑编》第一卷（二），第610~611页。

4　《保定商会档案辑编》第二卷（一），第336页。

5　保定商会档案数据库：《保定斗业公会为请准予仿照其他各业捐款办法斗捐改招商包办为斗业公会承办并转呈清苑县政府事呈保定商会文》，档案号：16001028000003，民国20年5月5日。

6　《保定商会档案辑编》第一卷（二），第612页。

会劝说，为防把持破坏，当年 8 月准予斗税归斗业公会自办，但 10 月初省令仍强调"各项税务以招商为原则"，表示该县城关斗行牙税未经投标，由斗行公会承包属通融行为，撤销了其永久承包权，暂准以一年为期，"下届察看情形再行酌办理"。[1]1932 年 5 月 22 日，一年期满，斗业公会说明了该业当年所遭灾害甚重，所交税款多出自典卖，向商会请求转呈清苑县政府准予仍按原价继续承包一年斗税。[2]25 日，清苑县政府向商会表示，奉省令招投已经公布，故斗业公会原案需撤销。[3] 不仅斗业公会的诉求没有达到，这年度量衡检定所成立，因经费无着，县府下令在斗税之外另加原税额的 1/6 作为检定所经费。[4]该项经费持续征收达三年。1933 年起，河北省财政委员会逐渐认识到包商积弊甚多，明令逐步取消包税制，[5] 而当年斗业仍新招包商。[6]5 月，斗业同业公会向商会表示保定城关居民日需米粮全靠外来供应，请求县政府仍按旧章每斗抽 6 厘抽收，以 4 厘纳税，以 2 厘做各粮栈经费，在本县招标公示时予以说明。[7] 至 9 月初又有多次致函交涉，四关各粮栈代表黄虎臣、翟岐山与四关斗税包税人甄永廷曾联名呈请商会，希望能以县长告示的形式将 6 厘斗税的标准及分别的用途确定下来，为他日留一纳税数额的证据。9 月上旬，清苑县政府回复商会，"斗税每粮一斗定率抽收六厘，外增一厘附加税，已有

---

1 《保定商会档案辑编》第一卷（二），第 615~616 页。

2 《保定商会档案辑编》第一卷（二），第 618 页。

3 《保定商会档案辑编》第一卷（二），第 619~620 页。

4 保定商会档案数据库：《清苑县收粮业斗业公会为度量衡检定所经费有着请取消斗税附加事呈保定商会的公函》，档案号：16001014900049，民国 24 年 7 月 14 日。

5 《包税制度逐渐取消》，《大公报》（天津版）1933 年 4 月 25 日，第 9 版。

6 《保定商会档案辑编》第一卷（五），第 437~458 页。

7 保定商会档案数据库：《保定商会为新包商仍照章地抽收斗捐二厘仍归斗业公会作办公经费事呈清苑县政府文》，档案号：16001028000127，民国 22 年 5 月 30 日。

明文规定",并表示"各粮栈经费系属斗商内部问题,不能涉及正税",因而斗税 6 厘完全交纳,不能留用。[1] 斗业公会并未善罢甘休,1934 年 5 月起斗业公会、商会与县政府之间由于斗税纠纷又经历了长期的交涉,双方僵持日久。[2] 经多方交涉,当局以包税之弊,决定以行征收,1934 年底,河北省决定废除包税制及一系列苛捐杂税,自 1935 年起改征牙行营业税。[3] 8 月,斗业公会再次向商会请求承办征收斗业牙税,称本年新章改为按粮价百分之一征收比旧税额(每石征收 6 分,附收 1/6 度量衡经费)超过甚巨,现度量衡检定所经费有了着落,经公会会同商会委员赴县请求取消斗税附加税,将斗税变通。经县府允准,公会承办征收仍照旧章办理,缴呈税款手续遵照新章办理。[4] 事实上,河北省税务征收制度数年来屡经变更。1935 年 2 月,财政部通咨各省市,将各县应征之正附税捐,除因税额特大者设专局征收外,概归县政府主管科或特设征收处统一征收。河北省根据自身情况,认为此举未合本省实际,在中央准予后拟定了本省征收制度三年计划方案,第一年拟修改县征收章程,设立承征员,规定承征额,取具殷实铺保和相当押款。[5] 这种办法实际上与包税制度类似,税制征收上的反复,必然带来基层税收上的混乱,这是省府从省内实情出发,考量税收数额、行政支出等多方因素的结果,而包税制的弊端仍旧是广大商民的沉重负担。

此后至日伪时期,斗业公会斗税仍时由包商承办,时由公会承办,斗业公会始终以"维持民食"为己任,并与商会联手,极

---

1 《保定商会档案辑编》第一卷(二),第 623~625 页。

2 《保定商会档案辑编》第一卷(二),第 628~637 页。

3 《取消包税制》,《大公报》(天津版)1934 年 12 月 24 日,第 10 版。

4 《保定商会档案辑编》第一卷(二),第 636~637 页。

5 《冀变更征收制度》,《大公报》(天津版)1936 年 5 月 20 日,第 4 版。

力抵制来自政府的压力。1938 年 2 月起，清苑县派员按照百分之一并附加 6 厘征斗税。施行数日后，斗业公会看到事变之后粮业萧条，向县公署请求将城关斗税由该会征收，每斗收洋 3 厘。7 月底，斗业同人金岐秀以大洋 4015 元承办本县城关下半年度斗税。起初，另奉令交附加洋 669 元，因恐赔累，拟将从前每斗征收正税 3 厘增为 4 厘，招致粮商反对，经粮业公会全体粮商决议仍按每斗 3 厘征收。[1] 后因事变，保定各业损失惨重，粮食业货源断绝，市面极为萧条，斗税包商金岐秀因恐赔累甚巨，向县府声请退包，1939 年度斗税经县公署布告三次招商投标，均无人应投。1939 年 2 月，清苑县粮业公会致函商会，希望抽收斗佣办法仍按旧日习惯办理，粮业公会称保定地方旧属省会，为充裕民食，招徕粮商，粜籴事项抽收斗用若干年来习惯向系按石核计。在旧制量器时代，每石收洋 6 分，粜主 1 分，籴主 5 分，因之前包商陆永成破坏习惯，拟按百分之一抽收，演成罢市风潮。经粮业公会会同斗业公会联名陈词，按石收佣之旧惯得以保留。此后量器改小，比例合每石改为抽收 1 分 3 厘，粜主 3 厘，籴主 1 分，各包商均据此办理。七七事变后，斗业公会承办此项斗税，以市面萧条，粜籴事项特别稀少，恐有赔累之虞，要求增加斗用，以资维持，但众粮商联合拒绝，双方僵持不下。商会会长吴子衡深知粮食关系民生，市面在剧变后宜休养生息，因而从中调处，双方兼顾，酌予增加每石定为抽用 1 分 8 厘，粜主仍负担 3 厘，籴主负担 1 分 5 厘。当时斗税无人承办，粮业同业公会同意抽收斗佣仍按 1 分 8 厘进行。[2] 2 月 1 日，县公署交商会派员照章征收，商会表示本县粮、斗粮业公会合称，旧包商金岐秀历年来按照旧习惯征收斗税尚可，且官方自官征斗行成立，旧有斗

---

1 《保定商会档案辑编》第一卷（二），第 640~641 页。
2 《保定商会档案辑编》第一卷（二），第 643~644 页。

商即有失业之虞，可否就商情稍事通融，请将本县斗税仍令旧包商金岐秀遵照第三次标额呈报。[1]12 月下旬，斗业公会王公田向商会致函，称今年水灾区域颇广，粮米价格奇高，本市倘有渔利包商承包，不遵旧章征收斗税，势必仍与该会缠讼，希望下年斗税仍由该会代表金岐秀继续承征。[2]这样，由行内选出包税人，商定税额及征收办法，同行的利害一致，不至于任意苛敛，也并不会如行外普通包商那般肆无忌惮，不失为调节行业与原有包税制之间纠葛的一种方法。

## 余　论

从干鲜果业、斗业捐税的纷争中不难看出彼时保定地区商业秩序的混乱。这一混乱似可理解为民初地方在政权鼎革后制度失范的结果，包税人依仗县署这一行政力量的肥私之举，影响了四关集市的繁盛。保定（清苑）是一个典型的消费城市，捐税的增加导致货运脚加重，外粮绕越不来，货物来源可谓不阻自停，其影响市面之荣枯十分明显。包税之弊官府和商界各业十分清楚，一度有意将此制改为官征，但河北省内多数县认为政府在不熟悉行业内情、征收习惯的情形下，只会徒增纠纷，增加行政经费的投入最终还将摊在商民身上。[3]包税制度施行已久，弊端丛生的同时也顺应了当地的商业习惯，贸然改变也并非明智之举。30 年代南京政府的税制改良在摸索中前行，在各方的争执和税制的演进之下，由行内商人担任包税人成为税制改良的一种选择。保定地

---

1　《保定商会档案辑编》第一卷（二），第 646~647 页。
2　《保定商会档案辑编》第一卷（二），第 649 页。
3　参见王志信《河北省之包税制度》，《大公报》（天津版）1935 年 1 月 9 日，第 11 版。

处冀中，进入民国之后，政治地位、交通区位等优势逐渐消退，在民初至 1935 年省府迁保之前，退回到一个县的地位，昔日省城的繁盛在商业乱象与军事打击下消失殆尽。全面抗日战争中，保定沦陷极早，此后工商久受压榨，商业陷入衰败之深渊已无可挽回，沉重的税额似乎没有连年征战的破坏与无休止的军事摊派带给普通商民的痛苦直接而深刻，但从范围上来说，重税的施加对象是最广泛的商民，特别是小本商贩以及农民，他们在层层的盘剥中受害最深，被迫接受税额，这种持续性的隐痛在他们身上挥之不去。

在商业团体和官府的关系方面，30 年代以前，地方捐税的自治意味更浓，商业团体据理力争的成效似乎更大，随着中央税制的改革及时局的变化，地方商人的负担不可避免地加大，面临颓败的商业局面，商人团体只能做出消极抵抗。从民国初年至日伪时期乃至战后国共内战，商人对地方捐税的认识可以理解为发生了如下变化：早期商人将所交捐税作为"地方公益"理所应当的部分而承担，随着国家军事繁兴，军务摊派混杂着中央扩大税源、提高税率以试图集权的作为，这一切利源最终摊至地方商民的身上，地方商人及所在团体均无法应付却难以摆脱，普通商民从襄助地方公益的自愿变为被迫乃至推诿延宕，从中滋长了对当局的离心情绪，这种情绪投射到为政府摊派代言的商业团体上，助推了其一步步走向瓦解。

城市变迁与政治制度

# 房山十字寺辽、元二碑与景教关系考

王晓静[*]

**摘　要：** 房山十字寺由于发现景教石刻而为世人瞩目，寺址现存的辽、
元二碑（元碑碑首镌有十字图案）是考证研究十字寺历史，尤
其是十字寺与景教关系的重要材料。经笔者考证，明代重修时，
曾对辽、元二碑进行重刻和改刻，包括改动寺名、改写碑文、
假托黄溍等人为书撰人、编造淮王铁木儿不花为大功德主等，
凡此种种都是为了编造"敕赐碑"的谎言。拨开重重迷雾，二
碑所述内容均为佛教寺院的沿革、修缮及捐资情况，与景教没
有关涉，据此可勾勒出十字寺的历史沿革，并大致确定景教徒
在房山十字寺一带的活动年代，即其上限不早于 1215 年，其下
限至 1358 年之前若干年。

**关键词：** 房山　十字寺　碑刻　景教

　　房山十字寺由于发现有景教石刻而为世人瞩目。寺中发现的
两件雕有十字的也里可温十字石刻（今藏南京博物院）被认为是
重要的元代景教文物，反映了元代景教徒在房山十字寺一带的活
动情况，惜石刻无明确纪年，无法据此断定这段景教历史的准确
年代。十字寺遗址现存的辽、元二碑（其中元碑碑首镌有十字图

* 王晓静，北京石刻艺术博物馆。

案）碑文由于有明确纪年和书撰人名，是考证研究十字寺历史，尤其是十字寺与景教关系的重要材料。由于二碑碑文、人名、年款等有许多与历史不符或错讹之处，虽经许多专家学者撰文考释，仍有一些问题悬而未决。笔者经多次实地考察十字寺及周边环境，又翻阅相关史料，拟对辽、元二碑进行考证和解读，厘清相关问题，进而探讨十字寺历史沿革及其与景教的关系等问题。

## 一　十字寺遗址现状及石刻情况

十字寺遗址坐落在房山区周口店车厂村（又称柴厂村）西北山谷（又称十字寺沟）一处较为宽阔的台地上，西依山崖，东临山涧。山涧自寺东向西北蜿蜒而去，两侧有道路，沿溪水向西北可去往三盆水，再向西越风口鞍可抵南窖乡的北安村，[1] 或从风口鞍向南沿猫耳山北梁登猫耳山东峰，再经上寺岭至主峰。寺东过山涧再越山岭而下可至金皇陵遗址。

寺址四面现砌筑围墙，南北各有一开口。据当地村民讲，原北墙要比现在的稍靠南一些。十字寺已夷为废墟，地面建筑基本不存，寺址北部大雄宝殿及西部僧房处还留存建筑基址，大雄宝殿后的阶地依山势逐渐升高，寺庙原有规模布局仍依稀可寻。大雄宝殿基址前正中有台阶遗存，基址上散落着一些柱础，部分已移位，从柱础排列可知大殿面阔 5 间，进深 3 间。殿前现有两棵

---

1　南窖位于猫耳山西北侧，由红煤厂东入沟，南窖及东侧的北安、东安、西安、三合诸村，以产煤为业，起自明清。南窖有古道过猫耳山，到达平原。据民国 16 年续修《房山县志》（卷二·交通），南窖一带"东由大岭而过，偏东通黄山店沟，偏东南通长沟峪沟，偏东通十字寺沟"。这条从十字寺通往北安村的山路是县志提及的偏东古道，从三盆水沿溪水上行，古道历历犹在。

银杏树，右前方（即殿前台阶西南）银杏树为古树，高大粗壮，枝繁叶茂，高约 30 米，树围 5 米有余；左前方银杏树为近年补种。两银杏树之间偏南处矗立元碑一通，元碑正东（即东银杏树左前方）为辽碑。东银杏树下有一龟趺，底部朝上。院内北围墙前有一座螭首龟趺碑，为西安《大秦景教流行中国碑》的复制品，乃近年所立，与房山十字寺历史无关。

据《十字寺总平面图》[1]，十字寺遗址坐北朝南，东西相距 50 米，南北相距 45 米；大殿基面阔 5 间，进深 3 间，南北纵（不包括殿前台阶）11.32 米，东西横 19.6 米；两银杏树在台阶前甬道两侧大略呈对称分布，元碑立于两银杏树之间偏南处的甬道上，辽碑在元碑正东。据测绘图，元碑南为原山门殿遗址，山门殿面阔 3 间，进深 1 间，东西横 11.24 米，南北纵 7.08 米，北距大殿基 17.5 米，现地面上基本看不出遗迹了。

十字寺现存文字石刻四种。

（1）辽碑：《大都崇圣院碑记》，现立于大殿遗址前东银杏树东南，汉白玉质。碑身方首抹角，高 238 厘米，宽 91 厘米，厚 20 厘米，方座为新作。碑首阳、阴两面浮雕二龙戏珠。碑阳额双钩横题"三盆山崇圣院碑记"，首题"大都崇圣院碑记"，大辽应历十年丙子岁四月吉日立碑。碑阴为明捐资功德主题名，明嘉靖十四年（1535）二月重立。辽碑"文革"时被砸断，中部偏上处断裂，左下角残缺，数年前文物部门修补粘接后又重立。

（2）元碑：《大元敕赐十字寺碑记》，现立于两银杏树之间偏南处。碑汉白玉质，螭首，龟趺。碑首雕二垂龙，上方正中二龙尾相交处雕有圆形摩尼宝珠，宝珠上雕十字架和变形火焰纹。碑首身通高 307 厘米，宽 92 厘米，厚 24.5 厘米，龟趺座高 60 厘米，

---

1 吴梦麟、熊鹰：《北京地区基督教史迹研究》，文物出版社，2010，第 28 页。该图由北京市古代建筑研究所测绘，房山区文物科沈书权提供。

宽90厘米，残长110厘米。碑额圭形，高68厘米，宽31.5厘米。碑阳额双勾篆书，竖题"敕赐十字寺碑记"一行七字；首题"大元敕赐十字寺碑记"，元至正二十五年（1365）正月立碑。碑阴为明捐资功德主题名，明嘉靖十四年二月重立。元碑"文革"时被砸断为三截，碑首与碑身连接处以及碑身中部略偏上处断裂，数年前文物部门修补粘接后又重立。据村民讲，该碑趺座非原配，原配为东银杏树旁龟趺，可备一说。

（3）"古刹十字禅林"残匾。青石质，残长33厘米，高28厘米，其中"古刹十"三字已不存，"字"仅存2/3，但仍可辨认，"禅"字全，"林"字仅存1/4。此匾应为明代所刻，现由房山区文物部门保管。据吴梦麟先生讲述："据报道，1919年时该匾仍嵌在门上，日人佐伯好郎在20世纪30年代到十字寺时，看到残匾已散落在山门前，1992年10月作者进一步勘察十字寺，在银杏树处找到此残石等"，"在基址台阶下还散落有刻莲瓣覆盆式柱础4件，应为明代遗物"。[1]

（4）也里可温十字石刻。又称景教石刻，早在抗日战争期间运往南京，现由南京博物院收藏。两方石刻均高68.5厘米，宽58.5厘米，存正立面及两侧立面，上下中空，后端缺失。两石刻正立面均刻十字，两侧立面均刻花，雕刻精美，但细部有所不同。其中一件石刻正立面所镌十字的中央刻宝相花瓣，十字两侧各刻一行叙利亚文，意为"你瞻仰着，将能得到你所希望的"，又译为"仰望此，依靠此"，十字下雕有两层仰莲和朵云组成的云莲座；两侧立面均刻瓶花，右为芍药，左似菊花。另一件石刻正立面所镌十字的中央刻宝相花瓣，十字左、右两端各雕一个形似蜡烛烛头的纹饰，十字下面雕束腰莲花座；两侧立面均刻盆

---

1  吴梦麟、熊鹰：《北京地区基督教史迹研究》，第38页。

花，右似莲花，左为牡丹花。徐苹芳先生指出，盆花和瓶花的雕刻，是宋金时期才流行的题材，所以这两件石刻"无疑是元代初年（公元十三世纪末叶）的遗物"。[1]朵云、莲花与十字的组合以及莲花、牡丹花、菊花等瓶花或盆花图案，说明了景教石刻对与中国雕刻元素和风格的吸收融合。

东银杏树旁有一龟趺，但未见碑身，若如村民所讲此龟趺是元碑的趺座，那么现元碑趺座的碑身就不知在何处了。从现存两件龟趺雕刻风格来看，其制作年代当在元或之后。

据辽、元二碑碑文，十字寺历史上还曾有一座经幢，但早在民国时已不见文献记载。

民国 8 年（1919），西方人哈丁首次于十字寺内发现两件景教石刻，并做了介绍。之后十字寺及其石刻引起中外学者广泛关注。

陈垣《基督教入华史》提到："在琉璃河车站旁（过去凡到周口店、十字寺时皆由琉璃河车站下车，故有此误传），有一寺名曰十字寺，内有好些石十字架，还有叙利亚的名字，然不知如何转为佛寺，想当时亦一景教的礼拜堂也。"[2]

据容媛编《二十年（七月至十二月）国内学术界消息》载，1931 年 9 月 13 日，北平古物保管委员会派庄尚严和王作宾前往十字寺调查，两通石碑尚在，辽、元碑文中提及的经幢未见诸该文，"寺及山地，于二十年前，由僧人龙海售于民人张云甫为私产，张氏改为山庄。现此石刻（笔者按：指两件景教石刻）由中央研究院历史博物馆移运到平，保存展览，并拓全形分赠各学术

---

1　徐苹芳：《北京房山十字寺也里可温石刻》，见《中国历史考古学论集》，上海古籍出版社，2012，第 472 页。

2　《陈垣全集》第 2 册，安徽大学出版社，2009，第 474 页。该文为陈垣在师范大学讲授宗教史时印发之讲义，1930 年 6 月登载于《青年会季刊》第 2 卷第 2 期。

机关云"。[1]

　　日人佐伯好郎 1931 年曾到十字寺实地勘察，并在『支那基督教の研究』一书详细记录了十字寺的格局和石刻，包括山门、天王殿、"古刹十字禅林"石匾、"东楹僧舍"、"西楹僧房"、"大雄宝殿"、银杏树及两通石碑等，文中提及辽、元二碑所记古幢事，却未记录经幢现状和下落，可能该经幢当时已遗失。

　　1986 年徐苹方与宿白、于杰、吴梦麟等考察过十字寺，1992 年 7 月撰述《北京房山十字寺也里可温石刻》发表于《中国文化》1993 年春季号，文中也没有提到经幢的下落。

　　国内的景教遗存多为墓地、墓石、墓志等，像房山十字寺这样既有寺址又有叙利亚文石刻及其他相关文物的遗存实属少见，该遗址及其石刻遗存在中国基督教和景教历史上占有重要地位，2006 年十字寺被公布为全国重点文物保护单位。十字寺现存的辽、元二碑和叙利亚文十字石刻及"古刹十字禅林"残匾，成为研究十字寺沿革以及北京地区景教历史的重要文字材料。


## 二　辽、元二碑录文及其存在的问题


　　由于南京博物院的两件也里可温十字石刻无明确纪年，有关专家从其叙利亚文铭文及雕刻风格等来判断是元代景教石刻遗存，却无法断定景教徒在十字寺一带活动的准确年代。"古刹十字禅林"残匾无年款，一般认为是明代重修十字寺时所刻。辽、元二碑碑阴中镌有主持修缮的僧人及捐资人名，并有明确纪年，明代重修该寺的事实是清楚的，兹不赘述。辽、元二碑碑阳文字

---

1　容媛编《二十年（七月至十二月）国内学术界消息》,《燕京学报》第 10 期,1931 年 12 月。

由于有明确纪年和书撰人名，是考证研究十字寺早期历史，尤其是十字寺与景教关系问题的重要文字材料。但由于二碑碑文、人名、年款等有许多与历史不符或错讹之处，虽经许多专家学者著录并撰文考释，但仍有一些问题悬而未决，所以有必要再做专文考辨。

辽、元二碑"文革"时曾被折断毁坏，个别文字损毁。笔者据馆藏拓本抄录碑文，经实地踏勘原碑校正拓本中部分模糊不辨之字，又参酌一些早期的文献如缪荃孙《艺风堂金石文字目》、陈述《全辽文》[1]、曾毅公《北京石刻中所保存的重要史料》[2]等材料，将碑文移录于此。

## （一）辽碑碑文

碑阳：

额双钩横题：三盆山崇圣院碑记

大都崇圣院碑记」[3]

朝奉郎、守司农少卿、范阳郡开国男、食邑三百户、赐绯鱼袋王鸣凤撰」

---

1　陈述《全辽文》（中华书局，1982）第78、79页收录有《大都崇圣院碑记》，录文后按语题："按此文题：'大都崇圣院碑记'。横额题：'三盆山崇圣院碑记'。碑额镌'十'字。末记：'大辽应历十年丙子岁四月吉日立碑'。《艺风堂金石目》有《三盆山崇圣禅院记》，王鸣凤撰，卢进达正书。应历十年丙子岁四月吉日立，在房山廿里十字寺。'应历十年为庚申，非丙子。当年立碑，撰者刊者何至误记甲子？殊不可解。辽时燕京虽亦称大都？但应历二年岁次壬子，碑作戊辰年，八年戊午，碑作甲戌，亦不合。唐长安大秦寺原名崇圣寺，此以崇圣名寺，又镌'十'字于碑额，可供探考线索。"镌"十"字碑额的碑为元碑，非辽碑。

2　曾毅公：《北京石刻中所保存的重要史料》，《文物》1959年9月，第16~20页。该文收录有辽碑拓片图版，为碑身未断裂前所拓。

3　笔者按："」"为转行符号，"□"为缺字。

涿州学廪膳生员卢进达书」

大觉垂慈，圣人利物，是故发源西国，则优填创其始；移教东域，则汉明肇其初。导四生于宝所，运三有于大乘。巧使现权之教，以救未来蒙迷。时」有范阳僧人惠诚，俗姓张，母孙氏，卅岁礼惠华寺玉藏主为师，授以天台止观。携锡纵游，经过此处，地名三盆山崇圣院。见其山名（笔者按："名"当为碑别字）水秀，地杰」人丰，林树郁茂，果林滋荣，殿宇颓毁，古迹犹存。石幢一座，乃晋唐之兴修，实往代之遗踪。惟见一僧，耆年老迈，病患相仍。叹之不已，嗟之不息。」遂乃发心，募化众缘。郡公王希道、张仲钊、萧名远、杨从实等同发诚心，各舍已资，于」大辽应历二年戊辰岁三月内兴工，至应历八年甲戌岁八月中秋，营理大殿三间，中塑」释迦牟尼佛，左大智文殊师利菩萨，右大行普贤菩萨，两壁悬山应真一十八尊罗汉，东西伽蓝、祖师二堂，两廊僧舍二楹，钟鼓二楼，晨昏」梵呗，用宣佛化，引导群迷。上祝」皇王巩固，帝道遐昌，佛日增辉，法轮常转。今则殿宇一新，金碧灿烂，山门廊庑，具已克备。厥此真石，为千古之丛林，万代之不磨」者矣。是为记。铭曰：」

应历年间重建，多亏众信施财。殿宇金碧交辉，圣容灿烂争鲜。钟声朗朗响山川，鼓韵咚咚霄汉。碑石万刼不磨，英名古代」留传。人人瞻礼福无边，鹫峰灵境不换。」

大辽应历十年丙子岁四月吉日立碑。住持惠诚，同徒清良、清真、清宝、清实、清江、清彤，」徒孙净堂、净受、净铎、净山、净海。」檀越芳名：王希道李氏，张仲钊刘氏，萧名远郝氏，杨从实卢氏，李伯通韩氏，刘字来邵氏，」郝少达钱氏，卢进学崔氏，王古文盛氏，田福通康氏，崔福铭乐氏，史永成高氏。」镌字石匠段得聪。」

碑阴：

古迹」东晋建武元年丁丑岁二月上旬，僧人惠静开创，结庐精修。□业□弥陀，晨昏参究，于宁康二年甲戌岁，无疾，忽睹金莲台三圣来迎，异香满室，奄然而逝。」大唐贞观十二年戊戌岁，僧人义端□住此山，修饰院宇，专意禅□。至显庆五年庚申岁重阳日，别众坐脱而化。金代有僧未显其名，难以□述，照依碑中前」文，留书碑阴以为后者矣。」（其后镌地名及男女信众人名，为明代捐资者题名，省略不录）」大明嘉靖十四年乙未岁二月吉日立，僧人德景同徒住持圆实同立碑，镌字匠张宝。」

## （二）元碑碑文

碑阳：

额双钩竖篆：敕赐十字寺碑记

大元敕赐十字寺碑记」

翰林院讲学、中奉大夫、知制诰、同修国史、经筵黄溍撰」

翰林院学士、资善大夫、知制诰、同修国史兼太子谕德李好文书」

集贤侍讲学士、中奉大夫兼国子祭酒赵期颐篆」

盖闻大圣应迹，有感必形，荫覆四方，化周三界。是四生之导首，乃六趣之舟航。惠日既明，光清八岳，立功阐化，慈照含生，敷演一音，各随」类解。像教攸兴，其来久矣。有斯利益，是以修崇。都城西百里有余，地名三盆山崇圣院，实晋唐之遗迹，乃大辽之修营。已经多载兵火焚」荡，僧难居止，见有碑幢二座。时有僧净善，原系大兴县巨族名家，俗姓范，髫年祝发，礼昊天寺禧讲主为师，誓修禅观。时逢夏末，前谒此」山，住僧欢迎，话谈良久。天色将曛，临幢独坐，晏然在定，面睹一神，绿服金铠，青巾皂履，赤面长须，厉声而言：和尚好住此山，吾当护持。言」毕遂隐。复见古幢十字，重重发光，欣然起坐，偶成一偈：特来游此山，定中遇神言。十字发光现，此地有大缘。敬发誓言，愿成」精蓝。遂回都城，往谒」淮王铁木儿不花、赵伯颜不花、丞相庆童等，备言定中现神发光、应验古刹事迹，共言罕有。各捐己赀，于」大元至正十八年戊戌岁八月内，陆续营办木植、砖瓦、灰石等件。至正二十三年癸卯岁，起立大殿五间，中塑」三净身佛、十八罗汉，壁绘二十诸天、四王、殿宇，东西伽蓝、祖师二堂，钟鼓二楼，两楹僧舍、庖厨。山门中立石碑一统。圣事已完，」淮王铁木儿不花等奏请」圣恩敕赐十字寺。慈云遍覆于大千，法雨均沾，诸品汇不尽功德，专为上祝」皇王寿延万岁，祈宫掖千载安康，四夷拱手归降，八方黎庶乐业，永为万代龟鉴者矣。」

大元至正二十五年乙巳岁正月吉日立碑。住持净善，」同徒文惠、文迪、文聪、文胜，徒孙从湛、从晓、从敏、从献、从受、从明。」大功德主淮王铁木儿不花、赵伯颜不花、丞相庆童、察汗铁木儿不花、哈喇不花、脱脱不花、观音奴不花、」普贤奴不花、耿通张氏、魏信陶氏、信良乐氏、苏成蓝氏、郭通梅氏、张宽李氏。」邻山近处檀越芳名：信士王廷美梁氏、姜钊闫氏、庞俊高氏、霍成赵氏、朱环巩氏、高禝乔氏。」大功德主锦衣卫指挥高荣太夫人左氏、男高儒夫人张氏。镌字石匠宁永福。」

碑阴：

额双钩竖题：万古流芳

此碑者经代深远，雨霖日曝风吹，字画模糊，难以辨认。是以抄写前文，磨洗镌刻以质观视，以为明鉴者矣。」（其后为地名及男女信众题名，省略不录）」大明嘉靖十四年乙未岁二月吉日重立碑。僧人德景同徒住持圆实、圆茂、圆玺、圆安、圆琅、圆观、圆成，徒孙悟琪、悟学、悟时、悟春、悟秀、悟进、悟逑、悟逊、悟远、悟祥、悟存。首座（人名从略）」助缘德仪（人名从略）」诸山僧名（人名从略）」同立碑　镌字匠张宝」搭彩匠黄儿」

辽、元二碑存在诸多问题，下面略举几例。

辽碑存在的几个问题。

其一，辽碑首题作"大都崇圣院碑记"，辽时北京称燕京，大都是元代名称。

其二，落款"辽应历十年丙子岁四月"，应历十年（960）应为庚申年，非丙子年，距应历十年最近的丙子年为保宁八年（976）。碑文中提及辽应历二年（952年，应为壬子）戊辰岁（应为968年）、应历八年（958年，应为戊午）甲戌岁（应为974年），应历十年丙子岁（应为保宁八年）三个年份的干支虽误，但年号和干支纪年的相隔年数相一致。

其三，廪膳生员，明清两代称由公家给以膳食的生员，又称廪膳生，始于明代，辽代无此名目。

其四，撰文者官职"朝奉郎"为宋文散官名，正六品上，相当于唐之朝议郎。据龚延明《宋史职官志补正》，朝奉郎是宋开宝九年（976年，丙子年）十月以后为避宋太宗讳而改，[1] 辽有朝奉郎官职当在此之后。该石刻落款辽应历十年四月，无论刻石年代是应历十年还是保宁八年四月，均早于朝奉郎出现的年代即开宝九年十月，容后文详述。

元碑亦存在若干问题。

---

1　龚延明:《宋史职官志补正》，中华书局，2009，第552页。

其一，该碑文的撰者不可能是黄溍。十字寺碑立于至正二十五年，比黄溍卒年元至正十七年（1357）晚了8年。碑文中黄溍官衔作"翰林院讲学、中奉大夫、知制诰、同修国史、经筵"，其中"翰林院讲学"应为"翰林侍讲学士"，"经筵"应作"同知经筵事"，官职亦有误。

其二，碑文中两次提到"淮王铁木儿不花、赵伯颜不花、丞相庆童"。《元史》载铁木儿不花进封淮王在至正二十七年（1367），比十字寺碑晚了两年。庆童和赵伯颜不花事后文详述。

辽、元二碑存在的问题远不止以上几处，这些问题对我们研究和解读十字寺与景教关系造成了很大困扰。

## 三　明代对辽、元二碑碑文之重刻及改动

由于辽、元二碑存在诸多问题，二碑碑文是否可信主要有两种看法。徐苹方、吴梦麟等提出二碑为明代重刻，对碑文中存在的问题做了分析考证，但基本上肯定碑文的内容。汤更生《北京房山十字寺辽元碑质疑》则认为"《崇圣院碑》和《十字寺碑》非辽人、元人原作，而是明人祔伪的"。[1] 汤氏认为碑文为明人作伪，对碑文中存在的一些合理内容未加详审。

徐苹方在《北京房山十字寺也里可温石刻》一文指出辽、元二碑碑文为明嘉靖十四年寺僧德景、镌字匠张宝等重刻，并指出元碑"碑首的垂龙、宝珠和十字架雕刻，却是原物，明朝人没有改雕"。[2]

关于辽碑，陈述《全辽文》指出碑文存在干支错乱和称燕京

---

1　汤更生：《北京房山十字寺辽元碑质疑》，《北京图书馆馆刊》1998年第1期，第63页。

2　徐苹方：《北京房山十字寺也里可温石刻》，见《中国历史考古学论集》，上海古籍出版社，2012，第476页。

为大都等问题，徐苹方认为上述问题是明代重勒所致，并认为"从上述碑文中看不出崇圣院与景教有什么关系，不论从寺院的布局和供奉的佛像哪一方面来看，辽时崇圣院盖为佛寺也"。[1] 此外未对辽碑做更多解读。吴梦麟《北京地区基督教史迹研究》则进一步指出，辽碑"碑首形制，似与碑身比例不合，其首部尺寸较小，使首部二龙及流云显得局促，又在首部与碑身相交处以双钩横书'三盆山崇圣院碑记'的作法也不多见，似为后代有过改动，总之，辽应历十年碑的整体首部和碑文均可能是明代重刻"。[2]

关于元碑，徐苹方着墨较多，对碑文内容做了分析考证，对书撰人、碑文所涉及的相关事件和人物基本持肯定态度。徐认为主持修缮寺庙的元代僧人净善为佛教徒，编造入定后"古幢十字，重重发光"的也里可温教神话，是为了取得功德主资助。徐氏认为功德主"淮王铁木儿不花、赵伯颜不花、丞相庆童"，"三人作为建寺的资助者，在当时是相当有力量的，特别是淮王铁木儿不花起主要作用。净善向淮王铁木儿不花编造与也里可温教有关的神话，新建寺仍保留'十字寺'的寺名，在敕建寺碑的碑首正中仍雕刻有也里可温十字架的标志，说明新建的十字寺虽为佛寺，但它与也里可温教却有着分割不开的关系，而这种关系又被淮王铁木儿不花所认可"。[3] 淮王铁木儿不花的曾祖母即忽必烈的母亲唆鲁禾帖尼出身于信奉基督教的克烈部，是虔诚的教徒。"因此，净善改也里可温寺为佛寺后，仍不得不延用'十字寺'寺名，碑首上雕刻十字架，寺内也保留了许多十字架石刻，这些

---

1　徐苹方：《北京房山十字寺也里可温石刻》，见《中国历史考古学论集》，第 475 页。

2　吴梦麟、熊鹰：《北京地区基督教史迹研究》，第 28 页。

3　徐苹方：《北京房山十字寺也里可温石刻》，见《中国历史考古学论集》，第 477、478 页。

妥协的做法，很可能是出于大功德主铁木儿不花的意图。"[1]

徐苹方、吴梦麟等提出二碑为明代重刻的看法是非常有见地的，但对碑文内容有无改动、何处改刻、何处未改等未做详细考证。而碑文内容有无改动及如何改动是关乎考证十字寺历史沿革的关键，所以有必要详加论述。

从碑的形制来看，辽碑方首抹角，为北京地区唐辽金元时常见形制，明清时则较少见。该碑既题有辽代年号，并记录了辽代修缮寺庙的情况，那么这通碑当镌刻于辽代，或者说历史上应当存在一块辽碑。吴梦麟认为辽碑碑首浮雕可能为后世改刻，的确，辽碑碑首的雕刻感觉有些局促，比例不当，可能辽碑碑首原无浮雕，该浮雕是明代所刻，雕龙的目的也是要提高该碑的规格。元碑螭首形制及雕刻有元代风格，碑首摩尼珠上的十字与碑首雕刻浑然一体，当是同时镌刻，非后世改刻。因此，十字寺历史上应当存在一通辽碑、一通元碑。

但二碑碑阳文字包括碑文、碑额等均为明代嘉靖年间重勒，理由有三。

其一，二碑碑阴文字有所透露。

辽碑碑阴前几行文字叙述从东晋至唐、金时期寺庙沿革情况，末尾曰"难以□述，照依碑中前文，留书碑阴以为后者矣"。"碑中前文"当指重刻前的碑阳文字即辽碑原始碑文，因为现在的辽碑碑阳无此内容。从这段文字可推知，该碑碑阳文字和这段碑阴文字应是依据辽碑原始碑文重新书写镌刻。碑阳年款题作辽代，当是辽碑旧题。碑阴文字中关于从东晋至唐的寺庙沿革，文字非常简略，应是卢进达据原始碑文而撰写的碑文大意。"金代有僧未显其名"，可能是辽碑碑阴原始碑文，也可能是由

---

1　徐苹方：《北京房山十字寺也里可温石刻》，见《中国历史考古学论集》，第 478 页。

于金代无石刻材料流传，卢氏本人的撰述。由于辽碑现存的阳、阴两面碑文较为简略，语焉不详，推知卢进达对原始碑文应有所节略。

元碑碑阴亦提及"此碑者经代深远，雨霖日曝风吹，字画模糊，难以辨认。是以抄写前文，磨洗镌刻以质观视"，明确指出抄写碑文及磨洗重刻事。

其二，二碑碑阳均有明显的横向凿刻痕迹。

两碑碑身阳面均分布有均匀整齐的横向凿刻痕迹，元碑碑阳的圭形碑额上亦是如此，这些凿痕当是磨去旧碑文和额文时留下的印迹。

二碑碑阴未见如此凿痕，或是因为原碑文字口较浅、风化程度较碑阳为甚，或是因为碑阴原本未刻文字。二碑均坐南朝北，碑阳、碑阴的风化程度明显不同：碑阳文字均较为清晰，碑面几乎无风化颗粒，碑阴均风化较甚，碑面布满风化颗粒，文字多有漫漶；碑首部分表现得尤为明显，辽碑碑首阳面浮雕龙纹清晰，保存完好，阴面雕龙已经模糊，龙鳞几乎完全风化，元碑螭首阳面保存较好，阴面雕龙轮廓不甚清晰，风化较为严重。

其三，二碑碑文及碑额文字的书写镌刻风格相近。

两碑碑阳文字书写风格几乎一致，应为同一人书写，均随意不拘，谈不上书法水平，字迹镌刻亦不甚讲究。两碑碑阳文字镌刻风格相近，辽碑镌字石匠题为段得聪，元碑为宁永福，很可能此二人为原碑文的镌字匠，现二碑碑文可能是碑阴所题的镌字匠张宝镌刻。二碑年代不同，而碑文及碑额文字的书写与镌刻风格却比较接近，也可证二碑可能镌于同一时代，即明嘉靖年间。

辽碑撰文人王鸣凤从官职上看为辽人，书丹人卢进达为明人，二人并列，碑文字体亦相同，为同时所刻，由此可证明代重书并重镌辽碑事。元碑书法风格与辽碑很相似，书丹者很可能是卢进达，元碑篆额可能也出自卢进达之手。

元碑年款后明代功德主高荣等人与元代功德主淮王铁木儿不花等并列，而且碑文字迹相近，可能为同时所刻。也有论者如艾俊川《明高氏藏书之家与〈百川书志〉及房山十字寺》一文认为，明人题名与元代碑文字体笔法有别等，或为后来续刻。若高荣家族题名为续刻，或许透露出一些信息，即明代重修该寺的主导者不是高荣家族。

高荣家族事迹参见高荣家族石刻，[1] 兹不赘述。高家作为涿州名宦，大概在寺院重建过程中被寺僧德景或卢进达（卢为涿州廪膳生员，应是涿州人）游说才有捐资之举。元碑重刻于明嘉靖十四年二月，而高荣卒于明嘉靖十四年九月，妻左氏卒于明嘉靖十一年（1532）四月，立碑时左氏已卒，因此修庙捐资当是其子高儒所为，借此为高荣夫妇做功德。或许正因为其时元碑碑文已改刻完毕，高儒读到黄溍的碑文后才慷慨捐资。看来此次重修寺庙时高家族资助颇丰，应是最重要的功德主。碑阴功德主基本为附近村民，而高荣家族地位尊崇，所以其题名才被刻于碑阳。高荣题名前有"信士王廷美梁氏"等，"信士"多见于明碑，可能为明代的捐资者。若果如此，更证明了高荣家族是在元碑改刻完成后才参与了修寺活动。

---

1 高荣家族五种墓志石刻图版及录文俱见《新中国出土墓志·北京·一》，文物出版社，2003。其一，《司礼监太监高凤墓志》，明正德八年（1513）二月初三日葬，海淀区公主坟出土，现藏北京石刻艺术博物馆。高凤（1439~1513），司礼监太监，字廷威，号梧冈，涿州人，正德年间宦官"八虎"之一。高凤有侄二人，即高得林、高荣。其二，《高得林妻苏氏墓志》，明正德十二年（1517）六月十六日葬，现藏海淀区文物管理所。其三，《高得林墓志》，明嘉靖五年（1526）十月二十日葬，现藏海淀区文物管理所。其四，《高荣妻左氏墓志》，明嘉靖十一年四月十一日卒，现藏海淀区文物管理所。其五，《高荣妻左氏合葬墓志》，明嘉靖十四年九月十囗卒，现藏海淀区文物管理所。高荣，涿州人，夫人与其同里，司礼监高凤侄。嘉靖年间，高荣谢事家居。曾与修《历代通鉴纂要》。子二人，高儒，妻张锜女，高位，妻皇亲张晟女。高儒，编纂有《百川书志》，著录了高氏家族三代人收藏的古今书籍两千余种，近一半撰有简略的提要。

元碑所题书丹人李好文是元朝中后期著名文人和书法家，但该碑书法水平与李好文的文名不甚相称。距十字寺不远的谷积山院有一通李好文撰文、许有壬书丹、张起严篆额的《大元赐敕上万谷积山灵严禅寺碑》，元至正七年（1347）三月吉日立。[1] 这两通元碑年代接近，又均为敕赐碑，但灵严禅寺碑的书法水平远高于十字寺碑。

元碑额文布局亦不讲究，碑额圭形，高 68 厘米，宽 31.5 厘米，双钩竖篆"敕赐十字寺碑记"一行七字，额文两旁有大量留白，按照一般的碑额布局，额文镌作两行较为得当。碑刻墓志中的额文或盖文虽然文字不多，多用篆书，往往请名家书写。元碑碑阳的圭形碑额上分布有整齐的凿痕，额文书法毫不讲究，七字一行的布局颇为失当，与前面提及的《大元赐敕上万谷积山灵严禅寺碑》的额文对比，高下立判。元碑篆额者题作赵期颐，赵氏以书名世，尤工于篆，此碑额文不可能为书法名家赵期颐所写，却与碑文有几分相似，很可能是卢进达所为。

前面已述，明代确实对两通石刻进行过重刻和改刻。因石刻年久，或因风化漫漶，或因捶拓过多，字口变浅毁损，后世不乏重刻、改刻前代石刻的例子。碑文重刻有两种情况：一是不改动原碑，只是加深字口；二是把原碑磨去，依照先前的拓本重刻，或者依据拓本另外找人重书后镌刻。这两种情形均不改变原碑文内容。改刻就是把前代的碑文磨去重新利用，造成碑刻形制、时代特点与碑文内容不符，或者把碑石改作建筑构件等。

石刻有一个重要特点是可制作拓本，这是后世重刻、翻刻碑

---

1 《大元赐敕上万谷积山灵严禅寺碑》，元至正七年三月吉日立，翰林侍讲学士、中奉大夫、知制诰同修国史、臣李好文奉敕撰，翰林学士承旨、荣禄大夫、知制诰兼修国史、知经筵事臣许有壬奉敕书，翰林学士承旨、荣禄大夫、知制诰兼修国史臣张起严奉敕篆额。额篆"大元赐敕灵严寺碑"，首题"大元赐敕上万谷积山灵严禅寺碑"。碑在房山区坨里镇北车营村北谷积山灵鹫禅寺。

文的依据。我们可以合理地做如下推测：这两通碑文在被磨去重刻前应当已先期制作拓本，从而为改刻提供依据。在重刻二碑时，卢进达（可能在寺僧德景的授意下）依据前代碑文做了节略及有目的的改动。

因此，笔者分析考证二碑碑文就是为了找出何者为原始碑文，可作为该寺沿革的可靠历史看待，何者为后世改窜，厘清其舛误及影响。

为什么明代重修时要改动碑文？

现在元碑额所题"敕赐十字寺碑记"透露了一些端倪。如果原碑额与现碑额文字相同，额文由于字体较大，不易漫漶，又是名家书写，实无改刻之必要。元碑整体雕刻精美，其额文即便如后文论述不是赵期颐书写，其布局、书法水平也应比现在高明。笔者认为，"敕赐"二字是明代改刻重刻碑文的关键所在。"敕赐"即皇帝钦赐的意思。由于该寺未得到当朝皇帝"敕赐"，原碑文中亦未见"敕赐"二字，因此才要编造"敕赐"碑的谎话。

北京地区明朝皇帝敕赐寺名的寺庙很多，尤其是太监捐资修建的庙宇，往往能利用接近皇帝的便利得到敕赐寺名。大功德主高荣是明正德年间颇得皇上宠信的宦官八虎之一高凤的侄子，正德年间高凤得势时，请皇上"敕赐"寺名轻而易举。但到嘉靖年间，高凤已卒，高荣虽曾官至锦衣卫指挥使，但已致仕多年，立碑年代距其卒时不过数月，加之嘉靖皇帝崇道抑佛，想要得到皇帝"敕赐"寺名恐怕不太容易。为了提高该寺的规格，得到信众更多的支持资助，所以寺僧才要编造"敕赐"的谎言。编造本朝的"敕赐"寺名怕惹麻烦，所以才要编造前代皇帝"敕赐"的故事。

螭首龟趺的元碑为编造敕赐故事提供了条件。虽然敕赐碑的形制多为螭首龟趺，但螭首龟趺的碑刻未见得均是敕赐碑。唐、辽、金、元时期北京地区的一些寺庙碑如《缙阳寺功德碑》《重

建龙泉大历禅寺之碑》《房山县大安山龙海观创建黑龙潭庙碑》
等虽为螭首龟趺碑，却均非敕赐碑。十字寺这通元代螭首龟趺
碑，应该原本也没有"敕赐"二字，所以寺僧们才费尽心思磨去
旧碑，改写碑文，来编造一通"敕赐"碑。

如前所述，元碑原有额题并非"敕赐十字寺碑记"，也不可
能为元代书法名家赵期颐篆额，那么首题题作"大元敕赐十字寺
碑记"也就颇为可疑了。其原始额题或首题又是什么呢？关于辽
碑首题中"大都"二字一直以来众说纷纭，但均不得要领。二碑
既是明代重刻，寺僧为编造敕赐谎言，重刻时将元碑额文与首
题均做了改动，加上"敕赐"二字，但为了保存原来的寺名及历
史，所以将元碑原始额文或首题又移刻至辽碑上。因此，辽碑的
"大都崇圣院碑记"实应为元碑首题或额题（有时二者一致），这
就解释了为什么辽碑上会有元代才有的"大都"称谓。辽碑额题
"三盆山崇圣院碑记"或为辽碑首题；或者辽碑可能本无首题和
额题，"三盆山崇圣院碑记"为元碑额题，因为额题和首题有时
会不一致。

由此又牵涉出该寺寺名的沿革问题。依现存石刻碑文内容，
辽代寺名作"三盆山崇圣院"，元代寺名作"十字寺"。如前面
论述不虚，元代寺名当作"三盆山崇圣院"或"崇圣院"，"十字
寺"成为正式寺名又始于何时呢？

唐、辽、金、元时期，一般规模较大的寺庙称寺，规模较小
的称院。据二碑碑文，该寺规模不大，一进院子，仅东西两廊，
辽时3间正殿，元5间正殿（亦有可能是明代重修时才改为5
间的规模），称院是较为恰当的。这么一座山野萧寺，得到敕赐
和名家书撰的可能性甚微。从"大都崇圣院碑记"，我们可判断
元代寺名应为崇圣院而非十字寺，该碑也非敕赐碑，"敕赐十字
寺"是明嘉靖年间重修时寺僧编造出来的谎话，可能最迟在此
时，十字寺才成为正式寺名。"古刹十字禅林"匾亦镌于明嘉靖
年间。

# 四　辽、元二碑碑文考释

明乎明代对辽、元二碑的改刻情况，才能进一步对现存二碑碑文进行考释和辨伪。

关于辽碑，前面已述，辽碑首题"大都崇圣院碑记"实为元碑首题或额题。辽碑的额题"三盆山崇圣院碑记"或为辽碑首题，抑或为元碑额题，而辽碑可能原本无首题或额题。

辽碑撰文人为"朝奉郎、守司农少卿、范阳郡开国男、食邑三百户、赐绯鱼袋王鸣凤"。

前述朝奉郎是宋开宝九年十月以后为避宋太宗讳由才有此官职，辽有此职官亦当在开宝九年十月以后，辽碑落款"大辽应历十年丙子四月"，无论是应历十年还是保宁八年四月，均与朝奉郎的官职相矛盾。辽代官制主要参酌唐宋官制，金代无朝奉郎一职，从这一官职可确证辽碑的存在，亦可推知其立碑年代当在辽保宁八年十月以后的辽代时期。由于碑文年久漫漶以及后世重勒时有误，其原始立碑年代，无论从年号、干支推算均无法确知。若落款的干支纪年即丙子年无误，辽碑可能立于辽重熙五年（1036）四月或寿昌二年（1096）四月。

辽碑明确记载"大辽应历二年戊辰岁三月内兴工，至应历八年甲戌岁八月中秋"，"大辽应历十年丙子岁四月吉日立碑"。文中诗句亦提到"应历年间重建"，可见应历年间重修寺庙或当是事实。辽碑体量不小，原碑文字数应远较现在为多，由于漫漶，重镌时或有部分节略遗漏，因此造成殊不可解的情况。加之辽碑年款往往是年号纪年和年月日时的干支一起使用，重刻时由于碑文漫漶或抄写错误，从而造成干支与年号的错乱。

司农少卿：司农寺少卿省称，为司农寺副长官，正六品官。

范阳郡开国男、食邑三百户：据唐、辽、宋、金爵位情况，未见有郡开国男爵位，应为县开国男。

绯鱼袋指绯衣与鱼符袋，是唐宋时朝官的服饰。五品及以上官员才能受赐绯鱼袋，六品官赐绯鱼袋可能为特恩加赐。

重修该寺的"范阳僧人惠诚，俗姓张，母孙氏，卯岁礼惠华寺玉藏主为师，授以天台止观"。惠华寺即慧化寺，据《涿州文物志》，[1] 涿州城内有慧化寺，为唐代寺庙。房山区北白岱村亦有"大唐幽州范阳县北白岱村慧化寺"，[2] 可能为其下院。玉藏主生平无考，据碑文，当为天台宗僧人，慧化寺可能为天台宗的寺庙，那么惠诚亦可能为天台宗僧人。又据房山区张坊辽天庆十年（1120）《正慧大师遗行造塔幢》中有"出家礼燕京天王寺三藏为师"语，"玉藏主"或为三藏之误。

"携锡纵游，经过此处，地名三盆山崇圣院。"三盆山是地名，崇圣院是寺名，或为重勒时误。

"石幢一座，乃晋唐之兴修，实往代之遗踪。"石幢即石刻经幢，唐代中期随着佛教密宗的传入开始兴起，唐、辽、金时期在北京地区非常盛行。"晋唐"之晋当指五代时后晋。北京地区五代时为后晋石敬瑭所辖，后被割让给辽国。该石幢当是后晋而非西晋或东晋时期遗物。

"营理大殿三间，中塑释迦牟尼佛，左大智文殊师利菩萨，右大行普贤菩萨，两壁悬山应真一十八尊罗汉，东西伽蓝、祖师二堂，两廊僧舍二楹、钟鼓二楼。"大殿供奉的是华严三圣，这是唐辽时期比较流行的佛教造像组合方式，与唐代以来《华严经》

---

1　涿州旧城内现在仍有慧化寺街。杨卫东《涿州佛教石刻》（河北教育出版社，2007）"释迦佛像"图版说明载，慧化寺原有唐释迦佛石像，立姿，民国《涿县志》载"原在县城内慧化寺"，可知唐代时已有慧化寺。

2　《重建慧化禅寺记》（清康熙元年正月立，石在房山区张坊镇北白岱村）载，康熙元年重修时发现"断碑石刻云'大唐幽州范阳县北白岱村慧化寺'"。

或和华严宗的传播流行有关。祖师堂亦称祖师殿，通常位于大雄宝殿西侧，此种布局以禅宗寺院最常见，疑元代寺庙格局误记在辽碑上。

"上祝皇王巩固，帝道遐昌，佛日增辉，法轮常转。""皇王巩固"一般作"皇图巩固"，这是明代碑刻和铁钟上常见的发愿文套语，而辽代大觉寺《大辽阳台山清水院创造藏经记》碑额题发愿文作"奉为太后皇帝皇后万岁大王千秋"，大蒙古国时期的《重建龙泉大历禅寺之碑》作"奉为祝釐，皇帝万岁，太子诸王，同沾妙利"。看来，重刻的辽碑碑文不仅内容上有所节略，传抄讹误，也窜入了一些明代流行词句。

碑阴记述关于该寺的沿革亦有不通之处。"□业□弥陀"，当是指阿弥陀佛，"金莲台三圣"似指西方三圣，主尊为接引佛也即阿弥陀佛，立姿，右手垂下，作与愿印，左手当胸，掌中有金莲台，用为接引众生，惠静当是发愿往生西方净土。惠静于史无考，查北京地区佛教传播的历史，本晚于中原地区，北京地区最早的寺庙潭柘寺传为晋代所建，并无确凿的文字记载。净土宗始祖慧远东晋元兴元年（402）在庐山创建白莲社，并在阿弥陀佛像前建斋立誓，专修念佛三昧，期往西方净土。该碑则明确记载惠静创寺、结庐精修在东晋建武元年（317），宁康二年（374）金莲台三圣来迎，此说颇为不经。

"大唐贞观十二年戊戌岁，僧人义端□住此山，修饰院宇，专意禅□。至显庆五年庚申岁重阳日，别众坐脱而化"，或可看作信史。

"金代有僧未显其名"。该寺在金皇陵界内，皇陵既为禁地，不仅原来的古道遭到断绝，该寺也应纳入皇陵的管理，很可能会有所修葺。笔者颇怀疑崇圣寺院之名始于金代。金陵兴建初期，出于安葬和谒陵、祭陵的需要，山陵东端的入陵处建有行宫磐宁宫。金章宗又在山陵最高点大房山主峰茶楼顶上修建了离宫崇圣宫、白云亭。大房山主峰为猫耳山，民国《房山县志》有"金章宗歇凉台"的描述:"灵峰寺在大房山阳,长沟峪之北,俗名上寺。其碑皆隶书,为金苏敬安撰。"此碑即金代明昌五年(1194)《灵峰寺碑记》,碑载:"迨明昌改元(1190),复建崇圣宫、白云亭于峰顶。"文献中提到的金代灵峰寺,今遗址犹存,遗址东南角存有一石碑,即《房山县志》所载《金代灵峰寺碑记》。该碑为汉白玉质,平躺地上,碑阳朝上,首身一体,圆首,额书"房山灵峰寺记",金明昌五年立石,碑文18行,满行36字,皆隶书,部分文字漫漶,文曰:"……揖河汉□视诸郡水陆原□历□□瀑布南下三里泉石最幽……起之肇自隋唐□□庙容如之□然雕镂玉石皆……"

金章宗在大房山上建"崇圣宫、白云亭于峰顶",那么同在金陵陵域内的崇圣院是否为金章宗重建或赐名?崇圣的"圣"字,既可指宗教神祇如"西方三圣",也可指皇帝。一般来讲,辽代的寺庙名称较为质朴直白,如"谷积山院"、"清水院"(即海淀区大觉寺)等,这样一座山野小庙,辽代寺名很可能为"三盆山院","崇圣院"的名称稍显文雅。金章宗是一个风雅皇帝,喜游山逛水并留题诗文,北京许多名胜古迹多有金章宗的传说,崇圣院或许得名于金章宗。

关于元碑,前面已述,其首题、额题为明代作伪,其原始额题或首题应该是辽碑首题。

撰文人黄溍(1277~1357),元著名文人学者,仁宗延祐间进士,累擢侍讲学士知制诰、同知经筵事等职。

书丹人李好文,具体生卒年尚不可考,历仕英宗、泰定帝、明宗、文宗、宁宗、顺帝六朝,官至光禄大夫、河南行省平章政事,以翰林学士承旨一品禄终其身。

篆额人赵期颐,具体生卒年不可考,官至陕西行台、中奉大夫、中书参议,以书名世,尤工于篆,浑朴高古。据陕西省蒲城欧阳玄撰文、危素书、赵期颐篆额的元至正十五年(1355)《义门王氏先茔碑》,题作"中奉大夫河南江北等处行中书省参知政事宛丘赵期颐篆题"，可知他与危素（1303~1372）、欧阳玄（1283~1357）为同时代人，也与黄溍同时代。

黄、李、赵三人为同时代人，黄、李可能还共过事。至正八年（1348），黄溍官升侍讲学士、知制诰同知经筵事，至正七年（1347）李撰文《大元敕赐上万谷积山灵严禅寺碑》时官职是"翰林侍讲学士中奉大夫知制诰同修国史"。元碑立于元至正二十五年（1365），其时，黄溍已经去世8年，因此不可能撰写碑文。既然撰文人伪，那么书丹、篆额人可能亦伪。因为李、赵亦是当时著名文学家、书法家，该碑若为李、赵分别书、篆，那撰文人即便不是黄溍，亦为当时名家，没必要去伪托已故去多年的黄溍之名。该碑碑阳碑文、额题均为明代重勒，几乎谈不上什么书法水平，镌刻亦不甚讲究。若碑文果真为这三位元代文学、书法名家书撰，想必也不会将原碑磨去重刻吧。黄溍在元明两代名望尤高，不仅因自己的文名，还因"明开国文臣之首"宋濂为其学生，明代读书人包括廪膳生员卢进达等应当较熟悉黄溍的文章，可能也是碑文托名黄溍的缘由。

"地名三盆山崇圣院，实晋唐之遗迹，乃大辽之修营"。"地名三盆山崇圣院"，辽碑亦有相同文字，三盆山是地名，崇圣院是寺名。该碑原始首题上亦有崇圣院，不可能在碑文中误作地名，看来是明代重刻时所误。

"见碑幢二座"，碑当是辽碑，幢当是辽碑中提及的石幢，也从侧面反映了在景教徒使用该寺期间，并没有立碑。

"时有僧净善，原系大兴县巨族名家，俗姓范，髫年祝发，礼昊天寺禧讲主为师，誓修禅观。"昊天寺即大昊天寺，辽秦越国大长公主清宁五年（1059）舍宅而建，为京城著名寺院。禧讲主待考，从"誓修禅观"及后文中关于寺庙的殿堂布局看，该寺当是禅寺。

"面睹一神，绿服金铠，青巾皂履，赤面长须，厉声而言：和尚好住此山，吾当护持"，该神其实就是寺院伽蓝神关公的形象。

据《佛祖统纪·智者禅师传》，隋开皇十二年（592），天台宗创始人智顗（智者大师）到荆州欲创精舍，"神曰：'愿哀闵我愚，特垂摄受。此去一舍，山如覆船，其土深厚，弟子当与子平建寺化供，护持佛法，愿师安禅七日，以须其成'。师既出定，见湫潭千丈化为平阯，栋宇焕丽，巧夺人目，神运鬼工，其速若是。师领众入居，昼夜演法。一日神白师曰：'弟子今日获闻出世间法，愿洗心易念，求受戒品，永为菩提之本'。师即秉炉授以五戒。于是神之威德昭布千里，远近瞻祷，莫不肃敬"。[1] 智者大师上奏晋王杨广，关羽遂被封为守护佛法的"伽蓝菩萨"。入定见护法神及定中现神发光、应验古刹事迹，或是借用佛教掌故，抑或真为定中所见。

"古幢十字，重重发光"，前面提及的"见碑幢二座"的幢以及辽碑中提及的幢与这里的古幢当是同一石刻。十字与古幢的关系问题较为难解，此地既被景教徒利用过，有可能将佛教经幢改作他用，并刻上十字图案，也可能是在经幢上面放置十字架，由于该石幢已不存，我们亦无从考证。但十字发光的灵异现象当是净善向信众游说募资，并在元碑碑额镌刻十字之缘由。

"至正二十三年癸卯岁，起立大殿五间，中塑三净身佛、十八罗汉，壁绘二十诸天、四王、殿宇，东西伽蓝、祖师二堂，钟鼓二楼，两楹僧舍、庖厨。山门中立石碑一统。圣事已完，淮王铁木儿不花等奏请圣恩敕赐十字寺。""石碑一统"当指元碑。据碑文，这次修缮始于至正十八年，二十三年完工，至二十五年正月立碑。重建如此规模的小庙却费时 5 年多，至立碑时将近 8 年，想必是资金募集不易，更证明了淮王铁木儿不花等大功德主为虚构，那么元代寺庙大殿规模也可能只有 3 间，"起立大殿五间"

---

1  志磐：《佛祖统纪》，上海古籍出版社，2012，第178、179页。

等应是明代所为，刻入碑文也是为了证明该寺得到皇恩敕赐。两碑碑阴密密麻麻记载了大量明代的村落和捐资人名，又得到高官高荣家族的赞助，想必这次募集的资金较为可观。通观两碑的阳、阴碑文，未提及明代修寺的具体情况，很可能是将明代修缮的情况纂入了元碑。银杏树是北京地区寺院中常见的树种，现存两棵银杏树的位置及古树的树龄，也是探讨十字寺寺院建筑格局的历史线索。十字寺现存的古银杏树树围 5 米有余，北京石刻艺术博物馆（原真觉寺）内明永乐至成化年间的银杏树树围 6 米有余，另一株（据说是年代稍晚）树围约 5 米。由此看来，十字寺古银杏树不太可能是元代遗物，而应是明嘉靖年间重修时所植。两棵银杏树之间为大殿前甬道所在，从而也说明了十字寺现存大殿 5 间的规模是明代重修时的格局。

山门中立碑、大殿 5 间等寺院格局应是明代扩建重修后的结果。若辽、元二碑的位置从古至今一直未改的话，寺庙石刻一般对称立于殿前甬道左、右两侧，那么二碑之间即今东银杏树的位置或许是辽、元时期大殿三间殿前甬道所在，比明代以来的甬道位置略偏东一些。

日人佐伯好郎在『支那基督教の研究』为我们描述了 20 世纪 30 年代十字寺遗址的状况："殿前一有月台，台前左右甬道两侧各植一棵覆盖直径超过 18 尺的公孙树，枝繁叶茂，右为雌，左为雄，右手公孙树的右侧（笔者按：吴梦麟《北京地区基督教史迹研究》引用的汉文译文作'左侧'，查阅佐氏日文原文，当为'右侧'）矗立着石碑一通，左手公孙树左侧矗立着石碑一通。"[1] 又据天津《大公报》1931 年 10 月 5 日《文学》副刊 195 号《房山县十字石刻详记》："殿前月台两侧各有一颗（棵）银杏

---

1　吴梦麟、熊鹰：《北京地区基督教史迹研究》，第 32、33 页。

树，左边银杏树外侧立一辽碑，右边银杏树外侧立一元碑。"该文与佐氏记载一致，也就是说，元碑立于西银杏树的外侧即西南处，而现在元碑则立于两银杏树之间偏南处。又据有关文物专家的说法，元碑虽然遭毁仆倒在地，后来立碑时是根据龟趺及碑倒地的位置重立，应该是元碑本来的所在。笔者认为元碑现在位置是比较合理的，也能够解释辽、元以至明代寺庙殿堂的变迁情况；但两种早期的文献均是在实地考察后记载元碑在西银杏树西南，也不能轻易认为是笔误。

从"誓修禅观"及"东西伽蓝、祖师二堂"寺庙布局来看，该寺当是禅寺。"三净身佛"不知作何解，或可能为"三身佛"，也即大殿中塑像为法身佛、报身佛、应身佛。据辽碑，大殿内塑像为华严三圣，"大殿五间"及寺庙格局既是明代重修时扩建，那么大殿内"三身佛"塑像、十八罗汉、壁绘二十诸天等，均应是明代新作，元代修缮时的殿内塑像及寺庙格局就阙载了。

"淮王铁木儿不花、赵伯颜不花、丞相庆童"在碑文中出现两次，在文后的大功德主题名中又出现了一次。据碑文，他们当是重修该寺的主要出资人。

据《元史·顺帝本纪》记载，"（至正二十七年八月）辛亥，帖木儿不花进封淮王"，[1] 比十字寺立碑晚了两年。

庆童《元史》有传，至正二十年任中书平章政事，二十五年改任陕西行省左丞相，二十八年任中书左丞相（即宰相）。中书平章政事及陕西行省左丞相，均从一品，为丞相副贰，称宰相或可说得过去。《元史·庆童传》载："二十年……拜中书平章政事……二十五年，诏拜陕西行省左丞相。时李思齐拥兵关中，庆童至则御之以礼，待之以和。居三年，关陕用宁。召还京师。

---

1 《元史》卷四十七，第四册，中华书局，2008，第980页。

二十八年七月，大明兵逼京城，帝与皇太子及六宫至于宰臣近戚皆北奔，而命淮王帖木儿不花监国，庆童为中书左丞相以辅之。八月二日，京城破，淮王与庆童出齐化门，皆被杀。"[1]

赵伯颜不花为宦官，《元史·顺帝本纪》载："（至正二十八年闰七月乙丑）诏淮王帖木儿不花监国，庆童为中书左丞相，同守京城。丙寅，帝御清宁殿，集三宫后妃、皇太子、皇太子妃，同议避兵北行。失列门及知枢密院事黑厮、宦者赵伯颜不花等谏，以为不可行，不听。伯颜不花恸哭谏曰：'天下者，世祖之天下，陛下当以死守，奈何弃之！臣等愿率军民及诸怯薛歹出城拒战，愿陛下固守京城。'卒不听。至夜半，开健德门北奔。八月庚午，大明兵入京城，国亡。"[2]

《元史·顺帝本纪》记至正二十八年闰七月史实中恰好有淮王铁木儿不花、中书左丞相庆童和宦者赵伯颜不花。

碑文三处提及三人，且封号、官衔均与《元史》相符。元至正二十八年八月初二日，明兵攻下大都时，《元史·庆童传》记载了铁木儿不花、庆童殉国，庆童从闰七月二十七日受命中书左丞相到八月初二日殉死，只当了五天左丞相。《元史》未记宦官赵伯颜不花下落。淮王铁木儿不花是皇族，庆童是康里人，世代高官，赵伯颜不花只是个宦官。从立碑时间和任职情况推测，庆童、宦官赵伯颜不花或可能是该寺赞助者，淮王铁木儿不花则无此可能，因为当时人不可能未卜先知其封淮王事。事实上，这三人尤其是淮王铁木儿不花和庆童，均有足够的财力和地位独自修缮这样一座山野小庙，三人合力修建就像是作伪了。"淮王铁木儿不花等奏请圣恩敕赐十字寺"事系明人作伪，十字寺既非元代寺名，铁木儿不花亦不可能以淮王的名义上奏，"等"字此处指

1　《元史》卷一百四十二，第十一册，第3399、3400页。
2　《元史》卷四十七，第四册，第986页。

代庆童和赵伯颜不花，宰相和宦官联名上奏也不合制度，可见庆童捐资上奏事亦是虚构。元碑中淮王铁木儿不花和庆童事迹均系明人作伪，赵伯颜不花捐资事则无法判定真伪。

淮王铁木儿不花是皇族，庆童是高官，赵伯颜不花是宦官，均能接近皇帝，选择他们做大功德主，还是为了编造"奏请圣恩敕赐"事。为什么偏偏选择他们三人作伪呢？他们三人在《元史·顺帝本纪》中有交集，又都是正史所载的忠臣，大都城破时，淮王铁木儿不花、庆童英勇殉国，赵伯颜不花曾哭谏元顺帝。

进一步查阅资料，发现三人的交集还见于《英烈传》第六十八回《燕京破顺帝奔亡》："淮王帖木儿不花，被郭英火炮打死……丞相庆童，闻知顺帝脱逃，不胜悲哭，薛显飞刀砍来，把头劈做两块。……那伯颜不花，急令军卒打灭，早被吴良、张龙领统卒逾城直上。那伯颜不花撞着张龙，一枪仆于地下，取了首级。"[1]三人均在元朝灭亡时英勇殉国。

《英烈传》是一部长篇章回体历史小说，共八十回，作者不可考，有说为明嘉靖时期武定侯郭勋（郭英后裔），也有刊本上作徐渭。该书虽系小说，也参照不少史著，大事按历史事实架构，大部分人物历史上实有其人，为使情节紧凑有趣而增加了些细节，因此不能把《英烈传》视为等闲坊刻小说。明人通过《英烈传》之类的历史故事、传说、评书等，对明朝的开国故事应当是耳熟能详，对燕京城破顺帝奔亡的情节想必也不陌生。可以说，《英烈传》等历史小说为寺僧编造这三人做功德主提供了素材，加之三人均为英勇殉国的忠臣，虽系元朝旧臣，仍能博得明人的同情和尊敬。

元碑功德主中除上述三人，排在最前面的是察汗铁木儿不花，

1　《英烈传》，宝文堂书店，1981，第278页。

这或许给寺僧编造淮王铁木儿不花等功德主提供了灵感。

淮王铁木儿不花、赵伯颜不花、丞相庆童的功德主身份既系明人作伪，那么除三人外排在最前面的"察汗铁木儿不花"或为该寺的主要捐资者。

"上祝皇王寿延万岁，祈宫掖千载安康，四夷拱手归降，八方黎庶乐业"为发愿文，当是原文。

题名中"察汗铁木儿不花、哈喇不花……耿通张氏"等人当是元碑真正的功德主，有蒙古人（也可能是取蒙古名字的汉人），亦有汉人夫妻，均未有官职，可能是附近的富户、村民等。

题名中"信士王廷美梁氏"等，"信士"多见于明碑，有可能为明代的捐资者。

碑末题"大功德主锦衣卫指挥高荣太夫人左氏、男高儒夫人张氏"。看来此次重修寺庙时高荣家族资助颇丰，是重要的功德主。

寺僧们费尽心机磨去旧碑，改动寺名，改写碑文，就是为了利用这通螭首龟趺的元碑编造出一个历史上不存在的敕赐碑，假托黄溍等人为书撰人，编造淮王铁木儿不花等为大功德主，甚至夸大元代的寺庙规模，这一切其实都是为了让"敕赐碑"显得真实，从而提高该寺的规格，并得到信众的支持资助。拨开笼罩在元碑上的敕赐迷雾，元碑记述的寺庙情况应该是基本可信的。

## 五　十字寺历史沿革及与景教之关系

通过对辽、元二碑的考释，可知两碑碑文所记均为佛教寺院的沿革、修缮及捐资情况，与景教没有关涉。

十字寺的景教遗存，目前所知有南京博物院的两件也里可温十字石刻及十字寺遗址现存的元碑碑首火焰宝珠上的十字符号。

元至正年间此地寺庙正式名称为崇圣院，十字寺成为正式寺名要晚于崇圣院，最迟在明嘉靖年间，这期间该寺一直为佛寺，与景教无关。但元碑碑额上所勒十字，有明显的景教风格，说明景教徒活动的年代和景教遗存要早于元碑刻立的年代。

　　辽、元二碑的存在给我们提供了景教徒在此地活动的上限和下限。

　　从前面对辽碑的考释可知，该碑记载了唐、辽、金时期此间佛寺的兴废沿革。1215 年，蒙古人占领北京，原为禁圈的金皇陵失去了保护，皇陵内金代断绝的古道又成通途。一些做官经商的蒙古人、色目人等来到北京，《廿二史札记》有"色目人随便居住条"，[1] 陈垣《元也里可温考》："燕京既下，北兵长驱直进，蒙古、色目，随便住居（详廿二十札记），于是塞外之基督教徒及传教士，遂随军旗弥漫内地。"[2] 这些色目人不少为景教信徒。当景教徒发现了崇圣院这样一个无主的所在，一些人就在此隐修，这些隐修者中或者就有拉班·扫马。英人阿·克·穆尔在《一五五〇年前的中国基督教史》一书中指出："或许我们已经注意到，十字寺和北京的距离及其位置，也许可能靠近拉班·扫马和尚静修之处。"[3] 佐伯好郎也提及大殿后的空地，"据说这里深 1.5 尺处曾挖出两三个石佛，空地四周以石材砌筑，说不定附近就有个什么洞窟之类的"。[4]《拉班·扫马和马克西行记》提到了拉班·扫马的静修之处，"他随即出发，离开他们（即其父母）的城市，行走一天，他决定居于彼处。他找到一可靠之地，有一处洞穴，其旁山中有一泓泉水"。[5] 十字寺附近有峡谷、溪流、古道和一些低矮的岩穴，比较符合史载拉班·扫马的静修处。

---

1　《廿二史札记校正》卷三十，中华书局，2010，第 700、701 页。

2　《陈垣全集》第 2 册，安徽大学出版社，2009，第 57 页。

3　〔英〕阿·克·穆尔：《一五五〇年前的中国基督教史》，郝镇华译，中华书局，1984，第 100 页。

4　转引自《北京地区基督教史迹研究》，第 33 页。

5　朱炳旭：《拉班·扫马和马克西行记》，大象出版社，2009，第 3 页。

之后，随着这些景教徒流转迁徙，此地渐次荒废，遂又为佛教僧人占据。从元碑碑文可知，元至正十八年（1358）僧净善修缮该寺之前的一段时间，此寺已经为佛寺。也就是说，景教徒在房山十字寺一带活动时间不早于 1215 年，最晚至 1358 年之前的若干年。

该寺何时被称为十字寺呢？在元代，景教徒被称作"也里可温"，元《天开寺白话圣旨碑》《兴隆寺圣旨碑》等碑文中均有提及。《元史·百官志》载，崇福司"掌领马儿哈昔、列班、也里可温十字寺祭享等事"。[1]《析津志》"无名桥"条下记曰："十字寺前一。"[2] 如此看来，在汉文正史和方志中，景教徒宗教活动场所被称作"十字寺"，十字寺其实是景教寺庙的统称。《至顺镇江志》载《大兴国寺碑文》中记载景教徒马薛里吉思所建七座景教寺庙均有名称，如"八世忽木剌大兴国寺""答石呼木剌云山寺""都打吾儿忽木剌聚明山寺""打雷忽木剌四渎安寺""的廉海牙忽木剌高安寺""马里结瓦里吉思忽木剌甘泉寺""样宜忽木剌大普兴寺"。[3] 据陈垣先生考证，凤翔的长春观碑文中有"也里可温的胡木剌、先生的观与院、和尚的寺，一律不许骚扰"[4]语，可知"胡木剌"或"忽木剌"即景教教堂或寺院。景教徒马薛里吉思在镇江、杭州一带所建景教寺院不仅有汉文名称，还有用他们自己语言（不知是叙利亚文、畏兀儿文还是蒙古文）命名的寺名。"十字寺"这一名称是汉籍和汉人对这类寺庙直观的俗称，而非景教徒对其宗教活动场所的命名和称呼。因此，即便这些景教徒在房山十字寺一带活动时曾为其宗教场所命名并留下石刻记载，恐怕也不会简单笼统地称之为"十字寺"。

---

1 《元史》卷八十九，第八册，第 2273 页。

2 熊梦祥：《析津志辑佚》，北京古籍出版社，2001，第 99 页。

3 〔英〕阿·克·穆尔：《一五五〇年前的中国基督教史》，第 167 页。

4 《陈垣全集》第 2 册，第 475 页。

　　这座寺庙在大蒙古国时期和元前期既然为景教寺院，他们留存的十字石刻当是十字寺得名的缘由，从此这座寺庙被当地人俗称为"十字寺"。虽然后来此地改为佛寺并使用崇圣院作为正式名称，但"十字寺"的俗称由于简单直观，从而被当地人一直沿用，并最终在明嘉靖年间成为正式寺名使用至今，就如同俗称为"白塔寺"的元"大圣寿万安寺"，正式寺名代有沿革，俗称一直流传至今。

　　元碑碑额上所镌十字与景教有何关系呢？前面已述，元碑碑文中可信部分为佛寺的修建情况，虽经明代改刻，但看不出与景教有何联系，原有景教碑文会不会在元代修佛寺时已被磨去呢？

　　这些信仰景教者基本为色目人（如畏兀儿人、汪古部人）或蒙古人，他们在语言、文化、宗教、习俗方面与汉人有种种隔膜。他们主要使用蒙古文、畏兀儿文、叙利亚文等，如十字寺景教石刻上镌有叙利亚文"仰望此，依靠此"。志费尼《世界征服者史》在序言中说："他们把畏兀儿语言和文书当作知识及学问的顶峰。"[1]

　　韩儒林也指出："聂思脱里教[2]的文献，据十三世纪末叶亚美尼亚及 Nisibis 京城大德著录，共存 300 余种。迄今为止，没有发现任何迹象可以证明，其中有哪一种曾在元代被译成汉文。这个事实也有助于伯希和的下述论断，即元代的基督教，大致可以说不是汉人的基督教，而是阿兰人、突厥人以及少数蒙古人信仰的宗教。基督宗教在中国汉人中缺乏群众基础。"[3]

　　由于景教在汉人中缺乏群众基础，这些景教徒不懂汉文，也不在汉人中传教，对汉人的立碑传统应当是隔膜的，因此不太可能采用汉人的碑刻形式。景教徒在房山十字寺一带的活动时间大

---

1　〔伊朗〕志费尼：《世界征服者史》，何高济译，商务印书馆，2004，第 6 页。

2　聂思脱里教即景教。

3　韩儒林：《元朝史》（下），人民出版社，2008，第 741 页。

体上在大蒙古国时期和元初，而十字寺元碑螭首的雕刻风格则属于元代晚期风格，该碑螭首上火焰宝珠的形状和位置与元至正七年《大元敕赐上万谷积山灵严禅寺碑》很接近。因此，笔者认为十字寺元碑当是元至正二十五年修佛寺时新立，非改自景教旧碑，也就是说不存在一通景教旧碑。但此地景教徒遗存的十字石刻无疑令人印象深刻，僧人净善可能真如元碑文所记在梦中见到了"古幢十字，重重发光"的灵异现象。

# 六　结语

辽、元二碑年久漫漶，加之明代重刻时或因漫漶等有所节略，或有意改窜，或无意误刻等，造成了许多难解之谜。经过前面考释、辨伪，我们大致可勾勒出房山十字寺的历史沿革情况。

辽碑中提到"石幢一座，乃晋唐之兴修"，元碑记"大辽之修营"，看来辽碑的东晋创寺说是依据经幢上的晋代题刻，将后晋误作东晋了，元碑则又沿用了辽碑说法，东晋创寺说实属误解。这里地当古道，附近有不少隋唐古迹留存，如万佛堂孔水洞隋唐石刻、燕山公园内隋代摩崖造像等，该寺始建于隋唐时期是较为可信的。据碑文，大唐贞观十二年（638），僧人义端曾修饰院宇，至显庆五年（660）圆寂。碑文中反复提到的石幢，应当是五代后晋时所刻。晚唐五代时，刘仁恭占据幽州，经营大安山，此地是房山平原地区通往大安山的一条道路。唐五代和辽代寺名可能为"三盆山院"，或是"崇圣院"，辽代范阳僧人惠诚重修该寺，"营理大殿三间"，辽碑可能立于辽重熙五年（1036）四月或寿昌二年（1096）四月。

金代，寺庙地处金皇陵陵域，应由陵园统一管理，其间可能会有修缮，作为皇室拜祭先帝陵墓时驻留的场所。与大房山顶的崇圣宫一样，"崇圣院"之名也可能为金章宗所改。

1215 年，蒙古人占领北京，原为禁圃的金皇陵失去了保护，金代断绝的古道又成通途。一些做官经商的色目人、蒙古人来到北京，其中不少为景教信徒。有景教徒路过此地，偶然发现了这个无主小庙，就在此隐修，并留下了两件镌十字的石刻。这些景教徒中或许就有拉班·扫马，"十字寺"之名遂开始在附近或经过此地的汉人中流传。之后，随着这些景教徒流转迁徙，此地渐次荒废，遂又为僧人占据。元碑给出了景教活动年代的下限，即"大元至正十八年"之前的若干年。

笔者认为元碑为元至正二十五年新立，并非改自景教旧碑。元碑文所记"古幢十字，重重发光"的灵异现象当是净善向信众游说募资，并在碑额镌刻十字。

元代寺名仍为"崇圣院"，书撰人黄溍等与功德主淮王铁木儿不花等均为虚构，功德主当是察汗铁木儿不花等，敕赐碑亦是虚构。元代主持修缮的僧人净善，礼昊天寺禧讲主为师，元至正二十五年修葺完成后立碑。碑文可能夸大了庙宇规模，元代所营修的大殿为 3 间而非 5 间。

明嘉靖十四年，僧人德景等重修该寺，得到了锦衣卫指挥高荣和夫人左氏、子高儒和夫人张氏以及附近村民捐资，辽、元二碑碑文均重刻改写，寺庙正式更名"十字寺"或"十字禅林"。"起立大殿五间，中塑三净身佛、十八罗汉，壁绘二十诸天、四王、殿宇，东西伽蓝、祖师二堂，钟鼓二楼，两楹僧舍、庖厨"，当为明代修缮后的庙宇格局。

十字寺所在位置距离村庄不远，又地当古道，既是附近村民的宗教信仰场所，又为过往商旅行人提供饮食休憩住宿和精神慰藉之地，这些人也是寺庙香火钱粮的来源，这恐怕是这个山野小庙千年来屡废屡兴、香火不绝的原因吧。

# 元明清三代南锣鼓巷行政区划考

李　晶*

---

**摘　要：** 元代以今南锣鼓巷为界，东西分属昭回坊和靖恭坊。明代延续
　　　　 此区划，从未合并为昭回靖恭坊。清代则以北兵马司胡同和帽
　　　　 儿胡同为界，南北划分为二，北为灵中坊，南为中西坊，同时
　　　　 隶属于镶黄旗满洲三参领的居住范围，旗与坊并治，共同构成
　　　　 清代南锣鼓巷一带的基层行政单元。

**关键词：** 南锣鼓巷　元大都　城坊　昭回坊　靖恭坊

---

　　南锣鼓巷作为北京市首批历史文化保护区之一，完整保留了
从元大都时代延续下来的道路格局和城市肌理，近十余年来一直
是北京城市规划和文化保护界所关注的重点片区，相关课题和
著述数量众多。但长期以来，南锣鼓巷片区的历史行政区划问
题，却始终没有一个明确的定论。多数著作参考侯仁之先生主编
的《北京历史地图集》，认为南锣鼓巷片区在元代分属昭回坊和
靖恭坊，明代属昭回靖恭坊，清代则属于镶黄旗。本人通过对
相关历史文献的整理，对南锣鼓巷的行政区划问题进行了重新
梳理。

　　元大都城内设有五十坊，以城内街道为界，由左、右警巡院

---

* 李晶，清华大学建筑设计研究院。

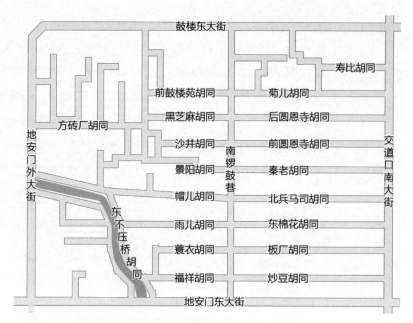

**图 1　现代南锣鼓巷片区街道分布示意**

资料来源：笔者根据现状卫星影像图自绘。

管辖，其意义与唐代作为建筑单元的里坊有所不同，只是作为行政管理上的地段名使用，坊与坊之间并没有坊墙相隔。[1]明代京城沿袭元制，仍在城中设坊，且设五城兵马司，将全城分为东南西北中五城，"巡捕盗贼，疏理街道沟渠及囚犯、火禁之事"，[2]"虽设顺天府两县，而地方分属五城，每城有坊"。[3]清代继续沿用此制，内外城各分五片，[4]重新划定坊界，到乾隆年间更是"将四址处所，造册绘图，呈送户刑二部及都察院存案。至各城犬牙相错之处，均应分立界址。其街道宽者，亦建立石牌；其衢巷狭者，

1　侯仁之：《元大都城》，《北京城的生命印记》，三联书店，2009。

2　《明史》卷七十四《职官志三》，中华书局，1974，第1815页。

3　（清）孙承泽：《春明梦余录》卷五《城坊》，北京古籍出版社，1992，第35页。

4　（清）周家楣修、张之洞纂：光绪《顺天府志·坊巷》，清光绪十五年重印本，第722页。

仍设木牌",[1] 可见区划分明。此外,由于清代实行八旗制,因此在京城内满蒙汉八旗各有居址,由八旗都统衙门管理,"宣布教养,整诘戍兵,以治旗人",可以称得上是统治旗人的基层政权。[2] 故而清北京城内城有两套基层行政区划:一是继承元明,由五城兵马司负责的坊制;二是清代独有,由八旗都统负责的八旗制。两者并存,权职上既有分工,也有重叠。

历史地理的研究,常常采用回溯法,即以后代已经确定的遗迹或地标,作为过去历史复原的参考。因此本文在行文上采用倒置时代法,从距离当今较近的清代开始,逐渐回溯推演明代和元代的情况。

## 一　清代分属中西坊和灵中坊,并为镶黄旗满洲三参领居址

清代京城有内、外两城,两城内又各分东、南、西、北、中五个片区,由五城兵马司进行管理。清代光绪《顺天府志·坊巷》[3] 中记录了当时京城内的坊巷情况:

> 内城中城,城册内城地址隶中城者:中西坊自皇城外,东至王府街迄北与东城界,南至东长安街与南城界,北至兵马司胡同、帽儿胡同与北城界。中东坊自皇城外,南至西长

---

1　乾隆《清会典则例》卷一四九《都察院五》,书同文古籍数据库,第5页。

2　徐恒晋:《八旗都统在清朝政治机构中的地位和作用》,《满族研究》1985年第2期,第14~17页。

3　光绪《顺天府志》中《坊巷》二卷由朱一新纂写,后来他将此部分单独成册出版,即为《京师坊巷志稿》,二者内容基本一致。

安街与南城界，西至大市街与西城界，北至护国寺街、定府街迄东，逾十刹海抵地安门桥，与北城界。[1]

内城北城，城册内城地址隶北城者：东北俱至城根，南至东直门街、交道口，与东城界；又南至兵马司胡同、帽儿胡同、地安桥迄西踰三转桥、定府街，与中城界；西至德胜门街与西城界。[2]

可以发现，南锣鼓巷一片从今北兵马司胡同、帽儿胡同到万宁桥一线被分开，南属内城中城，北属内城北城。

而五城内又分为十个坊，分别由五城御史通过下属的五城兵马司的正、副指挥及吏目进行分界治理。这一"五城御史 – 五城兵马司 – 坊"的体系，在雍正时期被正式确立，成为一个具有明确行政界线的地域单元。[3]

表 1　五城兵马司分坊管辖情况

| 职官 | 坊 | 职官 | 坊 |
| --- | --- | --- | --- |
| 中城副指挥 | 中西坊 | 南城吏目 | 正东坊 |
| 中城吏目 | 中东坊 | 西城副指挥 | 宣南坊 |
| 东城副指挥 | 崇南坊 | 西城吏目 | 关外坊 |
| 东城吏目 | 朝阳坊 | 北城副指挥 | 日南坊 |
| 南城副指挥 | 东南坊 | 北城吏目 | 灵中坊 |

资料来源：乾隆《清会典则例》卷一四九《都察院五》，第 2 页。

---

1　光绪《顺天府志》卷十四《坊巷下》，第 738 页。

2　光绪《顺天府志》卷十四《坊巷下》，第 795 页。

3　胡恒：《清代北京"城属"与中央直管区》，《开发研究》2016 年第 2 期，第 13~19 页。

具体而言，南锣鼓巷分属中西坊和灵中坊：

> 中西坊，隶中城。凡皇城自地安门以东，内城自东长安
> 街以北，王府街以西，兵马司胡同、地安桥以南，外城自正
> 阳门大街西至西河沿、关帝庙、煤市桥、观音寺、前石头胡
> 同，南至西珠市口大街，又南至永定门西，皆属焉。
>
> ……
>
> 灵中坊，隶北城。凡内城自德胜门街以东，地安桥、兵
> 马司胡同、交道口、东直门街以北，皆属焉。外厢则安定门、
> 德胜门外，其分地也。[1]

此时南锣鼓巷片区分属二坊，以北兵马司和帽儿胡同为界南
北分治，南为内城中城中西坊，北为内城北城灵中坊。其中北城
兵马司的衙署就处在北兵马司胡同中。

对于清朝而言，除了传统意义上的政区分划之外，另有一套
独特的制度也影响了城市的格局，便是八旗制。清人入关占领了
明北京城，将原内城百姓悉数迁出，而将八旗军兵及家属安置
于内城。八旗各有分区，同一旗的军官百姓都会居住在一块划定
好的区域内，正黄、镶黄居北，正红、镶红居西，正白、镶白居
东，正蓝、镶蓝居南。到雍正年间，八旗分区制进一步规范，每
旗内又分满、蒙、汉三旗，依身份的不同划在不同的区域中。南
锣鼓巷所处的区域是镶黄旗的所在地。

《钦定八旗通志》卷三十《八旗方位图说》载："镶黄满洲、
蒙古、汉军三旗，各按参领，自鼓楼向东至新桥，自新桥大街北
口城根向南至府学胡同东口，系与正白旗接界。满洲官兵……自

---

1　光绪《顺天府志》卷十四《坊巷下》，第 701、702 页。《清会典则例》卷一四九《都察院
　　五》中亦有相关记载。

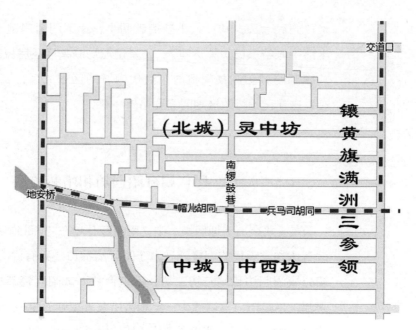

图 2　清代南锣鼓巷行政区划示意
资料来源：笔者自绘。

南锣鼓巷北口至南口南锣鼓巷两边之鼓楼院、方砖厂、真武庙、
鱼儿胡同、福祥寺、帽儿胡同、炒豆胡同、棉花胡同、兵马司、
前圆恩寺、后圆恩寺、局儿胡同，为三参领之十八佐领居址。"[1]

　　因此，在清代，南锣鼓巷一带是镶黄旗满洲三参领的居址。
八旗都统的职责，一是统辖官兵，二是掌管户籍，三是清查旗
地，四是训导教化，军政合一的性质体现得非常明显。一般来
说，八旗制的区划主要更偏向于户口管理，而仅涉及空间区域
时，往往使用的是城坊制。这一点从清代的房契档案中可以很明
显地看出来。如康熙时期的一份房契，"立卖房契人张相，同弟
张德位、侄男张大仁，因无钱使用，将自置瓦房一所，门面叁间

1　《钦定八旗通志》卷三十《旗分志·八旗方位图说》，文渊阁四库全书本，第 5~8 页。

半，到底七层，共计大小叁拾贰间半，上下门窗户壁土木相连，坐落中城中东坊头牌头铺"，便是用城坊制来描述房屋的位置。[1] 八旗制与城坊制共同组成了清代内城的区划关系，二者不可偏废，这在讨论行政区划时需要格外注意。

## 二  明代属分昭回坊和靖恭坊

在《北京历史地图集》中，南锣鼓巷划在"昭回靖恭坊"中，编者认为，明代的南锣鼓巷属于昭回靖恭坊。另有说法则认为明初分属昭回坊和靖恭坊二坊，后来合并而成昭回靖恭坊。[2] 考其来源，当是出自嘉靖四十一年张爵所著《京师五京城坊胡同集》，此书详细记录了北京各坊的位置以及所包含的胡同、街巷名称。其中"北城"条载：

> 昭回靖恭坊，共十四铺：皇墙东北角，炒豆儿胡同，秦家胡同，北城兵马司，棉花胡同，园恩寺胡同，局儿胡同，福祥寺街，臭皮胡同，裳衣寺胡同，养济院，梓潼庙文昌宫，宣家井胡同，沙家胡同，雨篦胡同，何纸马胡同，醋胡同，方砖厂，锣锅巷，布粮桥，北安门东，兵仗局外厂。[3]

其中，炒豆儿胡同为今炒豆胡同，秦家胡同为今秦老胡同，

---

1 原契藏于中国社会科学院近代史研究所，转引自张小林《清代北京城区房契研究》，中国社会科学出版社，2000，第112~113页。

2 徐苹芳：《元大都也里可温十字寺考》，《中国城市考古学论集》，上海古籍出版社，2015，第178~186页。

3 （明）张爵：《京师五京城坊胡同集·北城》，北京古籍出版社，1982，第18页。

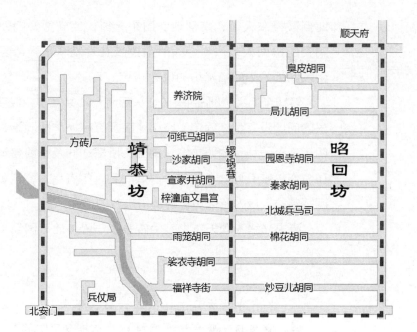

**图 3  明代南锣鼓巷行政区划示意**

资料来源：笔者自绘。

北城兵马司为今北兵马司胡同，棉花胡同为今东棉花胡同，园恩寺胡同为今前圆恩寺胡同和后圆恩寺胡同，局儿胡同为今菊儿胡同，福祥寺街为今福祥胡同，臭皮胡同为今寿比胡同，裘衣寺胡同为今蓑衣胡同，养济院在今前鼓楼苑胡同中，梓橦庙文昌宫在今帽儿胡同中，宣家井胡同为今景阳胡同，沙家胡同为今沙井胡同，雨笼胡同为今雨儿胡同，何纸马胡同为今黑芝麻胡同，醋胡同为鼓楼东大街南侧的支岔（现已并入鼓楼东大街），方砖厂为今方砖厂胡同，锣锅巷为今南锣鼓巷，布粮桥为东不压桥（在今东不压桥胡同南侧），北安门东为今地安门东大街，兵仗局外厂在今五中分校（原地安门中学）处。[1] 这一范围，

---

1  仲建惟、田野主编《东城区地名志》，北京出版社，1992。

北到鼓楼东大街，南到地安门东大街，西到地安门外大街，东到交道口南大街，与今天的南锣鼓巷片基本一致，因此便有了明代此处为昭回靖恭坊的说法。

然细查上文，"昭回靖恭坊"后有一"共"字，似乎揭示了这里的问题没有那么简单。整部《京师五京城坊胡同集》体例简单明了，每一坊都依照坊名、铺数、所辖胡同及重要建筑这样的顺序写作，唯有此处多了一个"共"字。笔者认为，这意味着"昭回靖恭坊"应为昭回坊和靖恭坊二者的合称。

清末光绪《顺天府志》中转录了一段《北平图经志书》中的文字：

> 北平府设坊三十三：五云坊、保大坊、南薰坊、澄清坊、皇华坊、贤良坊、明时坊、仁寿坊、思城坊、明照坊、蓬莱坊、湛露坊、昭回坊、靖恭坊、金台坊、灵椿坊、教忠坊、居贤坊、寅宾坊、崇教坊，凡二十坊属大兴县。万宝坊、时雍坊、阜财坊、金城坊、咸宜坊、安富坊、鸣玉坊、太平坊、丰储坊、发祥坊、日中坊、西城坊，凡十三坊属宛平县。

《北平图经志书》成于洪武九年到十年，后亡佚，幸收入《永乐大典》之中，光绪年间缪荃孙、朱一新等人编纂《顺天府志》时才被重新重视。后缪荃孙将《永乐大典·顺天府》中的内容辑录为永乐《顺天府志》，实则多是洪武《北平图经志书》中的内容。[1]可见，在洪武年间，昭回坊与靖恭坊是两个独立的坊。

---

1　黄燕生：《〈永乐大典·顺天府〉拾遗》，《文献》1996 年第 1 期，第 208~220 页。

明代中叶学者罗玘在《圭峰集》中记录了一则《故内官监太监白公墓志铭》，提到："提督光禄寺内官监太监白公，年五十一，以正德元年五月六日卒于京师昭回坊之私第。"[1]证明在正德年间，昭回坊仍是独立存在的。

明代万历年间沈应文所修的《顺天府志》中，则载："关王庙（有敕建碑）、圆恩寺，俱昭回坊。福祥寺（有敕建碑）、显佑宫（有敕建碑）、梓童帝君庙（有敕建碑）、慈善寺，俱靖恭坊。"[2]而上述寺庙的位置，《日下旧闻考》在引用时做了考证："圆恩寺在圆恩寺胡同，有碑二，剥落不可读。西有广慈庵，碑偈有建立十方院圆恩是比邻之句，可以为证。文昌宫在帽儿胡同，乾隆二十七年重修。西侧有斗母宫，其敕建碑无考。慈善寺在鼓楼东大街路东，有明万历十四年颁赐藏经并敕谕一通，及通政司李琦撰碑。……显佑宫在地安门东北，雍正九年重修，岁恭遇万寿日，遣官致祭。"[3]这则记录明确说明，在万历年间，今前、后圆恩寺胡同属于昭回坊，帽儿胡同、福祥胡同及地安门东北显佑宫一带，均属于靖恭坊。

同样，《宛署杂记》提到万历十六年奉圣旨征收税银，其中"昭回坊该银七十五两四钱：上上十五户，上中三户，上下三户，中上八户，中中二十二户，中下一百五户。靖恭坊该银一百二十二两六钱：上上七户，上中七户，上下十三户，中上十七户，中中四十二户，中下一百八十九户"[4]，亦可证明。

至明末，孙承泽《春明梦余录·城坊》中仍有"北城曰崇教

1　（明）罗玘:《圭峰集》卷十七《墓志铭·故内官监太监白公墓志铭》，上海古籍出版社，1991，第232页。

2　（明）沈应文修，张元芳纂:万历《顺天府志》卷二，明万历刻本，第258页。

3　（清）于敏中等:《日下旧闻考》卷五十四《城市》，北京古籍出版社，1983，第863~864页。

4　（明）沈榜:《宛署杂记》卷十三《铺行》，北京古籍出版社，1983，第115页。

坊、昭回坊、靖恭坊、灵椿坊、发祥坊、金台坊、教忠坊、日中坊、关外坊"之说。[1]

因此可以明确，终明一朝，昭回坊、靖恭坊从未合并过。考虑到城坊之间是以街巷胡同为界，结合万历沈志中对昭回、靖恭坊包含地点的描述，笔者认为，明代的南锣鼓巷片区以今南锣鼓巷为界，东为昭回坊，西为靖恭坊。这与清代南北分界大不相同。


## 三　元代亦分属昭回坊、靖恭坊

关于元代的城坊，有多位学者的研究曾经涉及。王璞子先生的观点是南锣鼓巷一带分属五福坊和昭回坊。[2]侯仁之先生在编《北京历史地图集》时所作的初稿在这片区域标注了五福坊、昭回坊和蓬莱坊，[3]后正式出版则采用了徐苹芳先生的观点，认为与明代一样，元代也是分属于靖恭坊与昭回坊。[4]郭超认为先属玉铉坊和西居仁坊，后改为玉铉坊和昭回坊，然并未注明分析过程。[5]而李铁生、张恩东等则认为元代只有昭回坊一坊。[6]

据《析津志》载，大都一共有五十坊，取自《周易》"以大衍

1　（清）孙承泽：《春明梦余录》卷五《城坊》，第35页。其中"靖恭坊"误作"清泰坊"，应是传抄过程中的讹误。

2　王璞子：《元大都城平面规划述略》，《故宫博物院院刊》，1960，第61~82页。

3　岳升阳主编《侯仁之与北京地图》，北京科学技术出版社，2011，第56页。

4　《北京历史地图集》中元大都图，是由徐苹芳先生负责绘制的。

5　郭超：《元大都的规划与复原》，中华书局，2016。

6　李铁生、张恩东主编《南锣鼓巷史话》，北京出版社，2009。

之数五十", 直隶于左右警巡院。[1] 坊无墙, 但设有坊门,[2] 坊与坊之间, 区划整齐, 道路平直。马可·波罗曾称,"街道甚直, 此端可见彼端, 盖其布置, 使此门可由街道远望彼门也"。[3] 各坊有名, 为翰林院侍书学士虞集拟定。[4]《元一统志》中明确提到了大都 49 个坊的坊名,[5]《析津志》中也提到坊名 39 个,[6] 但其中有 24 个是《元一统志》所不载, 晚清缪荃孙等人编修《顺天府志》时提到《析津志》中还有修文坊之名, 也是《元一统志》中所没有的。[7] 与明代坊名相对比, 可以发现《析津志》中的坊名多与之相符, 因此推断《元一统志》中之坊, 或是初建时之名, 后来坊名有过修改,《析津志》中则为改后的坊名。

总览上述各坊的方位, 可以发现有几个坊邻近南锣鼓巷片区, 为昭回坊、五福坊和请茶坊。

昭回坊, 当是坊名延续到了明代, 因此其位置也应当大体延续。《析津志》曰:"昭回坊, 都府南。"[8] 又曰:"双青杨树大井, 关帝庙。又北去, 则昭回坊矣。前有大十字街, 转西大都府、巡警二院。直西, 则崇仁倒钞库。西, 中心阁。阁之西, 齐政楼也, 更鼓谯楼。楼之正北, 乃钟楼也。"[9] 依赵正之先生所考, 元

<hr />

1　(元) 熊梦祥著, 北京图书馆善本组辑《析津志辑佚·城池街市》, 北京古籍出版社, 1983, 第 2 页。

2　王璞子:《元大都城平面规划述略》,《故宫博物院院刊》1960 年。

3　(意大利) 马可·波罗:《马可波罗行纪》(中), 冯承钧译, 中华书局, 1954, 第 335 页。

4　王岗提出, 虞集所拟定的坊名, 当是修改之后的坊名, 因大都新城于至元二十二年 (1285) 完工, 最初坊名应该在此时已经拟好, 但此时虞集年仅 14 岁, 不可能参与此事。详见王岗《元大都新旧两城坊名略考》,《首都博物馆丛刊》2009 年, 第 37~43 页。

5　(元) 孛兰肹等著, 赵万里辑《元一统志》卷一《大都路》, 中华书局, 1966, 第 5~8 页。

6　(元) 熊梦祥著, 北京图书馆善本组辑《析津志辑佚·城池街市》, 第 2~4 页。

7　光绪《顺天府志》卷十四《坊巷下》, 第 898 页。

8　(元) 熊梦祥著, 北京图书馆善本组辑《析津志辑佚·城池街市》, 第 4 页。

9　(元) 熊梦祥著, 北京图书馆善本组辑《析津志辑佚·古迹》, 第 116 页。

代大都路总管府即明清顺天府署所在，位于今安定门内大街以西、小经厂胡同以东、鼓楼东大街以北、分司厅胡同以南的这片区域；而中心阁正在明清鼓楼的位置。[1] 因此，"大十字街"应当指的是元代崇仁门内大街和安贞门内大街交会之十字路口，也便是后来交道口的所在。以此来推断，元代的昭回坊至少包含今南锣鼓巷东侧的诸胡同。[2]

五福坊，"在中地"，[3] 当是中心阁附近，但由于没有详细记载，因此无法进行明确的定位。

最后再考请茶坊。"请茶坊，海子桥北"。[4] 海子桥，《析津志》载："万宁桥，在玄武池东，名澄清闸。至元中建，在海子东。至元后复用石重修。虽更名万宁，人惟以海子桥名之。"[5] "齐政楼，都城之丽谯也。东，中心阁。大街东去即都府治所。南，海子桥、澄清闸。西，斜街过凤池坊。北，钟楼。此楼正居都城之中。"[6] 据此可以判断，海子桥即今万宁桥，亦俗称后门桥，至今遗存。请茶坊近海子桥，因此有很大可能正是在海子桥的东侧，恰与明代靖恭坊的位置十分接近。

然而，无论是《元一统志》还是《析津志》，均未提到"靖恭坊"。徐苹芳先生在《元大都也里可温十字寺考》一文中提到，中国社会科学院考古研究所图书室藏有一《永乐大典》抄本，为卷一七〇八四和卷一七〇八五，抄本共七十九页，为红栏格纸，每半页八行，每行内抄两行字，与《永乐大典》原本的格式基本

---

1　赵正之：《元大都平面规划复原的研究》，《科技史文集》第二辑，上海科学技术出版社，1979。

2　此处可参考王璞子《元大都城平面规划述略》，《故宫博物院院刊》1960年。

3　（元）孛兰肹等著，赵万里辑《元一统志》卷一《大都路》，第7页。

4　（元）熊梦祥著，北京图书馆善本组辑《析津志辑佚·城池街市》，第4页。

5　（元）熊梦祥著，北京图书馆善本组辑《析津志辑佚·河闸桥梁》，第102页。

6　（元）熊梦祥著，北京图书馆善本组辑《析津志辑佚·古迹》，第108页。

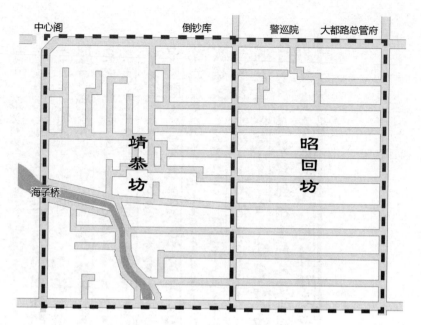

**图 4 元代南锣鼓巷行政区划示意**
资料来源：笔者自绘。

相同。在抄本的最后一页注有"光绪二十七年正月，归安丁士源录副"，笔迹与正文不同，应该是全书抄完后另添补的。该抄本是新中国成立初从北京的旧书店购入，此前流传经历不明。这两卷《永乐大典》的原本，现存英国剑桥大学，但缺失了第六页的后半页。中华书局影印本据此原本影印，同样缺失了半页。而社会科学院考古所藏的这一抄本，其第六页是完整的，恰好弥补了原本的不足。正是在这丢失的半页中，有这么一段文字："唐妃娘娘阿吉刺，也里可温寺（靖恭坊内，世祖亲母）。"其中"靖恭坊内，世祖亲母"字号偏小，当为前半句的注释。另有注释曰，此处转引自《析津志》。这段文字所讲述的，是元世祖忽必烈亲母唐妃娘娘阿吉刺的原庙在也里可温寺，而也里可温寺正在靖恭坊中。查阅史料后发现，这是目前仅见的一条关于元代靖恭坊的记载。然徐苹芳先生在文末的注释还写道，《析津志》"靖恭误作请

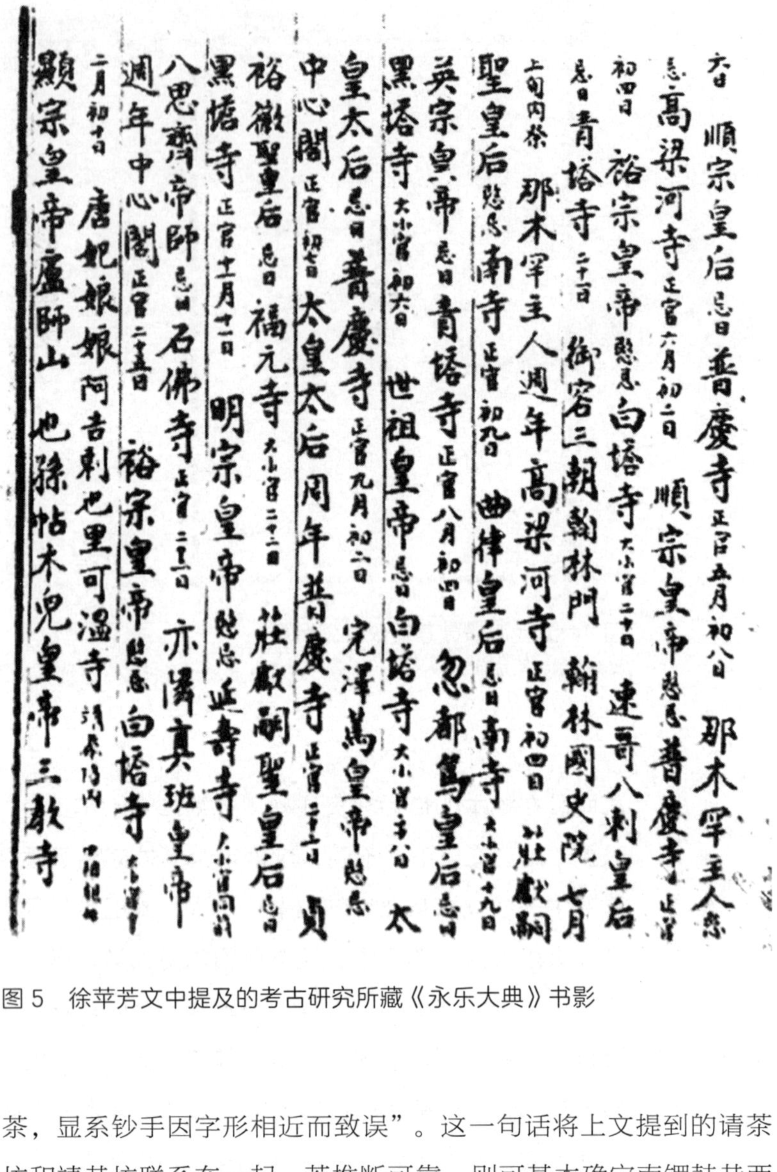

忌 順宗皇后忌日 普慶寺正官五月初八日 那木罕主人忌
忌 高梁河寺正官六月初二日 順宗皇帝慈忌 普慶寺
初四日 裕宗皇帝慈忌 白塔寺大小官二十日 速哥八剌皇后
忌日 青塔寺二十日 御容三朝翰林門 翰林國史院 七月
上旬內祭 那木罕主人週年 高梁河寺正官初四日 莊獻嗣
聖皇后慈忌 南寺正官初六日 曲律皇后忌日 南寺大小官十九日
英宗皇帝忌日 青塔寺正官八月初四日 忽都篤皇后忌日
黑塔寺大小官初六日 世祖皇帝忌日 白塔寺大小官十八日 太
皇太后忌日 普慶寺正官九月初二日 完澤篤皇帝慈忌
中心閣正官初七日 太皇太后周年 普慶寺正官二十日 貞
裕徽聖皇后忌日 福元寺大小官二十二日 莊獻嗣聖皇后忌日
黑塔寺正官十月十一日 明宗皇帝慈忌 延壽寺大小官同前
八思麻帝師忌日 石佛寺正官二十日 亦憐真班皇帝
週年 中心閣正官二十二日 裕宗皇帝慈忌 白塔寺
二月初十日 唐妃娘娘阿吉剌也里可溫寺 請茶坊內
顯宗皇帝 盧師山 也孫帖木兒皇帝 三教寺

图 5　徐苹芳文中提及的考古研究所藏《永乐大典》书影

茶，显系钞手因字形相近而致误”。这一句话将上文提到的请茶坊和靖恭坊联系在一起，若推断可靠，则可基本确定南锣鼓巷西侧正是靖恭坊的范围。只是“请茶坊”系出自《析津志》,《元一统志》中则二者均不载，是否能仅凭半页《永乐大典》而确定孰对孰错?

《析津志》为元末文人熊梦祥所著，是北京地区的第一部志书，然早已亡佚，现在我们所能看到的，是北京图书馆善本组在

20 世纪 80 年代从其他史料中辑录的《析津志辑佚》。城坊的内容列在《城池街市》一节中，其来源是《日下旧闻考》卷三十八《京城总纪》。[1] 另一部提到元代坊制的著作《元一统志》，开始编修于至元二十二年，大德七年正式完成，凡一千三百卷，是第一部官修一统志。然明代以后已无全本，现所见《元一统志》也是辑佚而来。在赵万里版《元一统志》中，"大都路"涉及坊制的部分同样来自《日下旧闻考》卷三十八《京城总纪》。[2] 由此可见，《析津志》和《元一统志》这两部记载元大都地理情况的极为重要的史书，我们现在能看到的部分均为从《日下旧闻考》中辑录出来的。那么，这部清代官修而成的《日下旧闻考》，其史料来源又是否可靠呢？

《钦定日下旧闻考》，凡一百六十卷，始编于乾隆三十八年（1773），以朱彝尊康熙二十七年完稿的《日下旧闻》为蓝本，在乾隆皇帝的亲自监督下，于乾隆五十二年（1787）刊刻成书。现可见版本有二：一为《四库全书》版，资料截至乾隆四十七年；二为内府刻本，增加了乾隆四十八年至五十二年的谕文、御制碑文、诗文以及新增按语二十余条，后北京古籍出版社以此本排印出版。乾隆三十八年恰是《四库全书》开编之年，《四库全书》的编纂人大都兼编《日下旧闻考》，如总裁于敏中、英廉等人，因此在《日下旧闻考》中得以补充大量前人未曾看到的秘本资料。朱彝尊所作的《日下旧闻》仅四十二卷，可见乾隆之后增补的内容就比原书的两倍还多。书中将资料分为"原"、"补"和"增"三类，"原"是朱彝尊的原文，"补"是朱彝尊之子朱昆田补充，而"增"则是乾隆时期增加的内容。查上述卷三十八引《析津志》和《元一统志》的条目，均为乾隆时所加。

---

1　（元）熊梦祥著，北京图书馆善本组辑《析津志辑佚·整理说明》，第 1~17 页。

2　（元）孛兰肸等著，赵万里辑《元一统志》，前言，第 1~4 页。

　　这里便有一个问题，朱彝尊原著，选录了历代有关北京的众多史料，参考书目达一千六百多种，编书时"目不停披，手不绝书；又时时延访遗老，质问逸事，或摹拓残碑碣，攀崖俯涧侧，足重茧，不惮困。凡阅书一千三百余种，再历寒暑而书成，总四十二卷，其采辑考辨，可谓勤且瘁矣"。[1] 然全书却只字未引《析津志》和《元一统志》，想必此时二书都已经散佚不可见了。但乾隆增修之时大量补充二书的内容，何以？这与由敏中等人利用编修《四库全书》之便，大量翻阅、转录《永乐大典》中的相关记录有关。此时《永乐大典》虽已非全本，但仍有八千余册存留，雍正年间转存于翰林院，而《四库全书》恰开馆于此，所以参与编纂的大臣借此机会从中辑录了许多亡佚文献。《日下旧闻考》明确引用过《永乐大典》中的材料，如元代李洧孙的《大都赋并序》，为乾隆时增文，后有按曰："朱彝尊惜其未见。今从《永乐大典》中录出增载，可以证元都之方位。"[2] 因此可以推断，《日下旧闻考》中所引《析津志》和《元一统志》，为乾隆时期从《永乐大典》中辑录出来的。

　　这样一来问题反倒简单了许多，目前所见到的两条关于元大都坊制的材料，与徐苹芳先生提到的北京社会科学院所藏文献，均是抄自《永乐大典》。那么，在明确明代此处隶属于靖恭坊的前提下，徐苹芳先生所做"靖恭误作请茶"的推论，便合情合理了。因此可以得出结论，南锣鼓巷一带，在元代后期分属昭回、靖恭二坊，明代的格局是延续元代而来的。

---

1　《日下旧闻考》卷一百六十《杂缀四》，第 2582 页。
2　《日下旧闻考》卷六《形胜》，第 91 页。

# 四　小结

综合各种史料考证，南锣鼓巷一带，从元大都到明清北京城，其行政区划发生了一系列的变化。元代城坊划定之初时，由于史料缺失，已经无法考订其所属。后来大都内的城坊有过一次更名，这时以南锣鼓巷为界，西属靖恭坊，东属昭回坊。城坊的制度和名称延续到了明代，从明初一直到明末，都有文献可以证明，南锣鼓巷一带仍然分属靖恭坊和昭回坊，并不存在昭回靖恭坊之名。而到了清代，城坊被重新划分，以北兵马司和帽儿胡同为界，以北属北城的灵中坊，以南则属中城的中西坊，同时整个片区作为镶黄旗的居址，具体来说则是满洲三参领的统领范围，名义上只是管理八旗官兵，但实际上是统治旗人的基层政权，与坊并治。

# 北京城市轴线的变迁历程与未来趋向

孙慧羽 *

**摘　要：** 城市规划建设的轴线控制着空间结构的基本格局，是贯彻规划
　　　　 思想、实现建设意图的关键因素，对于近千年来基本连续地作
　　　　 为国都的北京尤其如此。肇始于元大都的纵向传统中轴线代表
　　　　 了帝都时代的辉煌，长安街横向轴线则是近现代交通发展与社
　　　　 会变迁的产物，显示了城市在不同社会背景下的变迁历程与时
　　　　 代特征。新版《北京城市总体规划》把统领城市空间和功能分
　　　　 区的"两轴"延长到现有辖境的边界，由此将使未来对地理空
　　　　 间的利用达到极致，并且改变区域文化带的空间分布格局，有
　　　　 可能筑就北京城市发展的第四个里程碑。

**关键词：** 中轴线　长安街　城市规划　城市变迁

　　《北京城市总体规划（2016 年 ~2035 年）》提出，将构建
"一核一主一副、两轴多点一区"的城市空间结构。"两轴"之
一的纵向中轴线及其延长线，"是体现大国首都文化自信的代表
地区。既要延续历史文脉，展示传统文化精髓，又要做好有机更
新，体现现代文明魅力"。另一轴是长安街及其延长线，作为当
代首都政治、文化风貌的象征，重在"体现庄严、沉稳、厚重、

---

\* 孙慧羽，复旦大学历史学系。

大气的形象气质"。[1] 纵览近千年来的城市变迁轨迹，这两条轴线不仅是北京成长过程的历史记录，而且指示着未来城市空间布局的拓展方向。探讨它们的变迁历程与时代特征，有助于强化"两轴"实现其功能定位的理论基础。

## 一　传统中轴线的伸缩及其时代特征

中轴线不是纵贯城市几何中心的大道，而是以其间集中分布的代表性建筑为载体，以大致左右对称的建筑布局为依托，由此展现出来的决定城市空间结构宏观特征的线状骨架之所在。北京纵向的传统中轴线南起永定门、北至钟鼓楼，长约 7.8 公里。它肇始于元大都的崛起，完成于明代北京修筑外城的嘉靖年间，历经清代、民国延续至今。城市规划的思想及其美学追求集中体现在这条中轴线上，形成了代表不同时代的文化特征。

城市中轴线反映了规划设计者对于均衡、对称等布局理念的推崇，在汉唐长安、三国邺城等古代都城中比比皆是。历史上的北京城经过先秦时代的燕都蓟城、汉唐军事重镇幽州、辽代陪都南京等几个发展阶段之后，到金代中都上升为都城，城墙四面拓展之后的建筑布局已经显示出一条清晰的城市中轴线。中都的宫殿在金末战争中被蒙古军队焚毁，元世祖忽必烈做出了在东北郊的大宁宫风景区营建新城的决策，由刘秉忠等负责规划实施。元末《析津志》称："世皇建都之时，问于刘太保秉忠，定大内方向。秉忠以今丽正门外第三桥南一树为向以对。上制可，遂封为

---

1　《北京城市总体规划（2016 年～2035 年）》，北京市规划和国土资源管理委员会，2017 年
　　9 月 29 日发布。

独树将军，赐以金牌。"[1] 一般认为，刘秉忠首先依据大都的地理形势，拟定了都城、皇城、宫殿的相对位置；然后以什刹海东端的海子桥（亦称万宁桥，今地安门桥）为基点，从这里连接丽正门外第三座桥以南的一棵大树（即独树将军）作为基准线，规划出大内的中轴线，亦即大都的"中央子午线"，在此线之上依次确定了皇城正门、大内正门、正寝延春阁、大内北门的位置；再以中轴线为基准，划出与它平行或垂直的经纬网状的街巷胡同，从而确立了全城"中轴突出，两翼对称"的整体格局。元大都时期的这条城市中轴线，从丽正门（今前门以北）到钟鼓楼，为北京的传统中轴线开启了先河。

　　明初以南京为国都，元大都降为北平府。为了符合城市规模不能僭越首都的礼制要求，健德门、安贞门所在的北城墙向南缩进五里，在今德胜门、安定门一线另筑新墙，城市中轴线亦随之南缩。明成祖朱棣决定迁都北京，永乐十七年（1419）十一月"拓北京南城计二千七百余丈"，[2] 南城墙由今长安街一线向南扩展了大约二里，到达崇文门、前门、宣武门一线，中轴线的南端点由此前移。嘉靖三十二年（1553），为抵御蒙古军队骚扰而增筑外城，同年十月完工后，"上命正阳外门名永定，崇文外门名左安，宣武外门名右安，大通桥门名广渠，彰义街门名广宁"。[3] 古代北京的城市轮廓从"口"字形变成了"凸"字形，全城的中轴线随之向南延伸到外城南墙正中的永定门。明代确立的城市格局与中轴线，在清代及民国时期都没发生变化，只是皇城的宫殿、宫门略有更名。从外城最南端的永定门向北，中轴线两侧是天坛和山川坛（先农坛）；再循正阳门外御道北上，依次通过大明门

1　熊梦祥：《析津志》，《析津志辑佚》本，北京古籍出版社，1983，第213页。

2　《明太宗实录》卷218，永乐十七年十一月甲子。

3　《明世宗实录》卷403，嘉靖三十二年十月辛丑。

（大清门）、承天门（天安门）、端门、午门、皇极门（太和门），抵达皇极殿（太和殿）；出玄武门（神武门）穿越景山中峰，止于鼓楼和钟楼，与北城墙的德胜门和安定门彼此呼应。"正是这条贯通北京城南北的中轴线，将很多重重封闭、自成一组的基本平面组织串成一体，形成了一条压倒一切的主轴，并通过它将整个城市——不论从空间组织上还是体量的安排上——都完全连贯起来，使整个北京城呈现出一种极为完整的节奏感，达到完美的艺术效果。"[1]

古代北京的规划布局具有深远的文化渊源，也是中轴线运用的最高成就。元大都的规划设计，最接近《周礼·考工记》"左祖右社，面朝后市"的营国制度，是古人尊崇礼制、效法前贤的表示。明代中轴线上的奉天、华盖、谨身三座大殿，清初重修之后依次改名太和殿、中和殿、保和殿，其命名依据《尚书·泰誓》"惟天惠民，惟辟奉天"与《周易·传》"保合太和乃利贞"等先秦典籍的箴言，反映了法天而治、像天设都的理念。中轴线东侧匠心独运、构思精巧的天坛，表现了对天人合一宇宙观的追求；西侧的山川坛，是传统农业社会感恩大地和农神的标志。点缀在中轴线两侧的日坛、月坛等坛庙，体现了古人对自然力和各类神明的敬畏。帝王时代的城市布局，皇城力求居于中心位置，宫城又被比喻为天上众星拱卫的紫微垣，以"紫禁城"之名凸显其处于天下中枢的独尊地位，成为特定历史条件下皇权至上的象征。这条中轴线凝聚了北京长期作为国都的建筑精华与思想文化，时过境迁，拂去旧日灰尘，已经变为串起众多传统文化精髓的"历史文化轴线"。

---

1　朱祖希：《营国匠意——古都北京的规划建设及其文化渊源》，中华书局，2007，第157页。

## 二 长安街横向轴线兴起的标志意义

与闻名遐迩的纵向传统中轴线相比，同样在北京城市空间结构中作为支撑骨架的长安街横向轴线，虽然并没有像前者那样串起众多标志性建筑，东西贯通的时代也比较晚，它却是这座城市最近一百多年来经历几度变革的结果和见证。

在元大都时代，今天的长安街大致相当于丽正门、文明门、顺承门所在的南城墙一线。明永乐年间营建北京城时把南城墙前移二里，这里开始出现以承天门与千步廊之间的 T 形广场分界的两段街道：东长安街从长安左门至东单牌楼，西长安街从长安右门至西单牌楼。东西长安街之间的交通被封闭的宫廷广场阻隔，彼此往来须从皇城南北两端绕行很远。有鉴于此，它们在明清两代对北京交通与城市布局的影响并不突出。直到民国初期朱启钤主持城市改造，长安街在交通方面的作用才日益凸显出来。朱启钤被当代学者推崇为北京城市近代化的奠基人，1914 年以后他领导实施了改建正阳门、拆除瓮城，打通东西长安街、南北长街、南北池子，修筑环城铁路等一系列工程，迅速改善了北京的交通状况。长安街的贯通消除了东西城之间曾经延续数百年的通行障碍，为北京城市空间结构即将到来的更大变革初步奠定基础。1937 年"七七事变"后北平沦陷，日伪制订并初步实施了《北京都市计划大纲》。为了连接其中规划的通县工业区与中心位于五棵松一带的西郊新市区，1939 年在北平内城的东西城墙上分别开凿了一个豁口，称作"启明门"与"长安门"。1945 年抗日战争胜利后，为了消除日伪时期的文化痕迹，这两处豁口命名为"建国门"与"复兴门"。经过这个时期的变化，长安街的延长线突破了以城墙为标志的老城区，穿城而过的干道抵达东郊和西郊。

北京的城市面貌在 1949 年以后发生了巨大转折，最具标志意义的是内外城的城墙被拆除和天安门广场的改造。城墙的拆除象征着一个时代的结束，天安门广场由此变为全城平面布局的中心，紫禁城退居到类似"后院"的次要地位。在这样的背景下，"东西长安街经过改造，拆除了封闭天安门广场的东西三座门（在明代为长安左门、长安右门），加宽了路面，开拓了天安门广场东西两翼的远景，使广场上的气象更加波澜壮阔，空间关系更加开敞豁朗"。侯仁之先生指出："至于从长安街开始继续向东西两方径直延伸的大干路，又彻底扭转了几百年来北京旧城在平面设计上那条南北中轴线的支配地位，从而使新市区的扩建，沿着一条新轴线向东西两方有计划有步骤地发展起来。"[1] 在今天的长安街及其延长线上，天安门广场、中南海、金融街、三里河、军事博物馆、商务中心区、使馆区等，代表着国家行政、军事管理、文化、国际交往的形象，其中既有反映悠久历史文化的建筑精华，更有彰显最近几十年现代化建设突飞猛进的突出成就。这条横向轴线与纵向的传统中轴线垂直交叉，巨大的"十字"共同构成了支撑北京城市空间结构的骨架，左右着城市空间未来发展的基本趋向。

## 三　新规划的实施可能筑就北京城市发展的<br>第四个里程碑

侯仁之先生 1973 年曾经指出："首都东西向新轴线的开辟，也并不排除南北向的传统轴线的进一步改造。"[2]《北京城市总体规划（2016 年~2035 年）》验证了这一预言，两条轴线的大幅度

---

1　侯仁之:《北京旧城平面设计的改造》,《文物》1973 年第 5 期。

2　侯仁之:《北京旧城平面设计的改造》,《文物》1973 年第 5 期。

延伸尤其具有重要的象征意义。我们可以满怀信心地期待，新规划的实施将有可能筑就北京城市发展史上新的里程碑。

1991 年 5 月 14 日，侯仁之先生在清华大学建筑学院的学术报告会上，提出了关于北京城市发展的三个里程碑的思想。他于 1996 年 11 月 4 日在北京市第五次文物工作会议上发言，并对此做了书面陈述："第一个里程碑是历史上北京城的中心建筑紫禁城。它的建成至今已有 570 余年，代表的是封建王朝统治时期北京城市建设的核心，也是我国传统建筑艺术的一大杰作。到今天它依然屹立在全城空间结构的中心，但已不仅是中国人民的艺术财富，它已被列为'世界文化遗产'，享誉全球。第二个里程碑就是新中国建立之后，在北京城的空间结构上，突出地标志着一个新时代已经来临的天安门广场。它赋予具有悠久传统的全城中轴线以崭新的意义，显示出在城市建设上'古为今用，推陈出新'的新时代特征，在文化传统上有着承先启后的特殊含义。第三个里程碑最初是由于亚运会的召开和国家奥林匹克体育中心的兴建，才开始显示出北京走向国际性大城市的时代已经到来。"[1]从那时算起，又经过了二十多年的发展，北京"两轴"即将前所未有地向外延伸，势必形成新时代的新风貌。

新规划显示，在今后大约二十年的时间内，传统中轴线"向北延伸至燕山山脉，向南延伸至北京新机场、永定河水系"，长安街横向轴线"向西延伸至首钢地区、永定河水系、西山山脉，向东延伸至北京城市副中心和北运河、潮白河水系"[2]。这表明被古人形容为"左环沧海，右拥太行，南襟河济，北枕居庸"的北京，[3]对现有市域之内的地理空间的利用将达到极致，同时要造就

---

1　侯仁之：《北京城市发展的三个里程碑》，《北京文博》1996 年第 4 期。

2　《北京城市总体规划（2016 年～2035 年）》。

3　孙承泽：《天府广记》卷一《形胜》，北京古籍出版社，1984，第 6 页。

兼具"历史之轴"与"发展之轴"两种功能的新轴线。

　　燕山山脉横亘在北京之北，宋代文学家苏辙形容"燕山如长蛇，千里限夷汉"[1]，历史上既是以汉族为主的中原农耕文化与少数民族代表的北方游牧文化的分界线，也是中原政权抵御塞外势力挥兵南下的一道天然屏障。对于当代北京的城市布局而言，燕山一线就成为自然条件所能提供的地理空间的最北界。纵向的传统中轴线从钟鼓楼延伸到奥林匹克公园的仰山，已被侯仁之先生定义为北京城市发展的第三个里程碑。从仰山再向北延伸到燕山山脉，这就意味着将把长城脚下、十三陵以东的生态功能区与最能体现北京历史文化特色的旧城核心区域串联起来。在传统中轴线的另一端，由永定门向南延伸，首先要经过元、明、清三代帝王行围射猎与训练武备的皇家苑囿之所在。元代称其为"下马飞放泊"，明代叫作"南海子"，清代又有"南苑"之名。在清末民国时期，南苑被迅速开垦为拥有数十处村庄的城郊农业区。近年来，北京历史上这片最大的湿地得到了较好的生态修复。作为古代皇家园林文化的代表与当代生态功能日益突出的"城市之肺"，南苑地区在自然和人文方面与北京的关联比以往任何时候都要密切。随着南海子郊野公园与团河行宫的建设，南中轴森林公园的美好图景呼之欲出。传统中轴线南延的未来端点北京新机场位于大兴区礼贤镇、榆垡镇与河北省廊坊市广阳区境内，已经抵达北京市现有行政区域范围的尽头。从西、南两面环抱新机场的永定河，是北京市与河北省固安县的天然分界线。正在建设中的这座超大型国际航空综合交通枢纽，将为推进京津冀一体化发展、打造中国经济升级版提供强力支撑，足以代表传统中轴线"既是历史轴线也是发展轴线"的文化形象。

---

1　苏辙：《栾城集》卷十六《奉使契丹二十八首·燕山》，上海古籍出版社，1987，第396页。

长安街横向轴线的延伸，是北京在通州建设城市副中心的必然结果，也是对首钢搬迁之后石景山地区如何发展的直接呼应。近年来北京疏解非首都功能重大举措的实施，使通州迎来了规模空前的建设热潮。以服务中央为首要职责的北京市党政机关在这里落脚，无疑要强化通州与北京核心城区的交通、信息、文化关联，在城市空间布局上表现为长安街横向轴线的东延。这样，在早已突破传统城区的限制之后，长安街延长线抵达通州，穿越北运河，再向东直至北京市与河北省分界的潮白河一线，就变为顺理成章的自然选择。这条延长线与元代以来的漕运干渠通惠河基本平行，朝阳区境内的商务中心区、使馆区反映了当代北京的国际化水准，延伸至城市副中心的景观大道将成为沿线综合功能和环境品质的写照。在长安街向西的延长线上，复兴路沿线的海淀区所辖范围内已是建筑密集，唯有处在生态涵养区的石景山、门头沟两区尚有较多土地，成为北京未来发展的空间资源储备。与复兴路相接的石景山路已经通达永定河边，南面与它平行的莲石路更是越过永定河直抵西山脚下。交通条件的改善是区域发展的强大动力，这条轴线也将因此更加凸显在城市空间结构中的支撑作用。

新规划中的"两轴"未来要延伸到北京市辖境的尽头，四个端点大体接近本区域东、西、南、北的最远点，即地方志所谓"四至"，不仅将带动城市与乡村的社会经济繁荣，还能促使北京几大文化带之间的联系变得更加直接和紧密。传统中轴线的两端延长后，北端接上了横亘于燕山一线、以万里长城为载体的"长城文化带"；南端则与自西北流向东南的永定河相交，这条被誉为北京母亲河的境内最大河流，是"永定河文化带"的地理依托。长安街横向轴线向东延伸的结果，是与积淀了"大运河文化带"北段的北运河及其上源潮白河相接；向西延伸至首钢地区、永定河水系、西山山脉，与"西山文化带"即稍加修整后的"西山永定河文化带"相连。这样，十字交叉的两条轴线的大幅度延长，进一步沟通了它们与长城、运河、西山、永定河为象征的区域文化带之间的联系。随着新规划的远景逐步变为现实，北京的社会经济、文化建设、城市面貌势必超迈今古，可能由此筑就标志着城市发展在新时代大展宏图的又一里程碑。

# 四　结论

城市空间轴线的选择是贯彻规划设计思想、实现功能布局意图的关键因素，这一点在北京城市发展史上得到了充分体现。刘秉忠规划元大都的第一步，就是在考察地理环境的基础上确定城市的纵向中轴线，由此形成的历史惯性至今还在影响着北京城市空间结构的基本特征。明代的北京城经历了洪武元年（1368）北墙南缩五里、永乐十七年（1419）南墙前移二里、嘉靖三十二年（1553）修筑外城这三次重大变化，由此导致纵向中轴线北端的缩减与南端的两度延伸，最终形成了集中代表悠久历史与帝都文化的传统中轴线。明清时期北京承天门前 T 形广场两侧的东长安街与西长安街虽未贯通，却也为后来的城市发展埋下了伏笔。历经民国初年打通东西长安街、沦陷时期凿开东西城墙豁口，尤其是 1949 年之后天安门广场与城市干道的拓展改造，长安街及其延长线变成了城市空间结构中举足轻重的横向轴线。北郊奥林匹克体育中心建筑群在 21 世纪初崛起，传统中轴线在历史上第一次向北延伸，成为北京步入国际化大都市的象征。侯仁之先生据此划分的北京城市发展的三个里程碑，正是其空间布局与文化内涵从古代走向当今、传统与现代彼此交融的反映。

《北京城市总体规划（2016 年～2035 年）》，再次突出了"两轴"在城市结构中的支撑作用及其文化意义。在北京市现辖行政区域内，以"两轴"的充分延长为标志，东起运河，西抵西山，北通燕山山脉，南到永定河畔，对自然地理空间的利用几乎囊括无遗。这样，城市空间结构的两条主轴线将控御北京市全境，由此极大地突破了以往的规划视野，展现出设计者的全新思维和宏大气魄。从人文角度观察，北京的"三大文化带"将借助总体规划中的"两轴"建立起东西之间、南北之间的直接联系。这两条轴线沿途所经之处，实际上是北京历史文化资源最集中、文化形态最丰富、保存程度最完好的地带，也可以视为贯穿首都核心区与四围城郊的两条文化带。有鉴于此，关于北京文化带空间结构形态的认识，应当从长城、运河、西山、永定河为依托的"口"字形，补上由纵向的传统中轴线、横向的东西长安街以及二者的延长线所组成的"十"字形，两相叠加之后则呈现完整的"田"字形结构。新规划致力于以"两轴"为统领完善城市空间和功能组织秩序，这也是未来筑就北京城市发展第四个里程碑的关键。

# 民国元年取消军政分府问题初探
## ——兼论对军民分治的影响

骆　朦[*]

**摘　要：** 军政分府因革命需要而设，且类型各异。民国初立，随着南北政争平缓、政局稳固，军民分治进一步受到关注。取消军政分府是探索军民分治、中央集权的环节之一，但其过程有不完善之处。民初[1]取消军政分府并未实现军民分治。此后为了解决军政问题，不同政治派系也曾进行其他尝试，但亦未成功。在政治制度转型的历史上，取消军政分府只是微小一环；但分府的衍变反映了民国成立前后的政局特点，取消分府也在这种复杂局势中体现了其对推行军民分治的深远意义。

**关键词：** 民初　军政分府　军民分治　裁军遣兵

　　军政分府是辛亥革命时期某些非省会地方设立的起义武装指挥机关，也是掌握革命政权的机关。[2]设立分府适应了革命需

---

[*]　骆朦，中国人民大学历史学院。

1　本文以军政分府为主线，对军民分治问题进行探析。取消军政分府在民元8月左右几已结束，故本文所述以此时期为限，"民初"即指民国成立后至军政分府取消之前。

2　"'军政府'是起义武装的指挥机关，也是掌握革命政权的机关，省区可设，全国可设，各级地方都可以设，因而某些非省会地方起义时也多成立军政府，就很自然。大致在某些重要地点，如前清的道治或特殊的府治，往往设立低于行省一级的军政分府，下面辖有若干州县。其中也有例外的，如广西的南宁叫作军政副府，性质和分府不同，而是仅次于省军政府的'省副军政府'；这是因为副都督陆荣廷'驻节'南宁，而他又是拥有实力的人，不免要特殊化……各地所设军政分府，情况也是十分复杂……"钱实甫：《北洋政府时期的政治制度》，中华书局，1984，第434页。

要；但在民国成立后，不利于临时政府控制地方军权。因此，民初出现了取消军政分府之议。随着南北矛盾渐缓、北洋政府组建完善，取消军政分府在全国范围内进一步被实施。然而，民初政局复杂且受外人干预，地方军政大权集中于军府长官；加之军政分府类型各异、自有特点，存在于不同军府间的矛盾多样，故中央集权困难重重。取消军政分府与民初解决军队问题的政令密切相关，牵一发而动全身；此外，形成于复杂矛盾中的各种举措也难保面面俱到。因此，取消分府对军民分治的影响当分两方面来看：一方面，其并未从根本上扭转地方军权过大、军政不分的现状；另一方面，也为解决军队问题、推行军民分治提供了契机，为进一步探索加强中央集权的道路提供了思考。

20 世纪 80 年代至今，研究民国军政问题的成果丰硕，但将重点放在军政分府的成果鲜见，探讨军政分府多与其他问题（中央与地方关系、民初省制改革、军民分治等）结合来看。初版于1984 年的钱实甫《北洋政府时期的政治制度》一书，将"军政分府"置于"各省军政民政机关"一章，与"军政府""各县行政机构"一并叙述；但对军政分府的着墨主要是概念的说明和部分分府的列举。成书于 20 世纪 90 年代的徐矛《中华民国政治制度史》[1]，涉及军政分府的内容归属于"民国地方军政制度"一节，重点在于对整个民国时期"解决军队问题""废督裁兵""中央集权实践"的简单梳理。21 世纪初，胡春惠在其著作《民初的地方主义与联省自治》[2]中，将地方军府揽权放在民初政争、中央和地方权力消长的大视野中，由此主要论及军民分治；与"孙中山先

---

1　徐矛：《中华民国政治制度史》，上海人民出版社，1992。
2　胡春惠：《民初的地方主义与联省自治》，中国社会科学出版社，2001。

生、袁世凯、黎元洪为鼎立之势……时移势易", [1] 北洋政府内部
矛盾, 民初各方政治集团态度等背景联系; 对民初"调整军制、
省制"等问题探讨颇细; 但亦缺少对地方各类军府自身特点的论
述。

　　虽有学者就军政分府撰写专文, 但主要着眼于个别地区,
缺少对军政分府之整体性质、衍变脉络的考察。如程翌康《试
论绍兴军政分府的性质》[2]、周育民《辛亥革命时期的"江苏统
一"——兼论辛亥革命时期的苏沪行政关系》[3]、王中平《辛亥革
命时期的锡金军政分府述略》[4]、沈航《民初社会转型中的省地矛
盾——以浙江省为例》[5]等。而霍修勇《辛亥时期军政府与分府矛
盾斗争析论》《论辛亥革命时期的军政分府》两篇文章[6]略有不
同, 其对军政分府之设立、类型、与各方的矛盾加以探析, 结合
时代背景析其特点。然而文章主要是对各类军政分府的概述, 尤
其对取消分府的过程论述粗略, 仅在文末提及, 作为分府发展源
流的组成部分, 仍有较大拓展空间。

　　军民分治问题贯穿民国时期政治、军事制度发展脉络, 学者

---

1　胡春惠:《民初的地方主义与联省自治》, 第 63 页。
2　程翌康:《试论绍兴军政分府的性质》,《上海师范大学学报》(哲学社会科学版) 1986 年
　　第 2 期。
3　周育民:《辛亥革命时期的"江苏统一"——兼论辛亥革命时期的苏沪行政关系》,《史林》
　　2002 年增刊。
4　王中平:《辛亥革命时期的锡金军政分府述略》,《江南大学学报》(人文社会科学版) 第
　　11 卷第 3 期, 2012 年 5 月。
5　沈航:《民初社会转型中的省地矛盾——以浙江省为例》,《兰台世界》2016 年第 24 期。
6　霍修勇:《辛亥时期军政府与分府矛盾斗争析论》,《武汉大学学报》(人文科学版) 2004
　　年第 5 期;《论辛亥革命时期的军政分府》,《湖南城市学院学报》2011 年第 5 期。

研究"军民分治"多列入"政制"[1]、"军制"[2]范畴。此外，多有将"军民分治"与"省制调整"结合考察。除前述胡春惠所著《民初的地方主义与联省自治》，再如李国忠所撰《民国初期中央与地方关系发展述评》[3]一文，其中围绕联邦制（联省自治）与单一制的论争，展现了民初中央集权与地方分权之间的矛盾，文章第二部分简述"军民分治问题的争论"，但仍归于"省制问题"。单就"军民分治"而言，亦有专文。如陈明《集权与分权：民国元年的军民分治之争》[4]一文，以"军民分治被提出""胡汉民发表有限制集权说""袁世凯欲将军民分治作为主导思想改革省制"为节点，从三个阶段分析有关军民分治的论争，反映民初集权之艰。此类研究虽专论军民分治，但并未结合军政分府，且对军民分治的细节叙述不够。

本文欲联系民初推行军民分治、裁军遣兵的大环境，结合军政分府的设立、特点，考察军政分府在复杂局势下的发展轨迹；重点探讨其取消过程，分析取消分府对军民分治的影响。此外，通过呈现取消军政分府引起的政局波动，反映民初推行军民分治面临的种种困境。以军政分府为中心，管窥民初在限于内外交困、地方主义坐大的形势下，解决军政问题、重建中央权威的艰难过程。

---

1　除前述专著《北洋政府时期的政治制度》《中华民国政治制度史》《民初的地方主义与联省自治》外，如朱宗震《真假共和——1912中国宪政实验的台前幕后》（山西人民出版社，2008）一书第三部分主要围绕"革命党管辖的南方各省与北洋政府的政争"，体现军民分治之困难；徐勇所著《近代中国军政关系与"军阀"话语研究》（中华书局，2009）将"裁军"与"军民分治"放入民初整合军政关系的视野之中考察。

2　如来新夏等《北洋军阀史》（南开大学出版社，2001），吴虬、张一麟《北洋派之起源及其崩溃》（中华书局，2007），将"军民分治"作为北洋政府成立后处理地方军队问题的重要步骤，重点在于对北洋派及其军队发展整体脉络的把握。

3　李国忠：《民国初期中央与地方关系发展述评》，《天津师范大学学报》（社会科学版）2002年第5期。

4　陈明：《集权与分权：民国元年的军民分治之争》，《学术研究》2011年第9期。

# 一 军政分府设立的背景及样态

## （一）分府设立的背景

中央政府权威的流失自晚清已始。太平天国起义时，以曾国藩、李鸿章为代表的地方汉族督抚编练军队，权力不断扩大。甲午战争之后，袁世凯接替胡燏棻，在小站以外国陆军操式练兵。在外国势力支持下，"新建陆军发展很快，而袁世凯的个人地位权势也随着这支武装力量的发展而迅猛扩大……新建陆军一开始就为袁世凯的这种'事业'奠定了一块主要的基石"。[1]辛亥革命在四川、湖北地区掀起，而"最终拒绝皇权的决定是由各省单独作出的。从某种意义上说，革命从未到达首都，首都从满洲贵族的手中转移到袁世凯的手中。因此，从一开始，中国的起义运动就和西方经验（在中央影响之下，扩大到地方一级，并保持强大）不太一样；而是倾向于权力下放，直到它被瓦解为军阀割据为止"。[2]革命形成了以地方起义领导机构为中心的多股军事势力。"中国革命地方上形成的政治组织名目繁多：军政府、军政分府、军政支部、巡逻部、总司令部等。大多以军人掌权的形式体现。军政府多设机关四部：参谋部、军务部、政务部、外交部。"[3]其他政权机构（如军政分府）或为军政府地方支部，仿照军政府的形式组织行政部门；或与军政府

---

1 来新夏等：《北洋军阀史》，第 123~124 页。
2 Richard L. Mumford, "Crane Brinton's Pattern and the Chinese Revolution of 1911," *Journal of the History of Ideas*, Vol. 42, No. 4 (Oct.-Dec., 1981), p. 719.
3 参考中国史学会主编《中国近代史资料丛刊·辛亥革命》（五），上海人民出版社，1957，第 131 页。

同级而设，独立一方。

　　各类军府的设立适应了各省起义独立、中央权威顷刻崩塌、整合地方秩序的需要。在"革命草创、人心未附、城市大乱"的情况下，设立军政分府对组织革命起到了补充作用。最先成立的是汉口军政分府，受湖北军政府管辖。时"军府（湖北军政府）派马祖荃、张策平来，改编旧工兵为第一营……（拟以）队长宋锡荃响义，即袭龟山砲辎重等队。张彪出城时，派守者均同时起。林义芝在汉口应之，亦组两混成协，第一宋锡荃，第二林义之。（1911 年 10 月 13 日）詹大悲遂因而组织（汉口）军政分府"。[1]

　　此后，多地照此仿效。如 10 月 23 日，江西九江新军起义后建立九江军政分府，马毓宝任都督；[2]30 日，湖南军政府宝庆分府成立，谢介僧任都督；[3]11 月 4 日，上海独立，陈其美为军政分府都督，并宣称："自兵兴以来，我军政府[4]以爱种爱国为心，故不惜冒矢石为同胞请命……我苏浙各省为长江下流门户，形势重要，故我江东革命军与九月十三日起义于上海，以安商业，以宁民居……"[5]至 6 日，吴淞分府成立，李燮和任都督；[6]9 日，右江分府成立于广西柳州，刘古香任总长；[7]15 日，厦门分府成立，张海山为统制。[8]浙江省内，11 月 5 日，"宁波保安会召开紧急会

1　《中国近代史资料丛刊·辛亥革命》（五），第 94 页。

2　参见郭卿友主编《中华民国时期军政职官志》（上），甘肃人民出版社，1990，第 7 页。

3　参见郭卿友主编《中华民国时期军政职官志》（上），第 5 页。

4　此处虽称"军政府"，但仍指"军政分府"；就《上海军政分府宣言书》全文来看，文末落脚仍为"上海军政分府宣言"。

5　《上海军政分府宣言书》，《民国报》1912 年第 2 号，第 11 页。

6　参见郭卿友主编《中华民国时期军政职官志》（上），第 9 页。

7　参见郭卿友主编《中华民国时期军政职官志》（上），第 13 页。

8　参见郭卿友主编《中华民国时期军政职官志》（上），第 14 页。

议……决定取消保安会，成立宁波军政分府，推举原新军协统刘洵为都督"；[1]6日，湖州光复，"成立临时军政分府，推举沈谱琴主持军政（分）府工作"；[2]此外，嘉兴、处州、金华、绍兴、衢州、台州、严州、温州等地也相继建立分府。[3]江苏省设有青江浦[4]、常州、松江、锡金、嘉定分府。[5]安徽省设有庐州分府、芜湖分府等。[6]从设立分府的地区来看，几已遍及全国，且以革命波及程度较高的长江流域为主，可见辛亥革命对设立军政分府起到了直接推动作用。

### （二）分府的不同样态

不同政派基于各自所处地区的局势而设立分府，或是在不断成立的分府中任职，使各派系、阶层、集团在争夺新政权主导地位过程中产生的分歧得以缓和。[7]而根据军政分府在具体行政、领导者方面的差异，所设分府亦各有特点。

行政隶属方面，或有同汉口军政分府一样，属湖北军政府二级机构。如"吴淞既定，众议推李燮和为军政分府"，[8]并称"本（吴淞）军政分府，本由武昌军政府分出，今承认武昌军政府

---

1　全国政协文史资料委员会主编《辛亥革命回忆录》（四），文史资料出版社，1981，第
　　179页。

2　《辛亥革命回忆录》（四），第168页。

3　参见郭卿友主编《中华民国时期军政职官志》（上），第10页。

4　青江浦军政分府，1911年11月4日建立，即为江北都督府。

5　参见郭卿友主编《中华民国时期军政职官志》（上），第11页。

6　参见郭卿友主编《中华民国时期军政职官志》（上），第12页。

7　参见霍修勇《辛亥时期军政府与分府矛盾斗争析论》，《武汉大学学报》（人文科学版）
　　2004年第5期。

8　中国史学会主编《中国近代史资料丛刊·辛亥革命》（七），上海人民出版社，1957，第
　　5页。

为中华民国临时中央政府，兼承认苏州军政府为江苏全省军政府"。[1] 与此不同，诸多分府以本省军政府为上级机构。如榕江军政分府成立后，"得贵阳军政府承认"；[2] 宝庆分府亦为湖南军政府下级机构；浙江省内，各分府大体也以省军政府为首。此外，也有分府隶属于其他分府，或是自行独立，与军政府同级而处。如扬州分府就"归镇军（镇江军政分府）都督所属范围矣"。[3] 上海军政分府成立后，宣称"上海之起义，与武昌别为一事，惟随后将与武昌总部联络。即一省起义亦于武昌全无关涉，惟彼此理想目的皆同，将来终当合并为一，同居一国旗、一政体之下"；[4] 九江分府成立后亦曾独立一方，翌年1月江西都督府成立后被撤销。

领导者方面，分府长官所属派系各异。革命党出身者，如陈其美、（杭州分府）汪嶔、沈谱琴、（绍兴分府）王逸、（松江分府）钮永建、（芜湖分府）吴振黄、（庐州分府）孙万乘、（锡金分府）秦毓鎏、李燮和、谢介僧、刘古香等。[5] 立宪派在辛亥革命中发挥的直接作用有限，在民初政权体系中多处于辅佐地位；[6] 在地方军府中影响较大者，如浙江军政府都督汤寿潜。此外，亦有分府成立后，推举在地方上具有传统威望的旧官僚、士绅充任长官。如温州分府成立之时，欲"请现任地方长官主持革命政

1　《中国近代史资料丛刊·辛亥革命》（七），第5页。

2　全国政协文史资料委员会主编《辛亥革命回忆录》（七），文史资料出版社，1981，第439页。

3　曹亚伯：《武昌革命真史》，上海书店出版社，1982，第250页。

4　《军政分府纪事录》，《申报》1911年11月6日，第1张。

5　上文已出现的分府长官，不再标出所属分府名称。

6　立宪派在政治主张上倾向于"改革"。辛亥革命爆发后，直接、主动参与地方革命过程并建立新的行政管理机构的立宪派人士鲜有；更多是在地方起义成功后建立的军府中任职，或凭借其在地区的传统威望与影响力被推举为军府长官。查阅资料可知，立宪派在地方分府中任职的现象罕有，故此处不详细列举。

府"，[1] 后举曾为清政府监察御史的徐定超就"分府都督"之职。另如（江北都督府）蒋雁行、（大通分府）黎宗岳等亦为旧官僚"蜕变"而来。分府长官由于"出身"不同，政治倾向各异。一方面会加剧地方行政过程中各种势力间的矛盾。如绍兴分府建立后，为了满足军费之需，一度提前征收次年田赋，以致地方豪绅相率抵抗，对分府都督王逸颇为愤恨。[2] 另一方面也导致地方军府对临时政府态度的不同，其中尤以南方革命党都督对北洋政府的抗衡为典型。

军政分府内部既仿照军政府，设有参谋、军务、警务、民政、司法、财政、教育、交通等部门，又鱼龙混杂、体系繁复。除"部"之外，亦有"司""处""科"等；长官除"都督"之外，还有"分府""府长""军政使""司令""总司令""总理"等名称。与军政府相同，分府长官的权力高度集中，军事功能更为显著。[3] 然而，内部组织过于繁杂易导致分府行政管理的分歧与矛盾。此外，组织、管理者用权也具有很大主观性。分府内部行政事宜或可报上级，或自行决定。"民国元年 4 月前孙中山先生主持之南京临时政府，固然是'中央行政不及于各省'，即使是袁世凯继任大总统以后，总统之命令，也仍被黄远庸戏谑为'无弹之炮'。"[4] 在中央权威不够强大的特殊时期，分府的存在便具有"地方小我""军事割据"的色彩。

---

1　《辛亥革命回忆录》（四），第 183 页。

2　参见程翌康《试论绍兴军政分府的性质》，《上海师范大学学报》（哲学社会科学版）1986
　　年第 2 期。

3　参见霍修勇《论辛亥革命时期的军政分府》，《湖南城市学院学报》2011 年第 5 期。

4　胡春惠：《民初的地方主义与联省自治》，第 63 页。

## 二　取消军政分府的实践

### （一）条件的成熟

辛亥革命前后，取消军政分府的条件尚不完善。一方面，分府的继续存在符合内外局势尚不稳定、稳固地方的客观需要。如汉口军政分府成立后，派兵镇压闹事"流氓"，"居民赖以安辑"；[1] 此外，"深恐变出仓卒……派员与各国领馆接洽……各国领馆当局，均一致主持中立，承认民军为交战团。由此观之，军政分府之功勋，毕竟不可泯灭"。[2] 另一方面，在南北和谈未果的情况下，军政两界中新旧势力之间的"暗潮"不断。如浙江省内，立宪派汤寿潜任军政府都督，光复会出身、绍兴分府都督王逸就非常不满，行政方面也多不配合。时汤寿潜初任浙督，下令"免除商民税厘"，[3] 故盐捐等各类捐税便成为浙省财政重要来源；王逸却命分府截留盐捐，不予上交，令汤寿潜颇为困扰。再者，"（北省）兵匪弥漫……蒙古亦为蠢动，大势波及，俄然刺激世界，动其爪牙，实未可知也……"[4] 边疆问题悬而未决，外人觊觎颇深，同样困扰着新生的民国政府，致其不能完全腾出手处理地方军队问题。

然而，随着围绕地方军府的矛盾愈加显著，军队问题进一步受到关注。"军政不分"模式下，军府长官既统率军队，又兼领民政。虽有设"民政使（长）或布政使（专管民政），似仍隶都

---

1　《汉口市辛亥之军政分府》，《三民月刊》第 2 卷第 4 期，1942 年，第 8 页。

2　《汉口市辛亥之军政分府》，《三民月刊》第 2 卷第 4 期，1942 年。

3　《杭州新政汇志》，《申报》1911 年 11 月 11 日，第 1 张后幅。

4　《杂俎·时局感言》，《顺天时报》1912 年 3 月 6 日，第 2 张。

督下者"。[1] 即便黎元洪在湖北都督府议决"民政长与都督平等",[2] 仍招致不少反对者。此外,军府之间也时有冲突发生,对"军政统一"立场不同,导致分府反应不同。如皖省统一军政:取消芜湖分府后,时由黎宗岳所掌的大通分府表现激烈。于是,皖省都督孙少侯"派胡万泰率省军步炮三营由陆路至大通,随带机关枪炸弹队;又派第二师长孙品骖、第三旅长刘醒吾各率庐芜军三营,水陆同来。如黎宗岳不受节制,即用强力"。[3] 再者,"自武汉起义以来……至其云集响应之徒,往往中于数千年来之习惯,不争权利则争名位,不争爵禄则争意气"。[4] 因此,随着南北矛盾的缓和,巩固新生民国政权、控制地方军权的紧迫性便逐渐提高。

早在民元 2 月已有取消分府之议。南京临时政府依据"军民分治"考量地方军队问题,在制度上有其深远性,提出办法如下:

> 查各省光复以后,军政、民政、财政等权往往归于同一机关。如军政分府,虽在一隅之地,而权限辄逸出军事范围以外,致民政财政难于统一。今……(宜)将军政分府名目即日撤销。如地势上为应驻兵之处,应由该省都督酌设司令部专管该处军事,所需款项开列预算,呈由都督核拨。其他民政悉由地方官主政,司令部长绝对不得干涉……[5]

陆军部亦通令:"查军兴以来,各省以军事之要求,多于适要

---

1 《论各省之都督》,《顺天时报》1912 年 5 月 4 日,第 2 张。

2 《鄂都督府特别会议纪略》,《申报》1912 年 5 月 9 日,第 2 张。

3 《皖省统一军政之为难》,《申报》1912 年 3 月 17 日,第 2 张。

4 《去争篇》,《申报》1912 年 2 月 24 日,第 1 张。

5 《临时政府公报·法制》第 21 号,1912 年,第 1 页。

地点设立军政分府以资震慑。现战事已将告终，民政应设专员，军政应筹统一，军政分府多属无用，希贵都督酌量情形，将所属军政分府分别裁撤，以一事权。"[1]但当时响应者甚少。

至 1912 年 3 月 10 日，袁世凯于北京就大总统之位，北洋政府形成。统一军队、统筹全国大势成为稳固中央政权亟须思考的问题。1912 年 4 月，黎元洪在致袁世凯及各省电文中，明确提出了民国政府草创后亟待解决的军队问题：

> 整军治民，分途异辙。自各省光复，军人柄政，习为故常。当时义帜初张，戎衣未定。敌兵逼处，伏莽潜滋。非假军威，断难镇摄。自时厥后，流弊丛生……夫以各省都督，其深娴韬略，熟计民生者，岂不就熟驾轻，泛应曲当。然片甲不更，高才难继。设或随陆无武，绛灌无文，荧惑政策，瞀乱方略，学识所蔽，左道乘之。巨奸倚为窟巢，悍将凭为傀儡。驯至祸机四伏，众怨沸腾，民力竭而不知，军心难而罔觉。明德为累，大局偕亡。其害一也……强藩坐绾，阃外自尊。厚集党援，广招朋类。上不承于总统，下不谋诸庶民。叱咤则山岳为崩，挥霍则江湖惧竭。稍有异议，立煽兵变。犹复封章乞骨，露表陈情。阳居谦让之名，阴示把持之宝。虽有中央政府，亦苦于张弧不弦，长鞭莫及。周代列邦，唐朝藩镇，积重难返，可谓寒心。列强眈眈，已操成算。迁延不改，即召瓜分。其害十也。凡此十害，皆由于军民不分，范围太广，流弊所趋……[2]

---

1　《临时政府公报·令示》第 24 号，1912 年，第 2 页。

2　《内外时报·黎副总统为军民分治致袁总统暨各省电》，《东方杂志》第 8 卷第 12 号，1912 年，第 24~25 页。

　　黎元洪从地方行政、选贤任能、治安、军饷赋税征收、民怨、司法、内讧、外患等方面阐明了民国成立后，地方拥兵之"十害"；对当时愈加引起各界重视的军队问题进行总结。其所指出，不但明确了解决军队问题的必要性，也为裁军遣兵、军民分治提供了来自中央政府的政令支持。此外，北洋政府的形成及其对各地兵变的镇压，使地方武装反抗、兵匪作乱的现象得到缓解，中央对西北、西南、东北地区的统治更为有效。政府对军队的需求逐渐从数量向质量转移。与此同时，北洋政府作为初具规模的中央政权，在一定程度上为解决军队问题提供了指挥和后盾。裁军条件进一步具备，对军队问题的关注亦愈多。

　　时就遣散方法主要有"大纲六则"：名誉遣散、给饷遣散、屯田垦荒、使入学校、各回旧业、筑路开矿。[1] 其中又以"给饷、屯田垦荒、筑路开矿"为主，据此或有提出"以工代赈"。扬州分府都督徐宝山曾致电江苏省议会云："扬郡有兵五万，战事停止，年月糜巨金在地方，已罗掘俱穷。中央亦猝难接济。拟即寓兵于工，实行导淮入海之议。"[2] 袁世凯也曾召集军界各长官，商议军队酌留安置之法，有建议谓："民国初立，经济困难已达极点，将来整兴财政，应先提倡实业为国民经济竞争之先导。然实业之发达，必以交通为枢纽，西北各省尤当速筑铁路以便运输。统计各省路工，需工役数十万人。此项工役即可以解伍军人充当。既可节省军费，且使解伍军人不致失业。"依此之实践，如赣省都督李烈钧将"第十五标第一第二两营……改为铁路工程

---

1　"遣散军队问题为当今急务，不容稍缓，故陆军总长段祺瑞迭与各部国务员商议……兹探业已议出'大纲六则'……（一）名誉遣散，予以徽章使之退伍；（一）给饷遣散，予以双饷使之退伍；（一）屯田垦荒，移往西北使之屯垦；（一）使入学校，有志尚学授以教育；（一）各回旧业，旧有营业准其复旧；（一）筑路开矿，官家筹资从事兴办……"（《遣散军队之进行办法》，《顺天时报》1912 年 6 月 2 日，第 7 张）

2　《以兵导淮之伟论》，《申报》1912 年 3 月 21 日，第 2 张。

队，专司铁路工程"。[1]

就"屯田垦荒"，卸任卫戍总督徐固卿认为："今之议裁兵者厥有二端，甲曰给饷遣散，乙曰移兵实边……恩饷既罄，生计即绝，此策（给饷遣散）断不可行。至移兵实边，开屯西北……难免不滋生事端。外人亦未必不引为口实……土风不甚相宜，恐兵士未必视为乐土。遣兵赴屯既须巨赀，将来流离逃亡势所必至。"[2]因此，他主张"裁兵改作地方警士，而各军队长官则一律酌改警区长官，保卫地方，化无用为有用一举数善"。[3]依据此论，袁世凯拟令"各省汰弱留强，每省不得过一镇之数。此外，裁兵则资遣回籍，兴办四乡警察，即以之充当警士"。[4]然而，据民初裁军实践来看，川督尹昌衡发部分士兵入藏，"分配前藏、后藏，或挖矿、或耕种"；[5]中央改编禁卫军，"将原有四标改为四混成协……第一混成协，派驻东陵守护陵寝兼垦遵化州等处官荒；第二混成协，派驻西陵守护陵寝兼垦易州等处官荒"；[6]可见"屯垦"之议仍被采纳。

由于大多数士兵在入伍前为农户，故"各回旧业"主要指"返乡归农"。如赣省编散军队，除前述"寓工"之外，对于"军纪废弛，已达极点"的部分军队，则命缴回装械后，"每名（士兵）发给恩饷三元，一律遣散归农"。[7]而"名誉遣散""使入学校"主要针对"军官"。前者主要是给予勋章，满足军官对"名禄"的期望；后者主要令军官负担"军学教育"，充任各级军校教官。

---

1　《赣都督安排军队之计划》，《申报》1912 年 4 月 26 日，第 2 张。
2　《裁兵改充警察之动议》，《申报》1912 年 4 月 18 日，第 1 张。
3　《裁兵改充警察之动议》，《申报》1912 年 4 月 18 日，第 1 张。
4　《袁总统对于裁兵之政见》，《申报》1912 年 4 月 25 日，第 1 张。
5　《四川军队遣散办法》，《顺天时报》1912 年 4 月 28 日，第 7 张。
6　《改编禁卫军之办法》，《大同报》第 17 卷第 17 期，1912 年，第 36 页。
7　《赣省编散军队计划》，《顺天时报》1912 年 5 月 4 日，第 4 张。

就裁军遣兵的整体办法来看，不外乎给饷后"归工、归农"，"重编、另组"。就其效果来看，裁军遣兵与取消分府相辅相成；重视裁军遣兵推动了对相关举措的讨论实施，形成了政府着力解决地方军队问题的政治、社会氛围；而取消分府正是基于"解决军队问题"的大目标，是其实践的组成部分。在裁军遣兵的大趋势下，中央"号令取消军政分府"不至于成一纸空文；而各类方案的提出，也为取消分府的善后工作提供了参考。

## （二）举步维艰的实施过程

### 1．南北矛盾的制约

南北抗衡继续存在，致使部分军府借各方矛盾互为牵制，求得生存空间。无论是出于南京临时政府抑或北洋政府之取消通令，分府经常表现出推诿态度，其取消也常具非自愿性，即在地方与中央的对抗中完成。以大通分府为例。早在民元 3 月下旬，南京临时政府即命黎宗岳取消分府。而黎之所以敢违抗临时政府的命令，即因其欲以袁世凯为依靠。[1] 另外，辛亥革命后独立的南方各省多由革命党人任都督。北洋政府成立后，袁世凯不得不接受现状，但他又试图消除"欲行集权"的障碍。[2] 因此，"他要从各省都督手中分权，特别要将军权分离出来，纳入北洋军阀集

---

1　袁世凯就任临时大总统之际，黎宗岳遂表示："从此大局底定，四海一家，人民共享共和之福，南北永无冲突之虑。此皆公（袁世凯）与孙公盛德所致。宗岳谨率皖南千五百万同胞额首庆祝，并遵南北军界联合会章，服从统一政府之命令，特此电贺。"（《临时公报》1912 年 2 月 23 日）

2　北洋政府成立后，袁世凯承认了"南方革命党都督掌握一省军政大权"的地位；但"这种军政合一的地方政权的建置，对中央政权具有很大的独立性……"（参考来新夏等《北洋军阀史》，第 245 页）

团统辖之下"；[1] 此可视为其"分治军民"的出发点。但对南方革命党都督而言，"赞成或反对（军民分治、裁军遣兵、取消分府）的真正理由……（或）出于中央防范地方权力太大，或者地方恐惧中央权力太大"；[2] 更直接的原因则是南北矛盾下的"政争"，大部分唱反调者在政治派系上当不全归向袁世凯。

如赣督李烈钧言："夫当今急务在于统一而不在于分治，欲以军民分治而求国政之统一，不第中央之统一愈难。"[3] 欲行分治，应"先解决省官制问题"。[4] 粤督胡汉民认为，"各省乱机潜伏，财政困难，一切民政赖军力以利推行者固多，而军队之维持亦赖财政为之溉注，必使军政民政权操诸一人之手，乃能逐渐整理"，[5] 并且"拟特设统辖全部总机关"，[6] 设"经略使"以"经略广东全省各路绥靖事宜"，[7] 明显与"军民分治"之倡相左。闽督孙道仁亦称："惟泰东西各国能实行军民分治制度者，一因程度各臻优美，冲突之事少闻；一因机关备极，完全无须互相补助……而我国起义伊始，各省率以武力相见，军事民事镠轕滋多。现南北虽经统一，军政善后尚待维持，又因交通不便，不能事事请命于中央，所赖各省都督兼辖文武，苦心调护，得以消患无形。苟一旦分离，则民政为军政牵制，事所恒有，无术维持，转成分裂……当此人心未定，伏莽潜滋，非军队无以镇摄。"[8] 另又作官

---

1　参考来新夏等《北洋军阀史》，第 245 页。

2　胡春惠：《民初的地方主义与联省自治》，第 70 页。

3　《公电·江西都督电》，《申报》1912 年 5 月 10 日，第 1 张。

4　《江西都督李重申军民分治问题及省官制意见通电》，《浙江公报·电牍》第 91 期，1912 年，第 3~4 页。

5　《外省纪事·粤都督不主张军民分治之电文》，《警务丛报》第 1 卷第 11 期，1912 年，第 25 页。

6　《广东经略使得人》，《申报》1912 年 5 月 11 日，第 2 张。

7　《广东经略使得人》，《申报》1912 年 5 月 11 日，第 2 张。

8　《公电·福建都督电》，《申报》1912 年 5 月 11 日，第 1 张。

样文章，以为鄂省因"黎副总统才望崇隆，更以副总统资格坐镇武昌，军民虽称分治，究可执其两端；非各省都督所能比例也"；[1] 足见其不愿分治军民之意。

客观来看，袁世凯裁军遣兵、军民分治的举措具有"国家统一"的正当性，但革命派还有保存自身实力的考虑。对大部分地方军政长官而言，袁世凯不能给予他们"交出军权"的信心和信赖感。

### 2. 财政窘迫

裁军遣兵与财政联系密切。民国元年，"岁出总预算之经常门、临时门合计银 32837 万 9385 圆，仅陆军部就达银 10240 万 2180 圆"。[2] 而"中国之财政，异常困难，每年非借外债，收支不能适合"。[3] 当时，"银行团要求派员监理财政"，后"经熊（希龄）总长磋议，改名'借款管理员'，中外各派一员，会同监理用途……至监视解散军队一节亦允让步，惟须将裁撤人员及需款确数查明报告监理员"；[4] 另外，"裁遣兵队一事将由税司参议办理，其应拨行政费则须中西稽核员核准方可支发"。[5] 如此一来，解决军队问题便受制于外人。时黎元洪就此电云："军队之遣散乃我自由权，何用外人监督资本……即请当面斥驳。"[6] 蒋作宾亦电称："南京各军师将校士兵，因军饷仰息外债，而受种种无理之要挟……"[7] 李烈钧也曾提到："列强本其经济侵略主义，协谋劫持监

---

1 《公电·福建都督电》，《申报》1912 年 5 月 11 日，第 1 张。

2 《宣统四年全国岁入岁出总预算表》，贾士毅《民国财政史》（下），商务印书馆，1917，第 1585~1599 页。

3 《东报之中国军民分治论》，《东方杂志》第 16 卷第 3 号，1919 年，第 210 页。

4 《专电》，《申报》1912 年 5 月 16 日，第 1 张。

5 《专电》，《申报》1912 年 5 月 16 日，第 1 张。

6 《黎副统反对干涉遣散军队》，《顺天时报》1912 年 5 月 18 日，第 7 张。

7 《公电·南京蒋作宾电》，《申报》1912 年 6 月 1 日，第 1 张。

督我财政，督察我裁兵，直欲以借款之成裂制我国之生死。"[1]除此之外，军队中不乏以"共和统一之功"自居者。此类人多看重地位、报酬，"一旦解散军队，或有不愿舍其地位，挟兵力以谋反对者"。[2]若"此时而望其遣散归田，以为减少借债、抵制监督之计，不犹行舟于逆水之中"。[3]财政善后不当，便会滋生新的不满和骚动。如松江取消军政分府后，时军械科科员符开明、范志超负责接替事宜，善后方面欲"由各职员逐细交替，并点视水陆军队；惟据军界意见，以现在水陆两方面意见极深，或至因细故而起冲突……"[4]陆军混成第二旅卫队营兵士亦因被遣散而"要挟加饷"，以致旅长与兵士枪械相向，死伤数人。[5]再如鄂省裁员，拟予军务司被裁撤科员"例发给六十元或四十元回籍……闻各员以军务司非他行政机关可比……自起义服役至今，不惟无升酬席，反全体解散，殊为不平……"[6]可见财政受制于外人、善后之资窘迫则会进一步激化军队矛盾，加剧裁兵困阻。

此外，中央政府一方面尝试控制地方财政，另一方面又想当"甩手掌柜"，将财政善后予各省自理。南京临时政府曾尝试统一地方财政："三令五申"，"严禁私募军饷"。[7]民元前后，因征收晚清遗留赔款以及革命中新的借债，财政危机加剧。其所导致的"后果之一便是由于中国传统税制的下放，省政府控制了大量财政资源，因此参与了新势力的建立。清末民初财政预算显示，中央政府只控制了所有军事财政的三分之一。中国现代军队

---

1 《公电·南昌李都督电》，《申报》1912 年 5 月 22 日，第 1 张。

2 《东报之中国军民分治论》，《东方杂志》第 16 卷第 3 号，1919 年，第 211 页。

3 《评论·论今日急宜遣散兵队》，《申报》1912 年 5 月 22 日，第 1 张。

4 《松江取消分府后现状》，《申报》1912 年 6 月 6 日，第 2 张。

5 参照《遣散卫队营之危机》，《顺天时报》1912 年 6 月 28 日，第 4 张。

6 《鄂省裁员之觖望》，《申报》1912 年 5 月 15 日，第 2 张。

7 《临时政府公报·令示》第 13 号，1912 年，第 2 页。

的很大一部分是由地方权贵资助的，因此与地方势力联系密切。另外一个后果便是，财政负担迫使清末当局和袁世凯政府寻求彻底改变税收体制[1]……这令中央与地方关系紧张……"[2] 除税制改革，袁世凯还一度拟以"各省之解款[3]分别接济西藏、新疆、河南军饷，至遣散各省军队之款，仍拟于借款内设法筹措，不与解款相混"。[4] 如此一来，各地裁军所负压力更大。时黔省就称其："素称瘠苦，现已罗掘俱穷，告贷无门。万分危迫。拟恳咨复财政部，俯念黔中贫困，速拨巨款……"[5] 苏督程德全也表明："（所耗）已达九十万元……设使民军分治，则事权既分，未便措手，磋商既虞辗转，牵掣尤误事机。若坐待中央之缓助，则缓不济急……且就中央借款而论，若各省都督权责完全，稍能支撑，则中央尚有后盾。若都督无筹款之权，则中央受人挟制，必且甚于目前。"[6] 言下之意，地方财政自主权应有保留。作为地方军事、政治独立的倚靠，财政不可受到牵连。

因此，在地方主义坐大、财政自主性较强的形势下，各省限于裁军善后的财政压力，难免会想尽办法截留地方财源。如

---

1　袁世凯试图进行地籍调查，目的是消除地税中的地方暴利，增加地税收入。在中央与地方关系紧张的情况下，几乎没有任何政府想到通过如此艰难的行为增加中央财政收入。类似的尝试在清初也曾不得不放弃。Hans van de Ven, "The Military in the Republic," *The China Quarterly*, No. 150, Special Issue: Reappraising Republic China (Jun.,1997), p. 359。

2　Hans van de Ven, "The Military in the Republic," *The China Quarterly*, No. 150, Special Issue: Reappraising Republic China (Jun., 1997), p. 359.

3　各省解款属中央专款，"系由各省代收但指定专属中央的若干税款……在 1916 年以前，只有验契税、印花税、烟酒税、烟酒牌照税和牙税等五项，又称'五项专款'……征收则系采用承包办法，由各省认定解领，按期照解，超额仍归本省，短少由省补足"（杨荫溥：《民国财政史》，中国财政经济出版社，1985，第 11 页）。

4　《解款接济军饷》，《顺天时报》1912 年 7 月 12 日，第 7 张。

5　《贵州军都督府咨》（1912 年 10 月 4 日），中国第二历史档案馆编《中华民国史档案资料汇编》第 2 辑，凤凰出版社，1991，第 331 页。

6　《本省纪事·程都督不赞成军民分治》，《警务丛报》第 1 卷第 17 期,1912 年，第 19~20 页。

专款一项，"1916 年实解数额尚有 24400 千元，至 1918 年仅有 5755 千元"。[1] 各省认解数额越来越少，中央对地方的摊派已失去意义。田赋一项，"乃自光复以来各省田赋征收，据报多未能如额。推其原故，或地方藉故截留，或官吏挹不报解；甚至不因灾荒，竟言蠲免，藐玩法令，抗不遵完，积种种之原因，成滔滔之现状"。[2] 关税、盐税方面，第一次善后借款合同中规定："此项借款总额及关系此项借款之垫款之均利，除盐务收入按照本合同附单所开，业已指定为从前借款债务之担保，未经清还者外，即以中国盐务收入之全数，作为担保。"[3] "凡现存合同指定他项债务，归该关税担保者，除应付各款项外，若仍有余款，即默认并商订该余款应尽先作为本借款之担保，用以偿还本利。"[4] 政府倚赖的两项税款不但受外人把持，且地方限于财政困难也会有所留取；因此，最后交至中央就所剩无几。如此便"断绝了中央的财政来源，使中央政府在财政上不得不更加依赖帝国主义势力"。[5] 中央财政窘迫，反之更无力主持裁军遣兵大业；而地方又因财政压力与中央关系紧张，对中央裁军号令更为推诿。

### 3. 袁世凯的考量

袁世凯虽知军人掌权不符政治传统，但仍需把握好处理军政问题的适度，避免更多的反乱。即便他拥有"大总统"名衔，但有效的军事控制基本上仅限于北洋一派，存在于各省的复杂势力

---

1 《1915~1923 年地方认解和实解中央专款情况表》，杨荫溥《民国财政史》，第 12 页。

2 《财政部为速筹整理田赋办法致各省都督等电》（1912 年 11 月 1 日），中国第二历史档案馆编《中华民国史档案资料汇编》第 3 辑，财政（二），凤凰出版社，1991，第 1243 页。

3 《中国政府善后借款合同·第四款》，《大同周报》1913 年第 3 期，第 2 页。

4 《中国政府善后借款合同·第五款》，《大同周报》1913 年第 3 期，第 3 页。

5 杨荫溥：《民国财政史》，第 38 页。

使他必须倚靠多方矛盾，相互制约。时国民共进会鉴于南方都督由地方公举，请求北方各省亦同。袁世凯答复道："行政大抵各视其历史与国势，更加经验所得以立制度。民国初建，方在临时期间，而都督以军府总揽行政是否可为民国永建之制，非从种种方面观察，不能折衷适宜。今南之'听其地方公举'与北之'仍由中央委任'，皆为维持现状，不欲以纷更而生枝节。"[1] 此外，派系斗争亦使袁世凯在处理地方军政事宜时，或有意除掉不利于己派的军政长官。如 1912 年 7 月 31 日，陈其美迫于压力辞职，从地方权力中心调赴工商界任职，沪军都督府"改为江苏都督（程德全）行辕所有"，[2] 在很大程度上就与袁世凯对陈其美的不信任有关；而前江苏巡抚——苏督程德全在当时更倾向于"中间派"，尚未对袁世凯构成直接威胁。避重就轻无益于军民分治，且会导致其他军政大员、民间社会力量的不满，分散地方上实行军民分治的合力与信心。解决军队问题受缚越多，各种举措在制定、实施过程中就越难保面面俱到。遗漏一方，其后则会影响整个实践过程，对军民分治而言亦利弊交织。

## （三）取消军政分府的结果

黎元洪电文发出之前，取消军府现象较少，掺杂偶然、特殊因素的情况较多。南京临时政府曾着手处理地方军政。芜湖军政分府即由司令吴振黄"因（南京临时政府）陆军部急谋军政统一自愿取消……"[3] 据吴振黄称，"分府任事两月糜费四十万……兵数三千……骄横淫侈、毫无顾忌……芜埠逃亡日甚，市面日

---

1 《公举都督问题》，《申报》1912 年 4 月 1 日，第 1 张。

2 《实行取销沪军都督》，《申报》1912 年 8 月 1 日，第 2 张。

3 《公电·安庆孙都督鉴》，《申报》1912 年 2 月 28 日，第 1 张。

危等"；[1] 皖省都督孙毓筠据此认为芜湖分府"劣迹种种，殊于民国前途大有妨碍"。[2] 可见取消芜湖分府与孙毓筠的考量密切相关。再如取消常州分府，时旅宁常州同乡致电苏州都督庄蕴宽[3]言："常州军政分府（司令长）赵乐群有枪毙陈士辛事。陈任中学堂监学多年，名誉素著，为学界推许。今赵乐群滥用军法加以惨戮，同人闻之不胜骇异。乞公从速彻查，按律严办。一面遵照陆军部通饬将分府克日取消……"[4] 以此来看，取消常州分府与"突发事件"亦不无关系。

1912 年 4 月（黎元洪电文发出）以后，取消军政分府在数量、地区上得到扩展，似有响应中央[5]号召之势头。扬州分府都督徐宝山 4 月 18 日致电北洋政府称，"军政府与军政分府之设，本为光复之初保卫地方一时权宜办法。若循此日久，不图变计，则一省之中，或数军政府、或数分府各自雄长，相持不下，争端迭见……宝山怀时局，忧心如捣，谨先自请取销扬州分府，以为中央统一先从省治统一之倡"，[6] 似有遵从中央政令的自觉。5 月 2 日，其再电北洋政府言"扬州军政分府于本日实行取消"。[7]

此外，据陕州温寿泉等电，"自四月三十日，（河东）晋军政

---

1  《取消芜湖分府》，《申报》1912 年 2 月 25 日，第 2 张。

2  《取消芜湖分府》，《申报》1912 年 2 月 25 日，第 2 张。

3  "1911 年 12 月，江苏军政府确定省内只设苏州、镇江、上海、江北、徐州 5 个分府，其中，苏州军政分府管原有之苏州、常州……"（霍修勇：《论辛亥革命时期的军政分府》，《湖南城市学院学报》2011 年第 5 期）

4  《公电·旅宁常州同乡电》，《申报》1912 年 3 月 26 日，第 1 张。

5  1912 年 4 月以前，南京临时政府尚未解散，北洋政府已初具规模。地方军府所属的"中央"是南京临时政府还是北洋政府，应从南北政府各自有效控制的范围来确定。

6  《公电·扬州徐宝山电》，《申报》1912 年 4 月 18 日，第 1 张。

7  《公电·扬州徐宝山电》，《申报》1912 年 5 月 2 日，第 1 张。

分府通告取消"。[1] 锡金分府司令长秦毓鎏电称："民国大定,军政急宜统一。敝邑所练军队业已电请苏都督派员接统,锡金军政分府应即取消。"[2]

浙江省内,"严州分府叶诰书将该府选举县会组织完备,并将烟苗浆店设法禁止,禀报于阳历五月初一号取消";[3] 浙都督蒋尊簋"因各属军政分府离省独立,有碍行政统一,迭次召集各分府协商取销……兹闻绍(兴)军王分府呈请照办";[4] 而"杭州军政分府与他处不同,并无专属之兵队,又无特别开支……兹闻该分府汪君曼锋,业已呈请浙都督克日取消……拟于六月初一日先将杭州军政分府撤消"。[5] 此外,湖州分府拟"请以五月末日为裁撤期,六月初一后停止新发生事件,清理未了事宜,至多以半月为限(取消分府)"。[6]

皖省统一稍多波折。当时,省内主要分为芜湖吴振黄、庐州孙品骖、大通黎宗岳三股势力。芜湖、庐州分府均依令取消,而"(柏)文蔚奉命前赴大通取销分府……黎宗岳未待(柏文)蔚来接收交代,已于前夕挟款潜走。军政分府及各局所一空如洗,军队势将溃乱",[7] 以致"军队持枪向商会索饷甚急"[8],"应缴英德借款十数万金全行无着"。[9] 之后,柏、黎双方武力相向,"黎兵势孤力薄,愿甘退让",[10] 大通分府之取消方有着落。

---

1 《公电·陕州温寿泉等电》,《申报》1912 年 5 月 5 日,第 1 张。

2 《公电·锡金军政分府电》,《申报》1912 年 5 月 7 日,第 1 张。

3 《浙江又取销一分府》,《申报》1912 年 5 月 17 日,第 2 张。

4 《绍兴分府取销矣》,《申报》1912 年 5 月 26 日,第 2 张。

5 《杭州军政分府取消矣》,《申报》1912 年 5 月 31 日,第 2 张。

6 《湖州军政分府来电》,《浙江公报·电牍》第 108 期,1912 年,第 8~9 页。

7 《公电·大通柏文蔚电》,《申报》1912 年 4 月 10 日,第 1 张。

8 《公电·大通自治公所等电》,《申报》1912 年 4 月 11 日,第 1 张。

9 《大通战事始末》,《申报》年 1912 年 4 月 12 日,第 2 张。

10 《大通战事始末》,《申报》年 1912 年 4 月 12 日,第 2 张。

松江分府"接到程都督电饬令'即日取消',一时该府职员惶骇失措;当即召集会议,咸藉口于松地沿海一带枭盗蜂起,不可无军事机关以为镇慑之根本。议毕,遂以'从缓取消'电覆都督。乃程都督电饬不准,该职员等又议将为难情形恳切上禀……"[1]虽经一番波折,但最终仍被取消。

从取消方式来看,自愿呈请如扬州、陕州、锡金、严州、绍兴、杭州、湖州等,[2]大通、松江则颇显被动。而无论是主动请缨还是武力被动,取消分府的规模有所扩大,受特殊因素促发的情况亦减少。中央令下,地方响应者增加;即便不愿遵号令,也要多方组织托词。随着分府的撤销,地方军政机关逐渐形成以"省军政府、省议会"为主的局面;而分府作为"府"级机构被取消,也为地方行政组织尝试向"省、县二级制"过渡提供了条件。

### (四)善后举措的缺陷

#### 1."换汤不换药"

取消军政分府是裁撤地方军事机构。然而,抑制地方军事实力的要紧处在于军人手中的权力。分府取消后,如何重新配置军人(尤其是军官)职权,是能否真正发挥取消分府对军民分治意义的关键。但在诸多地区,取消或改组分府后,仅是重设机关,重赋职权。军官多"转迁"之列,军队多"改编"之属。汤心存主持取消常州分府后,"所有军士六队即以刘元长充任营长,

---

1 《松人不愿取销分府》,《申报》1912年6月1日,第2张。

2 仅从所阅史料中分府长官呈请取消的说辞和最终取消结果来看,这些分府的取消颇与长官的自觉性相关;而分府长官"自主取消"的意愿真正出于何种目的,抑或受哪些因素影响而形成,此处不做细探。

归锡军团长秦铎管辖，统合锡常步队三营为一团，仍令各驻原防"。[1]绍兴取消分府后，也仅是"将所部之第六标新军，自即日起直隶于四十九旅（即第三协）节制"。[2]

松军分府取消后，其司令请照如下办法善后事宜：

（一）标本部应即取消；

（二）新军卫队练军各营应严加淘汰，编为步队第一营，归殷组军接管；

（三）巡防一营改为步队，第二营归谭国滨接管；

（四）所编步队两营应暂归水师沈统领节制；

（五）弁目团及干部养成所应归并来苏；

（六）所有编余之中级军官，应另候委用；[3]

此外，"松军司令长沈思齐君自军府取消后，即由苏都督颁到委任状，聘充都督府军事顾问官，并促赴省"。[4]直观来看，分府取消后的措置多是军队、士兵编制另组；至于中高级军官，不是夺权而是换位，无异于"兵制于新将，将领新军"，实质意义不大，"收权""抑权"效果微弱。

扩展到整个裁军遣兵、军民分治的实践来看也不乏表面文章。民元5月，袁世凯令"江北都督蒋雁行著来京另有委任，所有江北军政府应即裁并，该处民政、军政均归江苏都督管辖，以一事权"。[5]裁并后，"其江北一方面别设一护军使，督率军队，妥筹

1　《常州分府取消矣》，《申报》1912年5月28日，第2张。

2　《绍兴分府取消手续》，《申报》1912年5月29日，第2张。

3　《松分府善后办法》，《申报》1912年6月13日，第2张。

4　《松分府取消余闻》，《申报》1912年6月19日，第2张。

5　《袁世凯令稿》（1912年5月1日），中国第二历史档案馆编《中华民国史档案资料汇编》第2辑，第149页。

防缉";[1] 初为刘之洁充任。而仅隔一年，蒋雁行又以"护军使"身份继督江北。取消都督似乎仅为撤掉一职名，相反却增加了都督掌省内军民政务的合理性。沪军政府亦如此："陈都督就任工商总长后，都督府即行取消，（亦）改设护军使，已由袁总统令黄郛君任事，所有上海各军队事宜，统由护军使节制。"[2] 再如鄂省实行军民分权，"取消军务司改组军务处……军务处与旧设军学处、参谋处及新设军□处同直隶于都督府……军务处之下分设五科……其各科长人员均就军务司职员择用"，[3] 也仅是机构重组、科员重置。而重置军官，往往也会赋其空衔。扬州军政分府取消后，"军司令部各员，仍各饱食暖衣，无所事事"，[4] 如此不但致其无事而寻衅滋扰，也会加重国家财政负担，反过来又成为解决军队问题的绊脚石。

### 2. 将士有别

取消分府本依托旧有机制。无论是改组军事机构、改编军队，还是重新安置军官，皆在"区分将、士"的基础上完成。就裁军遣兵而言，"裁""遣"针对的主体是普通士兵，"缩减军队规模、提高军队质量"的受众是士兵；对军官而言，则是改权换位。善后待遇上二者更是相差颇大。受"军官权力在握，统一的中央政府的权威尚未形成"的现实制约，遣散军队不得不在处置军官时无比慎重，要尽量保证他们所期待的"地位""财富"，"颜面"上也要过得去。民元 5 月末，段祺瑞就提出："军民分治之后军事上重大事件可分七端，其一为消纳军队……其二为定官，军官

---

1　《评论·江北军政府奉令裁并感言》，《申报》1912 年 5 月 3 日，第 1 张。

2　《本埠新闻·取消都督府之布置》，《申报》1912 年 5 月 4 日，第 2 张。

3　《要闻一·武昌大事记》，《申报》1912 年 5 月 7 日，第 1 张。

4　《扬州取销分府后近况》，《申报》1912 年 5 月 16 日，第 2 张。

为终身官……以致其军心甚专，而且将校可多得有专门学问。"[1] 在两次高等军事会议上，他亦表示，"兵最易散，今觉其难者，全由军官挟兵以固其地位耳。宜一面资遣兵目，一面安顿军官"，[2] 之后"拟定每兵各给二十元，弁目加四元，各送回原籍地方；惟此二十元，须在遣散地方先给十元，俟到原籍再给十元"，[3] 并提出两类优待军官之法：

甲，一时慰劳金。分三等九级：一等一级八百元、一等二级六百元、一等三级五百元；二等一级三百元、二等二级二百元、二等三级一百元；三等一级八十元、三等二级四十元、三等三级二十元。

以上各给一次为止，惟各项军官，应受何等何级，尚待详查匀配。

乙，修养金。亦分三等九级：一等一级二百五十元、一等二级二百元、一等三级一百五十元；二等一级一百元、二等二级八十元、二等三级五十元；三等一级四十元、三等二级二十元、三等三级十元。

以上为常年之数，每三年减三分之一，至民国 9 年为止。[4] 由此可见，不仅士兵、军官待遇悬殊，高级、低级军官差距也较大。低级军官之薪几与普通士兵相近，难免会导致低级军官的不

---

1　《国务总长之政策·陆军政策》，《顺天时报》1912 年 5 月 14 日，第 7 张。
2　《遣散军队及优待军官之办法》，《申报》1912 年 5 月 21 日，第 1 张。
3　《遣散军队及优待军官之办法》，《申报》1912 年 5 月 21 日，第 1 张。
4　《遣散军队及优待军官之办法》，《申报》1912 年 5 月 21 日，第 1 张。

满。而即便是高级军官，在"每三年减去三分之一"的方法下，也难以保证永无怨尤。

至于军官退伍，黎元洪曾表示："财政支绌，阁员过多。若不实行退伍之法，军饷难以支持；若退伍后不加特别奖偿，又恐离心离德。"[1] 故拟定从勋章、奖品、执照、奖金四个方面善后军官。如退伍奖金一项，各镇统制达八百元，而管带、排长等仅为二百元、一百五十元；[2] 军官体制内差距仍较大。此外，段祺瑞亦认为："各省解散军队，所有军官咸以名誉退伍。惟查该退伍军官大都负有军学教育……若弃置于野，未免可惜。"[3] 因此，他提出"创定新章程将此项军官编入军制内，俾得有所位置，而免遣弃"。[4] 与此相对，同样对"禄位"抱有期待而步入军旅的普通士兵，则被遣返回乡，且善后之资并不能保其生活长久稳定。主观上看，黎、段身为"武人"，其言论带有"军官本位"色彩自然无可厚非；客观上看，民初武人掌权，且财政拮据，待遣散兵士数量大，"重将轻士"也是无奈之举。

### 3. 裁撤与改组的变异

民元4月，蒋尊簋电称："军民分治（应）均由中央管辖委任……总统宜有统治全权。"[5] 然而，取消分府虽由中央号召，在实施过程中却多为一省总之，而这自与组织取消实践的主体——省军政府的立场相关。分府所请善后策略须交省都督核准实施，中央政府并未扮演好统一调度的角色，导致的结果之一便

---

1 《对于军官退伍之想法》，《顺天时报》1912年6月27日，第4张。

2 《对于军官退伍之想法》，《顺天时报》1912年6月27日，第4张。

3 《退伍军官之位置》，《顺天时报》1912年7月6日，第7张。

4 《退伍军官之位置》，《顺天时报》1912年7月6日，第7张。

5 《临时公报》1912年4月23日。

是"省区军阀继续扩张势力"。各省裁军、统军,军民分治、军政分开的走向几已形成,但军权集中于省都督后,再向上转移的步伐便几乎停滞。如江苏地区,本设有江北、苏军、沪军三处军府,裁并江北军政府后,"军政民政归江苏都督(程德全)管辖,以一事权",[1] 从当时的行政划分来看便扩大了苏督权力范围。随着军府势力发展,若以一省都督权力为基点再向上集权,"就要控制两省或更多的省",[2] 之后便有军政府长官可"支配两省甚至两省以上,于是又出现了超省级的机关。最常见的是巡阅使,其次是某些地区的边防督办,此外还有许多经略使和保安司令、总司令等名目,宣抚使、镇抚使之类的空衔"。[3] 以护军使为例,其职设分多种情况。前述部分地区(如江北)所设"护军使",受命于省都督;但后来有的地位则与都督相当,"直属中央,节制全省陆军,如 1916 年黑龙江、贵州的护军使"。[4] 统一军队几已成为省域军权的集中,就全国来看则又分散开来。

## 三　取消军政分府对军民分治的影响

### (一)潜在威胁的形成

就"取消分府"办法本身而言,较为极端,且善后举措又存在弊端。对士兵而言,"退伍"与"失业"无异。微薄的恩饷不能解决他们乃至家庭的生计问题。"清朝最后十年以及民国初期,

1　《大总统命令·五月一日》,《申报》1912 年 5 月 2 日,第 1 张。

2　徐矛:《中华民国政治制度史》,第 397 页。

3　钱实甫:《北洋政府时期的政治制度》,第 252 页。

4　徐矛:《中华民国政治制度史》,第 397 页。

盗匪问题和社会秩序混乱快速蔓延。其原因包括人口增长、政府失控崩溃、税项增加等，或许也包含贸易模式的改变。但这种现象的发生也与现代军队的建立、战争与革命密切相关。士兵沦为逃兵，为了谋生甚至变成土匪。即使那些留在部队的士兵也常常沦为土匪，因为遣散工作很少得到妥善管理。"[1] 由此导致"治理地方"的质量下降，加剧"民治"困阻，"分治军民"的条件远远不够。而"各分府所领军队以乡里子弟兵为多，平昔生死结合，相与共此大事。今国势未固，时局尚艰，而即轻言裁撤，所谓天下值多事之秋，英雄无用武之地，此志未申，有郁必发，非地方国家福也"[2]。被遣散的士兵一旦与地方势力结合则难免生乱。因此，除地方军事威胁外，民间组织的势力又无形增加，"形成统一的中央政府权威"的难度亦加大。

## （二）重新统筹军政的契机

民初议军民分治，多围绕"地方主义""省制改革"。军民分治当从"军治""民治"两方面来看。取消军政分府直接作用于军事机构、军队编制、将士等，是减少地方军事威胁的举措，倾向于"军治"。军政分府是介于"省""县"之间的"府"级行政单位。取消军政分府（尤其是受省军政府管辖的分府）后，部分省区出现了"省""县"二级制，有助于中央对地方行政组织的垂直管理。而从产生的效果来看，也确在一定时期内推动了地方军政（军治、民治）事宜的统筹。杭州、嘉兴、湖州、宁波、台州、金华、衢州、严州、温州等地取消分府后，"将未完事件

---

1 Hans van de Ven, "The Military in the Republic," *The China Quarterly*, No. 150, Special Issue: Reappraising Republic China (Jun., 1997), p. 358.
2 《公电·绍兴军司令王逸电》，《申报》1912 年 4 月 24 日，第 1 张。

及案卷款项一并分别移交各该县知事接管，一面即开单呈报，以凭核办。如该分府有起行，或由县兼摄者，即由该知事查照办理，并分令各司查照。嗣后凡有关于转饬事件，应即行知各该知事查照办理"。[1] 由此来看，"府务"移交县知事处理，形成"中央—省—县"的管理模式，"废去中间层级……藉收行政灵速之效"，[2] 助推浙省统一军政事务。而"知事理政"亦在行政方面强化了军政分开的趋势。[3] 因此，取消分府为省域内统一军政、统筹整个行政机关提供了突破口。对中央政府而言，省内军政事宜的整合，也是日后进一步加强集权、实现军民分治的必需步骤。

除此之外，军政分府作为地方统治机构对民政有所建设。虽裁撤分府机构、取消分府名义，但对分府存在时所办设施有保留。绍兴分府取消之时，由其"所发起而已办者，如杭州女子工艺厂、如越中习艺所、如大通普通陆军学堂、如大通女子工艺学堂、如嵊县爱华女学堂、如浙东戏曲改良社"[4] 等，一度有望维持。后来组织的行政机构，当可在此基础上进行公共管理。对民政建设而言，不仅减少人力、财力的消耗，也照顾到民间社会群体的情绪，集聚了物力、舆论资源。

### （三）对中央集权的继续追求

至 1912 年 6 月下旬，有关军政问题的讨论不及 4 月、5 月频

---

1 《浙江军政统一矣》，《申报》1912 年 7 月 9 日，第 2 张。

2 《临时大总统为省制省官制议会议员选举法三项草案提请议决咨》，中华民国史事纪要编辑委员会主编《中华民国史事纪要》（1912 年 1 月~6 月），台北："中华民国"史料研究中心，1979，第 90 页。

3 《浙江军政统一矣》，《申报》1912 年 7 月 9 日，第 2 张。

4 《绍分府临别赠言》，《申报》1912 年 7 月 1 日，第 2 张。

繁，此后则多见对"财政、政党统一、消除党见党争、礼制"等问题的思考。至 8 月左右，取消分府实践基本结束，但对军民分治的讨论、政策的执行仍在继续。从军民分治问题上溯，首要改变的是"地方军人权力过大"。这与"民国时期地方军阀割据"密切相关，也离不开对中央与地方矛盾的思考。晚清之时，"中央权威资源逐渐流失、地方督抚权力扩大"的现象便已出现。北洋政府时期，袁世凯出于控制地方军队采取了多种尝试，包括调整军事机构[1]、安置亲信[2]、更新军队编制[3]等；取消军政分府也是实践之一，仍未解决根本。之后，他又欲缩小省区，但迫于地方反对呼声过高而作罢。后又"废都督，授将军"，直属于大总统，至 1927 年 6 月被张作霖撤销，对促进中央集权仍意义不大。黎元洪一度改"将军"为"督军"，收效亦微。1924 年 12 月后，段祺瑞政府又以"督办"任命各省军政长官。然而，名称上的调整并不能改变"地方军人掌权、军政不分"的现状。[4]"随着袁世凯的逝世，军阀混战愈演愈烈。从 1911 年辛亥革命到 1926~1928 年蒋介石军事统一之前，军伍出身者一直占据主导地位。这一时期继续被看作'带有显著负面特征'。

---

1　"早在南北统一的北京中央政府尚未成立之前，他（袁世凯）即在北方设立的两个办事机构中，将'军事参议处'作为其中之一。在组织总统府的过程中……将军事处与秘书处并列为总统办事机关，同时撤销原来的临时筹备处和军队参议处……（1912 年）10 月 30 日公布《参谋本部官制》……并进一步明确凡关于国防用兵的一切计划和命令，须呈请大总统认可后，方能分别咨行陆军部、海军部办理……地方陆军军事机关按不同建置在各省区设置……地方军事机关设置繁复，其目的，即藉此从军政方面强化中央集权，控制地方割据。"（来新夏等：《北洋军阀史》，第 221~223 页）

2　"（袁世凯）甚至不顾南方革命党人的反对，将原巡防队、武卫右军改编成一支拥有 35 个营的拱卫军，并由段芝贵任总司令，袁乃宽为军需长，受总统府直接节制。"（来新夏等：《北洋军阀史》，第 221~222 页）

3　1912 年 9 月 15 日，袁世凯发布命令"改镇为师"；"随后公布《陆军平时编制条例》，对陆军部队的基干单位——师一级的编制进行了调整……通过机构的严密统属和编制的改革，进一步控制地方军事力量……"（参考来新夏等《北洋军阀史》，第 223~229 页）

4　参考徐矛《中华民国政治制度史》，第 396 页。

许多中国历史的书写模式都认为，军阀割据时期是中国诸多消极层面的集中体现期：缺乏对国家民族的关心、无视法律、社会混乱、腐败、党派之争以及缺乏道德关怀；残暴、专横、阴谋和暗杀等也作为特征，构成了人们对这一时期的记忆。"[1] 民国后期，汪兆铭倡导"现役军人不得兼任地方政务长官"；[2] 然而，若是"蒋系的属员或挟有枪杆子的，就给他一个'绥靖主任'的头衔"，[3] 不啻"仍旧奉武人做太上政府"；[4] 而在"宁夏、西康、青海、安徽等省，还都是由军人把持政治……"[5]

归根结底，分府取消后，民初"地方军阀割据、中央不能集权"的现象并未改变。军阀势力集团依旧存在，控制一方军政。对推行军民分治而言，取消分府的直接作用也极为有限。然而，其虽未实现"初衷"，却仍有可鉴之处。分府的取消为部分地区重新统筹军政事务提供了契机。取消实践结束后，对军民分治的追求依旧保持，对中央集权的尝试愈加多样。如"废省设道"，虽在清末已有此议，[6] 但伴随"军民分治、取消分府"实践，此论调更受关注；[7] 之后，"联省自治"一度占据主

---

1　Hans van de Ven，"The Military in the Republic，"*The China Quarterly*，No. 150，*Special Issue：Reappraising Republic China* (Jun.，1997)，p. 358.

2　《汪兆铭谈军民分治》，《中华周报》（上海）第 21 期，1932 年，第 458 页。

3　《军民分治与和平分赃》，《民众三日刊》第 1 卷第 51~52 期合刊，1932 年，第 9~10 页。

4　《军民分治与和平分赃》，《民众三日刊》第 1 卷第 51~52 期合刊，1932 年。

5　尚树楷：《军民分治逐步实施》，《新上海》第 70 期，1947 年，第 6 页。

6　如宣统二年（1910），梁启超在《外官制私议》中指出省区制度的缺陷，并主张缩小省区。

7　"民国元年冬，参议院讨论省制问题，省区问题再度成为议论之对象……除前述之康梁主张缩小省区，废除大行省之外，在官场中的直隶都督张锡銮等人，也提出了所谓废省改道之建议……如苏籍之沈同芳氏，即呼吁废除省制一级，而以唐宋之道为区域……"（胡春惠：《民初的地方主义与联省自治》，第 71~72 页）

流,[1]并被付诸实践;[2]再者,民国时期不断的军阀战争,也可视为凭借武力以图统一全国的尝试。虽然各种出于"国家统一"的尝试都限于时代环境复杂多变而未达目的,但"取消军政分府"是"实践"的开始,其经验也为进一步探索军民分治、中央集权道路提供了思考。

# 四　结语

从民国初立时取消军政分府到民元 8 月取消实践的基本结束,中央政府在解决地方军队问题的过程中遭遇了重重困阻。着眼于"裁军遣兵、军民分治"等大问题,取消军政分府是从"军治"方面入手的体现之一。由于实施背景复杂,内外矛盾丛生,取消分府并不顺利;善后措置亦因多方顾虑而并不完善。这些都是取消分府并未对军民分治产生实质意义的主要原因。

袁、黎之后,分府取消并不意味着"推行军民分治"的消去。无论是政府行为,还是社会舆论,基于"解决军队问题、巩固中央政权"的探索皆具一定正当性。从中国政治传统来看,"文治"要求限制武人权力;从民国现状来看,巩固新生政权、重建中央政府权威亦须改变地方军阀割据的局面。取消军政分府产生于时代需求之中;反之,也在时代氛围中助推了军民分治的实行。取

---

1　民国初年,中央与地方矛盾尚无法协调,戴季陶、章士钊等人所提"联邦论"不合时宜,遭到北洋政府的抵制和梁启超等进步党人的驳斥。但"到了洪宪帝制失败后,连原先反对地方分权主义的进步党人张东荪、丁世峰也均主张起联邦自治的精神来,使联邦论颇有'甚嚣尘上'之概……就学理上或实际环境上,来讨论联省自治之可行性与妥当性,使得联省自治问题,成为民国 9 年前后的一个壮阔的运动"(参考胡春惠《民初的地方主义与联省自治》,第 110~111 页)。

2　湖南省最早出现"自治"和"省宪运动";此后,四川、浙江、广东、福建、江苏、江西、湖北、安徽、云南、贵州、广西等省区均有反响。

消实践虽受现实条件制约，但"军民分治""重建中央政府权威"
确是客观的政治发展趋势。随着民国历史推移，基于军民分治、
中央集权的派系实践，无论是和平改革还是武力统一，都限于局
势艰难而难以实现，演化到后世的兵匪、土匪之患也与此相关。
民国秘密社会、民间结社的发展亦与悬而未决的善后军队问题相
联系。"如何有效解决军队问题，构建统一的政府权威"便成为
贯穿民国时期的难题。直至新中国成立，统一的中央政府形成，
方完成政治组织关系的合理构建，形成了新的、稳固的中央政府
权威。

从漫长的历史源流来看，晚清时期中央权威资源流失，贯穿
了此后的民国历史。地方军阀割据虽然表面上在南京国民政府
成立后消解，但中央政府的权威构建仍在进行当中。袁世凯与
北洋政府虽在后世历史书写中倾向被消极评价，但其"取消分
府""裁军遣兵""分治军民""追求国家统一"是站在巩固国家
政权、重建中央政府权威的立场上，亦不完全背中国政制发展的
轨道而驰。而习惯被定义为"新势力""进步势力"的革命党，
在复杂政争局面下，虽有保存自身实力、与北方抗衡的需求及陷
于南北矛盾的无奈，抑或因此而对北洋政府"裁撤军队""军民
分治"的政令表示"不合作"；但在"国家统一"的利益面前，
其论调是否站得住脚也当客观来看。

放入大的历史脉络中，取消军政分府是微小一环；但依此可
管窥整个民国时期的裁军遣兵实践。此外，虽然政治派系不同、
政治主张各异，并因此而不断衍生各种矛盾，但各方努力使"国
家统一、政府权威重建"的脚步从未停歇。军政分府的衍变正体
现了民国成立前后的政局特点，取消分府亦迈出了"推行军民分
治、追求中央集权"的重要一步。

# 抗战以来国民党党团政策的转变与北平市
# 党政融合体制

何岩巍 *

**提　要：** 南京国民政府建立以来，党团政策几经转变，从轻视党团，到全面在非党团体中甚至政府内建立党团，这种转变对地方党政关系产生了深刻的影响，并最终促成北平市党政融合体制的建立。

**关键词：** 党团政策　党政关系　政府内党团　党政融合

## 一　南京政府初期国民党党团政策与地方党政关系

现代政党中的"党团"概念起源于德国社会民主党对本党在国家议会中党员组织的管理制度。[1] 通过"党团"这一组织形式德国社会民主党对议会内的本党党员进行控制，在议会内更好地扩大了本党影响。此后这一制度经列宁改造变为俄共（布）对各类非党团体进行掌控与引导的重要手段，进而通过孙中山对国民党的改组深刻影响了该党的建党纲领与党政

---

* 何岩巍，北京市社会科学院历史研究所。

[1] 王亚红：《中共党组制的制度渊源探析——中共党组制产生以前的党团制度考察》，《学理论》2013 年第 36 期。

关系。[1]

国民党在非党组织中设立党团源于对俄共的学习。孙中山依据俄共之模式改组国民党后，将俄共之"党团"组织移植于本党。1924 年中国国民党第一次全国代表大会通过的《中国国民党总章》第三十二条规定：在政府机关、俱乐部、会社、商会、市议会、县议会、省议会、国议会等内部特别组织之国民党党团，中央执行委员会得指导之。[2] 在"中国国民党党团"一章中有七条规定专论"党团制度"，因内容重要，兹录如下。

第七十七条　在秘密、公开或半公开之非党团体，如工会、俱乐部、会社、商会、学校、市议会、县议会、省议会、国议会之内，本党党员需组成国民党党团，在非党中扩大本党势力，并指挥之活动。

第七十八条　在非党团体中本党党团之行动，由中央执行委员会规定之。

第七十九条　党团须受所属党部执行委员会之指挥与管辖；例如省议会内之党团受该省党部执行委员会之指挥与管辖；国议会内之党团，受中央执行委员会之指挥与管辖；俱乐部等团体内之党团，受该地党部执行委员会之指挥与管辖。

第八十条　执行委员会与各党团间意见不合时，须开联

---

1　有关中共党团制度研究的论著有李蓉《民主革命时期党团历史的初步考察》(《中共党史研究》2007 年第 2 期)，王亚红《中共党团制度建设论析（1921~1927）》(《今日中国论坛》2013 年第 19 期)，胡德平《中共党团的产生与强化：苏联因素、革命语境与制度竞争》(《上海党史党建》2014 年第 4 期)。有关国民党党团制度的研究主要有王亚红《中国国民党党团制度初探（1924~1949）》(《民国档案》2010 年第 3 期)和徐秀丽《中国国民党党团述论（1924~1949）》(《历史研究》2012 年第 1 期)。

2　李云汉主编《中国国民党党纲、党章汇编》，载《中国现代史料丛编》第 15 集，中国国民党中央委员会党史委员会，1994，第 53 页。

合会议解决之，不能解决时，得报告上级委员会决定；未得
上级委员会决定时，党团须执行所属党部执行委员会之决议。

　　第八十一条　党团内党员个人得党团允许时，得于所在
活动之团体内授职，并得调任他职。国会内党团之委员受委
阁员时，必须先得所属党团及中央委员会之允许。

　　第八十二条　党团内须选举职员、组织干部、执行党务。

　　第八十三条　所在活动团体之一切议题，须本本党政策、
政略，先在党团内讨论。[1]

这些条文对党团的设立范围及其产生方式、组织管理制度
进行了详细的规定。与1922年《俄共（布尔什维克）章程》第
十三章"党外组织中的党团"进行对比，可以发现二者内容十分
相似，但也存在明显的差异。在1922年《俄共（布尔什维克）
章程》第十三章中有如下内容。

　　第六十条　在一切党外的代表大会、会议和由选举产生
的机关（苏维埃、苏维埃执行委员会、工会委员会和工会理
事会、合作社管理委员会等等）中，凡有党员三人以上者，
即成立党团；党团的任务是在各方面加强党的影响，在非党
群众中实现党的政策，以及对上述一切机关和组织的工作实
行党的监督。

　　第六十一条　在党委员会在讨论某个党团的问题时，后
者派代表出席该党委员会的全体会议，并有发言权。党团可
以选举一个委员会担任日常工作。

　　第六十二条　党团不论它的作用如何，完全服从各该级

1　李云汉主编《中国国民党党纲、党章汇编》，载《中国现代史料丛编》第15集，第62页。

党组织。在一切问题上，凡各该级党组织已经作出合法的决议，党团必须严格并坚决地执行。党委员会有权任免党团的任何成员，但必须将采取这些措施的理由通知党团。在自己内部生活和日常工作的问题上，党团有自主决定的权利。在属于党团职权范围内的问题上，如果党委员会和党团发生重大的意见分歧，党委员会必须会同党团代表重新审议，并做出最后决定，由党团立即执行。

第六十三条　党团所在的组织中一切最重要职务的人选，由党团和各该级党组织共同商定。调动职务同样采取这种方式。

第六十四条　党团在讨论一切具有政治意义的问题时，必须有党委会代表出席。

第六十五条　党团所在的党外组织中必须解决的每个问题，应预先在党团全体会议或党团委员会中进行讨论。

第六十六条　在每个问题上，凡党外组织中的党团已经做出决定，党团的全体成员在该党外组织的大会上必须表示一致的意见；凡违反这一规定，按通常手续给予纪律处分。[1]

有人比较了这两个章程对党团制度的相关规定，认为差异主要在于国民党党团相较俄共（布）党团在其所在组织中拥有较多的自主性，没有那么强烈的集权倾向。[2]然而，除此之外尚有两点差异应予以指出：第一，俄共章程明确提出在一切党外组织中建立党团，其中包括苏维埃执行委员会，亦即政府；而国民党总章虽在涉及党团建立范围的第三十二条中列出了"政府"，"中国国民党党团"一章却没有提及政府中的党团，显得前后矛盾。第二，俄共章程第六十三条规定"党团所在的组织中

---

1　中共中央党校党建教研室编《苏联共产党章程汇编》，求实出版社，1982，第41~42页。

2　王亚红：《中国国民党党团制度初探》，《民国档案》2010年第3期，第96页。

一切最重要职务的人选，由党团和各该级党组织共同商定。调动职务同样采取这种方式"，这一规定实际上使党的组织绝对控制了党团所在的组织；而国民党总章中没有类似的规定。这两点差异深刻影响了国民党的地方党政关系，很大程度上使国民党无法真正控制地方政府。夺取全国政权后，国民党中央在第三次全国代表大会上修改了国民党党章，甚至将有关党团部分全部删除，仅增加了一条，即"本党在不能公开或半公开地方，于必要时得组织党团，其组织法由中央执行委员会定之"。[1] 显然，国民党中央此时并未认可在政府内设立党团，也不太重视党团的社会动员作用。

自 1927 年"清党"，国民党地方党政关系始终处于一种不稳定的状态中，虽然党部总是试图干涉地方政务，但因国民党中央一直力图在党的地方机构与地方政府的组织及权力运作方面划出一条界线，[2] 这种干涉往往不能如愿，反而造成了地方党部与政府的权力之争。[3] 不过，抗战以前地方党政关系虽然很不协调，但在二者之间还是有着相当的联系，其主要途径有两种。其一，举行党政军联席会议或党政谈话会，设立地方自治分会或省市地方自治推进委员会、党政委员会等来加强沟通。其二，设立地方监察委员会以求对地方政务进行监督。[4] 然而，国民党中央此时对政府

---

1 李云汉主编《中国国民党党纲、党章汇编》，载《中国现代史料丛编》第 15 集，第 105 页。

2 1928 年 8 月，国民党二届五中全会通过《各级党部与同级政府关系临时办法案》，规定"各级党部对于同级政府之举措，认为不合时，报告上级党部，由上级党部转请政府依法查办；各级政府对于同级党部之举措有不满意时，亦得报告上级政府，转咨上级党部办理"。参见荣孟源主编《中国国民党历次全国代表大会及中央全会资料》（上），光明日报出版社，1985，第 786 页。

3 参见王奇生《党员、党权与党争：1924~1949 年中国国民党的组织形态》，上海书店出版社，2003，第 258~264 页。

4 田湘波：《中国国民党党政体制剖析（1927~1937）》，博士学位论文，湖南师范大学，2004，第 308~314 页。

内党团的重要性缺乏认识，并不支持地方党部干涉政府事务，使地方的党政联席会议既没有在全国普遍建立，也使这类会议缺乏对政府的实际约束。而地方监察委员会也因没有相关的配套制度约束往往流于形式。[1] 然而因国共斗争需要，国民党仍然需要党团在民众组织中发挥动员作用。蒋介石设在南昌的"陆海空军总司令行营"党政委员会曾上呈中央执行委员会一份《中国国民党剿匪区域党团组织方案》，规定党团组织"应于非党团体中以秘密活动扩大党的势力，集中党的力量，领导各界民众剿赤军事与地方善后之办理"，规定"各级党政委员会经调查所属之非党团体内有本党忠实党员五人以上者，须组织党团，其不及五人而认为确有组织党团之必要时，得指定具有该团体相当资格之党员加入其团体，以便组织党团，指挥其活动"，"各级党团设书记一人，由各该党政委员会指派之，但须得该党团大多数党员之承认"。[2] 此外，南京国民政府在影响国计民生的企业工会中也设立了党团组织。这种工会被称为特种工会。特种工会中的秘密党团承担下列任务：（1）扩大国民党在各特种工会中的组织；（2）将国民党的一切政策命令渗透到工人中，使工人与国民党打成一片；（3）防止其他一切政治团体在工人团体内活动；（4）在无形中领导并监督工人的活动与思想的倾向，并把握其中心分子；（5）在工人团体内取得重要职务，作为活动的中心；（6）吸收工人团体内的优秀分子；（7）随时将工人团体内各种情形及活动情形报告。[3] 不

---

1　具体可参田湘波《中国国民党党政体制剖析（1927~1937）》，博士学位论文，湖南师范大学，2004，第314~318页。

2　《中国国民党剿匪区域党团组织方案》，1931年9月3日，会议记录3.3/183.7，台北党史馆藏。

3　《海员铁路邮务电务等工会运用方案》（秘密），1932年8月11日第四届中央执行委员会第三十三次常务会议通过，中央民众运动指导委员会编印《民众运动法规方案汇编》上册，1934，第343、345、346页。

久以后，1932 年 11 月 17 日国民党中央在第四届中央常务委员会第四十七次会议上通过了《人民团体中党员组织工作通则》，要求在民众团体中秘密组织干事会，实现党的运用。[1] 此通则打破了仅在"剿匪"区域和特种工会中设立党团的限制。据该通则规定干事会的职务为："（1）计划及指挥所属团体中党员之活动；（2）宣传本党之主义及政策；（3）吸收优秀分子加入本党；（4）侦察并制止反动分子之活动；（5）执行当地最高党部所指定之工作。"干事会至少每两星期开会一次，必要时得召集临时会，每月应将工作情形向当地最高党部报告一次；当地最高党部应依据上级党部所指示的方针，随时召集各人民团体中的干事及书记，指导其工作，并将其工作情形每月向上级党部报告一次。各人民团体中的党员对党部和干事会的决议及指导，须绝对服从，并严守秘密，如有泄露或违背情事，一经查明，即由干事会呈请当地最高党部加以违反纪律之处分。[2] 显然，干事会虽无党团之名，却实实在在担负着党团的职责。此后不久召开的中央执行委员会第三次会议通过了《关于整理本党实施方案案》，正式提出"建立职业党团作为党的活动单位，职业党团直属于区党部……党团为绝对秘密之组织"。[3] 这一通则表明国民党改变了对党团活动的态度，开始积极在各类社会组织中设立党团，而且明确了这些党团在组织关系上直接隶属于区党部。不过直到此时，党团仍然未在政府内设立，且仍是秘密组织，不能公开其身份。

---

3　李云汉主编《中国国民党党纲、党章汇编》，载《中国现代史料丛编》第 15 集，第 462 页。

2　《人民团体中党员组织工作通则》，1932 年 11 月 17 日第四届中央执行委员会第四十七次常务会议备案，《民众运动法规方案汇编》上册，第 97~100 页。

3　荣孟源主编《中国国民党历次全国代表大会及中央全会资料》（下），光明日报出版社，1985，第 178 页。

## 二 全面抗战以来的国民党党团政策与地方党政关系

有关南京政府早期地方党政关系的研究目前成果已经非常丰富，[1] 但学术界对于全面抗战以来，特别是抗战结束后的国民党地方党部的实际运作状态及其与政府的关系关注不多。[2] 自中日关系进入紧张时期以来，国民党对地方党政关系的态度发生了很大转变。国民党地方党政关系政策的改变原因有很多，学术界对此也有所论述，但国民党党团政策之转变实为重要原因之一，却少为人关注。全面抗战以来，国民党中央逐渐改变了"党政分开体制"，力图实现"党政融合"。在国民党五届八中全会上，蒋介石在《对党务报告的决议案》中提出："今后宜于各政府机关内普遍加强党之组织。"[3] 中组部提出《加强政府机关内党的组织及活动案》："今后应加强本党在政府机关之组织与活动，即在各级政府机关内普遍建立党部，并采用由党部指挥在机关中服务之党

---

1　综合研究如王奇生《党员、党权与党争：1924~1949 年中国国民党的组织形态》、田湘波《中国国民党党政体制剖析》（湖南人民出版社，2006）、崔之清主编《国民党结构史论（1905~1949）》上册（中华书局，2013）。有关地方党部的研究多截止于抗战前，如张建华《国民党省党部研究——以 1927~1938 年湖北省党部为例》（硕士学位论文，武汉大学，2004）、郑旗《1912~1931 年国民党湖南省级党组织研究》（硕士学位论文，湖南师范大学，2013）、何志明《权力重构与利益抗争——国民党江浙党部的政治主张及其实践》（花木兰文化出版社，2015）、蒋宝麟《消褪的激进政治与多元城市文化——1927~1937 年的国民党上海特别市党部》（《学术月刊》2018 年第 3 期）。涉及抗战时期地方党部的论著有高琛琳《民国时期国民党绥远省党部研究（1911~1945 年）》（硕士学位论文，内蒙古师范大学，2011）、王英维《1935~1945 年的河北省国民党》（硕士学位论文，河北师范大学，2005）。

2　刘会军、李晔晔《论训政时期南京政府党政关系》（《北方论丛》2011 年第 5 期）一文对抗战以来国民党政权的"党政融合体制"进行了论述，但没有具体分析这一体制在地方的运作。

3　荣孟源主编《中国国民党历次全国代表大会及中央全会资料》（下），第 681 页。

员，由在机关中服务之党员各自在其工作岗位上，将本党政纲、政策及一切决议案表现在实际的设施之方式，以求本党主义之实现。"并指出："在政府机关内服务之党员，应绝对服从该机关党部的命令，出席党的各种会议，执行党部所分配之工作。"[1] 这两项决议案明确表明国民党决定在政府内设立党的组织，根本上改变了国民党建立以来的党团政策。全会还通过了《增进各级党部与政府之联系并充实本党基础案》："省党部之主任委员及书记长委员，应与担任省政府主席、秘书长、厅长及委员之党员划编为一特别小组，直隶省党部实施党团办法。"[2] 1938 年 4 月 1 日的临时全国代表大会进一步修正了党章中有关党团的规定："本党在无论公开或半公开地方，于必要时得组织党团，其组织法由中央执行委员会定之。"[3] 此时，国民党已经改变了党团只能秘密组织的原则，认可了党团可以公开活动。1942 年中国国民党五届十中全会发布的党务报告特别指出了党团在联系省级党部与省政府的党政联合会议方面的作用。该报告称："关于发挥党团效用者，各省党政联席会议与特别小组会议，为加强党政联系之机构，亦为发生党团正常作用之场所。惟各地党政方面，尤以县以下，尚有未能积极推行者，今后应切实改善。"[4] 抗战结束后不久，国民党在六届二中全会上又做出了重要宣言及决议案。其中对于党务报告之决议案在很大程度上加强了党内部的协调一致与对政府的控制，最为重要的有以下几条。

---

1　荣孟源主编《中国国民党历次全国代表大会及中央全会资料》（下），第 695~696 页。

2　荣孟源主编《中国国民党历次全国代表大会及中央全会资料》（下），第 697 页。

3　李云汉主编《中国国民党党纲、党章汇编》，载《中国现代史料丛编》第 15 集，第 124 页。

4　李云汉主编《中国国民党党务发展史料——中央常务委员会党务报告》，中国国民党中央委员会党史委员会，1995，第 552 页。

一、健全党的基础

1. 举办党籍总清查，清理全党党员党籍。

2. 每一党员必须参加区分部，并应认定或由党部指定担任一项党的工作。

3. 县市党部应就党员中选编工作小组，担任党的各项工作，如宣传、农运工运妇运等，参加者有义务而无权利。

4. 各省市党部为团结意志，集中力量起见，遇有重大问题时，宜邀请各省市有历史之干部同志举行会谈。

5. 征求党员，应积极增加农工妇女及教育文化卫生工作者成分，并应预定比率，作有计划的吸收。

6. 对退伍之军人同志，应该设法使其参加党的基层组织。

7. 各级党部应提倡党员互助之福利事业，举办职业介绍及社会保险等，以促进党员对党之密切联系。

8. 整肃党纪，循名责实，各级工作人员及党员工作努力，成绩卓著者，应予奖励，违反纪律者，应予惩治。

二、实行民主集权制

三、改进各级机构

7. 县以上设政治委员会，由各该党部就党政干部同志中选择委员若干人组织之，负政治之设计运用及指挥监督从政党员之责，原有之党政特别小组及党政联系等办法概行取消。

四、管理从政党员

1. 国民政府委员由中央执行委员会选任之。

4. 各省政府主席及院辖市市长，在未民选前，其由本党党员充任者，如由该省市代表大会三分之二以上通过不信任案时，报请中央撤换。

5. 县市长实行民选时，本党候选人由各该市县代表大会选定后发动全体党员协助竞选。

6. 各民意机关代表由同级党部决定候选人后发动全体党

员协助竞选。

8. 本党同志凡未经党的推选，擅自活动者，应受党纪之处分。[1]

其中健全党的基础、实行民主集权制部分加强了对党员的管理工作。而"改进各级机构"部分中的第 7 条设立的政治委员会在一定程度上已具备政府内党团的雏形。

在六届三中全会上，国民党中央进而提出"以党透政"方针处理党政关系，会议决定"国民党必须加强政治指导，管理从政党员"，"党员如系派充，应由党推定。政务官之重大用人必须取得党的同意"。国民党"对于民意机关，尤须通过党团，将党的政策化为民意机关的决议，交由政府施行"。[2]国民党对此的解释是："结束训政，不是训政成功而自然结束，乃训政失败而不得不结束。正因训政失败才应迅速补救。"[3]谷正鼎认为在党政关系方面，党部无权支配及监督政府的实际权力是一个大问题，至于如何解决这一问题，他提出"必须切实统一全党意志，实行以党领政"。[4]至此，国民党中央终于下决心用以党领政的方式处理地方党政关系。

## 三 政府中党团的建立与北平市党政融合体制

北平地区的党政联系工作在抗战以前不如南方各省，没有建立健全党政联席会议和党政特别小组会议制度。但在全面抗战爆

1 《国民党六届二中全会关于党务报告之决议案》，北京市档案馆档案，J001-007-00578。
2 荣孟源主编《中国国民党历次全国代表大会及中央全会资料》（下），第 1101~1110 页。
3 荣孟源主编《中国国民党历次全国代表大会及中央全会资料》（下），第 1105 页。
4 《六届三中全会第五次会议速记录》，台北党史馆藏，6.2/38-1。

发后，由于国民党华北党政军联合办事处的成立及其在抗战中的作为，反而提高了华北各党部的地位。其真正的发起者许惠东原为河北省党部民运科科长。抗战之后，他成为华北党务第三组组长，并发起组织了临时党政联席会议。以后这一机构改组为华北党政军联合办事处。联办工作以推动党务为中心，这种推动除了党部领导王若僔、阴耀武任职联办主任期间，兼任天津市党部主任委员直接组织领导天津市党务工作外，还包括对河北、北平等省市党部人事调整的建议指陈及相关工作展布的推助。[1] 全面抗战爆发以后，华北地区逐渐沦陷，国民党在北平的政府机构无法存在，党的组织成为沦陷区国民党的唯一力量。这在相当程度上提高了国民党党务机构在地方上的地位，同时党"以各沦陷区党部对于区分部的运用与集会训练，依照本党组织法规，加紧推行，党员与党的关系，日臻密切，且能配合攻势政治，强化地方自卫武力，争取广大群众，发挥党的组训力量"。[2] 这种干部训练工作也加强了华北地区地方党组织的凝聚力，改变了抗战前党务工作的涣散状况。

抗战结束以后，国民党六届二中全会对东北、华北这一区域的党务及党政关系予以了特别的关注，通过了有关东北、华北之党务决议案。

（1）东北及华北之党务必要时得分区设执行部，或其他指导联系机构。

（2）东北及华北各级党部之组织编制与活动方式，得参照实际情形酌量订定。

---

1  刘志鹏等：《国民党华北党政军联合办事处探析》，《近代史研究》2013 年第 6 期。

2  刘旭辉：《战地党务工作之检讨与改进》，《战地党政月刊》第 1 卷第 4 期，1941 年，第 24 页。

（3）东北及华北各省县之党政关系，应尽量发挥以党统政之精神。[1]

以上三条决议为北平市战后党务工作确定了基本原则。此后，国民政府军事委员会委员长北平行营代电第 673 号称：为适应环境需要加强联系，特定加强党团工作办法经总裁核准照办仰遵照并密饬一体遵照。北平行营制定的加强党团工作办法特别规定了《党政配合办法》，其中以下各项尤为重要：

2. 加强党政联席会议：依照规定，凡未举行党政联席会议之省市路统限本月内一律成立，按期举行。会议议题除已有规定者外，各省市政府及路局之施政方针、重要政令及增加人员负担等重大事项均应提交联席会议研讨通过。

3. 加强党政特别小组：关于各省市县参议员人选，并由特别小组提出并予审核。

4. 省党部主委，省之团部干事长（或主任）列席省府会议；市党部主委，市支团部干事长（或主任）列席市政会议。

5. 各省市政府统限本月内成立直属区党分部，使从政党员发挥示范作用。

12. 各省市路从政之党员、团员必须切实参加区分部及分队活动，以民主精神厉行生活批评及工作检讨等。[2]

其中第 5 条规定各省市政府统限本月内成立直属区党分部，使从政党员发挥示范作用；第 12 条规定各省市路从政之党员、

---

1 《国民党六届二中全会有关东北、华北之党务决议案》，北京市档案馆档案，J001-007-00578。

2 《北平市党部令发加强党团工作办法》，北京市档案馆档案，J001-002-00216。

团员必须切实参加区分部及分队活动。将这两条综合来看，这种政府内党的组织虽无党团之名，实已有党团之实。

针对以上各项，北平市政府表示在召开党政联席会以后，再行执行第4、12条。党政联席会议原是国民政府初期制定的联系地方党政机构的桥梁之一，但当时此项制度并未能在全国各省市普遍实行。而北平行营此次发布之《党政配合办法》下发之后，执行力度很大，北平市政府在一年之内至少和市党部召开了八次党政联席会议。北京市档案馆所存档案保存了其中三次会议的详细记录。其中第二、第四次会议比较重要，现列其主要内容如下：

国民党北平市党部第二次党政联席会议记录及有关材料（民国三十五年二月二十三日上午十时）

会议参加人：市党部主任委员许惠东　委员：张景涛、马耀三、马庆瑞、郗殿甲、温崇信　代书记长：姚晋粲

市长：熊斌　副市长：张伯谨　秘书长：杨宣诚[1]

其讨论重要事项如下：

1. 推定临时参议会人员（提案人熊斌）

2. 拟请中央每年拨发国币一千四百万元补助本市私立学校（提案人英千里）。决议：由市党部、市政府会同代电教育部请予照拨

3. 寄宿生食粮请继续拨发。办法：拟请市府会同党部将上项情形转陈行营仍饬由粮政特派员办公处自四月份起继续

---

1 《国民党北平市党部第二次党政联席会议记录及有关材料》，北京市档案馆档案，J001-007-01793。

拨发寄宿生食粮。决议：通过

4. 许主任委员惠东临时提议由党政两方会同代电日用品处理委员会请讯将库存日用品即日抛售以济民需案（决议通过）

财政局报告：裁减人员、整顿税捐、收支情况

教育局报告：慎选市立中小学校长、实施新课程标准、供应各校新订教科书、训练市私立小学校长、整理私立学校

工务局报告：改革机构、修补道路、修理车辆、整理交通设施、整顿市容、修正建筑规则及办理建筑师登记、文物整理工作、西郊新市区整理工作、接受日商建筑长

卫生局工作报告：接受敌伪医药机构、恢复工作、戒除烟毒、医务救济、处理垃圾、展开防疫通信网、成立环境卫生总队

地政局报告：土地登记、规定地价、土地测量、清理公产、处理地权

国民党北平市党部第四次党政联席会议记录及有关材料（民国三十五年五月二十五日下午七时）

市党部主任委员：吴铸人　委员：张怀、常玉森、马庆瑞、赵伯陶、马耀三、韩受卿、刘诚之　代理书记长：郗殿甲

熊斌提议人民团体集会前应呈报主管机关。决议：批准

英千里提议管训外地在京学生。决议：转咨教育部核办

公安局长陈烨提议请各党政机关、学校首长对所属人员思想行动严加注意。决议：照办

党部主任委员吴铸人提议从市政府六项税收中酌情拨发补助私校。决议：由市财政局就可能范围内就六项税收酌谋加增补助私校

市政府报告：采购粮食、稳定粮价，限购黄金 [1]

　　从以上两次党政联席会议的内容来看，党部的作用大大加强，而不是仅限于对政府工作的知情权。在第二次会议上，党部与市政府共同参与推定参议会人员名单，教育局向教育部要求私立学校的财政补贴及市政府关于寄宿生食粮发放事项均需党部参与决定。在第四次会议上，熊斌提议人民团体集会前应呈报主管机关，公安局长陈烨提议请各党政机关、学校首长对所属人员思想行动严加注意等事项也是在党部的同意配合之下得以通过。党部不仅通过干涉立法机构参议会的组成人员名单具备了一定的立法权，而且还参与了政府决策，分享了政府机构的行政权。

　　在政府内党组织建设方面，现存资料虽少，还是可以从零星的档案材料中略窥一二。北平市政府内党组织的具体运作情况因材料缺乏无法具体描述，但据档案可知，1947 年北平市政府下辖的财政局和公用局均设立了党的区分部组织。在一条向市党部转赠党旗的材料中称："将本府及各局处所存党旗除各单位设有区党部或区分部斟酌留用外，其余一律由秘书处收集后赠送市党部。……北平市财政局回函称本市第二十三区党部第四区分部设在本局；北平市政府公用局回函称第二十三区党部第九区分部设在本局。" [2] 由此可知财政局和公用局都设有党的区分部，实际上就是一种政府内党团。但是目前无法确知这类组织如何对政府的实际工作施加影响。

---

1 《国民党北平市党部第二次党政联席会议记录及有关材料》，北京市档案馆档案，J001-007-01794。

2 《北平市政府关于各局将所存国民党旗交秘书处转赠市党部利用的公函》，北京市档案馆档案，J001-007-01340。

# 四　结论

　　国民党自夺取政权以来对地方政府内设立党组织的态度经历了一个漫长的转变过程。建立政府初期，国民党在地方实行"党政分开"，地方党部缺乏权威，政府内更没有设立党的组织。国共斗争及随后的全面抗战使国民党中央逐渐改变了这一政策，开始实行"党政融合"，并通过大力建立党团的方式促进党对政府的影响。抗战结束后，国民党在地方正式推行政府内设立党组织的政策，以求真正实现以党领政。北平市的党政联席会议及区党分部在政府各局内的设立，标志着"党政融合体制"在地方的真正建立。

# 明清帝王的视学临雍盛典

邹　鑫 *

**摘　要：** 北京孔庙、国子监是始建于元代的皇家庙学建筑群。孔庙主祭
祀孔子；国子监主教学和教育管理。这里也是明清帝王视学临
雍的场所。本文拟就这一典礼的渊源，通过梳理明清帝王视学
临雍的历史、流程、内容、特征，来反映明清两代统治者通过
视学临雍大典在尊孔崇儒、笼络士人、巩固统治方面发挥的积
极作用。

**关键词：** 视学　临雍　明朝　清朝　辟雍

坐落于北京东城区安定门内的孔庙国子监始建于元代，明清
两朝帝王尊孔崇儒、讲学育人、宣扬教化的典礼均在此举行。孔
庙是皇帝亲祭或遣官祭祀孔子的庙宇，国子监又称太学，是最高
学府，也兼具教育管理的职能。孔庙与国子监形成左庙右学的建
筑规制，是国家尊儒兴学的最高殿堂和教化四方的象征。

国子监庭院深深，是师生们教书育人、刻苦学习的学校，但
与一般的学校不同，这里也是皇帝临雍讲学的场所。明清帝王在
这里举行源自周代的仪式，宣扬教化，同时也表达自己的治国理
念。帝王讲学并非一般的讲座授课，不是传播知识，而是通过对

* 邹鑫，孔庙和国子监博物馆。

儒家经典的理解和阐释在学术领域宣扬国策。与祭天拜地一样，"临雍"也是古代帝王亲临的国家级典礼。不同于对神祇的祭祀，帝王要屈尊，由下至上祭拜，"临雍"更能展示天子独尊，由上至下训谕王公大臣乃至士子万民。明清两代帝王十分重视这一仪式，无论是开国帝王朱元璋、武功赫赫的永乐帝，还是大清入关第一帝顺治帝、盛世天子乾隆帝都曾亲临这一盛典。

## 一　视学和临雍

中国自古就很重视教育，古代文献中所记载的"成均"被认为是五帝时代的"大学"。《尚书·舜典》就记载舜命夔"典乐"，以教胄子。当时的贵族子弟在成均接受礼乐教育，学校教育已初具萌芽。夏代有"序"以尊卑有序赡养国之老者，有"校"以习武骑射教育贵族子弟。而老人在"序"中也担负着将丰富的阅历传授给儿童幼者的责任，学校教育正始于夏代。商代甲骨文中已有关于建校、上学的卜辞，并于国都南郊明堂西门外建瞽宗以教学。西周在继承了夏商教育的传统基础上，形成了独具特色的教育模式。依靠宗法制度使教育"学在官府"，完成了从原始教育向专门学校教育的过渡。西周建立了中央官学，又称"国学"，可分小学和大学。大学又分天子之学和诸侯之学，天子之学有"东序""成均""上庠""辟雍""瞽宗"等。辟雍自古为天子帝王专享，诸侯所建学宫只能称作"泮宫"或"泮池"，即天子的学宫是环形水池，诸侯的学宫是半圆形水池，所以辟雍的建筑规制是最高的。"辟雍"原本是周天子五学之一，用于教育贵族子弟，后代指天子之学堂。"辟"通"璧"，取四面环水、形如璧环之意。据考证，周代辟雍建于郊外四周环水的岛上，天高地阔，野趣盎然，供天子赏玩游猎或举办乡饮酒礼等礼制活动，后逐渐演变成天子临雍讲学、宣扬教化、传授子弟的场所。《五经通义》

论："天子立辟雍者何？所以行礼乐，宣教化，教导天下之人，使为士君子，养三老，事五更，与诸侯行礼之处也。"由于周代辟雍没有实物遗存，历史上对辟雍的建筑形制就产生了不同的理解和阐述，达成共识的是辟雍四周环水，水的作用在于节制观礼的人，营造良好的秩序。正如汉代学者蔡邕所说："天子曰辟雍，谓流水四面如璧，以节观者。"汉代帝王临雍主要行大射，尊三老之礼，辟雍的礼制性功能得以加强。随着教育体系的发展和完善，太学、国子学取代了辟雍的教学功能；辟雍则专职教化的功能，成为帝王临雍讲学、教化天下的圣殿。

视学和临雍都是古代社会的一种礼制，属于中国古代"五礼"中的"嘉礼"。《周礼·春官宗伯第三》载："以嘉礼亲万民。"嘉礼是饮食、婚冠、宾射、燕飨、脤膰、贺庆之礼的总称。"嘉"是"善、好"的意思。"嘉礼"是按照人心之所善制定的礼仪。[1] 严格意义上讲，只有在辟雍殿视学才能称得上临雍。所以"临雍"更显尊贵和隆重。历朝所建之官学，称谓不一。明、清时建在北京的太学是最高学府，国子监和太学是官学合一，同处一地，故国子监内设太学门，悬"太学"二字匾额。明代和清代前期，皇帝视学典礼都在国子监彝伦堂举行。乾隆帝建成辟雍殿后，清帝实现了真正的临雍讲学。

## 二　明代皇帝的视学

明太祖朱元璋定都南京，建国子学。洪武十五年（1382）改国子学为国子监，也就是在这一年，朱元璋视学国子监，祭孔讲学。

---

1　彭林：《中国古代礼仪文明》，中华书局，2016。

洪武十五年，太祖将幸国子监。议者言，孔子虽圣，乃人臣，礼宜一奠而再拜。太祖不从，命礼部尚书刘仲质定其制。

前期设御幄于大成门东，南向，设御座于彝伦堂。至日，学官率诸生迎驾于成贤街左。皇帝入御幄，具皮弁服，诣先师神位，再拜。献爵，复再拜。四配、十哲、两庑分献，如常仪。皇帝入御幄，易常服。升舆，至彝伦堂升座。学官诸生五拜叩头，东西序立于堂下。三品以上及侍从官，以次入堂，东西序立。赞进讲，祭酒、司业、博士、助教四人由西门入，至堂中。赞举经案于御前，礼部官奏，请授经于讲官。祭酒跪受。赐讲官坐。及以经置讲案，叩头，就西南隅几榻坐讲。赐大臣翰林儒臣坐，皆叩头，序坐于东西，诸生围立以听。讲毕，叩头，退就本位。司业、博士、助教，各以次进讲。出堂门，复位。赞宣制，学官诸生列班俱北面跪，听宣谕，五拜叩头。礼毕，学官诸生出成贤街送驾。明日，祭酒率学官上表谢恩。[1]

朱元璋视学国子监开创了明代皇帝祭孔讲学的先河，也成为明清皇帝视学的范本，其后帝王视学临雍基本遵循此流程。

永乐四年（1406），朱元璋的儿子朱棣举行了"夺位"后的首次视学。

永乐四年，礼部尚书郑赐引宋制，请服靴袍，再拜。帝不从，仍行四拜礼。进讲毕，赐百官茶。礼部请立视学之碑，帝亲制文勒石。祭酒等表谢。帝御奉天门，赐百官宴，仍赐

---

1 （清）张廷玉等：《明史》卷五十五《志第三十一·礼九》，中华书局，1974，第1404页。

祭酒、司业纻丝罗衣各二袭，学官三十五人各纻丝衣一袭，监生三千余人各钞五锭。[1]

　　朱棣的这次视学在迁都北京之前，仍在南京国子监举行，流程上增加了赐茶、赐宴、颁赏环节。朱元璋父子的视学活动基本定型了明代皇帝视学典礼的礼制规范，先祭孔再讲学也成为明清皇帝遵循的流程。成化元年（1465）宪宗讲学，祭孔始用牲乐，并邀孔、颜、孟三氏子孙听讲。

　　皇帝来孔庙祭孔，视学彝伦堂，其行为和宣谕与时政往往密不可分。如朱元璋父子罔顾君臣之礼，对孔子行四拜礼，就是向士人宣示尊孔崇儒、文治天下的政治意图；嘉靖皇帝祭孔时特遣官祭奠孔子父亲显然与嘉靖初大礼议的结果有关。在讲学内容上，明朝皇帝青睐《尚书》和《周易》。《尚书》收录虞、夏、商、周各代典、谟、训、诰、誓、命等上古政治文献，不乏治国理政的经验和教训，堪称帝王教科书；《周易》博大精深，变幻莫测，充满了政治智慧，可谓帝王顺天应时的参考书。明代皇帝希望在风谲云诡的政治背景下从两部经典中找到答案和依据。明代视学典礼，国子监祭酒、司业讲授之后，皇帝往往发表几句尊孔重道、勉励师生深入研学的圣谕。

## 三　清代皇帝的视学临雍

　　清朝虽为少数民族入主中原建立的王朝，但在尊孔崇儒上甚于前代。清朝入关后的第一位皇帝顺治帝于入关当年就举行了视

---

1　（清）张廷玉等：《明史》卷五十五《志第三十一·礼九》，第1404页。

学典礼，规模隆盛，参礼人员多于前朝，圣贤后裔、居京的进士和举人等士人均受邀观礼。

> 顺治九年（1652）秋九月辛卯，世祖章皇帝视学，亲诣先师庙释奠后，御彝伦堂。命祭酒固尔嘉浑、李奭棠进讲《四书》，司业傅达礼、冯杰进讲《尚书》，礼成。翼（翌）日，衍圣公孔兴燮、祭酒固尔嘉浑等率五经博士、五氏后裔及国子监官生表谢。命颁敕谕，勉励师生。赐衍圣公、内院翰林官、国子监祭酒、司业等官、五经博士、五氏后裔及礼部、太常、光禄、鸿胪三寺执事群宴于礼部。越日，赐衍圣公貂冠一、朝服一，祭酒、司业锦缘领袖纻丝袍服各一，监丞、五经博士、笔帖式、孔氏、颜、曾、孟、仲四氏后裔纻丝袍服各一，助教、六堂诸生及各学教习师生白金有差。准观礼五氏裔十五人入监肄业。广国子监乡试中额十五名。[1]

彼时，全国局势尚未安定，南明政权企图光复明朝，地方反清战火仍未熄灭。清帝对视学的重视，一方面是宣示自己继承大统、入主华夏的天命；另一方面也是通过尊孔重道来拉拢汉族知识分子，缓和满汉尖锐的矛盾。与明代朱元璋首次视学一样，顺治帝的首次视学也为清帝视学临雍树立了流程样板。康熙皇帝于康熙八年（1669）视学，一切礼仪恩赏皆遵其父，并无变化。雍正皇帝则表现了谦逊屈尊的态度："雍正二年（1724），谕礼部：帝王临雍大典，所以尊师重道，为教化之本。朕览史册所载，多称'幸学'，近日奏章仪注，相沿未改。此臣下尊君之词，朕心

---

[1] （清）文庆、李宗昉：《钦定国子监志》卷二十三《辟雍志五·视学》，北京古籍出版社，2000，第355页。

有所未安。今释奠伊迩，朕将亲诣行礼。嗣后一应奏章仪注，称'幸'非宜，应改为'诣'字，以申崇敬。"[1] 至乾隆朝后期，乾隆帝建成了辟雍大殿，视学地点由彝伦堂移到了辟雍殿。乾隆五十年举行了真正意义上的"临雍"大典。辟雍殿的建成是国子监历史上浓墨重彩的一笔，它不仅改变了国子监的建筑格局，也成就了国子监天子之学的名分，并遗留了古代唯一一座为皇帝视学而建设的辟雍大殿。

乾隆皇帝即位之初曾视学彝伦堂，但他认为"天子讲书于彝伦堂，可谓之视学，而不可谓之临雍"，便提出在国子监兴建辟雍，效仿周天子临雍讲学，但出于大臣的强烈反对，年轻的皇帝只好作罢。乾隆四十八年（1783），清王朝正值强盛之时，已逾古稀之年的乾隆皇帝念念不忘临雍之事，正式下旨："稽古国学之制，天子曰辟雍，所以行礼乐，宣德化，昭文明，而流教泽，典至巨也。朕此次释奠礼成，念国学为人文荟萃之地，规制宜隆，而辟雍之立，自元明以来，典尚阙如，自应增建以臻美备。著派礼部尚书德保，工部尚书兼管国子监事务刘墉、侍郎德成敬谨前往阅视，度地鸠工，诹吉兴建。落成之日，朕将举行临雍典礼，以昭久道化成之盛。"[2] 并谕内阁："据德保等将辟雍图式进呈，自应仿照礼经旧制，度地营建。即著德保、刘墉、德成总司其事，敬谨承办，以光盛典。"[3] 乾隆帝钦点了总负责人，并指示辟雍殿的建造要遵循古礼旧制，有据可依。德保等人相度地势，定于彝伦堂之南营建，绘图进呈。相传当工部尚书刘墉拿着设计好的大殿样式给乾隆帝看时，他并不十分满意，也没有说什么，只是令和珅再审。和珅提议把大殿中间的四根钻金柱撤去，采用抹角架

---

1　（清）文庆、李宗昉：《钦定国子监志》卷二十三《辟雍志五·视学》，第356页。

2　（清）文庆、李宗昉：《钦定国子监志》卷二十二《辟雍志四·建置》，第351页。

3　（清）文庆、李宗昉：《钦定国子监志》卷二十二《辟雍志四·建置》，第351页。

海梁之法，既省了 4400 两的工料钱，又使大殿更加敞亮无碍。乾隆皇帝再阅后欣然批准，成就了我们今天看到的辟雍大殿。宫殿设计好了，营造辟雍环水的效果是更为棘手的问题，当年大臣反对兴建辟雍的重要理由就是"乏水"。原本设计挖暗沟从安定门护城河取水环绕辟雍，后因工程浩大，多有不便，就在前院凿井取水，通过落差使之循环。历时一年建成的辟雍大殿令乾隆皇帝十分满意，他在《御制国学新建辟雍圜水工成碑记》中写道："于可复古者复之，其不可复者，断不可泥古而复之。"一句话道出了清代兴建的辟雍"复古而不泥古"的建筑特征。复古是指遵循了古代辟雍的建筑规制，即四面环水的宫殿建筑；不泥古是指辟雍因地制宜，巧妙设计，以清代宫廷建筑样式为蓝本，使之与周边建筑和谐统一，而不是死板地仿造周代或汉代的辟雍形制。

辟雍大殿建成后成为国子监的中心建筑，大殿覆黄琉璃瓦，四角攒尖的殿顶点缀鎏金宝顶，凸显皇家气派，廊檐间描绘的金龙和玺彩画彰显着建筑的最高等级，洁白如玉的石栏与碧波荡漾的圜水犹如玉璧拱卫大殿。正如乾隆帝为辟雍殿落成题写的匾联："金元明宅于兹，天邑万年今大备；虞夏殷阙有间，周京四学古堪循。"有了辟雍大殿，天子视学才可称临雍，遵循周礼的视学典礼才真正完备。此后，清代帝王的临雍大典就在这金碧辉煌、形制独特的辟雍大殿里上演。

乾隆五十年春二月丁亥，国子监举行了盛大的皇帝临雍讲学仪式。乾隆皇帝御临孔庙释奠先师孔子后，御彝伦堂，更衣传膳，再登辟雍大殿，端坐龙椅，御座前设左右两讲案，进讲满、汉大学士二人在左案，满、汉祭酒（国子监校长）二人在右案。左翼王公四人、衍圣公、内阁大学士、吏部、户部、礼部、通政使司、詹事府堂官，满、汉各一人，在进讲大学士后，面西而立；右翼王公四人、兵部、刑部、工部、都察院、大理寺堂官，满、汉各一人，在进讲祭酒后，面东而立；国子监诸生 3088 人于圜桥观听。特命大学士伍弥泰、兼管监事蔡新进讲《四书》，命祭酒觉罗吉善、邹亦孝进讲《周易》。随后，乾隆特制御论，宣示义蕴，即就进讲人的讲解阐发自己的见解。由于当时没有音响扩音设备，皇帝每讲一句就由声音洪亮的传声官向外传讲一句，以使殿外的人员都能听得清楚。礼成，特赐进讲官茶，赐王公、衍圣公、大学士、九卿詹事茶如制。次日，衍圣公孔宪培、兼管监事大学士蔡新等率官生表谢，国子监官生恭进诗册以颂德。皇帝御论汇刊成《御制为人君止于仁，为人臣止于敬，为人子止于孝，为人父止于慈，与国人交止于信论》与《御制天行健，君子以自强不息论》颁行天下。乾隆皇帝终于实现了多年的夙愿，完成了国子监建成五百年来帝王未竟之大事，过了把周天子的瘾，志得意满，并对所有参与"临雍"盛典的人员给予不同程度的赏赐。自此，清代新君继位都要到国子监临雍讲学以彰帝王尊师重教之道。清代帝王的临雍典礼主要进程如下：皇帝御临孔庙—祭孔—临雍—满、汉大学士进讲—满、汉祭酒进讲—皇帝宣示义蕴——礼成。临雍结束后，最重要的工作就是颁行皇帝的御论。与明代不同，清代帝王凭借深厚的儒学修养，往往发表长篇御论，"临雍后，本监（国子监）敬刊御论，颁发在京各衙门官学及直省学政各儒学"。[1] 御论成为各级学校师生学习的重要内容。此外，皇帝还适度增加中试名额和入监名额，或对圣贤后裔予以优渥，以示恩典。如乾隆五十年临雍后，"广丙午科国子监乡试中额十五名，凡陪祀观礼之职官，咨部恩叙，其贡生准与应考职衔，武生、俊秀、奉祀生三项，准作监生送监读书者

---

1 《大清五朝会典》：《钦定大清会典卷六十一·嘉庆会典·国子监》，线装书局，2006，第701页。

三十七人"。[1]《大清会典》中记载:"临雍之年,圣贤后裔入监听讲,系廪生、增生、附生、监生者,恩赐贡生。"[2]清代皇帝临雍的规模可谓隆盛至极,法驾威仪,古乐绕梁,王亲贵胄、衍圣公、大学士、六部九卿官吏及外国使臣济济一堂。乾隆五十年奏定的《临雍仪注》对皇帝临雍的步骤和细节,包括经书的摆放位置、各级官员的位次、和声署设乐、工部设更衣御幄等,事无巨细都有详尽的说明和规定,彰显了国家礼仪的庄严和神圣。但咸丰朝以后,内忧外困的清王朝已无暇顾及此事,辟雍大殿再也迎不来"真龙天子"了,只是作为历史符号,永远标记在国子监院中。

明清皇帝视学临雍盛典是明清两朝国家政治生活中的一件大事。于明朝,必须扭转元朝重武抑文的政治生态,祭孔视学从国家层面确立了兴文崇儒的国策主张;于清朝,吸取了元朝国祚不长的教训,如饥似渴地学习汉文化,几乎全盘复制了明朝的典章制度。祭孔临雍正是向汉族士人民众树立尊孔崇儒政权形象的绝佳手段。盛典的参与者主要分四类:一是皇帝,讲学的主导者,也是最高发言人。二是官员,分为进讲官和侍班人员。进讲官是讲学者,明代用祭酒、司业,清代用满汉大学士和满汉祭酒、司业;侍班人员为王公大臣及各部衙门长官。三是圣贤后裔,以衍圣公为首,包括孔、颜、曾、孟及孔门十二哲后裔、世袭五经博士等。四是官学师生,包括国子监、咸安宫官学、景山宗学及俄罗斯馆学生等。此外,如有外国使臣朝贡,也会受邀观礼。上至皇帝,中及各类官员,下到官学生,政权的现在组成者及未来的组成者都参与其中,范围之广、人员之多是其他礼仪典礼不能比拟的。

1 (清)文庆、李宗昉:《钦定国子监志》卷二十四,《辟雍志六·临雍》,第 363 页。
2 《大清五朝会典》:《钦定大清会典卷六十一·嘉庆会典·国子监》,第 701 页。

视学临雍盛典对皇帝本身而言也是重要的政治姿态和统治手段。无论尊孔重道，宣示正统、天命，还是继位亲政，昭示天下，都欲通过此礼巩固其地位和统治。如顺治帝曾三次视学，第一次为安抚民心，第二次为宣示亲政，第三次为重修文庙落成。讲学内容也不离儒学价值体系内的治国之道、君臣之道，或从儒家经典中借鉴与时局相关的论述。以皇帝的讲话拍板定调了学术领域的"真理"，加强了对读书人思想的控制。除了在流程和内容上大彰尊孔崇儒之道，还通过视学一事给予参与者一定的恩赏，以示对读书人的优待。如明成祖视学后赏监生每人钞 5 锭，清世祖视学后增加监生乡试中额 15 个，清高宗视学后赏参与的进士、举人、贡监诸生等不等的银两，准十三氏后裔 31 人入监肄业，增加监生乡试中额 18 个。乾隆五十年（1785）临雍大典适逢春雨，参礼人员衣服多被淋湿，皇帝除了给文武官员记功一次，还加赏官学师生绸一匹。几乎每代帝王视学临雍后都有程度不同的恩赏。

父殒子继的家天下，孝道一直是历代帝王所尊崇的，也是儒家所倡导的。每代帝王视学之主要流程、内容甚至时间都基本遵循前代所定。如明朝开国皇帝朱元璋祭孔时行四拜礼，其子朱棣祭孔时也行四拜礼。明宪宗于继位元年行视学礼，后代皇帝也多于继位之初祭孔视学。清高宗于乾隆三年（1738）首次视学，嘉庆帝、道光帝也于即位第三年临雍讲学。视学临雍盛典体现了新君对先帝的尊崇和继承，所以明清 440 余年间，视学临雍之礼无论在流程上还是内容上都没有发生根本的变化。

孔子曾言："周监于二代，郁郁乎文哉，吾从周。"[1] 周代是我国礼仪典章制度逐渐完善和成熟的时代，为后世提供了礼制文明

---

1 《论语·八佾第三》，黄山书社，2006。

的蓝本。源于周代的视学临雍之礼发展至明清时期已成为传承有序、礼仪完备、规模宏大的国家盛典。

时过境迁，明清已远，帝王的威仪早已荡然无存，而教育事业的繁荣、文化发展的兴盛是一代代国人热切期盼和奋力实现的。圜桥教泽，学海节观，文脉传承，生生不息。

附表1　明代皇帝视学一览

| 皇帝 | 时间 | 内容 | 讲学主题 | 出处 |
|---|---|---|---|---|
| 明太祖 | 洪武十五年（1382） | 祭孔，四拜孔子，视学彝伦堂（南京国子监） | 赞官、祭酒、司业、博士、助教依次进讲"四书五经"，皇帝宣谕 | 《明史》卷五五《志·礼九·嘉礼三》 |
| 明成祖 | 永乐四年（1406） | 祭孔，四拜孔子，视学彝伦堂，御制视学之碑，赐宴、赐衣、赐钞 | 进讲"四书五经"，具体内容不详 | 同上 |
| 明英宗 | 正统九年（1444）三月辛亥 | 大成殿祭孔，视学彝伦堂 | 祭酒李时勉讲《尚书·帝庸作歌》章，司业赵琬讲《周易·乾九五》文言。皇帝宣谕："宣圣之道，万世所宗，在尔师生，理当修进，臻于至极，尚其勉之！" | 《明英宗睿皇帝实录》卷一一四，正统九年三月辛亥 |
| 明代宗 | 景泰二年（1451） | 祭孔，命兵部尚书于谦、吏部尚书王直、户部尚书兼翰林院学士陈循、工部尚书兼翰林院学士高谷等分献四配、十哲、两庑，视学彝伦堂 | 祭酒萧镃讲《尚书》，司业赵琬讲《周易》 | 《明英宗睿皇帝实录》卷二〇一，景泰二年二月辛未 |
| 明宪宗 | 成化元年（1465） | 祭孔始用牲乐，乐设而不作，视学彝伦堂，孔、颜、孟三氏子孙参礼 | 讲学内容不详 | 《明史》卷五五《志·礼九·嘉礼三》 |

续表

| 皇帝 | 时间 | 内容 | 讲学主题 | 出处 |
|---|---|---|---|---|
| 明孝宗 | 弘治元年（1488） | 先期致斋一日。祭孔牲用太牢，改分献官为分奠官，视学彝伦堂 | 祭酒费誾讲《商书·说命》"惟天聪明"一节，司业刘震讲《周易·乾卦》"大人者与天地合德"一节。皇帝宣谕："六经载圣人之道，讲明体行，务臻实效尔！师生其勉之！" | 《明史》卷五五《志·礼九·嘉礼三》 |
| 明世宗 | 嘉靖元年（1522） | 祭孔，视学彝伦堂 | 祭酒赵永讲《尚书》中"帝曰俞，允若兹"一章，司业吴惠讲《周易》"时乘六龙"一章 | 《明世宗肃皇帝实录》卷一二，嘉靖元年三月甲寅 |
| 明世宗 | 嘉靖十二年（1533） | 祭孔，遣侍郎周用祭启圣公[1]，视学彝伦堂 | 祭酒林文俊讲《虞书·益稷》篇，司业马汝骥讲《周易·颐卦》。皇帝宣谕："治平之道，备在六经尔，诸子宜讲求力行，以资治化。" | 《明世宗肃皇帝实录》卷一四八，嘉靖十二年三月丙辰 |
| 明穆宗 | 隆庆元年（1567） | 祭孔，视学彝伦堂。朝鲜陪臣李荣贤等六员彝伦堂外观礼。赐衍圣公、祭酒、司业等宴礼部，免簪花作乐 | 礼部侍郎录监事赵贞吉讲《禹谟·克艰》，司业万浩讲《乾卦·大象》 | 《钦定国子监志》卷八《诣学二·临雍》 |
| 明思宗 | 崇祯十四年（1641） | 祭孔，彝伦堂视学。入敬一亭观瞻世宗所立"程子四箴碑"。命礼部将庙学诸碑摹拓进览，察补石鼓文残缺部分进呈 | 祭酒南居仁讲《皋陶谟》，司业罗大任讲《周易·咸卦》 | 《日下旧闻考》卷六六《官署》 |

---

1　明代封孔子父亲叔梁纥为启圣公。

附表 2　清代皇帝视学、临雍一览

| 皇帝 | 时间 | 内容 | 讲学主题 | 出处 |
|---|---|---|---|---|
| 清世祖 | 顺治元年（1644） | 祭孔，视学彝伦堂 | 满汉祭酒、司业进讲。皇帝宣谕："圣人之道，如日中天，讲贯服膺，用资治理，尔师生勉之。" | 《清史稿》卷八九《志六十四·礼八·嘉礼二·视学仪》 |
| 清世祖 | 顺治九年（1652）秋九月 | 祭孔，视学彝伦堂 | 祭酒固尔嘉浑、李奭棠进讲"四书"，司业傅达礼、冯杰进讲《尚书》 | 《钦定国子监志》卷二三《辟雍志五·视学》 |
| 清世祖 | 顺治十七年（1660） | 重修文庙落成。祭孔，视学彝伦堂 | 满汉祭酒、司业进讲，具体内容不详 | 《清朝通典》卷五六《礼十六·嘉礼六·临雍》 |
| 清圣祖 | 康熙八年（1669）夏四月 | 祭孔，视学彝伦堂 | 祭酒贾禄、宋德宜进讲《中庸》，司业博济、陈廷敬进讲《尚书》。皇帝亲授经义 | 《钦定国子监志》卷二三《辟雍志五·视学》 |
| 清世宗 | 雍正二年（1724）春三月 | 祭孔，视学彝伦堂 | 祭酒塞楞额、王傅进讲《大学》，司业博礼、彭维新进讲《尚书》。皇帝亲授经义 | 同上 |
| 清高宗 | 乾隆三年（1738）春三月 | 祭孔，视学彝伦堂 | 祭酒国连、李凤翥进讲《中庸》第一章，司业塞尔登、署司业赞善、李文锐进讲《尚书·尧典》。皇帝亲讲经蕴 | 同上 |
| 清高宗 | 乾隆五十年（1785）春二月 | 辟雍大殿新成。祭孔，临雍讲学 | 大学士伍弥泰、蔡新进讲《大学》，祭酒觉罗吉善、邹奕孝进讲《周易》。皇帝就所讲分别阐发御论 | 《清高宗纯皇帝实录》卷一二二四 |
| 清仁宗 | 嘉庆三年（1798）春二月 | 祭孔，临雍讲学 | 大学士苏凌阿、管学大臣刘墉进讲《大学》，祭酒法式善、胡长龄进讲《周易》。皇帝就所讲分别阐发御论 | 《清仁宗睿皇帝实录》卷二七 |

续表

| 皇帝 | 时间 | 内容 | 讲学主题 | 出处 |
|---|---|---|---|---|
| 清宣宗 | 道光三年（1823）春二月 | 祭孔，临雍讲学 | 大学士长龄、曹振镛、进讲《大学》，祭酒宗室铁麟、彭邦畴进讲《书经》。皇帝就所讲分别阐发御论 | 《清宣宗成皇帝实录》卷四九 |
| 清文宗 | 咸丰三年（1853）春二月 | 祭孔，临雍讲学 | 大学士裕诚、祁寯藻进讲"四书"中"致中和，天地位焉，万物育焉"祭酒讷尔济、龙元僖、进讲《书经》，皇帝就所讲分别阐发御论 | 《清文宗显皇帝实录》卷八四 |

# 范宁《春秋穀梁传集解》解经方法的疏失*

张沛林 **

**摘　要：**范宁的《春秋穀梁传集解》一向被视为《春秋》学史上的经
典，也是最重要的"《穀梁》学"著作。但范宁在《集解》中对
《传》文的阐释方式存在两种容易致误的倾向：一是未经考核
"持平三《传》"，轻易地怀疑《穀梁》的正确性，对何休、杜预
注的随意引取；二是将《传》文中的"时月日例""辞例"进行
"绝对化"处理，将某则"义例"推广、贯彻到全《传》相似文
字处。这导致《春秋穀梁传集解》中存在较多浮泛、牵强的解
释，影响了这部著作的价值。

**关键词：**《春秋穀梁传集解》　范宁　注疏

从今人视角探讨"《穀梁》学"，范宁的《春秋穀梁传集解》
无疑最为重要。现存完整的《穀梁传》阐释文献中，它是最早也
是成绩最多的。虽然从影响与水平上不能给予范宁如同杜预"《左
氏》功臣"这样的评价，但没有"范注"与杨士勋《疏》，清代
中后期乃至今日的学者，研究《穀梁传》恐难以入手。

* 本文为"出土文献与中国古代文明研究协同创新中心博士创新资助项目"（CTWX2017BS025）
和"第 63 批中国博士后科学基金面上资助二等资助"（2018M631681）研究成果。
** 张沛林，中国社会科学院历史研究所博士后流动站。

《中说·天地篇》："子谓陈寿有志于史，依大义而削异端。谓范宁有志于《春秋》，征圣经而诘众《传》。子曰：'使陈寿不美于史，迁、固之罪也。使范宁不尽美于《春秋》，歆、向之罪也。'裴晞曰：'何谓也？'子曰：'史之失，自迁、固始也，记繁而志寡。《春秋》之失，自歆、向始也，弃经而任《传》。'"[1]

上引"文中子"语，仅代表隋唐之际一种评判经学、史学阐释及书写的态度，但可以体现在非经师的儒家眼中，范宁《集解》较前代经师的优长，在于能以"经"为核心，持平三《传》，不独守一家之说。从方法、态度上来看，这无疑是最为平实、可靠的。

而《集解》其他优点，前人也多有申述。如台湾师范大学王熙元博士论文《榖梁范注发微》，分"导论""范注释《榖梁》经传之依据""范注对《榖梁》经传之训诂""范注对《榖梁》经传义例之发明""范注对《榖梁》经传之驳议""范注释《榖梁》经传之疏失"凡六章，二十节，一百三十二小节。条分范宁《春秋榖梁传集解》所做工作，极其详备，是该方面研究中的佼佼者。

可以说，范宁《集解》的成绩，学者襃扬、总结虽未必无遗漏或尽皆恰当，但成果已颇为丰富。而讨论范宁《集解》疏漏与失误，则少有人专门著文。本文仅就其方法上的疏失及导致的错误做初步探研。


## 一　未仔细归纳、阅读《传》文而致误

大凡著述难免有误，而疏失多少则是衡量该著作价值的一

---

1　张沛：《中说解理》，北京大学出版社，2013，第 85 页。

项重要标准。范宁《集解》并杨士勋《疏》列在《十三经注疏》中，本当为汉唐时期儒家经典最广博精微的释注之一。但通观《集解》，范宁的水平不仅和郑玄、何休等经学大师差距较远，有时还会出现较为严重的错误。

首先举范宁失误中绝对不该出现的一例：

> 隐公五年《经》："五年，春，公观鱼于棠。"范注："传例曰：'公往时，正也。'正，谓无危事耳。棠，鲁地。"杨《疏》："庄二十三年《传》文也。正，谓无危事，此公虽以非礼观鱼，不至于危，故亦时而不月。"

案《传》解说"往"与"至"，凡两见。庄公二十三年《经》："夏，公如齐观社。公至自齐。"《传》云："公如，往时，正也。致月，故也。如往月致月，有惧焉尔。"又定公八年《经》："二月，公侵齐。三月，公至自侵齐。"《传》云："公如，往时致月，危致也。往月致时，危往也。往月致月，恶之也。"范述"传例"无误，但他似乎未能明晰"如"与"往"的含义：

> 桓公三年《经》："（秋）公子翚如齐逆女。"
>
> 桓公五年《经》："夏，齐侯郑伯如纪。"
>
> 庄公五年《经》："夏，夫人姜氏如齐师。"
>
> 庄公二十二年《经》："冬，公如齐纳币。"
>
> 成公二年《经》："秋，七月。齐侯使国佐如师。"

案上五则《经》文，"公如"便是"公往"。凡《经》书"如"，无论内、外还是君、臣，皆应是出鲁国国境，如庄公二十三年"公如齐观社"。而隐公五年"公观鱼于棠"，"棠"本在鲁地国内，并且范宁出注，是他明确隐公的这次活动未逾国境。而"公如"，依上解是鲁君出鲁国去往他国，或会盟，或侵伐。故"公观鱼于棠"并不需要考虑"危"与"不危",纯是以"观"讥隐公非礼。

此则范宁的疏失,可以说是今人常说的"低级错误"。不必说研治《穀梁》多年,即便是初学者亦能通过对《传文》排比、归纳,分析出"如"的正确用法。而范宁言之凿凿,杨《疏》又为之曲护。若说范宁、杨士勋根本读不懂《传》文,则是妄言。但此例有些荒唐,似不应出现在《集解》这样的"权威"著作中。范宁大抵是未仔细阅读《传》文,或者可以说是轻忽了《传》文。而他未仔细研讨《传》文以致误的例子,数量并不少。如下例:

> 僖公元年《经》:"冬,十月,壬午,公子友帅师败莒师于丽,获莒挐。"《传》:"莒无大夫,其曰莒挐,何也?以吾获之,目之也。内不言获,此其言获,何也?恶公子之绐。绐者奈何?公子友谓莒挐曰:'吾二人不相说,士卒何罪?'屏左右而相搏。公子友处下,左右曰:'孟劳!'孟劳者,鲁之宝刀也。公子友以杀之。然则何以恶乎绐也?曰,弃师之道也。"

此段为《穀梁》中少有的叙事解《经》中的一则,其主要阐释《经》文为什么书"获"字。《穀梁》以为书"获"为"恶公子之绐",又"绐"为"弃师之道"。范注:"绐,欺绐也。"公子友欺骗莒挐,这便是"弃师之道"。这样的解释,从语言的逻辑上看明显是不正确的。

> 范宁引江熙曰:"经书'败莒师',而《传》云二人相搏,则师不战,何以得败?理自不通也。夫王赫斯怒,贵在爱整。子所慎三,战居其一。季友令德之人,岂当舍三军之整,佻身独斗,潜刃相害,以决胜负者哉?虽千载之事难明,然风

味之所期，古犹今也，此又事之不然，《传》或失之。"

范宁训"给"为"欺给"，《传》文不可解，他似乎也发现了这个问题，故而引江熙说直接否定了《穀梁》。但古人逻辑再不缜密，也不至于语言错乱。《穀梁》解"给"为"弃师之道"，一定是一种可以成立的对应关系。

> 杨士勋《疏》："《老子》云：'以政治国，以奇用兵。'季子知莒挈之可擒，弃文王之整旅，佻身独斗，潜刀相争，据礼虽乖，于权未爽，纵使理违，犹须申《传》，况《传》文不知，江生何以为非乎？又且季子无轻斗之事，《经》不应书获，《传》不须云'弃师之道'。既《经》《传》文符，而江熙妄难，范引其说，意亦同之，乃是范失，非《传》失之。又《经》书'获'，所以恶季子之给。今江熙云，季子令德也，则是非独不信《传》，亦是不信《经》。"

上引杨《疏》驳范宁之失，否定江熙之说。"又且季子无轻斗之事，《经》不应书获，《传》不须云'弃师之道'"一句，肯定了《传》文的逻辑正确，但也未彻底解决问题。

《淮南子·氾论训》："前蒙矢石，而后堕溪壑，出百死而给一生，以争天下之权。"高诱注："给，至也。给，读仍代之代也。"杨树达《淮南子证闻》："高训给为至，于义难通。又读为仍代之代，说亦不了。"[1] 高诱注的确使人费解，但其用"仍代之代"改读，目的是让时人清楚地认识该字的准确音义。出于这个目的，"仍代"或为汉人尊奉的经传用词，或是当时习用语。但

---

1　杨树达：《淮南子证闻》，上海古籍出版社，2013，第133页。

今存秦汉典籍似少有用"仍代"者，则"仍代"可能引自经传。按，"仍"通"乃"，"仍代"就是"乃代"。《周礼·春官宗伯第三·丧祝》："出宫乃代。"郑玄注："丧祝二人相与更也。"也就是说，高诱可能将这里的"绐"读作"代"，为更替之意。至于"至"，可能为"迭"之误，二字草字字形相近。如此，"恶季子之绐"，也可以解释为恶季子以一身代替军队，帅师而不用，谓之"弃师"。这样《传》文语句通畅，且较为符合逻辑。

魏晋时期学者训诂水平确实没有清代以来学者精审，以上引《淮南子》高诱注，"绐"能训为"代"，仅此一例也难称得上是达诂。但可以说明范宁之失，不只在于训诂水平的缺失，还在于其根本没有较认真地对待《传》文。不肯仔细涵泳《传》文，努力求解，使文从字顺。疑《传》过勇，稍有不解则以为"《传》或失之"。

再看一例：

隐公四年《经》："九月。卫人杀祝吁于濮。"《传》："祝吁之挈，失嫌也。"范注："不书氏族，提挈其名而道之也，众所同疾，威力不足以自固，失当国之嫌。"杨《疏》："徐邈以挈为举，即是提挈之称。范云：'不书氏族，提挈其名而道之，则挈为单挈，不具足之辞。'"

案《传》文用"挈"字有多处。僖公二年《传》文："（宫之奇）挈其妻子以奔曹。"是"挈"为"携带、率领"的意思，并非辞例。此外庄公九年"齐人杀无知。无知之挈，失嫌也"，与此例相同。其余尚有：

宣公元年《经》："三月，遂以夫人妇姜至自齐。"《传》："其不言氏，丧未毕，故略之也。其日妇，缘姑言之之辞也。

遂之挈，由上致之也。"

成公十四年《经》："九月，侨如以夫人妇姜氏至自齐。"
《传》："大夫不以夫人，以夫人非正也，刺不亲迎也。侨如之
挈，由上致之也。"

襄公十一年《经》："（秋）楚人执郑行人良宵。"《传》：
"行人者，挈国之辞也。"

昭公十二年《经》："十有二年，春。齐高偃帅师，纳北
燕伯于阳。"《传》："纳者，内不受也。燕伯之不名何也？不
以高偃挈燕伯也。"

昭公二十四年《经》："（春）婼至自晋。"《传》："大夫执
其致，致则挈，由上致之也。"

综观以上诸例，"祝吁之挈"便是只称祝吁之名。按，"祝
吁"前称"卫祝吁"，而其余诸例，"遂"不称"公子遂"，"侨
如"不称"叔孙侨如"，"婼"不称"叔孙婼"，"郑良宵"称"行
人"，"高偃"称"齐"，皆是特别提举一个称呼，以徐邈说为是，
范宁说非。柯劭忞《春秋穀梁传注》："以国氏曰卫祝吁，不以国
氏但称名谓之挈。徐邈说为提挈之称，是也。"[1]

上文关于"绐"例，范宁未仔细阅读《传》文，导致训诂
有误，或可以一谅。此例时人已有正解（或以为徐邈书成在
后），而"挈"义总结全《传》也可推知，此类错误也似不应
出现。

---

1　柯劭忞：《春秋穀梁传注》，广西师范大学出版社，2018，第24页。

## 二　将“时日月例”与“辞例”绝对化而致误

范宁轻忽《传》文致使《集解》出现了许多可以完全避免的错误，而《集解》最多且最严重的问题，在于将《穀梁》的“例”，尤其是“时月日例”绝对化。这里的“绝对化”，指范宁将某则“例”推广到一切《传》文相似之处。下举范宁“时月日例”误例一则：

> 隐公二年《经》：“二年，春，公会戎于潜。”范注：“会例时。”杨《疏》：“‘会例时’者，四年，‘夏，公及宋公遇于清’，九年‘冬，公会齐侯于防’是也。若然，十年，‘春，王二月，公会齐侯、郑伯于中丘’、十一年‘夏，五月，公会郑伯于时来’而书月者，范云：‘天言雷雨之异，而不知戒惧，反更数会，故危之。’是有故始书月，明无故例时也。”

会而不盟但书月者，除杨疏中举隐公十年、十一年两例外，还有桓公元年《经》：“三月，公会郑伯于垂。”桓公三年《经》：“三年，春，正月。公会齐侯于嬴。”桓公三年《经》：“六月，公会杞侯于郕。”桓公六年《经》：“夏，四月。公会纪侯于郕。”桓公十一年《经》：“冬，十有二月。公会宋公于阚。”桓公十二年《经》：“冬，十有一月。公会宋公于龟。”桓公十四年《经》：“十有四年，春，正月。公会郑伯于曹。”桓公十六年《经》：“十有六年，春，正月。公会宋公、蔡侯、卫侯于曹。”僖公元年《经》：“八月，公会齐侯、宋公、郑伯、曹伯、邾人于柽。”僖公七年《经》：“秋，七月。公会齐侯。”僖公十六年《经》：“冬，十有二月。公会齐侯、宋公、陈侯、卫侯、郑伯、许男、邢侯、曹伯于淮。”襄公七年《经》：“十有二月，公会晋侯、宋公、陈侯、卫侯、曹伯、莒子、邾子于鄬。"另有会而不盟，而因有他事者书月者，[1]夫人及大夫会而书月。[2]如上举例，可见会未必"例时"。另如僖公十六年

---

1　如桓公二年《经》："三月，公会齐侯、陈侯、郑伯于稷。以成宋乱。"《传》："以者，内为志焉尔。公为志乎成是乱也。此成矣，取不成事之辞而加之焉。于内之恶，而君子无遗焉尔。"桓公十三年《经》："十有三年，春，二月。公会纪侯、郑伯。己巳，及齐侯、宋公、卫侯、燕人战，齐师、宋师、卫师、燕师败绩。"《传》："其言及者，由内及之也；其曰战者，由外言之也。战称人，败称师，重众也。其不地，于纪也。"桓公十五年《经》："冬，十有一月。公会宋公、卫侯、陈侯于袲。伐郑。"《传》："地而后伐，疑辞也，非其疑也。"桓公十六年《经》："夏，四月。公会宋公、卫侯、陈侯、蔡侯，伐郑。"桓公十八年《经》："十有八年，春，王正月。公会齐侯于泺。公与夫人姜氏遂如齐。"《传》："泺之会不言及夫人何也？以夫人之伉，弗称数也。"僖公四年《经》："四年，春，王正月。公会齐侯、宋公、陈侯、卫侯、郑伯、许男、曹伯侵蔡。蔡溃。"《传》："溃之为言上下不相得也。侵，浅事也。侵蔡而蔡溃，以桓公为知所侵也。不土其地，不分其民，明正也。"成公三年《经》："三年，春，王正月。公会晋侯、宋公、卫侯、曹伯伐郑。"成公十年《经》："五月，公会晋侯、齐侯、宋公、卫侯、曹伯伐郑。"成公十三年《经》："夏，五月，公自京师。遂会晋侯、宋公、卫侯、郑伯、曹伯、邾人、滕人伐秦。"成公十五年《经》："冬，十有一月。叔孙侨如会晋士燮、齐高无咎、宋华元、卫孙林父、郑公子鲷、邾人会吴于钟离。"《传》："会又会，外之也。"襄公十八年《经》："冬，十月。公会晋侯、宋公、卫侯、郑伯、曹伯、莒子、邾子、滕子、薛伯、杞伯、小邾子同围齐。"《传》："非围而曰围，齐有大焉，亦有病焉。非大而足同焉。诸侯同罪之也，亦病矣。"定公四年《经》："三月，公会刘子、晋侯、宋公、蔡侯、卫侯、陈子、郑伯、许男、曹伯、莒子、邾子、顿子、胡子、滕子、薛伯、杞伯、小邾子、齐国夏于召陵，侵楚。"哀公十一年《经》："五月，公会吴伐齐。"

2　如庄公二年《经》："冬，十有二月。夫人姜氏会齐侯于禚。"《传》："妇人既嫁不踰竟，踰竟非正也。妇人不言会，言会非正也。饗，甚矣。"庄公三年《经》："三年，春，王正月。溺会齐侯伐卫。"《传》："溺者何也？公子溺也。其不称公子何也？恶其会仇雠而伐同姓，故贬而名之也。"僖公四年《经》："冬，十有二月。公孙兹帅师会齐人、宋人、卫人、郑人、许人、曹人侵陈。"文公三年《经》："三年，春，王正月。叔孙得臣会晋人、宋人、陈人、卫人、郑人伐沈。沈溃。"襄公二年《经》："秋，七月。仲孙蔑会晋荀罃、宋华元、卫孙林父、曹人、邾人于戚。"襄公十四年《经》："十有四年，春，王正月。季孙宿、叔老会晋士匄、齐人、宋人、卫人、郑公孙虿、曹人、莒人、邾人、滕人、薛人、杞人、小邾人会吴于向。"襄公十四年《经》："夏，四月。叔孙豹会晋荀偃、齐人、宋人、卫北宫括、郑公孙虿、曹人、莒人、邾人、滕人、薛人、杞人、小邾人伐秦。"

《经》:"冬,十有二月。公会齐侯、宋公、陈侯、卫侯、郑伯、许男、邢侯、曹伯于淮。"《传》:"兵车之会也。"齐桓公兵车之会,按《穀梁》之意,必然"无故"。所以"是有故始书月,明无故例时也"同样不正确。

再举范宁错将"辞例"绝对化一则:

> 桓公十一年《经》:"突归于郑。"《传》:"曰突,贱之也。曰归,易辞也。"范注:"传例曰:'归为善,自某归次之。'此《传》曰:'归,易辞也。'然则归有二义,不皆善矣。突篡兄之位,制命权臣,则归无善。"杨《疏》:"成十六年'曹伯归自京师',《传》云:'归为善。'注云:'谓直言归而不言其国,即曹伯归自京师,不言于曹是'。'自来归次之',注云:'若蔡季自陈归于蔡,卫侯郑自楚复归于卫是。'据彼《传》文,则归为善。今传曰'归,易辞',故解之。言归有二意,善者谓之归,易者亦谓之归也。是称归有二,突恶而称归,是恶辞,非善也。"

按《经》文书"归"有数事,大夫及君归仅为其中一件。另有

涉及妇人嫁、省归[1]，归物、地[2]，执人归[3]，寄归[4]，归丧等[5]。此例

---

1　如隐公二年《经》："冬，十月，伯姬归于纪。"《传》："礼妇人谓嫁曰归，反曰来归，从人者也。"隐公七年《经》："七年，春，王三月。叔姬归于纪。"桓公九年《经》："九年，春，纪季姜归于京师。"庄公元年《经》："（冬）王姬归于齐。"庄公十一年《经》："冬，王姬归于齐。"庄公十二年《经》："十有二年，春，王三月。纪叔姬归于酅。"《传》："国而曰归。此邑也，其曰归何也？吾女也。失国喜得其所，故言归焉尔。"庄公二十五年《经》："（夏）伯姬归于杞。"文公十五年《经》："十有二月，齐人来归子叔姬。"《传》："其言来归何也？父母之于子，虽有罪，犹欲其免也。"文公十八年《经》："（冬）夫人姜氏归于齐。"《传》："恶宣公也。有不待贬绝，而罪恶见者；有待贬绝，而恶从之者。侄娣者，不孤子之意也。一人有子，三人缓带，一曰就贤也。"宣公十六年《经》："秋，郯伯姬来归。"成公五年《经》："五年，春，王正月。杞叔姬来归。"《传》："妇人之义，嫁曰归，反曰来归。"成公九年《经》："九年，春，王正月。杞伯来逆叔姬之丧以归。"《传》："传曰，夫无逆出妻之丧而为之也。"成公九年《经》："二月，伯姬归于宋。"

2　如隐公元年《经》："秋，七月，天王使宰咺来归惠公仲子之赗。"隐公八年《经》："三月，郑伯使宛来归邴。"《传》："名宛，所以贬郑伯，恶与地也。"庄公六年《经》："冬，齐人来归卫宝。"《传》："以齐首之，分恶于齐也。"文公五年《经》："五年，春，王正月，王使荣叔归含且赗。"《传》："含一事也，赗一事也。兼归之，非正也。其曰且，志兼也。其不言来，不周事之用也。赗以早，而含已晚。"文公九年《经》："（冬）秦人来归僖公成风之襚。"宣公十年《经》："（十年，春）齐人归我济西田。"《传》："公娶齐，齐由以为兄弟。反之，不言来，公如齐受之也。"成公八年《经》："八年，春。晋侯使韩穿来言汶阳之田，归之于齐。"《传》："于齐，缓辞也。不使尽我也。"定公五年《经》："夏，归粟于蔡。"《传》："诸侯无粟，诸侯相归粟，正也。孰归之，诸侯也。不言归之者，专辞也。义迩也。"定公十年《经》："（夏）齐人来归郓讙龟阴之田。"定公十四年《经》："（秋）天王使石尚来归脤。"《传》："请行脤，贵复正也。"哀公八年《经》："（冬）齐人归讙及阐。"又隐公三年《经》："秋，武氏子来求赙。"《传》："归死者曰赗，归生者曰赙。曰归之者，正也。求之者，非正也。周虽不求，鲁不可以不归。鲁虽不归，周不可以求之。求之为言得不得，未可知之辞也。交讥之。"

3　如隐公七年《经》："冬，天王使凡伯来聘。戎伐凡伯于楚丘以归。"《传》："以归，犹愈乎执也。"庄公十年《经》："秋，九月。荆败蔡师于莘，以蔡侯献武归。"《传》："以归，犹愈乎执也。"宣公十五年《经》："六月，癸卯晋师灭赤狄潞氏，以潞子婴儿归。"成公十五年《经》："（三月）癸丑，公会晋侯、卫侯、郑伯、曹伯、宋世子成、齐国佐、邾人同盟于戚。晋侯执曹伯，归于京师。"《传》："以晋侯而斥执曹伯，恶晋侯也。不言之，急辞也，断在晋侯也。"襄公十六年《经》："（三月）晋人执莒子邾子以归。"昭公十一年《经》："冬，十有一月，丁酉。楚师灭蔡，执蔡世子友以归，用之。"昭公二十三年《经》："（秋）晋人执季孙意如以归。"定公四年《经》："夏，四月，庚辰。蔡公孙姓帅师灭沈，以沈子嘉归杀之。"定公六年《经》："六年，春，王正月，癸亥。郑游速帅师灭许，以许男斯归。"定公十四年《经》："二月，辛巳。楚公子结、陈公孙佗人帅师灭顿。以顿子牂归。"定公十五年《经》："二月，辛丑。楚子灭胡，以胡子豹归。"哀公四年《经》："（夏）晋人执戎蛮子赤归于楚。"哀公八年《经》："八年，春，王正月。宋公入曹，以曹伯阳归。"

4　庄公二十四年《经》："（冬）赤归于曹，郭公。"《传》："赤盖郭公也。何为名也？礼，诸侯无外归之义。外归，非正也。"

5　文公十五年《经》："（夏）齐人归公孙敖之丧。"哀公八年《经》："（夏）归邾子益于邾。益之名，失国也。"

中，范《例》认为的"归为善，自某归次之"，该说本成公十六年《经》："（秋）曹伯归自京师。"《传》："不言所归，归之善者也。出入不名，以为不失其国也。归为善，自某归次之。"但郑厉公突与曹伯不同，突此时还算作大夫，而曹伯已为国君。

　　庄公九年《经》："（夏）齐小白入于齐。"《传》："大夫出奔反，以好曰归，以恶曰入。齐公孙无知弑襄公，公子纠、公子小白不能存，出亡。齐人杀无知，而迎公子纠于鲁。公子小白不让公子纠先入，又杀之于鲁。故曰：'齐小白入于齐。'恶之也。"

据庄公九年《传》文"大夫出奔反，以好曰归，以恶曰入"，似乎可证明范《例》在"归"为善一例上国君与大夫相似。又，桓公十七年《经》："秋，八月。蔡季自陈归于蔡。"《传》："蔡季，蔡之贵者也。自陈，陈有奉焉尔。"桓公十五年《经》："（夏）许叔入于许。"《传》："许叔，许之贵者也。莫宜乎许叔。其曰入何也？其归之道，非所以归也。"同样似能证《传》文"大夫出奔反，以好曰归，以恶曰入"。其实不然，《穀梁》判断《经》文中人的善恶，往往并非通过一种固定的"辞例"显示，而是多种"例"的综合。

　　桓公十五年《经》："（夏）郑世子忽复归于郑。"《传》："反正也。"
　　襄公二十六年《经》："（春，王二月）甲午，卫侯衎复归于卫。"《传》："日归，见知弑也。"

以上两例同为"复归"，虽有君、大夫之别，但明显以"日"别善恶。比如襄公二十六年一则，弑君所以明恶，日归所以明弑君。"突归"亦同，不称"郑突"而以称名"贱之"，是以显示其恶。贱者本来"不易归"，而归曰"易"。《传》分开解释，是善恶之判不在"归"的明证。

又如"来归"为"喜"[1]，而"归于"则往往更复杂：

昭公十三年《经》："（八月，甲戌）蔡侯庐归于蔡。"

昭公十三年《经》："（八月，甲戌）陈侯吴归于陈。"
《传》："善其成之会而归之，故谨而日之。此未尝有国也，使
如失国辞然者，不与楚灭也。"

定公十三年《经》："（冬）晋赵鞅归于晋。"《传》："此叛
也，其以归言之何也？贵其以地反也。贵其以地反，则是大
利也？非大利也，许悔过也。许悔过，则何以言叛也？以地
正国也。以地正国，则何以言叛？其入无君命也。"

上引几则，或言"失国"，或言"叛"，皆是不仅仅以"归"
判善恶，不再详述。《穀梁传》的"辞例"看似往往有前后矛盾
之处，其实《穀梁》解释《经》文有多种规范，而《传》并未交
代明晰，这是《穀梁传》文本的一个缺陷，但这些规范往往可以
通过《传》文推知。又，《穀梁》往往还是以字义显明史实，然
后可据这一事实判断善恶，并非简单直接地通过辞例。如此则，
"归"指示的是"易"，本来说明的是郑厉公不该回来继位却回
来继位这件事，却又被范宁当作了"例"，违背自己所作的《传
例》，转而说"归有二义"，造成了解释的混乱。

## 三　牵合"时月日例"与"辞例"致误

上节举例分析范宁错将"时月日例""辞例"绝对化的情况。

---

1　闵公元年《经》："（秋，八月）季子来归。"《传》："其曰季子，贵之也。其曰来归，喜之也。"

而更为严重的错误是，范宁往往牵合"时月日例"与"辞例"，以致两者并误。这种错误最具有代表性，兹举三例见其梗概：

桓公二年《经》："三月，公会郑伯于垂。"范注："垂，卫地也。传例曰：'往月，危往也。'桓大恶之人，故会皆月以危之。"杨《疏》："传例者，定八年《传》文也。此'三月，公会郑伯于垂'，二年'三月，公会齐侯、陈侯、郑伯于稷'，是'会皆月以危之'。"

首先谈《穀梁传》关于"危"的说法，因《传》文清晰，可以总结成三种，故详为举例。

一为"伤民本"而"危"，具体说是凡夺民时、伤民命则危：

庄公三十一年《经》："秋。筑台于秦。"《传》："不正罢民三时虞山林薮泽之利。且财尽则怨，力尽则怼。君子危之，故谨而志之也。"

僖公二十六年《经》："冬，楚人伐宋围闵。"《传》："伐国不言围邑，此其言围何也？以吾用其师，目其事也，非道用师也。公以楚师伐齐，取谷。以者，不以者也。民者，君之本也。使民以其死，非其正也。公至自伐齐，恶事不致，此其致之何也？危之也。"

二为"君险"则"危"，具体指凡鲁君与他国贤君（齐桓公）与夷狄交往、侵伐及危及性命则危：

隐公二年春《经》："公会戎于潜。"《传》："会者外为主焉尔。知者虑，义者行，仁者守，有此三者，然后可以出会。会戎危公也。"

庄公三十年《经》："齐人伐山戎。"《传》："齐人者，齐侯也。其曰人何也？爱齐侯乎山戎也。其爱之何也？桓内无因国，外无从诸侯，而越千里之险，北伐山戎，危之也。则非之乎？善之也。何善乎尔？燕，周之分子也，贡职不至，山戎为之伐矣。”

定公十年《经》："夏，公会齐侯于颊谷。公至自颊谷。"《传》："离会不致，何为致也？危之也。危之则以地致何也？为危之也。其危奈何？曰颊谷之会，孔子相焉。两君就坛，两相相揖。齐人鼓噪而起，欲以执鲁君。孔子历阶而上，不尽一等，而视归乎齐侯曰：'两君合好，夷狄之民，何为来为。'命司马止之。齐侯逡巡而谢曰：'寡人之过也。'退而属其二三大夫曰：'夫人率其君与之行古人之道，二三子独率我而入夷狄之俗。何为。'罢会，齐人使优施舞于鲁君之幕下。孔子曰：'笑君者罪当死。'使司马行法焉，首足异门而出。齐人来归郓讙龟阴之田者，盖为此也。因是以见，虽有文事，必有武备。孔子于颊谷之会见之矣。"

桓公十六年《经》："秋，七月。公至自伐郑。"《传》："桓无会，其致何也？危之也。"

定公八年《经》："二月，公侵齐，三月。公至自侵齐。"《传》："公如，往时致月，危致也。往月致时，危往也。"

定公十二年《经》："公至自围成。"《传》："何以致？危之也。何危尔？边乎齐也。"

三为"慎终"，指危不得葬：

隐公三年《经》："癸未，葬宋缪公。"《传》："日葬，故也。危不得葬也。"

庄公三年《经》："五月，葬桓王。"《传》："天子志崩不志葬，必其时也。何必焉？举天下而葬一人，其义不疑也。志葬，故也。危不得葬也。"

僖公三十三年夏《经》："癸巳，葬晋文公。"《传》："日
葬，危不得葬也。"

文公九年二月《经》："辛丑，葬襄王。"《传》："天子志
崩不志葬。举天下而葬一人，其道不疑也。志葬，危不得葬
也。日之，甚矣，其不葬之辞也。"

上引《传》文有关于"危"者，并归纳为较整齐的三类，
从中也可以窥探出《穀梁》作者阐释的一些原则。而范注所引
"危"的"时月日例"是定公八年《传》文"往时致月，危致
也。往月致时，危往也"，则特指远赴侵伐，恐有伤于公，而以
"月"见危。按桓公二年《经》："冬，公至自唐。"《传》："桓无
会，而其致何也？远之也。"唐本鲁地，而曰"远"，是因桓公与
戎会盟，故特"危"之。桓公十六年《经》："秋，七月。公至自
伐郑。"《传》："桓无会，其致何也？危之也。"是因为侵伐，故
"危"之。"公会郑伯于垂"，既非"失本"，又不危及国君，无
"危"的道理。上文已论及，"会"并不一定"例时"，范宁则是
为强解《经》书"三月"而牵合"危"，以疏通自己认定的并不
正确的"时月日例"。

桓公十一年《经》："九月，宋人执郑祭仲。"范注："祭，
氏。仲，名。执大夫有罪者例时，无罪者月，此月者，为
下盟。"杨《疏》："知仲名者，以仲立恶黜正，无善可褒，
故知仲名也。云'有罪者例时'者，庄十七年'春，齐人
执郑詹'，经不书月，《传》曰：'以人执，与之辞也。'是
执有罪书时之文也。言'无罪者月'者，成十六年'九
月，晋人执季孙行父，舍之于苕丘'，彼虽为危，书月，亦
是无罪之例也。今祭仲有罪，而经书月，故批注之，书月
者，为下盟耳。案襄二十七年'秋，七月，辛巳，豹及
诸侯之大夫盟于宋'，书日，下云'柔会宋公、陈侯、蔡

叔，盟于折’，不日者，柔是大夫之未命者也，不得同正
大夫。又下贵于士，故虽得书名，仍从卑者之盟不日之
例也。”

上举一段，范以为“执”有罪大夫“例时”，杨举庄公十七
年“齐人执郑詹”为证。“无罪者月”，杨举成公十六年“晋人
执季孙行父”为证。但总结《传》文，此“例”《穀梁》本来是
无明文的，也为范宁自作。郑詹本非大夫，[1]又因“以人执”显其
罪，不能作执大夫有罪“例时”的证据。而成公十六年，《传》
无明文说季孙行父无罪，只是意在存公。[2]《经》中有“执”大
夫、人的例子很多，有的不可以判断被执者有罪或无罪，[3]但可
以判断者如：

昭公四年《经》：“秋，七月。楚子、蔡侯、陈侯、许男、
顿子、胡子、沈子、淮夷伐吴。执齐庆封杀之。”《传》：“此
入而杀，其不言入何也？庆封封乎吴钟离。其不言伐钟离何
也？不与吴封也。庆封其以齐氏何也？为齐讨也。灵王使人
以庆封令以军中曰：‘有若齐庆封弑其君者乎？’庆封曰：‘子

1　郑詹非大夫，为“卑者”。庄公十七年《经》：“十有七年，春，齐人执郑詹。”《传》：“人
者，众辞也。以人执，与之辞也。郑詹，郑之卑者。卑者不志，此其志何也？以其逃来志
之也。逃来则何志焉？将有其末，不得不录其本也。郑詹，郑之佞人也。”

2　成公十六年《经》：“九月，晋人执季孙行父，舍之于苕丘。”《传》：“执者不舍，而舍公
所也。执者致，而不致，公在也。何其执而辞也？犹存公也，存意公亦存也？公存也。”

3　如僖公四年《经》：“（夏）齐人，执陈袁涛涂。”《传》：“齐人者，齐侯也。其人之何也？
于是哆然外齐侯也，不正其踰国而执也。”襄公二十六年《经》：“（秋）晋人执卫宁喜。”
昭公八年《经》：“冬，十月，壬午。楚师灭陈，执陈公子招，放之于越。杀陈孔奂。”
《传》：“恶楚子也。”昭公十一年《经》：“冬，十有一月，丁酉。楚师灭蔡，执蔡世子友
以归。用之。”《传》：“此子也，其曰世子何也？不与楚杀也。一事注乎志，所以恶楚子
也。”定公六年《经》：“秋，晋人执宋行人乐祁犁。”

一息，我亦且一言。曰：有若楚公子围弑其兄之子而代之为
君者乎？'军人粲然皆笑。庆封弑其君，而不以弑君之罪罪
之者，庆封不为灵王服也，不与楚讨也。《春秋》之义，用贵
治贱，用贤治不肖，不以乱治乱也。孔子曰：'怀恶而讨，虽
死不服。'其斯之谓与。"

此则是执而杀例，虽不正楚子"以乱治乱"，但庆封有弑君
之罪，依"范例"当书"时"，这里为何反而书"月"。

定公元年《经》："三月，晋人执宋仲几于京师。"《传》：
"此其大夫，其曰人何也？微之也。何为微之？不正其执人于
尊者之所也，不与大夫之伯讨也。"

此《传》是不正晋人"伯讨"，但明确"宋仲几"有罪，同
样书"月"。而范宁以为执有罪大夫"例时"者，大抵根据如下
几则：

襄公十一年《经》："（秋）楚人执郑行人良宵。"《传》：
"行人者。挈国之辞也。"
襄公十八年《经》："夏，晋人执卫行人石买。"《传》：
"称行人，怨接于上也。"
定公七年《经》："（秋）齐人执卫行人北宫结以侵卫。"
《传》："以，重辞也。卫人重北宫结。"
昭公八年《经》："（夏）楚人执陈行人干征师，杀之。"
《传》："称人以执大夫，执有罪也。称行人，怨接于上也。"

以上皆执"行人"，或"挈国"，或"怨接于上"，但四则同
样"称人以执大夫"，与范例相合。

文公十四年《经》："冬，单伯如齐，齐人执单伯。"
《传》："私罪也。单伯淫于齐，齐人执之。"

此条是执有罪，而"时"，与范例合。上述两例"不合"者与数例"合"之外，还有两则可以对比的重要例子。

昭公十三年《经》："（秋）晋人执季孙意如以归。"
昭公二十三年《经》："（春）晋人执我行人叔孙婼。"

按，判断季孙意如有罪可据昭公十四年《经》："春，意如至自晋。"《传》："大夫执则致，致则名。意如恶，然而致，见君臣之礼也。"《传》明言其"恶"。而同样因昭公二十四年《经》："（春）婼至自晋。"《传》："大夫执其致，致则挚，由上致之也。"可知叔孙婼与季孙意如不同，一者有罪，一者无罪，但同"时"。上面曾举的昭公四年及定公元年的例子，若以"执"与"被执"者都有过错，而不能做直接证据，则这两则的对比足可以说明范宁创造的"执大夫有罪者例时"是无法推广到全《传》的。

通观传例，庄公十七年及昭公八年都有"称人以执"则有罪的《传》文。当以此为标准观所执者是否有罪。若以时月看，不仅违背了"辞例"，也使"时月日例"变得乖违凌乱。

隐公四年《经》："四年，春，王二月，莒人伐杞，取牟娄。"范注："传例曰：'取，易辞也。'伐国不言围邑，言围邑，皆有所见。伐国及取邑例时，此月者，盖为下戊申卫君完卒日起也。凡例宜时而书月者，皆缘下事当日故也。日必继于月，故不得不书月。事实在先，故不得后录也。他皆放此。"杨《疏》："'取，易辞也'，十年《传》文。'伐国不言围邑'，五年《传》文。'伐国及取邑例时'

者，案六年'冬，宋人取长葛'，僖二十六年'冬公以楚
师伐齐，取谷'，宣九年'秋取根牟'，皆不月，是例时也。
其取须句，以其再取，故日。取郓、取鄟，皆内之叛邑，
为害重大，故月。取部、取防，恶乘人之败，故日明常例
则时。"

按，杨疏"取，易辞也，十年《传》文"者，所指是《经》：
"宋人、蔡人、卫人伐载，郑伯伐取之。"《传》："不正其因人之
力而易取之。故主其事也。"按《传》言"取，易辞也"，凡四见，
如下：

庄公九年《经》："九月，齐人取子纠杀之。"《传》："外
不言取。言取，病内也。取，易辞也。犹日：'取其子纠而杀
之云尔。'十室之邑，可以逃难；百室之邑，可以隐死。以千
乘之鲁，而不能存子纠，以公为病矣。"

昭公二十五年《经》："十有二月，齐侯取郓。"《传》：
"取，易辞也。内不言取，以其为公取之，故易言之也。"

哀公九年春《经》："宋皇瑗帅师，取郑师于雍丘。"
《传》："取，易辞也。以师而易取，郑病矣。"

哀公十三年《经》："十有三年，春。郑罕达帅师，取宋
师于岩。"《传》："取，易辞也。以师而易取，宋病矣。"

范言传例"取，易辞也"，好像是《传》凡言"取"皆为
"易"，都是有所指。但以"取"来说，正常的"取地"便不在
此范围中。而"易"又各有别，如上列昭公二十五年便是非常之
例，近似者还有昭公三十二年《经》："三十有二年，春，王正
月。公在干侯，取阚。"是范说往往太过囫囵。

而范宁以为"伐国及取邑例时"，[1] 亦不准确，是较典型的将"辞例"与"时月日"牵合，两者都误的一例。如其所称"伐国及取邑例时"者外，关于伐国、取邑尚有别例，《传》文较为清晰，先举例如下。

"外取邑不志"，凡志，必有所指。如隐公六年《经》："冬。宋人取长葛。"《传》："外取邑不志，此其志何也？久之也。"是说宋围城已久，书以恶之。《疏》中所指"十年《传》文"，既《经》："宋人、蔡人、卫人伐载，郑伯伐取之。"《传》："不正其因人之力而易取之。故主其事也。"同在此类。另，僖公三年《经》："（夏）徐人取舒。""舒"是夷狄之国，其事不明，当阙如。

"取邑不日"，凡书日，必有所指。如隐公十年《经》："（六月）辛未，取郜。辛巳，取防。"《传》："取邑不日，此其日何也？不正其乘败人而深为利。取二邑，故谨而日之也。"同例者有文公七年《经》："七年，春。公伐邾。三月，甲戌。取须句。"《传》："取邑不日。此其日何也？不正其再取，故谨而日之也。"

"内不言取"，凡言，则有所指。如宣公元年《经》："六月。齐人取济西田。"《传》："内不言取。言取，授之也。以是为赂齐也。"又如哀公八年《经》："夏，齐人取讙及阐。"《传》："恶

---

1 如范宁所言，"伐国及取邑"书"时"者，有僖公二十二年《经》："春，公伐邾取须句。"僖公二十六年冬《经》："（冬）公以楚师伐齐，取穀。"《传》："以者，不以者也。民者君之本也。使民以其死，非其正也。"僖公三十一年《经》："春，取济西田。"僖公三十三年《经》："（夏）公伐邾，取訾楼。"宣公四年《经》："（春）公伐莒。取向。"《传》："伐犹可，取向甚矣。莒人辞不受治也。伐莒，义兵也。取向，非也。乘义而为利也。"宣公九年《经》："秋，取根牟。"宣公十年《经》："（秋）公孙归父帅师伐邾，取绎。"成公二年《经》："（秋）取汶阳田。"成公六年春《经》："（春）取鄟。"《传》："鄟，国也。"襄公十三年《经》："夏，取邿。"襄公十九年春《经》："（春）取邾田自漷水。"《传》："轧辞也。"

内也。"正例则如襄公十二年《经》:"春,王三月。莒人伐我东鄙,围郃。"《传》:"伐国不言围邑,举重也;取邑不书围,安足书也。"其实莒取郃,因讳言"围"。又如定公十二年《经》:"(夏)叔孙州仇帅师堕郈。"《传》:"犹取也。"本应言"取"而言"堕"。

至于杨《疏》:"取郓、取酅,皆内之叛邑,为害重大,故月。""取郓"是内不言"取"例,"取酅"当为"取阚"之误,当是因公而"取",所以为"易辞"。除此之外,昭公四年《经》:"九月,取鄫。"是"取国"。与哀公二年《经》:"二年春,王二月。季孙斯、叔孙州仇、仲孙何忌帅师伐邾。取漷东田。"《传》:"漷东未尽也。"《经》:"及沂西田。"《传》:"沂西未尽也。"皆书月。综观以上诸例,是"取邑不日"明,但书月与不书月则未必。[1] 范宁"例时"之说并不正确。

范宁的三个误例,都是将"时月日例"及"辞例"相互牵合,以致两方面都出现背离《穀梁传》文本的意思。上节谈到《穀梁传》的"辞例"往往是配合"事"设定的。如上讨论关于"危"的一例,归纳《传》文,"危"的指向较为整齐、明晰:一为"失本"而危,凡夺民时、伤民命则危;二为"君险"则危,凡与夷狄交往、侵伐及危及君身则危;三为"慎终",危不得葬。以上三项都有"事"的属性,且该"事"确有"危"的道理,才真的可以称作"危"。《穀梁》在这一点上,也可以说是"以事解经",是非常理性与正确的。而范宁将《穀梁》以"事"为出发点,以"辞例"显明"事"的方法转化成纯粹以"例"为核心,

---

1 另有取郜大鼎例可作为参考。桓公二年《经》:"夏,四月。取郜大鼎于宋。戊申,纳于太庙。"《传》:"桓内弑其君,外成人之乱,受赂而退,以事其祖,非礼也。其道以周公为弗受也。郜鼎者,郜之所为也。曰宋,取之宋也,以是为讨之鼎也。孔子曰:'名从主人,物从中国。'故曰:郜大鼎也。"

尤其以"时月日例"为核心，将全部《传》文机械地统一，难免前后乖谬。

# 四　结论

除上述的主要错误外，范宁其余疏失还有很多。有范宁强为加设置"时月日例"者，如：

> 桓公三年《经》："（冬）有年。"范注："有年例时。"杨《疏》："凡书'有年'者，冬下谷毕入，计用丰足，然后书之，不可系以日月，故例时也。宣十六年'冬，大有年'亦时，是其证也。"

"有年"还见宣公十六年《经》："冬，大有年"。按，定公元年《传》："以年决者，不以日决也。"是传例除时、日、月者还应有不为人注意的"年"。"有年"必是"冬下谷毕入，计用丰足，然后书之"，不可书于春、夏、秋三时，从在文本的位置上看似乎是例"冬"，也就是例时。但"有年"指代整体一年，必须也只能书在一年的最后，故可以说是"以年决者"。范宁以为例时则不当，而设置此"例"也并没有必要，因为"有年"在文本中的位置是绝对的、固定的。

又有范宁因"持平"三《传》，随意采用《左》《公》说者：

> 桓公二年《经》："（春）滕子来朝。"范注："隐十一年称侯，今称子，盖时王所黜。"杨《疏》："周公之制，爵有五等，所以拟其黜陟。今传无贬爵之文，明降爵非《春秋》之义。又且此时周德虽衰，尚为天下宗主，滕今降爵，明是时王所黜也。"

　　《春秋》书诸侯爵位，变更必有原因。如"陈侯"，僖公二十八年及定公四年称子，是即位未逾年，此是可以知者。"杞"向来称"伯"，但僖公二十三年《经》："冬，十有一月。杞子卒。"僖公二十七年《经》："二十有七年，春。杞子来朝。"襄公二十九年《经》："（夏）杞子来盟。"皆称"杞子"。又"薛"向来称"伯"，而隐公十一年《经》："十有一年，春。滕侯、薛侯来朝。"则称"薛侯"。皆不知何故，当阙疑，不可随意解为"时王所黜"。

　　按《左传》桓公二年《经》："（春）滕子来朝。"杜预注："无《传》。隐十一年称侯，今称子者，盖时王所黜。"是范宁袭取杜说，而杜说也无所据，只是猜测而已。

　　　　隐公三年《经》："夏，四月，辛卯，尹氏卒。"《传》："尹氏者，何也？天子之大夫也。外大夫不卒，此何以卒之也？于天子之崩为鲁主，故隐而卒之。"范注："隐犹痛也。《周礼·大行人职》曰：'若有大丧，则诏相诸侯之礼'，然则尹氏时在职而诏鲁人之吊者。不书官名，疑其讥世卿。"杨《疏》："'诏鲁人之吊'者，叔孙得臣如京师，《经》书名氏，今不见其名，盖微者也。'疑其讥世卿'者，《穀梁》无《传》，唯据《公羊》，故云疑也。"

　　上引一段，范注所提出的问题是尹氏"不书官名"，而杨《疏》却说"不见其名"。尹氏是"天子之大夫"，而《疏》所指叔孙得臣为鲁国大夫，本非同例。何况庄公元年、文公十五年、定公十四年《传》文皆有"天子之大夫不名"。又"讥世卿"为《公羊传》义，昭公二十三年《经》："（秋）尹氏立王子朝。"昭公二十六年《经》："（冬）尹氏、召伯、毛伯以王子朝奔楚。"尹氏或数世为卿。《穀梁》无此义，可阙疑，不需引用《公羊》。

　　综观以上举列，范宁在《集解》中对《传》文的阐释方法的错误可以归纳为两种：一是轻易地怀疑《穀梁》的正确性，未经仔细考核"持平三《传》"，并且随意引取何休、杜预注；二是将《传》文中的"时月日例""辞例"进行"绝对化"处理，将某则"义例"推广、贯彻到全传相似《传》文处。这两种方法导致《春秋穀梁传集解》中存在较多浮泛、牵强的解释。

就第一种倾向而言，如果将范宁《春秋穀梁传集解》与何邵公《春秋公羊传解诂》对比，何氏学"求之过深"，往往非《公羊》本义，甚至不同于董仲舒等先师义。而因"求之过深"，并有了新的"体系"，才卓然成为一门深邃的学问。范注于《穀梁》有些求之过浅，甚至往往不求甚解。何氏学可谓精微的"新"思想，而范宁虽想持平三《传》以解《经》，但往往不肯仔细探研。所释不得《春秋》正义，不得《穀梁》本义，杂取《公》《穀》及何、杜说，更无"新"意给后人借鉴。而第二种错误方法，范宁想整齐《穀梁》的"时月日例"及其他"辞例"的出发点是好的，但他将《传》文中"例"绝对化，不考虑《传》"例"背后的事与《传》本身存在的方法、逻辑问题。《穀梁传》凭借已知的史料（也许是错误的史料）而发"辞例"，是实事求是的。范宁以"例"为主，则将《春秋》看作脱离史实的"条款"一般，做"文字游戏"，不得不说是解《经》的一大退步，不仅完全将《穀梁》的解释带上歧途，并未发挥《穀梁》独到的优点，更甚者是没有遵守实事求是的学风，刻意营造了一个并不适用的系统。当然，范宁方法的疏失也有时代局限的因素，但严格来说，范宁的《春秋穀梁传集解》因这两种错误方法，大大减损了学术价值。

# 论《逸周书·克殷》的成篇及其性质

章 宁[*]

**摘　要：** 以往对《克殷》的研究存在较多默设前提，导致对《克殷》成篇时代及其性质的判断存在误差。从《克殷》的文献组织及其传达的思想观念看，《克殷》的成篇时代上限大致在春秋早期，下限早于孔子，是春秋时期编撰的对周初史事的追述，反映了春秋时期对周初史事的某种"共识"性看法。这种"共识"与周初的史实虽有联系，但也有所偏差，不应简单对应。

**关键词：**《克殷》　成篇时代　春秋　共识

　　《克殷》是今本《逸周书》第三十六篇，今存孔晁注，主要讲述周武王进兵牧野、殷纣自焚及武王克殷至班师前的种种举措。历代诸家普遍相信，《逸周书》中存在一批较早的可信西周文献，如《世俘》《皇门》等，但对《克殷》是否可列其中，争议甚大。有推许者，以《克殷》"非亲见者不能"，[1] 目之西周时史官实录；有摒斥者，以《克殷》"舛谬甚多，不可为实"，[2] 言为战

---

\* 章宁，北京师范大学历史学院。

1　（清）朱右曾：《逸周书集训校释》，载《万有丛书》本，商务印书馆，1937，第11页。

2　（清）崔述：《丰镐考信录·辨黄钺斩纣之说》，载顾颉刚编订《崔东壁遗书》，上海古籍出版社，1983，第193页。

国时不经之言。

诸家的共识是《克殷》为《史记·周本纪》《齐太公世家》等所采，为史迁撰述所本。在校理《克殷》文本时，诸家亦惯常以《克殷》与《周本纪》的出入之处，对《克殷》进行校释补订。这也使对《克殷》成篇时代的认识，呈现愈发复杂的状况。

通过爬梳诸家研究，笔者发现诸家对《克殷》的研究存在一些方法论上的误判，这直接导致诸家给出的对《克殷》成篇时代及其文献性质的判断存在一些难以解释的问题。故本文谨据材料，对《克殷》及其研究中存在的种种问题进行说解，并对《克殷》的成篇及性质问题做一考察，浮薄之言，更祈恕宥。

## 一　既往研究述评

前贤时俊对《克殷》成篇时代的判断，大体有三种意见，这里分述如下。

### （一）战国时期

持此看法者主要有崔述[1]、梁玉绳[2]、顾颉刚[3]、黄沛荣等。此将主要证据隐栝条陈如下。

（1）武王伐纣必不如是篇所言残暴，此不合于武王"圣人"形象，且三代风俗淳厚，不至于如此戾气十足。对此，崔述举武

---

1　（清）崔述：《丰镐考信录》，第 193 页。

2　（清）梁玉绳：《史记志疑》，中华书局，1981，第 86~88 页。

3　顾颉刚：《〈逸周书·世俘〉篇校注、写定与评论》，原载《文史》第 2 辑《顾颉刚古史论文集》第 9 册，中华书局，2010，第 204~264 页。

王封武庚而未灭纣之子孙、梁玉绳引《新书·连语》武王对纣之尸体"帷而守之"等事，证明武王斩纣射其尸的行为不合于古。此说一则失之迂阔，显是以后世观念先入为主，已为赵光贤、杨宽等前贤力斥；二则所引文献大体晚出，且有意识地回避了对自己说法不利的文献，如弃较早的《尚书·多士》"今予惟不尔杀，予惟时命有申"[1]、《墨子·明鬼下》"武王逐奔入宫，万年梓株折纣而系之赤环，载之白旗，以为天下诸侯僇"[2]等记载不用，而纯用晚出的《新书》；三则认为"武王斩纣射尸"是为弑君张目，并援引《孟子》语"诛一夫纣，未闻弑君"言之，认为此事不合情理，故是战国"岐词诡说"，这又是以后代观念忖度的结果，《孟子》"诛一夫纣"之说，本质是为武王弑君的传闻开脱，只是"窃书不能算偷"式的辩解，并未否认诛纣事实本身存在。

（2）《克殷》文辞浅近，语言不如《世俘》古拙，[3]部分虚词和实词用法不属于西周，[4]因此认为《克殷》不是西周时期实录，而应是春秋战国时期改写的结果。据张怀通、周玉秀[5]等学者研究看，《克殷》的语言特色虽未见得很早，但"既有西周特征也有春秋特征"，[6]不至于晚至战国。故持此说法诸家整体不否认《克殷》可能源于西周史料，大体较保守地认为《克殷》当是春秋战国改写西周史料而成的篇章。

---

1　（清）阮元校刻：《尚书正义》，艺文印书馆，2011，第239页。此"时命"含义不同于战国所谓"时命"，当读为"是命"。

2　孙诒让：《墨子间诂》，中华书局，2001，第246~247页。

3　黄沛荣：《周书研究》，博士学位论文，台湾大学，1976，第289页；黄怀信：《逸周书源流考辨》，西北大学出版社，1992，第103~104、125页。

4　周宝宏：《〈逸周书〉考释》，社会科学文献出版社，2001，第106页。

5　周玉秀：《〈逸周书〉的语言特点及其文献学价值》，博士学位论文，西北师范大学，2004，第137页。

6　张怀通：《〈逸周书〉新研》，博士学位论文，南开大学，2008，第141页。

（3）《克殷》是在不古的观念支配之下所形成的篇章。顾颉刚先生指出："在这种（笔者注：即顾先生前文所谓'失民心者忽然而亡，得民心者突然而兴'）观念和传说的支配下，于是有了《逸周书》里的《克殷》，为司马迁作《殷本纪》和《周本纪》的根据，成为两千年来人们所公认的史实。"[1] 又以《克殷》未反映战争之残酷，认为其成于《孟子》《荀子》乃至《淮南子》之后。黄沛荣先生亦指出："今《克殷篇》说武王克殷之后命南宫百达、史佚迁九鼎三巫，已受这种风气（笔者注：九鼎传说）所影响，则此篇的时代，当不会太早。"[2]

顾先生的说法主要问题有三点。其一，断言《克殷》是"失民心者忽然而亡，得民心者突然而兴"这种战国观念影响下形成的文献，实际是观念上的先入为主。观《克殷》内文，更多的只是纯粹叙述武王克殷过程中的种种作为，并未明显地体现观念的支配作用，也不强调骤然的兴亡更革。其二，对"民"的重视及"得民"的重要性不论在周初八诰还是在近出《尹诰》《厚父》等中，都体现得尤为明显，所出不晚，不能说明文献产生的上限。其三，对《克殷》的性质问题认识不足，对此黄怀信先生言："《克殷》记经过，《世俘》记俘获，各有侧重。《克殷》未反映杀伐之残酷，不等于其思想有儒家之仁。"[3] 可谓洞明。《克殷》不强调战争之残酷，是由文献性质所决定的，正如近出清华简《系年》亦侧重于叙述事件经过，而对事件发展过程中的观念等鲜少涉及，并不能说明其必然晚出。

而黄沛荣先生的说法主要问题则在于九鼎三巫（"三巫"或

1 顾颉刚：《〈逸周书·世俘〉篇校注、写定与评论》，第 242 页。
2 黄沛荣：《周书研究》，第 297 页。黄沛荣先生认为九鼎很可能只是一种传说，而非实有其事，此传说盛行于战国，故《克殷》的成篇应晚于是。
3 黄怀信：《逸周书源流考辨》，西北大学出版社，1992，第 125 页。

为"宝玉"之讹）一节与前文未必形成于同时。对此杨宽先生敏锐地指出："末段立王子武庚以下，该出于后人增补。"[1]其说甚是。故此段文字的晚出未必可说明全篇文献晚出，对此，后文有详细说明。

故综合来看，认为《克殷》成于战国的几条证据皆可商榷，其说未必是。

## （二）西周时期

亦颇有学者相信《克殷》出于西周实录，如唐大沛将《克殷》与《世俘》相提并论，认为是"武王时所记录也"，[2]朱右曾言《克殷》"非亲见者不能"。[3]郭沫若先生所言"《逸周书》中可信为周初文字者仅有三二篇，《世俘解》即其一，最为可信。《克殷解》及《商誓解》次之，其他则均系伪托，惟非伪托于一人或一时"，[4]为今人对《克殷》的讨论大致定了调。今人以其语言风格之故，大体并不笃定地认为《克殷》是西周原貌，而多以"事迹多可与他书互证，或补其不备"[5]、"确乎保存了周初许多史料，这是不能因《逸周书》成书之晚而抹煞的"[6]等说辞来表达，整体相信其为"真实的周书逸篇"，[7]史料价值上"与《尚书·大诰》有

---

1　杨宽：《西周史》，上海人民出版社，1999，第 863~864 页。

2　（清）唐大沛：《逸周书分编句释凡例》，转引自黄怀信、张懋镕、田旭东《逸周书汇校集注》，上海古籍出版社，2007，第 1226 页。

3　（清）朱右曾：《逸周书集训校释》，第 11 页。

4　郭沫若：《中国古代社会研究·附录追论及补遗》，载《郭沫若全集》历史编第 1 卷，人民出版社，1982，第 299 页。

5　吕思勉：《经子解题》，华东师范大学出版社，1995，第 39 页。

6　陈梦家：《尚书通论》，中华书局，1985，第 290 页。

7　杨宽：《西周史》，第 859 页。

同等价值"，¹ 并认为"作者大概是西周的史官"。²

  证明此说最有力的证据主要来自赵光贤、杨宽及魏慈德先生。他们指出《克殷》所见的折纣之首而悬诸旗的做法符合西周时期的惯常做法，一方面表示战胜敌人的欢欣与庆贺，另一方面是对敌人的示威，且此做法能与金文所见"折首执讯"对证，并言秦汉已降，此礼犹存。³ 此外，魏慈德先生援引了大量出土文献，如《容成氏》，证明其与《克殷》所述的大量事迹形成对证，故《克殷》的形成年代当不为晚，是"真西周史料"。⁴

  虽然几位先生所述甚备，但始终无法回避其研究过程中存在一个默认的前提，即有较早的观念或制度遗存者，必是较早的文献。诸家在论说时，大体只言及文中所言有若干符合西周制度之处，而后便直接推断《克殷》为西周文献，这显然出现了逻辑上的缺环。如赵先生所言折首高悬以示众，或如魏慈德先生所举轻吕、虎贲等名物，诚然为西周金文所多见，然在后世并非毫无传承。赵先生自己也举例子谈到了此礼直至秦汉已降犹存，而虎贲、轻吕等名物亦然，后世文献亦不少见。

  故即便《克殷》晚出，一则在较晚时代仍然存在如此的制度或名物，则如何判断其说法的来源是因为文献较早而留存的古礼，还是现实中依旧留存的制度名物为其耳闻目见而写入文献。二则《克殷》中的一些说法类似套语或成说，尤其在春秋战国时期，这种成说在很大程度上代表了当时社会的共识。这种共识或

---

1 蒋善国：《尚书综述》，上海古籍出版社，1988，第440页。

2 谭家健：《〈逸周书〉与先秦文学》，《文史哲》1991年第3期，第73~74页。

3 赵光贤：《〈逸周书·克殷〉篇释惑》，载《亡尤室文存》，北京师范大学出版社，2001，第92~93页。

4 魏慈德：《〈逸周书〉〈世俘〉、〈克殷〉两篇与出土文献互证试论》，《东华人文学报》2004年第6期，第52页。

多或少地保存了旧有的记忆，未必完全虚伪造作，即便是文献撰述者有时不明白成说背后制度的含义，也不影响其直接将成说搬列于文献中。

从更广泛的意义讲，古书所录之事，若只是三三两两于古有征，且所言及制度、名物于后代尚有传承者，固不足以论定古书早出，甚至不能确证古书存在"较早的材料来源"，这只是一个必要而不充分的条件。古时有月，今亦有之，今月古月，固是一月。一书言月有盈缺，显不能以古时月亦有盈缺而断其早出。我们固然不能以伦理道德臆断其非，也不能以符合古礼轻信其是。要论定文献的早出或是较早材料来源，当是文中所言于古有征的制度、名物及其所派生的观念为后世所不见，且这种制度、名物或者观念在文献的组织编撰中起着不可替代的作用，即排除文献部分附益的可能，这两个条件应同时具备。故从目前所列证据看，言其为"真西周文献"，固不为大误，然缺少决定性证据。

## （三）西周时期有所本，春秋战国渐次形成

这种说法是"真西周文献"说的引申和发展。因为文辞浅近，断之为西周早期史官实录显然问题甚多，然《史记·周本纪》对此的采信使诸家相信文献大体不伪。故言其于西周时期有所本，而由春秋战国依据既有史料渐次改写积累而成，是近代以来学者说法的主流。如刘起釪先生言其可确认为西周文献，而"文字在传写中当受有东周影响，但主要保存了原貌"。[1]

此说也得到了黄怀信、罗家湘、周宝宏、周玉秀、张怀通先生的认同。周玉秀、张怀通老师的意见，前文已有所概括，主

---

1 刘起釪:《尚书学史》，中华书局，1989，第96页。

要是从语言特色方面证明《克殷》混杂了西周和春秋时期的语言特色。此外，张怀通先生又指出诸如"武王""毛公""卫"等说法应是后人改写时添加所致，其说甚是。[1] 黄怀信先生的主要看法也是以其文辞不古，认为当系后世据旧有材料加工整理而成，时代当在春秋早期。[2] 此外值得注意的是周宝宏先生的意见，周先生指出《克殷》中一些重要的实词意义大致出现于西周晚期，结合参考虚词的用法看，时代应是春秋战国时期。另，又以周初金文未见长文为辞，言《克殷》不可能为西周初年作品。[3]

从语言特色上看，《克殷》显非西周原貌，当可作为定论，张怀通先生或言称谓问题，原因可能有两种：或是后世追记其事，而用当时称呼；或是后世整理改写旧有材料。总之，皆指向《克殷》当出自后人之手，这点毫无疑问。而周宝宏先生以周初金文无长文为辞，显然存在问题。首先，周初八诰以及近出之《封许之命》等文献大体不短，专家大体承认其为周初文献；其次，在早期金文体裁及载体限制、早期铭文铸造工艺不高的情况下，铭文字数不多也是可以解释的现象，加之今天所见者远非金文的全部，长文无所见，未必严格等于其不存在。故周先生的说法，值得进一步讨论。而对《克殷》是否存在西周材料来源，仍须详细辨析。

这种辨析显然不能通过语言风格考虑，若以实词意义来看，古书流传过程中，常见以今语转写古语的情况，如司马迁《史记》转录周诰，多用汉时今语撮其大意，显然不足以否认其材料来源存在；若以虚词用法看，古书流传中虚词的增减改易甚为常

---

1　张怀通:《〈逸周书〉新研》，博士学位论文，南开大学，2008，第241~242页。

2　黄怀信:《逸周书源流考辨》，西北大学出版社，1992，第125页。

3　周宝宏:《〈逸周书〉考释》，社会科学文献出版社，2001，第272~273页。

见，一方面是古书辗转抄写过程中的增删更改或者人为齐整；另一方面，不同的传授系统流传的文本，即便文意大致相同，在虚词的使用上也存在差异，如今天所见郭店本、帛书本及北大本《老子》，在虚词使用上就存在若干不同，以一本所见之虚词规律，显然不足以作为考察其来源的依据。

综上可知，从目前的研究看，《克殷》是纯粹的战国文献的说法，大体为诸家否定；为纯粹"真西周文献"或者是当时史官实录的看法，亦持者渐稀；而以《克殷》在西周有所本，在春秋战国渐次改写而成的看法，逐渐为诸家接受。但较早材料来源多大程度上影响了《克殷》的成篇，换言之，较早来源究竟是仅仅作为一种史料来源还是已经形成《克殷》文献的雏形，是否可以拉长《克殷》的成篇，以及《克殷》最终形成如今本面貌的时间，仍然是悬而未决的问题。

## 二 《克殷》与《史记》的关系

前述诸家的共识在于《克殷》是《史记·周本纪》《殷本纪》《齐太公世家》等处材料的直接来源，这点从《克殷》和《周本纪》在叙事顺序、遣词用字的悉同轨辙上可见一斑。值得注意的是，自朱右曾开始直至魏慈德先生的研究，在校释《克殷》文本时，往往将《周本纪》相较于《克殷》的多出部分作为《克殷》的阙文补入《克殷》。而这些有所出入的部分，又恰好蕴含了一些极为关键的史料信息，对研究《克殷》的成篇时代产生了相当微妙的影响。故有必要从两处文献的这些出入之处入手，对两者的关系及其对《克殷》的成篇时代判断造成的影响做一探讨。

《史记》相较《克殷》，多出或歧义处并不鲜见，在此择其重要者条辨如下。

（一）纣师虽众，皆无战之心，心欲武王亟入。纣师皆倒兵以战，以开武王

此段文字，《周本纪》增入"驰商师"之后，以解释武王速胜之原因。"开"，当作"启"，司马迁以避景帝讳而改。是句的史料来源并非《克殷》，《克殷》亦无之。对"战心"的重视，见于《左传》宣公十二年所引"军志"："先人有夺人之心，薄之也。"杜预注："夺敌战心。"[1] 此与曹刿所论之"勇气"，大体可等而观之，可见至少在春秋时期，对战意强弱的判断，已成为时人通行的作战观念。然而，用以解释"无战心"的倒兵之说，则起源甚晚，最早见于《荀子·儒效》："厌旦于牧之野，鼓之而纣卒易向，遂乘殷人而诛纣。"杨倞注言："倒戈而攻后也，向读曰向。"[2]《成相》亦言："武王怒，师牧野，纣卒易向启乃下。"[3]《荀子》这几处虽未明言倒戈，然言其易向，亦是同理。此说仅见于《荀子》，而于其他文献不见，出土文献亦无之，孟子等竭力主张武王诛纣为除暴者，亦未言此细节。故此当是战国晚期始产生的传闻，史迁采之而入《史记》。

（二）蒙衣其殊玉（《殷本纪》作"衣其宝玉衣"）

此句《克殷》但言"屏遮"，而无有关"衣玉自焚"的记载。关于纣自焚时有玉的记载，见于《世俘》，尽管专家大多相信《世俘》为周初实录，但其言"商王纣取天智玉琰，琰身厚以自焚"的部分，则存在两个问题。

---

1 （清）阮元校刻：《左传正义》，艺文印书馆，2011，第396页。

2 （清）王先谦：《荀子集解》，中华书局，2013，第161页。

3 （清）王先谦：《荀子集解》，第542页。

其一，《世俘》前文言"时甲子夕"，则此句言纣与玉相关的文献，显非实录而是出于后人追述。《世俘》前文已言"越五日甲子朝"，若此处如赵光贤先生认为当接于"咸刘"句后，此处不当再次出现甲子记日，亦不当以"时甲子夕"这类追述性质的记日言之。故这段文字的性质，也当归为《世俘》中"文字夸诞，是改窜者添加的内容"，[1] 只是这些内容或是当时社会传闻，可能有若干史影如甲子克商存在，只是其事可能出于虚构，这种做法也于战国时人述史文献中常见。

其二，"璞"，孔晁注："环以自厚也。"卢校据《史记正义》引文改为"环"，《文选》李善注引《六韬》作"蒙宝玉衣投火而死"。[2] 璞当从"逢"得声，为並纽东部，蒙为明纽东部，二者旁纽叠韵。《左传》昭公十三年："以幕蒙之。"杜注："裹也。"[3]《国语·晋语六》："闻蒙甲胄。"韦注："被也。"[4]《中山王方壶》言"身蒙皋胄"[5]，凡言蒙者，即有"衣"之义，亦兼"环"之义。此用法起于战国中期之后。故《史记》之言"蒙衣其殊玉"，材料来源当是由《世俘》而来，而《世俘》此句传闻或最终写定于战国中期。

《克殷》但言屏遮而不称玉，与《世俘》基本事实相似，但具体表述差异较大，很有可能是同源异流的关系。《史记》此处在叙事上虽整体以《克殷》为本，但从用字的字义演变看，此句"蒙玉"之说当是直接采自《世俘》。

1 赵光贤：《说〈逸周书·世俘〉篇并拟武王伐纣日程表》，《历史研究》1986 年第 6 期，第 93、96 页。

2 黄怀信、张懋镕、田旭东：《逸周书汇校集注》，第 444 页。

3 （清）阮元校刻：《左传正义》，第 813 页。

4 徐元诰：《国语集解》，中华书局，2004，第 391 页。

5 《殷周金文集成》（以下简称《集成》）15.9735。

### （三）其明日，除道，修社及商纣宫

是句不见于《克殷》。"除道"见于《左传》《国语》。《左传》庄公四年："令尹鬭祁、莫敖屈重除道梁溠，营军临随。"杜注言："更开直道。"[1]《国语·周语中》言"九月除道，十月成梁"，韦注言："除道，所以便行旅。"[2] 故此二"除道"当为开辟道路之义。而此处之"除道"含义显然不同于《左传》《国语》，当同于《战国策》。《西周策》言"除道属之于河"，高诱注曰："除，去秽也。"[3]《秦策一》"父母闻之，清宫除道"，高诱注："清，汛扫也。"[4] 则"除"的含义也应约似。此处之修，亦为治理、整饬之义。《周礼·地官·草人》"修除且跸"，郑注言："修除，治道路场坛。"[5] 除道、修社者，皆是表示恭敬之义。

然据《世俘》，武王在克殷后举行一系列仪式，唯在"燎于周"时，提及"用小牲羊犬豕于百神水土于誓（誓于）社"，其时已是四月，而非《史记》所言甲子之明日，且言修社及商纣宫，显然此"社"不在宗周而在殷都。若果有此事，则《世俘》在所及仪式如此详尽且历日清晰的情况下，不可能对此事毫无提及。《克殷》后文及《周本纪》言"即位于社太卒之左"，故言修社者，或是蒙此而来。此除道、修社的做法或古已有之，然从是句的表达看，文句应不早于战国中期，其来源或是因《克殷》后文言"社"而增入，或有其他材料来源，但总之，《周本纪》是句直接材料来源应不是《克殷》。

---

1  （清）阮元校刻：《左传正义》，第140页。

2  徐元诰：《国语集解》，第65页。

3  （西汉）刘向辑录：《战国策》，上海古籍出版社，1985，第59页。

4  （西汉）刘向辑录：《战国策》，第90~91页。

5  （清）阮元校刻：《周礼注疏》，艺文印书馆，2011，第248页。

（四）于是武王再拜稽首，曰："膺更大命，革殷，受天明命。"

唐大沛、朱右曾、魏慈德等前贤均据《史记》将是句补入
《克殷》。是句所言者，膺受大命、革殷、受天明命之主语，显然
是武王。

故书向无"膺更"连用之例，仅于《史记》一见，唐宋类书
作"膺更"者，或皆本自《史记》。此"膺更"显然应是西周金
文常见之"膺受"。此二字形的讹混，在西周金文及楚文字中，
皆不易产生，西周金文"更"之写法大体从二丙，与"受"判
然有别；楚文字之"更"则多由丙、口、支三个部件构成，且
多为左右结构，故不易与"受"发生混淆；隶变之后，二者字
形更是难以讹混。"更"，战国晚期金文作""[1]，《古文四声韵》
引《华岳碑》作""，而"受"战国末期或书作""[2]，二处
字形甚为肖似，故其混淆应发生于战国晚期。因此，司马迁所
见的史料来源，应是曾在战国晚期以非楚文字的形式流传。此
外，西周金文中"膺受大命"前后文大体有"匍有四方"，且
一般会言谁"膺受大命"，而此处二者皆未见，似甚不符合西
周时期的用语习惯，或是已脱离"膺受大命"的常用语境，故
此亦当不是西周时期的实录，更像是后世流传的大致传闻。

"革殷"之说，《尚书·多士》见"乃命尔先祖成汤革夏俊民

---

1　《集成》17.11363《□年上郡守戈》。

2　《集成》5.2793《坪安君鼎》。李学勤、何琳仪先生指平安君为卫国贵族，黄盛璋先生则认
　　为是魏国器，两种说法对鼎铭卅三年的归属虽有争议，但大体皆在秦始皇在位时期，故此时
　　为战国季末则无争议。见黄盛璋《新出信安君鼎、平安君鼎的国别、年代与有关制度问题》，
　　《考古与文物》1982 年第 2 期，第 55~62 页；何琳仪《平安君鼎国别补证》，《考古与文物》
　　1986 年第 5 期，第 81~84 页。

甸四方""殷革夏命"[1]的表述，此或起源较早。而"受天明命"之说，则不见于西周乃至春秋金文，西周或春秋金文或作"受天命"，或作"受兹永命"，于"明"字则多见"明德""明刑"，而无"明命"之说。即便如《秦公镈》[2]在同一篇铭文中同时出现了"受天命"和"膺受大命"的情况，然其"受天命"者为秦公之先祖，"膺受大命"者为秦公本人，二者绝不相混。

换言之，在目前可见的西周乃至春秋文献中，《史记》所引武王之语的三个词，一般不同时出现，即便出现在一起，所指主语也明确且不相同，断不会出现《周本纪》中三个词都指向武王的情况。从《史记》以秦汉时语隐栝《尚书》的情况看，大体没有主语出错的情况，如果《史记》此处是根据西周乃至春秋时期的原始材料隐栝其说，也应不会出现这种问题。故唯一可能是，《史记》此处所依据的原始材料应已出现对"膺受大命""受天命""明命"等语所指不理解的情况，而只是照搬旧有成说套语。战国时期的金文对"天命"的谈论渐少，时人对此类金文中的套语不解也在情理之中，如诸子文献中几乎不见"膺受大命"一类用法，故《史记》此句的材料来源，应该是春秋中晚期之后的大致历史传闻，而不是武王言论的实录。

《周本纪》言武王又再拜稽首，古书向不见"又再拜稽首"的用法，"再拜稽首"也向来无在邻近文句中重复出现的语例，今本《克殷》无此句，而上下文整体亦通，故《周本纪》此处言"又再拜稽首"，实际是为添加此处武王之语而画蛇添足。要之，此句一则所依据的材料来源应晚于春秋，二则在《周本纪》中亦有明显画蛇添足之痕迹，应非引自《克殷》原文。

---

1　（清）阮元校刻：《尚书正义》，第 237、238 页。

2　《集成》1.268。

## （五）乃使其弟管叔鲜、蔡叔度相禄父治殷

是句《克殷》但言"管叔相"而不见"蔡叔"。

《左传》言三监之事，大体管蔡并称，言"管蔡为戮"[1]、"管蔡启商"[2]。虽然又言"杀管叔而蔡蔡叔"，[3]管叔的处分重一些，但此事中，管叔并无特殊的地位。《系年》言："周武王既克殷，乃设三监于殷。"[4]亦不突出管叔的地位。

然在"书"类文献及《逸周书》中，管叔确乎存在某种特殊地位。如今本并简本《金縢》皆言"管叔及群弟"，未明确指出蔡叔。其中原因大体是管叔在昆弟行次及政治地位上略高于其余诸人。首先，武王诸弟，管叔居长；其次，《逸周书·作雒》言："建管叔于東，建蔡叔、霍叔于殷，俾监殷臣。"[5]虽然三者的作用都是"监殷臣"，但管叔显然是拥有封地的独立诸侯，而蔡叔、霍叔则似是周初诸侯国监。

《作雒》后文亦言平定三监后，乃"俾康叔宇于殷，俾中旄父宇于東"，诸家颇认为此"東"或当为"柬"之讹误，即为"管"[6]。《臣卿簋》言："公违省自東，在新邑，臣卿赐金，用乍父乙宝彝。"[7]此器彭裕商先生认为是周初殷遗所作，甚是。[8]又《柬

---

1　（清）阮元校刻：《左传正义》，第 592 页。

2　（清）阮元校刻：《左传正义》，第 949 页。

3　（清）阮元校刻：《左传正义》，第 949 页。

4　李学勤主编《清华大学藏战国竹简（贰）》，中西书局，2011，第 141 页。

5　黄怀信、张懋镕、田旭东：《逸周书汇校集注》，第 511 页。

6　雷晋豪：《金文中的"鬲"地及其军事地理新探》，《历史地理》第 26 辑，上海人民出版社，2012，第 236 页。又见刘运兴《三监考》，《人文杂志》1985 年第 6 期，第 72 页；程平山《夏商周历史与考古》，人民出版社，2005，第 131~132 页。

7　《集成》7.3948。

8　彭裕商：《周初的殷代遗民》，《四川大学学报》（哲学社会科学版）2002 年第 6 期，第 113 页。

鼎》言："癸卯，王来奠新邑，[二]旬又四日丁卯，[往]自新邑于柬，王[赏]贝十朋，用乍宝彝。"[1]两条铭文所指或皆是新邑附近之"柬"。在这些较早的青铜器铭文及文献中，多将"東"、"柬"及殷、新邑等并称，可见此地监殷的特殊地位，而管叔的地位自然也随之升高。因此，《克殷》仅言管叔之说，若排除流传过程中的脱文，虽未必能因上引金文将之推为西周史料，至少也与《作雒》《金縢》等材料具有相近的史料来源。而《周本纪》所言蔡叔，则或是据《左传》等材料所补。

### （六）表商容之闾

"封比干之墓，释箕子之囚，表商容之闾"三句俨然成说，常在战国末期已降的诸多文献中连用，部分文献甚至还有"朝成汤之庙""式箕子门"的说法。然《克殷》仅见"封比干墓，释箕子囚"两句，不见"表商容之闾"，诸家多将"表商容之闾"作为《克殷》逸文补入，然此举存在极大问题。

首先，"封比干之墓，释箕子之囚，表商容之闾"乃至"朝成汤之庙"四句，大体不成于一时，而具有明显的先后生成次第。"朝成汤之庙"仅见于《淮南子》数篇之中，而不见于其他有类似记载的文献，且成汤之庙与其余三者，前者为殷先王而后者为殷贤臣，并不能相提并论，故"朝成汤之庙"应出于汉时人的想象和附益。

其次，殷周之际有人名为商容，且为纣之贤臣的说法，见于《战国策·燕策三》："君虽不得意乎，未如商容箕子之累

---

1　《集成》5.2682。

也。"[1] 累，即囚之义。《左传》僖公三十三年："君之惠不以累臣衅鼓。"杜注："累，囚系也。"[2]《战国策》言此事的时代，已是燕王喜在位，为战国末季，商容、箕子显然是并为纣所囚者。《礼记·乐记》《史记·乐书》则言，"释箕子之囚，使之行商容而复其位"，[3] 将商容解释为容止而非人名。

较早文献包括《孟子》在内，并无殷周之际有人名商容的记载。谭戒甫先生对此曾撰长文考证，言认为殷纣之际的商容和传说中为老子之师的商容并非一人，前者当是后者讹变而来，表商容间是战国末年相传的伪事。[4] 其说甚是。"表商容之闾"的说法，最早见于《荀子》《吕氏春秋》，而后为两汉文献大量因袭，遂为成说。且《史记》在前文中言"闻纣昏乱暴虐滋甚，杀王子比干，囚箕子"，[5] 亦无提及商容，故《周本纪》此处商容，应是杂取《吕氏春秋》《荀子》的成说而将三句直录所致。

至于《韩诗外传》所言武王欲以商容为三公之事，则当是更晚的附益。而他书所言"式箕子门""式商容闾"者，"式"，颜师古注为"表"，可见也当是从"表商容之闾"一说衍生而来。故"表商容之闾"的说法，最早也不会早于战国中期。

再次，将比干和箕子相提并论者，最早见于孔子。《论语·微子》言："微子去之，箕子为之奴，比干谏而死。"[6] 孔子将之推许为"殷有三仁"，而《孟子·公孙丑上》则言"又有微子、微仲、

---

1 （西汉）刘向辑录：《战国策》，第 1122 页。

2 （清）阮元校刻：《左传正义》，第 290 页。

3 （清）阮元校刻：《礼记注疏》，艺文印书馆，2011，第 696 页。（西汉）司马迁：《史记》，中华书局，1959，第 1229 页。

4 谭戒甫：《商容传说之讹变》，国立武汉大学《文哲季刊》第 4 期，1935 年，第 811~814 页。

5 （西汉）司马迁：《史记》，第 121 页。

6 （清）阮元校刻：《论语注疏》，艺文印书馆，2011，第 164 页。

王子比干、箕子、胶鬲，皆贤人也"，[1]也将三人并称。而更早的文献中，如《左传》僖公十五年载秦穆公之语："且吾闻唐叔之封也，箕子曰：'其后必大'，晋其庸可冀乎？"[2]则见箕子。《克殷》之所以不言微子启，盖其主要事迹在周公东征后，于此时并无显迹，故未言微子。而《左传》乃至更早的文献中从未见比干，不论是传世还是出土者，都没有比干活动的痕迹。[3]《尚书·微子》所言"父师""少师"所指并非箕子、比干，对此前贤已有考辨。[4]虽然不见其活动不等于其在古老相传中不存在，但与之相提并论之箕子、微子皆存在相当多的记载，则作为忠良贤臣出现之比干，其传说所起，颇值得玩味。

赵平安先生敏锐地指出，古书所言比干故事，往往与伍子胥故事连称，[5]皆言其好谏而为君所杀，而后似又融合了纣醢鬼侯的故事，言纣因比干好谏而醢醢之，《穷达以时》第九简所言，即

---

1　（清）阮元校刻：《孟子注疏》，艺文印书馆，2011，第52页。

2　（清）阮元校刻：《左传正义》，第235页。

3　箕子、微子亦是殷王近亲，然向无人以王子称之，唯有"王子比干"之说，按照后世称呼习惯，则比干或为私名，依甲骨中称王子之例，当称"子比干"。然孔孟所并举者"箕子""微子""微仲"等，且甲骨所见"子某"皆为单名，则显非私名。故"比干"之解释存在矛盾。按"比干"之"干"或即"子"之讹误，二字于西周、春秋金文中截然不混，"干"字之下横平直，而"子"字之下横则多作弧形，竖画亦有倾斜，唯在楚简中大量见下横、竖画平直之"子"字如 ，且楚简之"干"字多作"丫"，存在混讹可能，时间当晚于春秋。故"比干"或为"比子"之讹误，"微子""箕子""比子"等称谓，或即意味其属于甲骨所见作为王族以外与王有近亲关系之多子族，比子即比氏之长，比为其分支的族氏名号。孔子所见时，比子或即已讹为比干，后世因袭抄之，遂成定论。关于子某、多子等说，见朱凤瀚《商周家族形态研究》，天津古籍出版社，2004，第39~45页。

4　王震中：《比干的历史及其影响与地位》，载《比干文化研究》，河南人民出版社，2012，第9~10页。

5　赵平安：《〈穷达以时〉第九号简考论——兼及先秦两汉文献中比干故事的衍变》，载《比干文化研究》，第36~37页。

是其事。即便《论语·微子》所记者实有其事，伍子胥生活时代与孔子大致相似，故比干之故事，或是从伍子胥处附会而来，而后为孔子或其弟子采信也未可知。再者《克殷》及其他文献言"封比干墓，释箕子囚"，显然是默认比干为纣所杀，箕子为纣所囚，这一说法显然是对《论语》"箕子为之奴，比干谏而死"说法的呼应。换言之，这段话的作者生活的时代，类似箕子为奴、比干谏而死应该已经是较为广泛的历史传闻，故《克殷》此处的材料来源即便较早，也不当早于《论语》太久。

要之，"朝成汤之庙""表商容之闾""封比干之墓""释箕子之囚"四句存在先后附益的关系。"释箕子之囚"流传时代应较早，"封比干之墓"流传时代大致能追溯到春秋晚期，"表商容之闾"的上限在战国中晚期，而"朝成汤之庙"的说法附益于汉代。由此可知，《克殷》若有"表商容之闾"，则此整段叙事的形成时间不会早于战国中期。若是肯定《克殷》的早出，则《周本纪》的材料来源应是杂取了《吕氏春秋》《荀子》等较晚文献的说法，而不专出于《克殷》。

综上六条可知，《史记》尤其是《周本纪》中，相较于《克殷》有所出入的文句，大体存在其他材料来源，包括《逸周书》其他篇章、战国诸子等。《史记》的撰写，大体是以《克殷》为框架，同时杂取撮录了为数不少的其他来源的史料。由上可知，这些出入往往透露出较为重要的史料信息，其所传达的对史事和观念的认知，整体晚于战国中期。若是间存一二，或可以脱文解释，然四百余字的篇章中，存在六处包含重要信息的出入，除管叔一条外，其余皆十分整齐地晚于战国中期，则言其脱文，未免牵强。

因此，诸家将《史记》与《克殷》相出入的部分，作为《克殷》的脱文补入的做法，固然对充实《克殷》的史事有所裨益，却也走向了另一个极端，是相当危险的做法。我们固然可以认为《克殷》是《周本纪》等《史记》篇章的材料来源，但并不能简单地理解成唯一和全部来源。再者，如果承认《史记》所出入者确实是《克殷》的原文，则《克殷》的时代当不会太早，这又与诸家认为《克殷》是"真西周文献"的观点相悖。

## 三 《克殷》诸部分的生成次第及其性质

据上节考证，《史记》与《克殷》相出入的部分，观念和材料的来源大体晚于战国中期，故在论证《克殷》的成篇时代时，不能将这些出入部分作为《克殷》的脱文考虑在内。至于其他文句，诸家以往研究往往将之视作整体，如黄怀信先生言："此篇记事，具体详细，前后有致，略无漏洞，绝非杜撰可为，必有所据。"[1] 唯杨宽先生曾提及《克殷》在"立王子武庚"后，可能出于后人增补，其说颇发人深省。细审《克殷》，笔者发现诚如杨宽先生所言，大致由两个形成时代不甚相同的部分组合而成，以下分别加以考述。

### （一）"立王子武庚"段

从具体观念看，"王子武庚"这段整体与前两段要领不属。关于"封比干之墓，释箕子之囚"句在文献体系中的层累状况，前文已说明这两句成说的出现，应在春秋晚期至战国中期。而关于九鼎三巫（宝玉）的问题，前文也提及了黄沛荣先生的看法，认为其属晚出观念，故不另说明。

单言管叔的问题，虽可能存在较早来源，但一则此传闻先秦

---

1　黄怀信：《逸周书源流考辨》，第103页。

始终流传，撰写者所见之传本未必早；二则从其使用看，大致与《金縢》《作雒》等篇时代接近，而这两篇文献从语言特色看，应晚于西周，其写成或在春秋；三则不排除脱文的可能性。综上三点，但以管叔一条，不足以言其早。

"鹿台之财，巨桥之粟"的说法也应晚出。言纣有"鹿台之财，巨桥之粟"，这种说法最早见于《管子·版法解》"入殷之日，决巨桥之粟，散鹿台之钱，殷民大说"，[1] 而大盛于《吕氏春秋》乃至西汉文献之中。顾颉刚先生曾考证纣恶七十事的生成次第，认为"鹿台之财，巨桥之粟"层累于西汉，其说虽未必是，但其搜集《尚书》等文献所历数纣之罪状，概括为六条，其中并无"鹿台之财"等说，甚至没有任何提及经济利益之处。[2] 故这类文献表达的产生，应在战国中期之后。

瓜分旧有政权的财富，使民众听命的做法，可说有很早的起源。如清华简《尹诰》言，汤曰："呜呼！吾何作于民，俾我众勿违朕言？"挚曰："后其赍之，其有夏之金玉实邑，舍之。吉言。"[3]《周本纪》抑或言有"分器"之说。然此类赏赐或者瓜分，多是战胜者对"我众"的赏赐。而对战败者，周人则多以玄远严厉的天命相恫吓，又或如《多方》言"今尔尚宅尔宅，畋尔田，尔曷不惠王熙天之命"，[4] 指出旧领安堵如故已是恩惠，并无一语特别言及对殷民之加赏。这与《克殷》所表现的观念存在显著差异。

《克殷》从立王子武庚之后的一段，皆言周人对殷邦的善后处

1  黎翔凤：《管子校注》，中华书局，2004，第 1205 页。

2  顾颉刚：《纣恶七十事的发生次第》，载《顾颉刚古史论文集》第 1 册，中华书局，2011，第 300、303 页。

3  李学勤主编《清华大学藏战国竹简（壹）》，中西书局，2010，第 133 页。

4  （清）阮元校刻：《尚书正义》，第 258 页。

置，所有作为的对象，都是殷人。后世诸多文献亦大多指出"振鹿台之财，巨桥之粟"的结果，或是殷民大悦，或是赈济平民，又或是示民无私，其指向者也是殷民。可见，这种对殷邦积资的处置，在此段的撰述者看来，不是对战利品的瓜分，而是对殷民的施舍，其目的或在于争取殷人的支持，这显然不是较早观念的延续。

这种施舍财物换取民众支持的做法，从可见的文献看，盛行于春秋时期。《左传》庄公十年鲁庄公言"衣食所安，弗敢专也，必以分人"，[1] 大体是此做法的较早体现。而《左传》昭公三年言陈氏"燠休"民众的做法，更是典型表现。《国语·周语》论及厉王专利、宣王料民等语，即便信为西周实录，也只是言不与民争利，而不强调直接施舍。换言之，这条记载作为武王得民心的政治手段，一来不符合武王列举的商纣的罪状，二来不合于周初观念，其事所本或于春秋，而表述则为战国时语。

此外，本段所言诸多事件间，大体独立存在，是若干前后发生次序不确定的个体事件的简单组合，且甚为简略，概述性质明显。而前两部分在叙述的过程中则明确地表现了诸多事项发生的先后次序，以及武王及其臣属行礼如仪的全过程。二者在叙述的方式上存在迥然差异，故不当与前两部分视作整体，而应分别看待。

故从叙事方式上，"立王子武庚"一段与前文存在显著差异，不得视为整体；而从内容观念看，此段大体是对流行于春秋晚期至战国中期关于周人克殷后如何处置殷邦成说的概述和汇集，其形成下限在战国中期，而后大体以事类相似，为战国时人补入《克殷》，之后整体流传，并成为《史记》的主要叙述框架。

---

1 （清）阮元校刻:《左传正义》，第146页。

## （二）"周武王"段

之所以前段应是整体而不必细分，主要在于：其一，没有充分证据证明此部分内部还存在细分的可能性，即便细分，也无法得出其在成篇上的差别；其二，即便"及期"前后所言事迹并不属连，亦不发生于同一天，但并非在古书上毫无成例。如《国语·周语上》言："先时五日，瞽告有协风至，王即斋宫，百官御事各即其斋三日。王乃淳濯飨醴，及期，郁人荐鬯，牺人荐醴，王祼鬯，飨醴乃行，百吏、庶民毕从。"[1] 又言："襄王使太宰文公及内史兴赐晋文公命，上卿逆于境，晋侯郊劳，馆诸宗庙，馈九牢，设庭燎。及期，命于武宫，设桑主，布几筵，太宰莅之，晋侯端委以入。"[2] 此二段叙事与《克殷》格调肖似，叙事首尾完整，也只谈及史事经过而不谈原因以及事件的影响，前一段亦有某臣做某事的铺排，故可资类比。此两处"及期"前后所言事物亦不相属，也不发生于同一天，但前后显然一体。可见，以"及期"属连两段存在先后次序但不直接相连的史事，或是春秋或者稍晚不久的时期此类文献撰述的常见做法。

关于这段文字的断代，最大的问题在于从史实角度，如"纣自焚"、"武王斩纣悬其首"及种种礼仪细节，或是没有《世俘》以外的过多文献可资旁证，无法证实或证伪，或固然存在较早来源，但相关制度后世仍然存在，不能说明文献的具体时代。唯独此段所引尹逸之策，"泥上偶然留指爪"，为本段材料的断代提供了一些有价值的信息。

---

1 徐元诰：《国语集解》，第 17~18 页。

2 徐元诰：《国语集解》，第 36 页。

　　首先，策文言皇天上帝云云，显然是记武王之言，且西周金文凡言皇天上帝或大命者，无不与周王相关。然此处言尹逸策曰，既无奉王命宣策之前文，也无王若曰一类周诰、金文中典型的代宣王命和代王立言的用法，似不合于史官记言之体例。

　　其次，此"策"若真是西周时文，或即为"册"，然金文中凡见册曰或言及册命者，大凡言作册之目的，希望被册命者秉持何种品德，履行某种作为，而后言及相应赏赐，从无《克殷》所引这般书法。故此段作者对"策"的理解，或同于《左传》文公十五年所言"君之先臣督，得罪于宋殇公，名在诸侯之策"[1]的"策"，即史官记载之义。然据《左传》，此策应系记事之文，然《克殷》之记载一则不言事件经过，二则不言干支历日或如清华简《系年》言及年数，而纯系对殷纣谴责之言，显然又与记事体例不合。其既不合记言之体例，也不合记事之笔法，当不是史官实录，而是撰述者或檃栝或杜撰的内容，且从其不明文献内容及体例的情况看，作者身份也应不是史官。

　　最后，此处言纣"昏暴商邑百姓"，然较早文献并未直接言其"昏暴商邑百姓"，而多指向纣援用多罪逋逃，"是崇是长，是信是使，是以为大夫卿士，俾暴虐于百姓，以奸宄于商邑"。[2]而较晚文献则盛加殷纣之罪恶，又不止是"昏暴"二字可以言之。同时，言纣"德迷先成汤之明"，此处的"德"显然是某种个人的品行操守，且此"德"显然是不好的品质，这种用法多见于春秋时期，而绝非西周时人对"德"的认知范畴，也不同于战国时人已内化了的"德"。[3]综上几点，从策文的形式及内容看，应檃栝或杜撰于春秋时期。

1　（清）阮元校刻：《左传正义》，第337页。

2　（清）阮元校刻：《尚书正义》，第159页。

3　晁福林：《先秦时期"德"观念的起源及其发展》，《中国社会科学》2005年第4期，第201页。

综合"及期"以及对所引策文的分析可知，这段文献整体的叙述和櫽栝方式，应形成于春秋时期，整体较"立王子武庚"一段为早。较之《世俘》，《克殷》全文未出一语言及祭祀上帝及祭祖仪式，也不涉及《克殷》的具体日程，着重于即位仪式过程和事件经过的叙述，以《克殷》对典礼细节描述的重视程度看，如果《克殷》的撰述者曾见过《世俘》或者相关文献，不可能在这两方面的记载上付之阙如。可见《克殷》的撰述者不是史官，应没见过《世俘》等更为原始的文献。《克殷》所本者，也应不是史官的原始记录，而更有可能是春秋时期社会普遍相信的某种共识和传闻。至于这种共识有多大程度符合周初的史实，则不得而知。

## 四　结语

必须认识到，《克殷》的撰述者并未在史实的叙述上做过多的铺衍，也没有谈及其中蕴含的鉴戒或者教化意义，而只是搜集当时社会上普遍流传的共识和传闻，大致整理并追述了周武王从牧野之战到即位的过程，其笔法颇似《国语》在记言之前勾勒事件背景的文句以及清华简《系年》。而战国中期的附益者，也同样只是依样画葫芦地将战国中期流传的相关事迹补入，并没有对其风格及撰作目的进行过多改动。其整体风貌更像是一种介绍事件或备案之辞，应该类似于《系年》，是某种"资政教育"[1]性质的文本。我们固然不能将《克殷》视作全然的西周遗珍，也不能全

---

[1]　李守奎:《楚文献中的教育与清华简〈系年〉性质初探》,《出土文献与古文字研究》2015 年, 第 296、302 页。

然斥为战国赝作。在区分前后两部分不同的基础上，谓《克殷》反映了春秋、战国中期时人对武王克殷史事的共同认识，是较可信的春秋时期的追述，当不为大谬。

# 稿　约

　　《北京史学》创刊于 2012 年，最初为年刊。2018 年正式改由社会科学文献出版社出版，每年分春季刊、秋季刊，总计出版两辑。

　　本刊系学术性理论性刊物，定位于北京史研究与交流的专业阵地。为进一步拓展研究领域，我们倡导"大北京史"研究，凡是与北京史相关的研究论题，都在我们的征稿范围之内。

　　来稿篇幅以 8000~15000 字为宜，个别文章可扩展至 30000 字，需提供 200 字左右的中英文题目、摘要与关键词，并请附作者简介、电话、电子邮箱、邮寄地址等信息。基金项目或资助项目请注明具体名称及编号。注释体例以《历史研究》相关要求为准。

　　本刊特设青年论坛，尤其欢迎青年学人（包括博士研究生、硕士研究生）赐稿，一切以学术质量为取舍标准。

　　本刊对拟采用稿件有酌情删改权，如不同意删改者，请在来稿中特别声明。来稿一经刊用，即付稿酬，并赠送样刊两本。凡刊载于本刊文稿的著作权，均由本刊与作者共同享有，作者著作权使用费已在稿酬中一次性给付，本刊不再另行支付。

　　所有稿件均实行匿名审稿制，如在两个月之内未获采用通知，作者可自行处理。

　　本刊倡导良好学风，严格遵守学术规范。来稿如发生侵犯他人著作权的行为，作者应负全部责任并赔偿一切损失。

　　本刊投稿邮箱：bjsx910@163.com

　　本刊地址：北京市朝阳区北四环中路 33 号北京市社会科学院历史研究所

　　邮编：100101

　　联系电话：010-64872644

《北京史学》编辑部

**图书在版编目(CIP)数据**

北京史学. 2018年. 秋季刊：总第8辑 / 北京市社
会科学院历史研究所编. -- 北京：社会科学文献出版社，
2019.4

ISBN 978-7-5201-4080-5

Ⅰ.①北… Ⅱ.①北… Ⅲ.①北京 - 地方史 - 文集
Ⅳ.①K291-53

中国版本图书馆CIP数据核字（2018）第293005号

**北京史学**　2018年秋季刊（总第8辑）

编　　者 / 北京市社会科学院历史研究所
执行主编 / 靳　宝

出 版 人 / 谢寿光
责任编辑 / 郑庆寰
文稿编辑 / 李蓉蓉

出　　版 / 社会科学文献出版社·历史学分社（010）59367256
　　　　　　地址：北京市北三环中路甲29号院华龙大厦　邮编：100029
　　　　　　网址：www.ssap.com.cn
发　　行 / 市场营销中心（010）59367081　59367083
印　　装 / 三河市尚艺印装有限公司

规　　格 / 开　本：787mm×1092mm 1/16
　　　　　　印　张：31　字　数：413千字
版　　次 / 2019年4月第1版　2019年4月第1次印刷
书　　号 / ISBN 978-7-5201-4080-5
定　　价 / 99.00元